新时代爱国统一战线新论

江苏省社会主义学院◎著

河海大学出版社
HOHAI UNIVERSITY PRESS
·南京·

图书在版编目(CIP)数据

新时代爱国统一战线新论 / 江苏省社会主义学院著. 南京 ：河海大学出版社，2024. 11. -- ISBN 978-7-5630-9367-0

Ⅰ. D613

中国国家版本馆 CIP 数据核字第 20242W41Y1 号

书　　名 新时代爱国统一战线新论
书　　号 ISBN 978-7-5630-9367-0
责任编辑 张　媛
特约校对 任宇初
装帧设计 徐娟娟
出版发行 河海大学出版社
地　　址 南京市西康路 1 号(邮编:210098)
网　　址 http://www.hhup.com
电　　话 (025)83737852(总编室)
(025)83722833(营销部)
经　　销 江苏省新华发行集团有限公司
排　　版 南京布克文化发展有限公司
印　　刷 南京迅驰彩色印刷有限公司
开　　本 718 毫米×1000 毫米　1/16
印　　张 21.5
字　　数 400 千字
版　　次 2024 年 11 月第 1 版
印　　次 2024 年 11 月第 1 次印刷
定　　价 88.00 元

《新时代爱国统一战线新论》

撰写委员会

主　　任：	周　岚		
副 主 任：	刘步健		
委　　员：	陈　锋	朱　杰	夏　涛
	钱照亮	魏晓蕾	
执行主任：	周　岚	刘步健	
执行副主任：	陈　锋	朱　杰	任世红
编　　辑：	郭晓东	赵晓锋	徐晓婷
	陈克文	李　明	

序

孙　信

统一战线是党克敌制胜、执政兴国的重要法宝，是团结海内外全体中华儿女实现中华民族伟大复兴的重要法宝。习近平总书记关于做好新时代党的统一战线工作的重要思想，是中国共产党统一战线百年发展史的智慧结晶，是马克思主义统一战线理论中国化时代化的最新成果，是习近平新时代中国特色社会主义思想的重要组成部分，是新时代爱国统一战线工作的根本指针。在习近平总书记关于做好新时代党的统一战线工作的重要思想的指引下，新时代爱国统一战线呈现出团结、奋进、开拓、活跃的良好局面，已经发展成为中国共产党领导的、以工农联盟为基础的，包括全体社会主义劳动者、社会主义事业的建设者、拥护社会主义的爱国者、拥护祖国统一和致力于中华民族伟大复兴的爱国者的联盟。这一拥有 14 亿多人口的空前广泛的统一战线，必将为中华民族的伟大复兴提供源源不断的磅礴力量。

统一战线理论是一门科学，统一战线工作也是一门科学。做好新时代统一战线工作，巩固发展壮大新时代爱国统一战线，必须以科学的理论为指导。因此，加强统一战线理论研究，推进统一战线理论的学理化、体系化和时代化，就成为统一战线理论和实际工作者义不容辞的责任。《新时代爱国统一战线新论》就是推进统一战线理论的学理化、体系化和时代化的一次有益的尝试。全书共分十三章，即第一章概论，第二章充分发挥统一战线的重要法宝作用，第三章统一战线解决的是人心和力量问题，第四章正确处理一致性和多样性关系，第五章坚持好发展好完善好中国新型政党制度，第六章铸牢中华民族共同体意识，第七章坚持我国宗教中国化方向，第八章做好党外知识分子和新的社会阶层人士统战工作，第九章促进非公有制经济健康发展和非公有制经济人士健康成长，第十章发挥港澳台和海外统战工作争取人心的作用，第十一章加强党外代表人士队伍建设，第十二章把握做好统战工作的规律，第十三章加强党对统战工作的全面领导。前四章和后三章讲的是整体，中间六章讲的是具体工作领域。用总分总的逻辑建构，较为系统阐释了新时代为什么需要统一战线、需要什么样的统一战线、如何巩固和发展统一战线以及怎样发挥统一战线的作用等重要理论和现实问题，对学习宣传统一战线理论方针和政策，开展统一战线实践，特别是深入领会贯彻习近平总书记关于做好新时代党的统一战线工作的重要思想，具有一定的参考价值。

书中最大的创新点是将习近平总书记关于做好新时代党的统一战线工作的重要思想的丰富内涵概括为九论，即统一战线强大法宝论、统战工作本质论、统战工作方针论、统一战线五大关系发展论、党外代表人士队伍建设论、统战工作规律论、统战工作方法论、大统战工作格局论、统战工作科学论，为创建统一战线学科提供了有益的启示。

2024 年 8 月 20 日

（作者为中央社会主义学院教授、中国人民政协理论研究会常务理事、山东大学统一战线学专业博士生导师、国务院政府特殊津贴专家）

目录 Contents

第一章 概论

党的十八大以来，习近平总书记立足实现党的“两个一百年”奋斗目标的历史交汇期，统筹中华民族伟大复兴战略全局和世界百年未有之大变局，坚持把马克思主义统一战线基本原理同中国统一战线具体实际相结合、同中华优秀传统文化相结合，始终把统一战线作为党治国理政的制胜之道，围绕寻求民族复兴最大公约数、画出筑梦中国最大同心圆的重大时代命题，提出一系列新理念新思想新战略，形成习近平总书记关于做好新时代党的统一战线工作的重要思想，为巩固和发展最广泛的爱国统一战线提供了根本遵循。习近平总书记关于做好新时代党的统一战线工作的重要思想高屋建瓴、视野宏阔、内涵丰富、思想深邃、逻辑严密、体系完整，科学回答了巩固和壮大新时代爱国统一战线的一系列重大理论和现实问题，实现了马克思主义统一战线理论中国化时代化新的飞跃，是习近平新时代中国特色社会主义思想的重要组成部分。在全面建设社会主义现代化国家新征程上，全面系统深入学习贯彻习近平总书记关于做好新时代党的统一战线工作的重要思想，推动新时代爱国统一战线事业行稳致远，凝聚人心、汇聚力量，踔厉奋发、勇毅前行，为强国建设、民族复兴而团结奋斗，具有重大而深远的理论价值和实践意义。

第一节　习近平总书记关于做好新时代党的统一战线工作的重要思想的形成背景

"时代是思想之母，实践是理论之源。"[①]习近平总书记关于做好新时代党的统一战线工作的重要思想，从坚持和发展中国特色社会主义、实现中华民族伟大复兴战略全局高度，紧扣新时代为什么需要统一战线、需要什么样的统一战线、怎么做好统一战线工作等重大课题，顺应历史之变，回答时代之需，提出关于做好新时代党的统一战线工作的一系列新思想新观点新论断，丰富和发展了马克思主义统一战线理论，具有鲜明的时代特征、深厚的理论根基、坚实的实践基础，是新时代统一战线理论与实践创新发展的必然产物。

一、时代条件

党的十八大标志中国特色社会主义进入新时代。新时代的中国共产党，既要团结带领全国各族人民全面建成小康社会、实现第一个百年奋斗目标，又要动员全体中华儿女为全面建成社会主义现代化强国、实现第二个百年奋斗目标，以中国式现代化全面推进中华民族伟大复兴而团结奋斗。这是新时代爱国统一战线事业发展所处的新的历史方位，也为习近平总书记关于做好新时代党的统一战线工作的重要思想的形成和发展提供了宏阔的时代背景。接续党的百年统一战线的恢弘历史，续写中华儿女大团结的时代新篇，是习近平总书记关于做好新时代党的统一战线工作的重要思想得以产生的时空条件。统一战线因党而生、伴党而行、随党而兴。自 1922 年 7 月党的二大正式提出统一战线政策以来，先后经历民主联合战线、工农民主统一战线、抗日民族统一战线、人民民主统一战线和爱国统一战线等重要历史阶段。加强中华儿女大团结，是党以史为鉴、开创未来，必须坚持的九条根本要求之一。[②] 坚持统一战线，是党百年奋斗的十条基

① 中共中央文献研究室编：《十八大以来重要文献选编》（下），中央文献出版社 2018 年版，第 346 页。

② 参见《习近平著作选读》第二卷，人民出版社 2023 年版，第 486 页。

本经验之一。[①] 正是立足实现党的“两个一百年”奋斗目标的战略考量，习近平总书记强调，统一战线始终是中国共产党凝聚人心、汇聚力量的重要法宝[②]，是中国共产党团结海内外全体中华儿女实现中华民族伟大复兴的重要法宝[③]。坚持和发展统一战线，是党实现“两个一百年”奋斗目标的必由之路。习近平总书记不仅强调要汲取党百年统一战线的宝贵经验，而且把坚持统一战线作为实现第二个百年奋斗目标的根本要求。过去的一百年，中国共产党通过建立广泛的统一战线，彻底改变旧中国一盘散沙、任人欺侮的局面，把中国人民团结起来，把人民创造历史的力量激发出来，建立新中国，建设新社会，勇闯改革路，实现小康梦，取得了革命、建设、改革的伟大成就。迈进实现第二个百年奋斗目标新征程，中国共产党必须坚定历史自信、把握历史主动，巩固和发展最广泛的爱国统一战线，才能继续赢得人民，巩固长期执政地位，完成新时代新使命。

新时代坚持和发展中国特色社会主义，处于新的国内外发展环境和条件，面临前所未有的机遇和挑战，是一场艰巨而伟大的社会革命。新时代的中国共产党，既要总揽中华民族伟大复兴的战略全局，又要应对世界百年未有之大变局。统一战线因大局而谋，为全局而动，应变局而进。胸怀“两个大局”，服务“两个大局”，是习近平总书记关于做好新时代党的统一战线工作的重要思想形成发展的现实背景。习近平总书记强调，现在，我们党所处的历史方位、所面临的内外形势、所肩负的使命任务发生了重大变化。越是变化大，越是要把统一战线发展好、把统战工作开展好。“两个大局”是党谋划工作、推进事业发展的基本出发点，也是党回答历史之问、时代之问、未来之问，推进理论创新的基本出发点。“两个大局”互为条件、相互作用、内在统一。第一个大局以实现民族独立、人民解放为前提，以实现国家富强、人民富裕为基础，以全面建成社会主义现代化强国、实现全体人民共同富裕为目标，是一个接续奋斗的历史过程。服务第一个大局，是统一战线的价值目标所在，也是统一战线发展的根本动力。第二个大局深刻反映了当前国际格局“东升西降”的演变趋势，意味着中国的国际地位和国际影响力日益提升，并日益走近世界舞台中央。在此背景下，美国企图全方位围堵打压遏制中国，包括利用民族、宗教、人权、民主等问题，挑起意识形态和社会制度之争，甚至公然干涉新疆、西藏、香港、台湾等中国内政问题，严重损害和威胁中国国家主权完整、制度安全、发展利益。应

① 参见《中共中央关于党的百年奋斗重大成就和历史经验的决议》，《人民日报》2021 年 11 月 17 日，第 1 版。

② 习近平：《在纪念辛亥革命 110 周年大会上的讲话》，《人民日报》2021 年 10 月 10 日，第 2 版。

③ 《习近平著作选读》第二卷，人民出版社 2023 年版，第 486 页。

对第二个大局，必须统筹发展与安全，积极争取国际话语权，探索建立维护全人类共同价值的国际统一战线，推动构建人类命运共同体，为第一个大局创造和平发展、合作共赢的国际环境。这是统一战线服务“两个大局”的应有之义，也是统一战线促进人类进步事业发展的时代使命。

二、理论渊源

新时代开创马克思主义中国化时代化新境界，必须坚持“两个结合”，即“坚持把马克思主义基本原理同中国具体实际相结合、同中华优秀传统文化相结合”①。把马克思主义统一战线基本原理与新时代爱国统一战线具体实际相结合、同中华文化的优秀基因相联结，是习近平总书记关于做好新时代党的统一战线工作的重要思想得以形成的理论基础。统一战线是马克思主义的一个基本战略和策略问题。马克思、恩格斯在科学总结无产阶级革命斗争经验的基础上，从理论上解决了无产阶级自身团结和争取同盟军的问题，指出无产阶级只有解放全人类，才能最后解放自己，为完成这一历史使命必须加强自身的团结统一，还要团结广大的同盟者一起奋斗，强调无产阶级政党在联合其他阶级和政党时，必须保持独立性，即必须争取和掌握统一战线的领导权，这些基本观点奠定了马克思主义统一战线理论的根基。统一战线也是中国共产党人运用马克思主义推动中国实践的政治智慧和政治优势。中国共产党把马克思主义统一战线基本原理同中国革命、建设、改革的具体实际相结合，不断推进和实现马克思主义统一战线理论中国化时代化，取得了重大的理论和实践成果。

习近平总书记关于做好新时代党的统一战线工作的重要思想既与马克思主义统一战线理论一脉相承，又在积极寻求中华民族伟大复兴中国梦的最大公约数，画出同圆共享中国梦的最大同心圆中不断丰富发展，体现了马克思主义与时俱进的理论品格和中国共产党人坚定的理论自信。“马克思主义和中华优秀传统文化来源不同，但彼此存在高度的契合性。相互契合才能有机结合。”②党的统一战线历史经验表明，党要成功领导建立最广泛的统一战线，不仅需要对社会主要矛盾变化、阶级阶层关系演变、时代条件变迁等作出科学判断，适时实行战略优化与策略调整，而且需要根据我国的历史文化传统和民族情感心理等因素，

① 《习近平著作选读》第二卷，人民出版社2023年版，第483页。

② 习近平：《担负起新的文化使命 努力建设中华民族现代文明》，《人民日报》2023年6月3日，第1版。

探寻马克思主义与中华优秀传统文化的契合点，更好地实现马克思主义统一战线理论民族化与大众化。习近平总书记指出：“优秀传统文化是一个国家、一个民族传承和发展的根本，如果丢掉了，就割断了精神命脉。”①中华文化强调“天下为公”“大一统”“和合”“民本”“仁政善治”等理念，对中华文明延绵不绝具有永恒价值，也与马克思主义统一战线理论有相通之处。如习近平总书记引用《管子·牧民·四顺》篇中“政之所兴在顺民心，政之所废在逆民心”典故，以此说明“一个政党，一个政权，其前途命运最终取决于人心向背”②，将马克思主义的人民立场与中华文化的民本理念会通起来。“人心是最大的政治”这一科学论断不仅有着马克思主义唯物史观的理论基石，而且有着深厚的中华文明根脉。习近平总书记关于做好新时代党的统一战线工作的重要思想充分汲取中华优秀传统文化中的“多元一体”“和而不同”等智慧和精髓，并运用于新时代统一战线的战略策略实践，彰显出深厚的文明底蕴和坚定的文化自信。

三、实践基础

“这是一个需要理论而且一定能够产生理论的时代，这是一个需要思想而且一定能够产生思想的时代。”③新时代爱国统一战线在继承中发展，在发展中创新，为坚持和发展中国特色社会主义事业作出历史性贡献，奠定了习近平总书记关于做好新时代党的统一战线工作的重要思想的实践基础。党的十八大以来，以习近平同志为核心的党中央高度重视统一战线工作，始终把统一战线作为党治国理政的重要法宝，召开中央统战工作会议、中央民族工作会议、全国宗教工作会议、全国新的社会阶层人士统战工作会议、全国民营经济统战工作会议、中央新疆工作座谈会、中央西藏工作座谈会等一系列重要会议，出台《中国共产党统一战线工作条例》《中国共产党政治协商工作条例》等一系列重要法规文件，作出一系列重大决策部署，不断巩固全国各族人民大团结，加强海内外中华儿女大团结，统一战线呈现出团结、奋进、开拓、活跃的良好局面。

新时代党的统一战线工作在创新实践中得到全面加强。着力加强党对统一战线工作的集中统一领导，巩固党在统一战线工作中总揽全局、协调各方的领导地位，党委统一领导、统战部门牵头协调、有关方面各负其责的大统战工作格局

① 《习近平著作选读》第一卷，人民出版社 2023 年版，第 281 页。

② 中共中央文献研究室编：《十八大以来重要文献选编》(中)，中央文献出版社 2016 年版，第 75 页。

③ 习近平：《在哲学社会科学工作座谈会上的讲话》，《人民日报》2016 年 5 月 19 日，第 2 版。

基本形成，全党重视、大家共同来做的合力显著增强。高举爱国主义、社会主义旗帜，牢牢把握大团结大联合的主题，紧紧围绕党和国家中心任务，不断促进政党关系、民族关系、宗教关系、阶层关系、海内外同胞关系和谐，各领域工作取得新进展。坚持和完善中国新型政党制度，多党合作和政治协商的共同思想政治基础不断巩固，中国特色社会主义参政党建设不断加强。坚定不移走中国特色解决民族问题的正确道路，坚持和完善民族区域自治制度，中华民族大家庭、中华民族共同体、铸牢中华民族共同体意识等理念逐步深入人心，平等团结互助和谐的社会主义民族关系更加巩固。坚持我国宗教中国化方向，宗教工作法治化水平不断提高，我国宗教与社会主义社会相适应迈出新步伐。加强对党外知识分子和新的社会阶层人士的思想政治引领，组织起来更加有序、作用发挥更加有效。坚持“两个毫不动摇”，促进非公有制经济健康发展和非公有制经济人士健康成长，推动构建亲清政商关系，民营经济人士理想信念更加坚定、发展信心进一步增强。坚持“一国两制”，发展壮大爱国爱港爱澳力量和台湾爱国统一力量，凝聚侨心、汇聚侨力，海内外中华儿女大团结不断加强。习近平总书记关于做好新时代党的统一战线工作的重要思想，既是党的统一战线百年发展史的智慧结晶，也是对新时代统战工作实践经验的理论总结。

第二节 习近平总书记关于做好新时代党的统一战线工作的重要思想的科学内涵

“一个时代有一个时代的主题，一代人有一代人的使命。”①习近平总书记关于做好新时代党的统一战线工作的重要思想紧紧围绕为实现中华民族伟大复兴凝心聚力这一时代主题，系统阐释了新时代爱国统一战线的一系列重大理论和现实问题，深刻揭示了新时代统战工作的规律、方针、原则，具有鲜明的时代性、创新性、实践性。2022 年 7 月，习近平总书记在中央统战工作会议上把党的统一战线工作的重要思想概括为“十二个必须”：必须充分发挥统一战线的重要法宝作用，必须解决好人心和力量问题，必须正确处理一致性和多样性关系，必须坚持好发展好完善好中国新型政党制度，必须以铸牢中华民族共同体意识为党

① 习近平：《在全国政协新年茶话会上的讲话》，《人民日报》2016 年 12 月 31 日，第 2 版。

的民族工作主线，必须坚持我国宗教中国化方向，必须做好党外知识分子和新的社会阶层人士统战工作，必须促进非公有制经济健康发展和非公有制经济人士健康成长，必须发挥港澳台和海外统战工作争取人心的作用，必须加强党外代表人士队伍建设，必须把握做好统战工作的规律，必须加强党对统战工作的全面领导[①]。“十二个必须”是一个完整严密的科学理论体系，为巩固壮大新时代爱国统一战线提供了强大思想武器和行动指南。

一、主要内容

习近平总书记关于做好新时代党的统一战线工作的重要思想的“十二个必须”，内涵丰富、博大精深，涉及新时代爱国统一战线和统一战线工作的各方面各领域，包含一系列新思想新观点新论断，内含一系列新理念新思路新要求，其核心要义主要涵盖“统一战线强大法宝论”“统战工作本质论”“统战工作方针论”“统一战线五大关系发展论”“党外代表人士队伍建设论”“统战工作规律论”“统战工作方法论”“大统战工作格局论”“统战工作科学论”等九个方面。

（一）统一战线强大法宝论

习近平总书记在2022年中央统战工作会议上的重要讲话中指出：“统一战线是党克敌制胜、执政兴国的重要法宝，是团结海内外全体中华儿女实现中华民族伟大复兴的重要法宝。”[②]“现在，统一战线面临的时和势、肩负的使命和任务发生了某些重大变化。世界百年未有之大变局加速演进，统一战线在维护国家主权、安全、发展利益上的作用更加重要。全面建设社会主义现代化国家、实现中华民族伟大复兴，统一战线在围绕中心、服务大局上的作用更加重要。我国社会结构发生深刻变化，统一战线在增强党的阶级基础、扩大党的群众基础上的作用更加重要。”[③]党的二十大进一步强调，“统一战线是凝聚人心、汇聚力量的强大法宝”[④]。

在党的历史上，统一战线一直被视为夺取革命、建设、改革事业胜利的重要

① 《习近平著作选读》第二卷，人民出版社2023年版，第608页。
② 《习近平著作选读》第二卷，人民出版社2023年版，第608页。
③ 《习近平著作选读》第二卷，人民出版社2023年版，第609页。
④ 《习近平著作选读》第一卷，人民出版社2023年版，第32页。

法宝。“谁是我们的敌人？谁是我们的朋友？这个问题是革命的首要问题。”①基于这个首要问题，在总结历史经验的基础上，毛泽东指出，“统一战线，武装斗争，党的建设，是中国共产党在中国革命中战胜敌人的三个法宝，三个主要的法宝”②。“解放思想，实事求是，团结一致向前看”③，是党的十一届三中全会开启改革开放和社会主义现代化建设新时期的逻辑起点。基于“团结一致向前看”的出发点，邓小平强调，新时期“统一战线仍然是一个重要法宝，不是可以削弱，而是应该加强，不是可以缩小，而是应该扩大”④。基于在新的历史条件下更好地做到“三个代表”⑤，江泽民指出：“统一战线作为党的一个重要法宝，绝不能丢掉；作为党的一个政治优势，绝不能削弱；作为党的一项长期方针，绝不能动摇。”⑥以胡锦涛同志为总书记的党中央明确提出，统一战线是中国共产党夺取革命建设改革事业胜利的重要法宝，是中国共产党执政兴国的重要法宝，是实现祖国完全统一和中华民族伟大复兴的重要法宝。⑦《中国共产党统一战线工作条例》明确指出：“统一战线是中国共产党凝聚人心、汇聚力量的政治优势和战略方针，是夺取革命、建设、改革事业胜利的重要法宝，是增强党的阶级基础、扩大党的群众基础、巩固党的执政地位的重要法宝，是全面建设社会主义现代化国家、实现中华民族伟大复兴的重要法宝。”可以说，统一战线作为党的传家宝，是党的事业从胜利走向胜利的长期战略方针和显著政治优势。

（二）统战工作本质论

习近平总书记指出，“人心向背、力量对比是决定党和人民事业成败的关键，是最大的政治。统战工作的本质要求是大团结大联合，解决的就是人心和力量问题。这是我们党治国理政必须花大心思、下大气力解决好的重大战略问题”⑧。党的二十大强调，“团结就是力量，团结才能胜利”，要“不断巩固全国各

① 《毛泽东选集》第一卷，人民出版社1991年版，第3页。

② 《毛泽东选集》第二卷，人民出版社1991年版，第606页。

③ 《邓小平文选》第二卷，人民出版社1994年版，第140页。

④ 《邓小平文选》第二卷，人民出版社1994年版，第203页。

⑤ 《江泽民文选》第三卷，人民出版社2006年版，第1页。

⑥ 《江泽民文选》第三卷，人民出版社2006年版，第143页。

⑦ 中共中央统一战线工作部编：《科学发展观与统一战线学习读本》，华文出版社2008年版，第10页。

⑧ 中共中央文献研究室编：《十八大以来重要文献选编》（中），中央文献出版社2016年版，第556页。

族人民大团结，加强海内外中华儿女大团结，形成同心共圆中国梦的强大合力”。[①]

统一战线何以成为党须臾不可离的传家宝？这就需要深入思考和探究统一战线的本质问题。“江山就是人民、人民就是江山，打江山、守江山，守的是人民的心。中国共产党根基在人民、血脉在人民、力量在人民。”[②]人心是最大的政治[③]，最伟大的力量是同心合力[④]。人心和力量一体两面，人心在哪里，力量就随之汇聚到哪里。统一战线工作的根本任务就是争取人心、凝聚力量。对党来说，统一战线关系最大的政治，关系最伟大的力量，从而成为关乎党的事业能否取得永续胜利的重大战略问题。对长期执政的马克思主义政党而言，统一战线关系巩固党的执政地位，关系党完成执政使命的力量来源，从而成为关乎党能否永葆生命活力的长期战略问题。习近平总书记从“人心”和“力量”的高度，深化对统一战线本质问题的科学认识，奠定了统一战线重要法宝地位的理论基石，从根本上回答了统一战线何以成为党战胜困难、夺取胜利的传家宝。

（三）统战工作方针论

习近平总书记指出，“做好新形势下统战工作，必须正确处理一致性和多样性关系。统一战线是一致性和多样性的统一体，只有一致性、没有多样性，或者只有多样性、没有一致性，都不能建立和发展统一战线”[⑤]，强调“关键是要坚持求同存异，发扬‘团结——批评——团结’的优良传统，在尊重多样性中寻求一致性，找到最大公约数、画出最大同心圆”[⑥]。

统一战线是不同社会政治力量基于共同利益和价值，为实现共同理想和目标而组成的政治联盟。社会的一致性和多样性必然反映到统一战线的内部关系之中，其表现形态就是统一战线内部的一致性和多样性关系。社会一致性和多样性的发展演变，要求统一战线因时而变、顺势而为，处理好一致性和多样性的辩证关系，以实现统一战线的大团结大联合。正确处理一致性和多样性关系，反

---

① 《习近平著作选读》第一卷，人民出版社2023年版，第57、58页。

② 《习近平著作选读》第二卷，人民出版社2023年版，第482页。

③ 习近平：《在全国政协新年茶话会上的讲话》，《人民日报》2015年1月1日，第2版。

④ 习近平：《坚持军地合力军民同心 全面提高双拥工作水平》，《人民日报》2016年7月30日，第1版。

⑤ 中共中央文献研究室编：《十八大以来重要文献选编》（中），中央文献出版社2016年版，第561-562页。

⑥ 《习近平著作选读》第二卷，人民出版社2023年版，第608页。

映了统一战线存在和发展的规律，凝结了党领导统一战线的基本经验，是习近平总书记关于统一战线的重大理论创新成果，是新时代统一战线工作的方针。

正确处理一致性和多样性关系，要旨是不断增强一致性，正确对待多样性。一致性是建立统一战线的基础和前提，多样性是统一战线存续的动力和特色。统一战线的一致性是根本利益、核心价值、社会理想上的共同性，统一战线的多样性是不同党派、团体、民族、阶层等在具体利益诉求、思想观念、生活方式以及信仰上的差异性。坚持一致性，不是搞“清一色”、纯而又纯；尊重多样性，不是搞无底线的包容，导致“一盘散沙”。一致性和多样性作为矛盾的统一体，两者在统一战线中的地位和作用不同，并随社会主要矛盾的演进而变化。一致性是矛盾的主要方面，决定统一战线的性质和方向；多样性是矛盾的次要方面，体现统一战线的形态和功能。只有在尊重多样性中寻求一致性，做到增进一致而不强求一律、尊重差异而不扩大分歧、包容多样而不弱化主导，才能凝聚共识、加强团结、促进和谐、共襄发展。

正确处理一致性和多样性关系，关键是坚持求同存异。“同”是统一战线共同坚守的思想政治底线，“异”是利益多元、观念多样的反映。“同”的寻求或聚合，以“异”的存在为条件；“异”的存在或转化，以有利于“同”为目的。习近平总书记强调：“什么是同心圆？就是在党的领导下，动员全国各族人民，调动各方面积极性，共同为实现中华民族伟大复兴的中国梦而奋斗。”[①]一方面，要不断巩固共同思想政治基础，包括巩固已有共识、推动形成新的共识，这是基础和前提。另一方面，要充分发扬民主、尊重包容差异。“只要我们把政治底线这个圆心固守住，包容的多样性半径越长，画出的同心圆就越大。”[②]“要及时了解统一战线内部思想动态，把在一些敏感点、风险点、关切点上强化思想政治引领同经常性思想政治工作结合起来，求同存异、聚同化异，推动各党派团体和各族各界人士实现思想上的共同进步。”[③]求同存异，强调的是寻求共识，尊重差异，形成最大公约数，实现大团结大联合。聚同化异，强调的是增进共识，对错误言行进行引导、转化和斗争，以维护团结、稳定和统一。

① 《习近平谈治国理政》第二卷，外文出版社 2017 年版，第 335 页。

② 中共中央文献研究室编：《十八大以来重要文献选编》（中），中央文献出版社 2016 年版，第 562 页。

③ 中共中央党史和文献研究院编：《十九大以来重要文献选编》（中），中央文献出版社 2021 年版，第 209 页。

（四）统一战线五大关系发展论

政党关系、民族关系、宗教关系、阶层关系、海内外同胞关系，是政治和社会领域涉及党和国家工作全局的重大关系，是统一战线需要全面把握和正确处理的五大关系。习近平总书记从巩固和发展各民族大团结、全国人民大团结、全体中华儿女大团结，汇聚起实现中华民族伟大复兴磅礴伟力的全局出发，就促进政党关系、民族关系、宗教关系、阶层关系、海内外同胞关系和谐，做好各领域统战工作，提出一系列重大思想观点，形成新时代统一战线五大关系和谐发展的新理念新战略。

在政党关系方面，首次提出“中国特色社会主义参政党”和“新型政党制度”两个新概念，阐明坚持中国新型政党制度自信和提升中国新型政党制度效能两个重大命题。强调民主党派是中国特色社会主义参政党，明确民主党派的性质定位；中国共产党领导的多党合作和政治协商制度是从中国土壤中生长出来的新型政党制度，凸显中国新型政党制度的特点和优势。强调加强中国特色社会主义参政党建设，支持民主党派和无党派人士履行参政议政、民主监督、参加中国共产党领导的政治协商的基本职能，充分发挥好民主党派和无党派人士的积极作用，做中国共产党的好参谋、好帮手、好同事。强调“要坚持和完善中国共产党领导的多党合作和政治协商制度，坚持党的领导，强化政治引领，完善制度机制，推动新时代多党合作更加规范有序、生动活泼”[①]。

在民族关系方面，首次阐明中国特色解决民族问题的正确道路，创造性提出“铸牢中华民族共同体意识”等重大理念，形成了习近平总书记关于加强和改进民族工作的重要思想。2021年中央民族工作会议将其概括为“十二个必须”，包括必须从中华民族伟大复兴战略高度把握新时代党的民族工作的历史方位，必须把推动各民族为全面建设社会主义现代化国家共同奋斗作为新时代党的民族工作的重要任务，必须以铸牢中华民族共同体意识为新时代党的民族工作的主线，必须坚持正确的中华民族历史观，必须坚持各民族一律平等，必须高举中华民族大团结旗帜，必须坚持和完善民族区域自治制度，必须构筑中华民族共有精神家园，必须促进各民族广泛交往交流交融，必须坚持依法治理民族事务，必须坚决维护国家主权、安全、发展利益，必须坚持党对民族工作的领导等[②]。

① 《习近平著作选读》第二卷，人民出版社2023年版，第610页。

② 参见《习近平著作选读》第二卷，人民出版社2023年版，第507-511页。

在宗教关系方面，首次阐明做好宗教工作既不是“收”，也不是“放”，而是“导”，强调宗教工作的本质是群众工作，提出一系列关于宗教工作的新理念新举措，回答了新时代做好党的宗教工作的重大理论和实践问题。2021年全国宗教工作会议将其概括为“九个必须”，包括必须深刻认识做好宗教工作在党和国家工作全局中的重要性，必须坚持党对宗教工作的集中统一领导，必须坚持和发展中国特色社会主义宗教理论，必须坚持党的宗教工作基本方针，必须坚持我国宗教中国化方向，必须坚持把广大信教群众团结在党和政府周围，必须构建积极健康的宗教关系，必须支持宗教团体加强自身建设，必须提高宗教工作法治化水平等①。

在阶层关系方面，创造性提出“聚天下英才而用之”的战略思想和“民营经济是我国经济制度的内在要素，民营企业和民营企业家是我们自己人”的重大论断，阐明引导一切非公有制经济人士和其他新的社会阶层人士做合格的中国特色社会主义事业的建设者的战略目标。强调党外知识分子工作是统一战线基础性、战略性工作，把新的社会阶层人士组织起来、发挥积极作用，把网络人士纳入统战工作视野，构建“网上网下同心圆”。“要加强党外知识分子和新的社会阶层人士统战工作，以凝聚共识为根本，以爱国奋斗为目的，鼓励支持他们立足本职建功立业，积极投身改革创新一线，施展才华和抱负。”②强调坚持和完善我国基本经济制度，毫不动摇巩固和发展公有制经济，毫不动摇鼓励、支持、引导非公有制经济发展，坚持非公有制经济在我国经济社会发展中的地位和作用没有变，毫不动摇鼓励、支持、引导非公有制经济发展的方针政策没有变，致力于为非公有制经济发展营造良好环境和提供更多机会的方针政策没有变。“要促进非公有制经济健康发展和非公有制经济人士健康成长，深入开展理想信念教育和社会主义核心价值观教育，帮助他们践行新发展理念，弘扬企业家精神，做合格的中国特色社会主义事业建设者。”③

在海内外同胞关系方面，首次提出“团结统一的中华民族是海内外中华儿女共同的根，博大精深的中华文化是海内外中华儿女共同的魂，实现中华民族伟大复兴是海内外中华儿女共同的梦”的重大观点；阐明“一国两制”是香港、澳门回归后保持长期繁荣稳定的最佳制度安排，大陆和台湾是不可分割的命运共同体，“和平统一、一国两制”是解决台湾问题的基本方针，是实现国家统一的最佳方

---

① 参见《习近平著作选读》第二卷，人民出版社2023年版，第565-567页。

② 《习近平著作选读》第二卷，人民出版社2023年版，第610页。

③ 《习近平著作选读》第二卷，人民出版社2023年版，第610页。

式；明确凝聚侨心侨力同圆共享中国梦的新时代侨务工作主题。强调争取人心是港澳台统战工作的出发点和落脚点，要坚持爱国者为主体的“港人治港”“澳人治澳”，发展壮大爱国爱港爱澳力量；要广泛团结联系海外侨胞和归侨侨眷，共同致力于中华民族伟大复兴。“要加强海外爱国力量建设，涵养壮大知华友华力量，促进中外文化文明交流互鉴。”①

（五）党外代表人士队伍建设论

习近平总书记强调，培养使用党外代表人士是我们党的一贯政策，要把党外代表人士队伍建设纳入干部和人才队伍建设总体规划。要加强培养、提高素质，科学使用、发挥作用，引导党外优秀人才自觉学习中国特色社会主义理论，自觉践行社会主义核心价值观，自觉弘扬中华传统美德，培养一批同党亲密合作、可堪重用的党外代表人士，把党内党外各方面优秀人才集聚到党和人民事业中来。

党外代表人士队伍建设在统一战线工作中具有基础性、战略性地位。《中国共产党统一战线工作条例》以党内法规的形式对党外代表人士发现、培养、使用、管理各个环节作出明确规定。强调党外代表人士工作的重点是科学使用、发挥作用，关键是加强培养、提高素质。要开阔选人视野，注重涵养水源；要坚持理论培训和实践锻炼相结合，通过理论培训坚定理想信念、增强政治认同，通过实践锻炼丰富经历阅历、提高素质能力；要尊重党外干部成长规律，按照干部人事制度改革总体方向和要求，选拔和推荐更多优秀党外人士担任各级国家机关领导职务，加大党外干部锻炼培养和安排使用力度。

（六）统战工作规律论

习近平总书记强调：“我们搞统一战线，从来不是为了好看、为了好听，而是因为有用、有大用、有不可或缺的作用。说到底，统一战线是做人的工作，搞统一战线是为了壮大共同奋斗的力量。”②要加强同党外人士的团结联系，坚持尊重、维护、照顾同盟者利益的原则，待之以诚、动之以情、晓之以理、助之以实，真正赢得党外人士尊重和认同，为党交一大批肝胆相照的党外朋友。

习近平总书记在2022年中央统战工作会议上提出做好统战工作必须把握好“四个关系”，深化了对做好新时代统战工作的规律性认识。强调要把握好固

① 《习近平著作选读》第二卷，人民出版社2023年版，第610页。

② 中共中央文献研究室编：《十八大以来重要文献选编》（中），中央文献出版社2016年版，第562页。

守圆心和扩大共识的关系、潜绩和显绩的关系、原则性和灵活性的关系、团结和斗争的关系，“真正把不同党派、不同民族、不同阶层、不同群体、不同信仰以及生活在不同社会制度下的全体中华儿女都团结起来”①，推动党的统战事业行稳致远。把握好固守圆心和扩大共识的关系，就是要以中国共产党领导为圆心，以习近平新时代中国特色社会主义思想铸牢团结根基，同时要寻求最大公约数，不断增进共识、加强团结，画出最大同心圆。把握好潜绩和显绩的关系，就是要坚持正确政绩观，既要做看得见的显绩，更要做看不见的潜绩，只有日日做功、久久为功，才能真正广泛凝聚人心。把握好原则性和灵活性的关系，就是要把原则的坚定性和策略的灵活性结合起来，既要站稳党和人民的立场，坚守原则底线，又要具体问题具体分析，拿捏好分寸，把握好尺度，做到宽严不误。把握好团结和斗争的关系，就是要正确处理团结和斗争的辩证关系，既要善于团结，达成有原则、负责任的团结，又要敢于斗争、善于斗争，以斗争求团结，努力形成牢不可破的真团结。习近平总书记关于把握好这“四个关系”的重要要求，既讲“两点论”，又讲“重点论”，体现了马克思主义认识论和方法论的有机统一性，为深刻把握新时代统战工作规律提供了科学遵循。

（七）统战工作方法论

习近平总书记指出：“统战工作还有一个重要特征，就是讲求很强的工作艺术。统战工作是党的特殊群众工作，要有特殊的方式方法。”②统一战线是具有革命性的统一战线，不仅要处理好人民内部的矛盾问题，也要有效应对外部的风险挑战。统一战线是普遍的政治现象，始终存在着“谁统谁、谁影响谁”的问题。统战工作的根本方法就在于把善于团结和敢于批评、敢于斗争相统一，正确运用“团结——批评——团结”的重要方法。习近平总书记从“统一战线是做人的工作”这一根本特点出发，进一步明确了做好新时代统一战线工作的原则和方法。一是善于联谊交友。联谊交友是统战工作的重要内容，也是统战工作的重要方式。党政领导干部、统战干部要掌握这个方式。③ 统一战线工作做得好不好，要看交到的朋友多不多、合格不合格、够不够铁。多不多是数量问题，合格不合格、够不够铁是质量问题。④ 交朋友的面要广，朋友越多越好，特别是要交一些能说

① 《习近平著作选读》第二卷，人民出版社 2023 年版，第 609 页。
② 中共中央文献研究室编：《十八大以来重要文献选编》(中)，中央文献出版社 2016 年版，第 561 页。
③ 中共中央文献研究室编：《十八大以来重要文献选编》(中)，中央文献出版社 2016 年版，第 562 页。
④ 中共中央文献研究室编：《十八大以来重要文献选编》(中)，中央文献出版社 2016 年版，第 562 页。

心里话的挚友诤友。想交到这样的朋友，不能做快餐，而是要做佛跳墙这样的功夫菜。[①] 二是善于沟通协商。对党外人士，要多接触、多谈心、多帮助，讲尊重、讲平等、讲诚恳，不随意伤害对方自尊心，不以势压人。同党外人士交朋友当然会有私谊，但私谊要服从公谊。要讲原则、讲纪律、讲规矩，不能把党外人士当成个人资源，而要出于公心为党交一大批肝胆相照的党外朋友。[②] 要善于运用沟通、协商、谈心等方式做好知识分子思想工作，多了解他们工作学习生活中的困难，多同他们共同探讨一些问题，多鼓励他们取得的成绩和进步。[③] 三是敢于批评斗争。实现统一战线的团结联合并不是奉行好人主义。统一战线的团结是有原则的团结，不是无原则的迁就和无底线的包容，在大是大非问题上头脑要清醒、立场要坚定、态度要鲜明。统一战线的批评是负责任的批评，从团结的愿望出发，要善于运用民主的方法、讨论的方法、说服教育的方法，不打棍子、不扣帽子、不抓辫子。争取人心，要"注意区分政治原则问题、思想认识问题、学术观点问题，旗帜鲜明反对和抵制各种错误观点"[④]。属于学术问题的，要坚持百花齐放、百家争鸣，积极加以引导；属于思想认识问题的，要积极教育转化、团结争取；属于政治问题的，就要严格加以约束，开展必要的斗争。[⑤]

（八）大统战工作格局论

习近平总书记强调，"统一战线是党领导的统一战线。在统战工作中，实行的政策、采取的措施都要有利于坚持和巩固党的领导地位和执政地位"[⑥]，强调"统战工作是全党的工作，必须全党重视，大家共同来做，构建党委统一领导、统战部门牵头协调、有关方面各负其责的大统战工作格局"[⑦]。加强新时代统一战线工作，根本在于坚持党的领导，形成全党上下一齐动手、有关方面协同联动的工作局面。各级党委（党组）要履行主体责任，把统战工作摆上重要议事日程。

---

① 中共中央文献研究室编：《十八大以来重要文献选编》（中），中央文献出版社 2016 年版，第 562-563 页。

② 中共中央文献研究室编：《十八大以来重要文献选编》（中），中央文献出版社 2016 年版，第 563 页。

③ 习近平：《在知识分子、劳动模范、青年代表座谈会上的讲话》，《人民日报》2016 年 4 月 30 日，第 2 版。

④ 中共中央党史和文献研究院编：《十九大以来重要文献选编》（上），中央文献出版社 2019 年版，第 30 页。

⑤ 《习近平：网上网下要形成同心圆》，求是网，2021 年 4 月 19 日，http://www.qstheory.cn/zhuanqu/2021-04/19/c_1127348133.htm。

⑥ 中共中央文献研究室编：《十八大以来重要文献选编》（中），中央文献出版社 2016 年版，第 561 页。

⑦ 《习近平著作选读》第二卷，人民出版社 2023 年版，第 608-609 页。

各部门各单位要增强统战意识，齐抓共管，形成强大合力。[①]

实现大团结大联合，统一战线必须解决领导权及其实现路径问题。习近平总书记指出："做好新形势下统战工作，必须掌握规律、坚持原则、讲究方法，最根本的是要坚持党的领导。"[②]坚持党对统一战线的领导，不仅要有正确的战略策略，而且要有工作力量支撑和工作机制保障，以确保党对统一战线领导权的落实。习近平总书记从巩固党在统一战线中的领导核心地位，发挥党对统战工作总揽全局、协调各方作用的战略高度，强调加强党对新时代统一战线工作的集中统一领导，作出构建大统战工作格局的重大决策，为统一战线事业健康发展提供了根本保证。一是阐明党的领导的内涵及其责任主体，强调"党对统一战线的领导主要是政治领导，即政治原则、政治方向、重大方针政策的领导，主要体现为党委领导而不是部门领导、集体领导而不是个人领导"[③]。二是阐明实现党的领导的重要条件，强调"坚持党的领导要坚定不移，但在这个过程中也要尊重、维护、照顾同盟者的利益，帮助党外人士排忧解难"[④]。三是阐明实现党的领导的重要方式，强调"我们发展社会主义民主政治、加强社会主义协商民主建设，就是为了发扬民主、集思广益，避免发生大的失误。民主和协商是实现党的领导的重要方式。通过发扬民主、广泛协商，可以使统一战线广大成员更加普遍地认同党的主张，更加自觉地团结在党的周围、跟党走"[⑤]。四是阐明实现党的领导的体制机制，强调统战工作是各级党委必须做好的分内事、必须种好的责任田。长期以来，"统一战线不统一"的问题比较突出，影响了统战工作成效。要坚持党委统一领导、统战部门牵头协调、有关方面各负其责的大统战工作格局，形成工作合力。

（九）统战工作科学论

统战工作是一门科学，没有很强的业务水平和工作能力是做不好的。我们党历来把统一战线视为一门科学，重视研究和总结统一战线的本质和规律。1945年毛泽东《在中国共产党第七次全国代表大会上的结论》中首次指出："统一战线是一门专门科学，我们党内有很多人还没有学会，很多人不善于同党外人

---

① 《习近平著作选读》第二卷，人民出版社2023年版，第610页。
② 中共中央文献研究室编：《十八大以来重要文献选编》（中），中央文献出版社2016年版，第561页。
③ 中共中央文献研究室编：《十八大以来重要文献选编》（中），中央文献出版社2016年版，第561页。
④ 中共中央文献研究室编：《十八大以来重要文献选编》（中），中央文献出版社2016年版，第561页。
⑤ 中共中央文献研究室编：《十八大以来重要文献选编》（中），中央文献出版社2016年版，第558页。

士合作，我们要学会这一门科学。”[1]改革开放以后，党开始从科学的角度加强对统一战线理论的研究并取得重要成果，为新时期爱国统一战线的发展提供了理论指导。但现实中，统一战线“说起来重要，做起来次要，忙起来不要”的现象普遍存在，统战工作“上热中温下凉”的情况也普遍存在。习近平总书记明确指出，党内既存在不重视统一战线的认识问题，又存在不会做统战工作的能力问题。这些问题不解决，不仅不利于发展统一战线、做好统战工作，而且一些不全面甚至错误的观点和做法还会危害党的统一战线事业。

如何解决党内存在的轻视或忽视统一战线和统战工作的问题呢？如何解决党内存在的“拿着海龙王的法宝不会用”的问题呢？为此，习近平总书记强调：“统一战线无小事，统战工作涉及的主要是同党外的关系，处理不好就可能影响大局。”[2]统战工作是百科全书、博大精深，要根据新形势、新任务、新要求，不断推进统战工作守正创新，加强理论方针政策研究。新形势下强调统战工作是一门科学，旨在号召全党要高度重视统一战线和统战工作，并且要在加强统战工作理论和实践创新中提高统战工作能力。加强统战工作的科学研究，需要进一步构建统一战线的学科体系、学术体系、话语体系，建设具有中国特色、中国风格、中国气派的统一战线学。提高全党做好统战工作的素质和能力，需要加强理论武装，加强调查研究，加强经验总结，在不断推进统战工作守正创新中掌握统战工作规律，提升统战工作艺术。

上述“九论”，既有战略论、又有策略论，既有方针论、又有政策论，既有认识论、又有方法论，是习近平总书记关于做好新时代党的统一战线工作的重要思想的核心要义。“统一战线强大法宝论”、“统战工作本质论”和“统战工作方针论”深化了党对统一战线工作的根本认识，“统一战线五大关系发展论”明确了新时代统一战线发展新战略，“党外代表人士队伍建设论”、“统战工作规律论”、“统战工作方法论”、“大统战工作格局论”和“统战工作科学论”为实现统一战线高质量发展指明了路径、方法和机制保障。“九论”极富继承性，闪耀着马克思主义真理光芒；极富创造性，彰显出马克思主义与时俱进的理论品质；极富实践性，指导着新时代统一战线开创新局面。

① 《毛泽东文集》第三卷，人民出版社 1996 年版，第 415 页。

② 《习近平谈统战工作：本质要求是大团结大联合》，人民网，2017 年 11 月 22 日，http://jhsjk.people.cn/article/29660701。

二、思想精髓

“问题是时代的声音，人心是最大的政治。”[①]推进新时代党的统一战线工作，必须树立问题意识、坚持问题导向，倾听人民呼声、凝聚复兴力量。以习近平同志为主要代表的中国共产党人，以画出民族复兴最大同心圆为目标导向，深刻把握新时代爱国统一战线面临的新机遇新挑战新课题，创造性地发展了马克思主义统一战线理论，形成了习近平总书记关于做好新时代党的统一战线工作的重要思想，明确统一战线是凝聚人心、汇聚力量的强大法宝，必须加强中华儿女大团结，形成同心共圆中国梦的强大合力；明确统战工作的本质要求是大团结大联合，解决的就是人心和力量问题，这是我们党治国理政必须花大心思、下大气力解决好的重大战略问题；明确统战工作的方针是正确处理一致性和多样性关系，要增进一致性，包容多样性，寻求最大公约数，画出最大同心圆；明确中国共产党领导的多党合作和政治协商制度是从中国土壤中生长出来的新型政党制度，要加强中国特色社会主义参政党建设，提升新型政党制度效能；明确把铸牢中华民族共同体意识作为党的民族工作主线，要坚定不移走中国特色解决民族问题的正确道路；明确坚持我国宗教中国化方向，积极引导宗教与社会主义社会相适应；明确党外知识分子工作是统一战线基础性、战略性工作，要把各方面知识分子凝聚起来，聚天下英才而用之；明确把新的社会阶层人士组织起来、加强引导、发挥作用，要做好网络统战工作，走好网络群众路线；明确民营经济是我国经济制度的内在要素，民营企业和民营企业家是我们自己人，要构建亲清政商关系，促进非公有制经济健康发展和非公有制经济人士健康成长；明确聚焦争取人心，做好港澳台统战工作，把凝心聚力同圆共享中国梦作为海外统战工作和侨务工作主题；明确党外代表人士工作的重点是科学使用、发挥作用，关键是加强培养、提高素质；明确做好统战工作必须掌握规律、坚持原则、讲究方法，要善于联谊交友，提高统战工作艺术；明确坚持党对统一战线的领导，构建党委统一领导、统战部门牵头协调、有关方面各负其责的大统战工作格局；明确统战工作是百科全书、博大精深，要根据新形势新任务新要求，不断推进统战工作守正创新，加强统战理论方针政策研究。

习近平总书记关于做好新时代党的统一战线工作的重要思想，坚持战略思

① 习近平：《在全国政协新年茶话会上的讲话》，《人民日报》2015 年 1 月 1 日，第 2 版。

维、辩证思维、系统思维、创新思维、历史思维、法治思维、底线思维，实现了体现时代性、把握规律性、富于创造性、突出系统性、彰显实践性的有机统一，具有鲜明的马克思主义理论品格。贯穿于这一科学思想体系中的马克思主义立场观点方法，集中体现在坚持党性和人民性相统一的根本立场、坚持民族性和世界性相统一的宽广眼光、坚持守正和创新相统一的思想原则三个方面。

（一）坚持党性和人民性相统一

坚定的党性原则和人民至上的价值取向，是习近平总书记关于做好新时代党的统一战线工作的重要思想的根本政治立场。习近平总书记指出，“党性和人民性从来都是一致的、统一的”①，强调“统一战线是党领导的统一战线。在统战工作中，实行的政策、采取的措施都要有利于坚持和巩固党的领导地位和执政地位”②，“说到底，统一战线是做人的工作，搞统一战线是为了壮大共同奋斗的力量”③。坚持党性，是马克思主义政党的根本政治原则，其核心是坚持正确政治方向。坚持人民性，是马克思主义政党的根本政治立场，其核心是实现好、维护好、发展好最广大人民根本利益。马克思主义统一战线理论是关于共产党领导建立各政党、各阶级、各民族、各界别政治联盟的战略和策略，始终强调党性和人民性的统一。坚持党的领导地位和执政地位，是统一战线坚持党性原则的根本要求。只有坚持党的领导权和执政地位，统一战线才有强大凝聚力和向心力，才能形成“众星拱月”的良好局面。民心是最大的政治，实现党的领导和执政使命，必须“把赢得民心民意、汇集民智民力作为重要着力点”④。坚持以人民为中心，统一战线才有强大的号召力和影响力，才能汇聚“万水朝东”的磅礴之力。

（二）坚持民族性和世界性相统一

坚持为中华民族伟大复兴凝心聚力和团结世界各国人民为人类进步事业共同奋斗，是习近平总书记着眼“两个大局”、谋划新时代统一战线事业发展的鲜明特色。习近平总书记指出，中国共产党“所做的一切都是为人民谋幸福，为民族谋复兴，为世界谋大同”⑤，并倡导世界各政党“要担负起凝聚共识的责任，坚守

① 《习近平谈治国理政》第一卷，外文出版社 2018 年版，第 154 页。
② 中共中央文献研究室编：《十八大以来重要文献选编》（中），中央文献出版社 2016 年版，第 561 页。
③ 中共中央文献研究室编：《十八大以来重要文献选编》（中），中央文献出版社 2016 年版，第 562 页。
④ 《习近平谈治国理政》第三卷，外文出版社 2020 年版，第 95 页。
⑤ 《习近平会见联合国秘书长古特雷斯》，《人民日报》2018 年 4 月 9 日，第 1 版。

和弘扬全人类共同价值。各国历史、文化、制度、发展水平不尽相同，但各国人民都追求和平、发展、公平、正义、民主、自由的全人类共同价值。我们要本着对人类前途命运高度负责的态度，做全人类共同价值的倡导者，以宽广胸怀理解不同文明对价值内涵的认识，尊重不同国家人民对价值实现路径的探索，把全人类共同价值具体地、现实地体现到实现本国人民利益的实践中去”[①]。从马克思主义政党的立党原则出发，中国共产党始终坚持爱国主义和国际主义相结合的基本立场，与马克思主义统一战线理论的基本原则一脉相通。马克思主义认为，世界各国劳动人民的根本利益是一致的，而且只有全世界各个国家和地区的生产力均达到较高水平，全人类才有可能获得普遍意义上的解放和自由。正因如此，作为肩负着为全人类福祉而奋斗的社会主义大国执政党，中国共产党不仅要团结带领本国人民为民族的发展与复兴而奋斗，而且要团结联合世界各国人民以实现全人类的解放。高举爱国主义旗帜，寻求民族复兴最大公约数，铸牢中华民族共同体意识，以实现中华民族伟大复兴；高举国际主义旗帜，守护和弘扬和平、发展、公平、正义、民主、自由的全人类共同价值，推动构建人类命运共同体，以实现人类共同进步，充分彰显了习近平总书记谋划新时代统一战线发展新战略，实现马克思主义统一战线理论创新发展的宏阔思想境界。

（三）坚持守正和创新相统一

习近平总书记针对新时代党和国家各项事业发展，提出“要坚持守正和创新相统一”[②]的明确要求。守正即坚守正道，就是尊重事物的本质和规律，遵循马克思主义的科学真理。创新即创造新事物，就是有意识有目的地改变旧事物，创造新的认识和实践成果。习近平总书记强调，要“坚守正道、追求真理，立足我国国情，放眼观察世界，不妄自菲薄，不人云亦云”[③]，“必须在理论上跟上时代，不断认识规律，不断推进理论创新、实践创新、制度创新、文化创新以及其他各方面创新”[④]。就统战工作而言，一方面，把守正作为新时代统战工作的根本要求，强调坚持党的领导，坚持高举爱国主义、社会主义旗帜，坚持围绕中心、服务大局，坚持大团结大联合，坚持正确处理一致性和多样性关系等重大原则，保持战略定

① 《习近平著作选读》第二卷，人民出版社 2023 年版，第 492 页。

② 《习近平谈治国理政》第三卷，外文出版社 2020 年版，第 535 页。

③ 《紧跟时代肩负使命锐意进取 为共同理想和目标团结奋斗》，《人民日报》2016 年 4 月 30 日，第 1 版。

④ 《习近平谈治国理政》第三卷，外文出版社 2020 年版，第 21 页。

力，固守政治底线，形成最大公约数；另一方面，把创新作为开创新时代统战工作新局面的基本路径，强调以新的理念、思路、办法、手段解决好统战工作存在的各种矛盾和问题，积极推进理论创新、实践创新、制度创新，用活用好“海龙王的法宝”，画出最大同心圆。坚持解放思想和实事求是相结合，坚持培元固本和守正创新相结合，推进新时代统一战线理论创新和实践发展合规律性与合目的性的有机统一，是习近平总书记关于做好新时代党的统一战线工作的重要思想的理论精髓。

第三节　习近平总书记关于做好新时代党的统一战线工作的重要思想的历史地位

伟大的时代产生伟大的思想，伟大的思想引领伟大的时代。习近平总书记关于做好新时代党的统一战线工作的重要思想，承继党百年统一战线的发展历程，升华党百年统一战线历史经验的思想精华，指明画出民族复兴最大同心圆的战略路径，指引新时代加强中华儿女大团结的前进方向。这一重要思想不仅为建设中华民族共同体、凝聚民族复兴伟力提供了根本遵循，而且为推动构建人类命运共同体、谋求世界大同贡献了中国智慧。

一、新时代统战工作的科学总结

党的十八大以来，以习近平同志为核心的党中央高度重视统一战线，从治国理政的战略高度对统战工作作出全面部署，不断促进政党关系、民族关系、宗教关系、阶层关系、海内外同胞关系和谐，不断加强海内外中华儿女大团结，推动统战工作取得历史性成就，统一战线呈现出团结、奋进、开拓、活跃的良好局面，为推进中国特色社会主义伟大事业、实现中华民族伟大复兴作出了新的更大贡献。实践的发展必然推动理论的创新。习近平总书记关于做好新时代党的统一战线工作的重要思想正是在新时代统战工作的实践创新中得以形成并不断丰富发展的，是新时代统战工作取得的重大理论成果。

综观新时代十年的实践历程，这一重要思想大体呈现出三个发展阶段。其一，2015 年中央统战工作会议的召开和《中国共产党统一战线工作条例（试行）》的颁布是其形成的重要标志。习近平总书记在中央统战工作会议上的讲话，系统阐述了新时代需要不需要统一战线、需要什么样的统一战线以及如何巩固壮大新时代爱国统一战线等一系列重大理论和现实问题，是指导新时代加强和改进党的统一战线工作的纲领性文献。其二，2017 年党的十九大提出中华民族共同体和人类命运共同体“两个共同体”的重大理念是其发展的重要标志。党的十九大把习近平新时代中国特色社会主义思想写入党章，确立为党必须长期坚持的指导思想；同时强调“铸牢中华民族共同体意识”和“构建人类命运共同体”两个重大命题，拓展了新时代统一战线的使命任务，突显了新时代统一战线理论和实践的鲜明主题。其三，2020 年新修订的《中国共产党统一战线工作条例》、2021 年“七一”讲话和党的第三个历史决议、2022 年《中国共产党政治协商工作条例》和党的统一战线政策提出 100 周年背景下召开的中央统战工作会议关于“十二个必须”的概括是其走向成熟的重要标志。把“坚持统一战线”“加强中华儿女大团结”纳入党的百年历史经验，更加彰显出统一战线的历史地位和时代价值。

二、党的统一战线百年发展史的智慧结晶

马克思主义统一战线理论是党建立和发展统一战线的指导思想。在百年统一战线发展史上，党把马克思主义统一战线基本原理同中国具体实际相结合、同中华优秀传统文化相结合，实现了三次具有鲜明历史和时代特征的理论飞跃，形成三大理论成果。以毛泽东为主要代表的中国共产党人，在战争与革命的时代条件下，立足中国革命和社会主义建设实际，把统一战线作为团结革命力量、战胜敌人，团结人民、建设社会主义的重要法宝，建立起最广泛的革命统一战线和人民民主统一战线，形成毛泽东统一战线思想。以邓小平、江泽民、胡锦涛为主要代表的中国共产党人，在和平与发展的时代条件下，立足改革开放和社会主义现代化建设实际，高举爱国主义和社会主义两面旗帜，把统一战线作为党执政兴国的重要法宝，建立起最广泛的爱国统一战线，形成中国特色社会主义统一战线理论。中国特色社会主义进入新时代，我们党面临中华民族伟大复兴战略全局和世界百年未有之大变局，以习近平同志为核心的党中央立足新时代、面向新征程，把统一战线作为实现中华民族伟大复兴的重要法宝，建立起新时代最广泛的爱国统一战线，形成习近平总书记关于做好新时代党的统一战线工作的重要思想。习近平总书记关于做好新时代党的统一战线工作的重要思想与马克思主义统一战线理论、毛泽东统一战线思想、中国特色社会主义统一战线理论既一脉相

承，又自成体系，实现了马克思主义统一战线理论中国化时代化新的飞跃，在党的统一战线理论发展史上具有重要的历史地位，对党的统一战线事业发展具有长期的指导意义。

三、新时代统战工作的根本指针

团结奋斗是中国共产党和中国人民的精神标识，是中国共产党团结带领中国人民创造历史伟业的必由之路。促进中华儿女大团结，团结一切可以团结的力量、调动一切可以调动的积极因素，最大限度凝聚起共同奋斗的力量，为实现中华民族伟大复兴凝心聚力，是新时代爱国统一战线的历史责任和光荣使命。新的征程上，中华民族既迎来伟大复兴的光明前景，同时也面临前所未有的风险挑战。越是形势复杂、越是任务艰巨、越是挑战严重，各种思想政治观念的碰撞交锋就会更加频繁、更加激烈，各种社会利益关系的矛盾冲突就会更加普遍、更加尖锐。在社会日益多元、多样、多变的背景下，党的统一战线事业发展也面临新任务、新课题、新挑战。习近平总书记深刻总结党百年统一战线的历史经验，深刻洞察时代发展大势，深化对统一战线本质和规律的科学认识，系统谋划新时代统一战线发展战略，全面部署各领域统战工作重大举措，为做好新形势下的统战工作、破解各种重点难点问题，指明了战略路径，提供了策略方法。

迈进新征程，全面系统学深悟透、完整准确贯彻落实习近平总书记关于做好新时代党的统一战线工作的重要思想，充分发挥统一战线凝聚人心、汇聚力量的强大法宝作用，为全面建设中国特色社会主义现代化国家、实现中华民族伟大复兴而团结奋斗，必须加强党对统一战线工作的集中统一领导，增强全党做统战工作的政治自觉、思想自觉、行动自觉；必须遵循统战工作本质要求，坚持大团结大联合；必须把握统战工作基本方针，正确处理一致性和多样性关系；必须坚持守正创新，促进政党关系、民族关系、宗教关系、阶层关系、海内外同胞关系和谐；必须加强党外代表人士队伍建设，为强国建设、民族复兴提供最广泛的力量支撑；必须尊重统战工作规律，提高统战工作科学化水平；必须讲求统战工作方法和艺术，努力寻求最大公约数、画出最大同心圆；必须坚持和完善大统战工作格局，最大限度凝聚起新时代统战工作合力；必须坚持问题导向，推进在实践基础上的理论创新，构建具有中国特色、中国风格、中国气派的统一战线学科体系、学术体系、话语体系。

实践发展永无止境，我们认识真理、进行理论创新就永无止境。[①] 中国特色社会主义进入新时代，这是海内外全体中华儿女同圆共筑中国梦的伟大时代。寻求民族复兴最大公约数、画出筑梦中国最大同心圆，是新时代爱国统一战线的时代主题。习近平总书记强调："中华民族伟大复兴，绝不是轻轻松松、敲锣打鼓就能实现的。全党必须准备付出更为艰巨、更为艰苦的努力。"[②]巩固壮大新时代爱国统一战线，必然会遇到各种新情况新问题，推进统一战线理论的完善和创新，也不是一劳永逸的。只有在实践上大胆探索、在理论上不断突破，才能不断加强中华儿女大团结，为实现中华民族伟大复兴团结奋斗。习近平总书记关于做好新时代党的统一战线工作的重要思想是不断发展的理论，必将在寻求中华民族伟大复兴和全人类共同价值最大公约数中不断丰富；这一马克思主义统一战线理论中国化时代化的最新成果是与时俱进的思想，必将在建设中华民族共同体和推动构建人类命运共同体的伟大实践中持续发展；这一新时代爱国统一战线的创新理论又是开放包容的体系，必将在吸收借鉴全人类共创世界大同的历史进程中日臻完善。

---

① 中共中央文献研究室编：《十八大以来重要文献选编》（下），中央文献出版社 2018 年版，第 346 页。

② 《习近平谈治国理政》第三卷，外文出版社 2020 年版，第 12 页。

第二章 充分发挥统一战线的重要法宝作用

统一战线是党的总路线总政策的重要组成部分，在我国革命、建设、改革的不同历史时期发挥了重要作用，成为中国共产党不断夺取胜利的重要法宝。习近平总书记深刻指出："统一战线是党克敌制胜、执政兴国的重要法宝，是团结海内外全体中华儿女实现中华民族伟大复兴的重要法宝。"①统一战线的重要法宝作用贯穿中国共产党百年奋斗史的全过程。从历史发展看，中国共产党领导的统一战线大体经历了四个时期：新民主主义革命时期（1921—1949 年）、社会主义革命和建设时期（1949—1978 年）、改革开放和社会主义现代化建设新时期（1978—2012 年）、中国特色社会主义新时代（2012 年至今）。历史是最好的教科书，实践是检验真理的唯一标准，只有深刻地总结过去，才能对未来洞若观火。回顾统一战线的历史发展，阐明统一战线围绕不同历史时期党的中心任务凝心聚力的历史经验，可以更深刻地感悟和把握统一战线的重要法宝作用。

① 《习近平著作选读》第二卷，人民出版社 2023 年版，第 608 页。

第一节　统一战线是党克敌制胜的重要法宝

新民主主义革命时期是统一战线发挥克敌制胜重要法宝作用的主要阶段，这一时期中国共产党主要任务是反对帝国主义、封建主义、官僚资本主义，争取民族独立和人民解放。党领导的统一战线随着不同革命阶段形势任务的变化经历了四个阶段：第一个阶段(1921—1927年)，国民革命时期的民主联合战线，即进行第一次国共合作，推翻北洋军阀统治；第二个阶段(1927—1937年)，土地革命时期的工农民主统一战线，即联合广大农民开展土地革命战争；第三个阶段(1937—1945年)，抗日战争时期的抗日民族统一战线，即进行第二次国共合作并联合一切爱国力量抗击日本帝国主义；第四个阶段(1945—1949年)，解放战争时期的人民民主统一战线，即联合一切民主力量推翻国民党反动统治。

一、建立民主联合战线，取得北伐战争重大胜利

1921年7月，中国共产党刚成立时，没有深刻认识到中国国情和中国革命的特殊性，没有形成明确的反帝反封建的政治纲领。因此，党的一大决议中明确规定“不同其他党派建立任何关系”，而主要通过领导工人运动进行革命斗争。但帝国主义和封建军阀残酷镇压工人运动的现实，使年轻的中国共产党认识到工人阶级虽然具有先进性、有战斗力，但人数较少，要战胜强大的反动势力，必须联合一切革命阶级和党派，组成最广大的同盟军。

1922年7月，党的二大通过《关于“民主的联合战线”的议决案》，明确提出“共产党应该出来联合全国革新党派，组织民主的联合战线，以扫清封建军阀推翻帝国主义的压迫，建设真正民主政治的独立国家为职志”①，并邀请国民党等革命团体举行联席会议，共商具体办法。这是中国共产党最早提出统一战线政策、建立统一战线的开端，开启了中国共产党运用统一战线的战略策略来指导革

---

① 中共中央文献研究室、中央档案馆编：《建党以来重要文献选编(一九二一——一九四九)》第一册，中央文献出版社2011年版，第139页。

命的历程。

1923年6月，党的三大作出与国民党实行“党内合作”的决定，共产党员、共青团员以个人身份加入国民党，把国民党改造成各革命阶级的联盟。孙中山在革命屡次失败后也深感国民党腐化堕落，亟须寻找新的力量来帮助其改组国民党。在共产国际的牵线搭桥下，孙中山接受了中共代表和共产国际代表的建议，同意实行国共合作。1924年1月，国民党一大召开，重新解释了三民主义，确定了“联俄、联共、扶助农工”的三大政策，李大钊、谭平山、毛泽东等10名共产党员当选为国民党中央执行委员会委员或候补委员，第一次国共合作正式建立。[①] 改组后的国民党基本上成为工人阶级、农民阶级、城市小资产阶级、民族资产阶级的革命联盟，以国共合作为基础的反帝反封建的民主联合战线正式形成。

民主联合战线建立后，在国共两党的共同努力下，创建黄埔军校，开展东征北伐，巩固广东革命根据地，掀起了轰轰烈烈的大革命运动，先后取得了五卅运动、省港大罢工、收回汉口九江英租界、上海工人三次武装起义、建立武汉国民政府等空前的革命胜利。特别是北伐战争在不到半年的时间里，就歼灭了吴佩孚和孙传芳的主力，占领了半个中国，基本推翻了北洋军阀的统治，广大共产党员积极动员和组织工农群众支援北伐军，年轻的中国共产党迅速发展壮大，至1927年4月中共五大时，党员数量已从建党初期的50多人发展到近5.8万人。[②] 第一次国共合作的成就充分显示了统一战线的巨大威力，使中国共产党成为中国政治舞台上一支举足轻重的政治力量。

但此时的中国共产党尚未意识到掌握统一战线领导权的重要性，不懂得“以斗争求团结则团结存，以退让求团结则团结亡”的道理，面对国民党内蒋介石和汪精卫集团在帝国主义势力和地主阶级、买办资产阶级拉拢下背叛革命，一味妥协退让，犯了右倾机会主义错误。在1927年“四一二”和“七一五”等反革命政变中，中国共产党和革命力量损失惨重，第一次国共合作彻底破裂。

二、建立工农民主统一战线，开展土地革命战争

从大革命失败的经验教训中，中国共产党认识到农民是无产阶级最主要、最

① 参见中共中央统战部编著：《中国共产党统一战线史》，中共党史出版社、华文出版社2017年版，第16-17页。

② 中共中央党史研究室：《中国共产党历史（1921—1949）》第一卷，中共党史出版社2011年版，第220页。

可靠的同盟军，中国革命实质上是无产阶级领导下的农民战争。1927年8月7日，中国共产党在汉口召开紧急会议，确定了武装反击国民党反动统治及其屠杀政策的方针，决定把工作中心转向发动工农群众，开展土地革命战争。八七会议后，毛泽东领导了秋收起义，并在井冈山创建了第一个农村革命根据地，开辟了"农村包围城市"和"工农武装割据"的革命道路。

1928年6月，党的六大正式提出了工农民主统一战线的策略。1930年9月，党的六届三中全会又进一步制定了下层统一战线的方针，把工人、农民和士兵群众作为主要工作对象。随着这一策略的实施，中国共产党深入开展土地革命，巩固工农联盟，发展壮大工农红军，创建工农民主政权，不断扩大革命根据地。

1931年11月7日，中国历史上第一个全国性的工农民主政权——中华苏维埃共和国在中央革命根据地建立。与此同时，又相继建立了鄂豫皖、湘赣、湘鄂西、闽浙赣、左右江等革命根据地，红色区域达40余万平方公里，全国红军总数约30万人。① 按照党的方针，各个根据地开展了轰轰烈烈的土地革命运动，逐步形成了依靠贫农、雇农，联合中农，保护中小工商业者，限制富农，消灭地主阶级，变封建和半封建的土地所有制为农民土地所有制的土地革命路线，满足了农民的经济利益，消灭了封建剥削关系，农民积极起来保卫革命根据地，支援红军作战，壮大了工农联盟的力量。

这一时期，党同样也很重视对国民党军队开展统战工作，要求注意士兵运动与工农斗争相配合，强调兵运工作是统一战线的重要内容，要尽可能破坏和瓦解敌军，在时机成熟时直接领导士兵起义。这一工作开展后，国民党军队不断出现起义事件，尤其是1931年12月，董振堂、赵博生率领的国民党第二十六路军1.7万余人在党的统一战线政策感召下，在江西宁都宣布起义，改编为中国工农红军第五军团，成为红军的一支有生力量。

但此时的中国共产党受共产国际的影响颇深，1931年1月，在党的六届四中全会上，以王明为代表的"左"倾教条主义照搬共产国际的论断，认为工农阶级是革命的唯一动力，把民族资产阶级和城市小资产阶级看作最危险的敌人，对中间派的重要作用和反动势力的内部矛盾缺乏正确的认识。此后，王明"左"倾教条主义在中央占据统治地位，对中间派采取"一切斗争、否认联合"的关门主义错

---

① 参见中共中央统战部编著：《中国共产党统一战线史》，中共党史出版社、华文出版社2017年版，第42页。

误方针，导致革命事业遭到惨重损失。特别是1933年，曾在“一·二八”淞沪抗战中奋勇抗击日军的国民党第十九路军将领陈铭枢、蒋光鼐、蔡廷锴等人发动反蒋的福建事变，中央没有采取相应统战措施。蒋介石在解决福建事变之后，完成了对中央苏区的合围，使红军陷入孤立无缘的境地，最终导致第五次反“围剿”的失败，红军被迫战略转移，革命根据地丧失90%，红军由30万人减至3万人，被迫进行了长征，中国革命又一次遭受了重大挫折。[①]

正如毛泽东指出的，“长征二万五千里不是因为有统一战线，而是因为太纯洁”[②]，“瑞金时代是最纯洁、最清一色的了，但那时我们的事特别困难，结果是失败了。所以真理不在乎是不是清一色。”[③]惨重的教训使中国共产党懂得，统一战线要团结一切可以团结的力量，要尽可能争取中间势力，并利用敌人内部一切可能利用的矛盾，分化、瓦解和孤立敌人。

三、建立抗日民族统一战线，取得抗日战争伟大胜利

1931年日本帝国主义制造“九一八”事变，发动侵华战争，由于蒋介石坚持“攘外必先安内”的方针，采取不抵抗政策，日军很快占领了东北。1937年日本帝国主义又制造“卢沟桥事变”，全面侵华战争爆发，中华民族到了生死存亡的关头。

这一时期，中日民族矛盾上升为主要矛盾，国内阶级矛盾下降到次要地位，中国共产党根据形势的变化对统一战线策略作出重大调整。1935年8月，中共中央发表“八一宣言”，提出“停止内战、一致抗日”的口号。中央红军长征到达陕北后不久召开了瓦窑堡会议，批判了党内的关门主义错误，确立了抗日民族统一战线新策略，指出要和一切抗日反蒋的力量联合起来。1936年9月，中共中央又根据形势的变化，明确提出第二次国共合作，组成以国共两党合作为基础的全民族的抗日统一战线，并把“抗日反蒋”口号改为“逼蒋抗日”。

通过对国民党地方实力派东北军和西北军的争取，1936年12月张学良和杨虎城发动了震惊中外的西安事变，中国共产党从民族利益出发，和平解决了西安事变，国共两党十年内战停了下来。经过国共两党数轮谈判，国民党于1937年9月22日发表了《中共中央为公布国共合作宣言》，次日，蒋介石发表团

① 参见中共中央统战部等编著：《中国统一战线教程》，中国人民大学出版社2013年版，第44页。

② 《毛泽东文集》第六卷，人民出版社1999年版，第14页。

③ 《建国以来毛泽东文稿》第四册，中央文献出版社1990年版，第635页。

结御侮的谈话，实际上承认了中国共产党的合法地位，标志着以第二次国共合作为基础的抗日民族统一战线正式形成。

抗日战争时期是党的统一战线策略方针成熟完善的时期。1939年，毛泽东对统一战线与中国共产党的政治路线的关系做了精辟说明，首次提出“统一战线，武装斗争，党的建设，是中国共产党在中国革命中战胜敌人的三个法宝”①。指出这三个方面也是中国共产党在中国革命中的三个基本问题，并阐述了三者的关系：“统一战线和武装斗争，是战胜敌人的两个基本武器。统一战线，是实行武装斗争的统一战线。而党的组织，则是掌握统一战线和武装斗争这两个武器以实行对敌冲锋陷阵的英勇战士。”②毛泽东关于三大法宝的总结，丰富和发展了马克思主义统一战线理论，是中国共产党取得革命胜利的重要保证。

抗日民族统一战线实现了最广泛的团结。抗日民族统一战线中，除工农阶级外，还包括城市小资产阶级和民族资产阶级，甚至包括大资产阶级和地主阶级中赞成抗日的人。为了最大限度地实现团结抗战，中国共产党把土地政策由没收地主土地改为“减租减息”，同时，与各民主党派、爱国民主人士推动国民党建立国民参政会，开展民主宪政运动，提出“联合政府”的主张，特别是在抗日根据地建立“三三制”政权，建立了“民选的共产党人和各抗日党派及无党无派的代表人物合作的政府”③，并留下了积极采纳党外人士李鼎铭提出“精兵简政”建议的佳话。

抗日民族统一战线还促成了国共两党的深入合作。第二次国共合作不同于第一次国共合作的党内合作，而是以党际之间的军事合作为主要形式。特别是在抗战防御阶段，中国共产党领导的八路军和新四军在敌后广泛开展游击战争，积极配合国民党军队的作战，牵制了日军的主力，有效支援了正面战场的作战，在两军精诚合作的忻口会战期间，八路军115师在平型关伏击日军，歼灭日军1 000余人，取得抗战以来首次大捷，打破了日军不可战胜的神话。

抗日民族统一战线是坚持中国共产党的领导权，实行又团结又斗争的统一战线。以毛泽东为代表的中国共产党人，纠正了王明提出的“一切服从统一战线，一切经过统一战线”的右倾投降主义错误主张，坚持党在抗日民族统一战线中的独立自主原则，明确提出“发展进步势力、争取中间势力、孤立顽固势力”的基本方针，对国民党顽固派实行又团结又斗争的策略，坚持“有理、有利、有节”的

---

① 《毛泽东选集》第二卷，人民出版社1991年版，第606页。
② 《毛泽东选集》第二卷，人民出版社1991年版，第613页。
③ 《毛泽东选集》第三卷，人民出版社1991年版，第1044页。

原则，斗而不破、利用矛盾、争取多数，先后击退了国民党顽固派发动的三次反共高潮，其中对皖南事变的冷静应对，充分体现了党在复杂局势下驾驭全局的高超艺术和能力。

抗日民族统一战线取得了空前的成功。1945 年 8 月，中国人民浴血抗战十四载，终于取得了抗日战争的伟大胜利，成为近代以来中国人民反抗帝国主义侵略战争的首次完全胜利。中国共产党成为全民族抗战的中流砥柱，人民革命力量获得了极大发展，共产党员由 3 万人发展到 120 余万人，人民军队发展到约 132 万人，还建立了 19 块根据地，面积达到近 100 万平方公里，人口近 1 亿。①

四、建立人民民主统一战线，加速解放战争胜利进程

抗战胜利后，国民党在美国的支持下继续坚持内战、独裁、卖国的政策，反对中国共产党提出的和平、民主、团结的方针，破坏重庆谈判达成的停战协定，悍然发动内战，国共第二次合作破裂。为了夺取新民主主义革命胜利、建立新中国，中国共产党联合各被压迫阶级、各人民团体、各民主党派、各少数民族、各地华侨和其他爱国分子，建立人民民主统一战线，共同反对国民党独裁统治，进行了人民解放战争。

1947 年 7 月，人民解放战争由战略防御转入战略反攻，10 月 10 日毛泽东在《中国人民解放军宣言》中提出“打倒蒋介石，解放全中国”“工农兵学商联合起来，组织反蒋统一战线”的号召。1947 年 12 月，毛泽东在《目前形势和我们的任务》中，全面系统地阐述了人民民主统一战线的方针政策，强调“新民主主义的革命要胜利，没有一个包括全民族绝大多数人口的最广泛的统一战线，是不可能的”②。

在中国共产党领导的人民民主统一战线的感召下，国民党统治区各阶级、各阶层、各爱国党派和各界人士纷纷响应，群众性的反内战、争民主的爱国运动遍及全国各大城市，周恩来把国民党统治区的人民民主运动称作“第二战场”，提高到同人民解放战争正面战场相配合的地位。以“五二〇”学生运动为标志，人民解放战争的第二条战线正式形成。与此同时，工人、市民运动也日益高涨，国民党统治区 60 多个城市的罢工工人达 120 万，还有 38 个城市的 17 万贫民掀起了

---

① 参见中共中央党史研究室：《中国共产党的九十年 新民主主义革命时期》，中共党史出版社、党建读物出版社 2016 年版，第 263 页。

② 《毛泽东选集》第四卷，人民出版社 1991 年版，第 1257 页。

抢米风潮。第二条战线的形成有力地支援了人民解放军的作战，使国民党统治集团处于全民包围的孤立境地。[①]

人民民主统一战线尤其重视争取国民党爱国将领起义投诚。通过各种渠道在国民党中央军和杂牌军中广泛开展统一战线工作，争取了大量国民党爱国官兵投身革命阵营。上至傅作义、郑洞国、程潜、陈明仁、陶峙岳等高级将领，下至普通士兵，纷纷起义投诚，加入了人民解放军，北平、湖南、云南、新疆、绥远等地相继和平解放，大大加速了解放战争胜利进程。据统计，整个解放战争期间，国民党军队师以上重大起义 60 余起，起义兵力达 114 万余人（不含投诚人员），驾机起义 43 架，大小舰艇 73 艘，地区性起义面积达 553 万平方公里，占全国总面积一半以上。[②]

在共同反对国民党独裁统治的过程中，中国共产党与各民主党派开展了亲密的团结合作。1946 年在“旧政协”会议上，中国共产党和民盟、民建、民进、三民主义同志联合会等民主党派团结合作、并肩斗争，粉碎了国民党孤立中共、实行一党专政的图谋。1948 年 4 月 30 日，中共中央发布纪念“五一”劳动节口号，号召“各民主党派、各人民团体、各社会贤达迅速召开政治协商会议，讨论并实现召集人民代表大会，成立民主联合政府”[③]。各民主党派、人民团体、无党派民主人士纷纷发表通电、宣言、声明，表示响应和拥护“五一口号”，赞同召开新政协，并接受中国共产党邀请，从国民党统治区、香港及国外奔赴解放区与中国共产党共商建国大计，共同筹备召开中国人民政治协商会议。1949 年 9 月，中国人民政治协商会议第一届全体会议召开，通过了《中国人民政治协商会议共同纲领》（简称《共同纲领》），在与各界人士充分协商的基础上决定了国名、国都、国旗、国歌，选举产生了中央人民政府，成立了中华人民共和国。

第二节　统一战线是党执政兴国的重要法宝

中华人民共和国成立后，中国共产党的地位发生了根本性的变化，从一个以领导革命为中心任务的政党转变为全国范围内的执政党，执政兴国成为党面临

① 参见中共中央统战部等编著：《中国统一战线教程》，中国人民大学出版社 2013 年版，第 52-53 页。
② 中共中央统战部编著：《中国共产党统一战线史》，中共党史出版社、华文出版社 2017 年版，第 163 页。
③ 中共中央统战部编著：《中国共产党统一战线史》，中共党史出版社、华文出版社 2017 年版，第 164 页。

的主要任务。中华人民共和国成立至今,统一战线大体经历了三个阶段:第一个阶段(1949—1978年),社会主义革命和建设时期,人民民主统一战线继续发展并在推进社会主义革命和建设中发挥了重要作用;第二个阶段(1978—2012年),改革开放和社会主义现代化建设新时期,人民民主统一战线发展为爱国统一战线,并在促进改革开放和社会主义现代化建设中不断发展壮大;第三个阶段(2012年至今),中国特色社会主义新时代,爱国统一战线发展为新时代爱国统一战线,并为推动经济社会发展、维护社会和谐稳定、促进祖国统一作出新的重要贡献。

一、统一战线为社会主义革命和建设发挥重要作用

1949年10月1日,中华人民共和国成立,党领导的人民民主统一战线进入新的历史发展阶段。围绕党面临的新形势和新任务,人民民主统一战线以《共同纲领》为政治基础,妥善处理社会各方面的关系,在巩固新生人民政权、促进社会主义革命、推动社会主义建设中发挥了重要作用。

1949年至1953年,中国共产党运用统一战线组织广大知识分子、各民主党派、民族工商业者和各界爱国人士,投入土地改革、镇压反革命、抗美援朝、"三反""五反"运动,进一步提高了各族人民的觉悟,孤立和打击了国内外敌人,为迅速恢复国民经济、巩固人民民主专政作出了重要贡献。①

随着国民经济的恢复和土地改革的完成,国内的主要矛盾转变为工人阶级和资产阶级之间的矛盾,废除资本主义私有制,消灭资产阶级,完成社会主义革命,成了党的主要任务。从1953年开始,中国共产党根据中国的具体国情充分发挥统一战线的作用,对民族资产阶级和资本主义工商业采取和平赎买的方针,根据实有财产确定私方的股额,支付定息,对企业在职私方人员,一律包下来,按"量才使用、适当照顾"的原则安排工作。对资产阶级实行"既团结又斗争、以斗争求团结"的政策,坚持以教育为主,团结多数,削弱反抗,把民族资产阶级逐步改造为服务于社会主义事业的劳动者。② 1956年社会主义改造基本完成,社会主义革命取得伟大胜利,我国正式进入社会主义社会。

统一战线巩固发展了中国共产党领导的多党合作和政治协商制度。

---

① 参见中共中央统战部等编著:《中国统一战线教程》,中国人民大学出版社2013年版,第56页。

② 参见中共中央统战部等编著:《中国统一战线教程》,中国人民大学出版社2013年版,第57页。

1950 年 3 月，第一次全国统战工作会议确定了“帮助民主党派团结、进步、发展，同民主党派真诚合作，充分发挥民主党派积极作用”的总方针。各民主党派也积极响应中国共产党的号召，召开全国代表大会，明确宣布接受中国共产党领导，清理整顿组织，发展新成员，并在国家政治生活中积极发挥作用：参与国家事务的管理，参与国家重大问题的协商、决定和执行；代表所联系的阶级、阶层的利益，反映他们的意见和要求；对共产党和国家机关的工作进行监督，提出批评和建议；组织各自成员学习马列主义理论和时事政策，进行自我教育和自我提高。1954 年 9 月，一届全国人大一次会议召开后，中国人民政治协商会议完成了代行人民代表大会职权的历史使命，而作为实行政治协商的统一战线组织继续存在。1956 年 4 月，毛泽东在《论十大关系》中明确提出：“究竟是一个党好，还是几个党好？现在看来，恐怕是几个党好。不但过去如此，而且将来也可以如此，就是长期共存，互相监督。”①1956 年 9 月，党的八大把“长期共存、互相监督”作为多党合作的基本方针，中国共产党领导的多党合作和政治协商制度进一步得到确立。

统一战线开辟了中国特色解决民族问题的正确道路。中华人民共和国成立后，中国共产党采取“慎重稳进”的方针，采取多种措施改善民族关系，加强民族团结。一方面开展了民族识别工作，到 20 世纪 80 年代后期共确认 55 个少数民族，并在民族地区进行民主改革，培养少数民族干部，逐步建立和形成平等团结互助的社会主义民族关系。另一方面建立了民族区域自治制度。李维汉经过调研提出中国与苏联国情不同，国内各民族始终是一个统一的国家，不宜实行联邦制，建议在统一的单一制国家内实行自治地方制。中共中央采纳了这个建议，并将“民族区域自治制度”写入了《共同纲领》，1952 年颁布了《中华人民共和国民族区域自治实施纲要》，1954 年民族区域自治制度被明确载入《中华人民共和国宪法》。民族区域自治制度既保证了国家的集中统一领导，又保证了各民族当家作主的权利，维护了国家的团结稳定。②

统一战线制定了与社会主义社会相适应的宗教政策。中华人民共和国成立后，国内外敌对势力企图利用宗教对新生人民政权进行颠覆活动，中国共产党坚持宗教信仰自由政策，团结教育广大的信教群众和宗教界爱国人士，开展反帝爱国运动，使基督教、天主教割断了同帝国主义的联系，清除了帝国主义的势力，并

① 《毛泽东文集》第七卷，人民出版社 1999 年版，第 34 页。

② 参见张献生：《坚持统一战线》，人民日报出版社 2022 年版，第 37 页。

在伊斯兰教、佛教、道教中进行民主改革，废除了封建特权和压迫剥削制度。从此，宗教界人士和广大宗教信徒拥护中国共产党的领导，坚持走社会主义道路，迈出了宗教同社会主义社会相适应的重要一步。

统一战线团结教育改造了知识分子。中华人民共和国成立后，中国共产党对知识分子作出科学分析，指出知识分子既可以为人民服务，又带有旧社会剥削阶级思想的痕迹，并针对旧知识分子的思想状况和适应新社会的需要，制定了团结、教育、改造的基本政策。通过思想改造学习运动，批判了反动思想，解决了为谁服务的问题，帮助知识分子利用其所学和才能积极投身于社会主义革命和建设。1956 年 1 月，中共中央召开关于知识分子问题的会议，明确知识分子在社会主义建设事业中的重要作用，作出知识分子的绝大部分"已经是工人阶级的一部分"[①]的重要论断，制定知识分子工作的正确方针和措施，极大地鼓舞了广大知识分子投身新中国建设事业的积极性，掀起了"向现代科学进军"的热潮。

受 1957 年反右派斗争严重扩大化和 1966—1976 年"文化大革命"的"左"倾错误影响，统一战线遭到严重冲击和破坏。但在毛泽东、周恩来等老一辈无产阶级革命家的关心和维护下，统一战线没有被取消，各民主党派、人民政协和各统一战线组织均得以保留，特别是周恩来在极端困难的情况下保护了一大批统一战线成员。

二、统一战线为改革开放和社会主义现代化建设凝聚强大力量

1978 年党的十一届三中全会召开，我国进入改革开放和社会主义现代化建设新时期，统一战线也随着国家工作重点的战略转移发生了相应的变化。1979 年 6 月，邓小平在全国政协五届二次会议讲话中提出"我国的统一战线已经成为工人阶级领导的、工农联盟为基础的社会主义劳动者和拥护社会主义的爱国者的广泛联盟"。1979 年 8 月，第十四次全国统战工作会议明确，新时期爱国统一战线除社会主义的工人、农民、知识分子和其他拥护社会主义的爱国者外，还包括一切热爱祖国、赞成祖国统一的人，从而扩大了统一战线的范围。1979 年 10 月，邓小平在全国政协、中共中央统战部宴请出席各民主党派和全国工商联代表大会代表时的讲话中特别强调："统一战线仍然是一个重要法宝，不

① 《周恩来选集》下卷，人民出版社 1984 年版，第 162 页。

是可以削弱，而是应该加强，不是可以缩小，而是应该扩大。”[①]1981年6月，中共中央《关于建国以来党的若干历史问题的决议》正式将新时期统一战线明确为“爱国统一战线”，突出了新时期统一战线的爱国主义性质，充分体现了新时期爱国统一战线大团结大联合的鲜明主题。

1986年11月，第十六次全国统战工作会议进一步明确了新时期爱国统一战线“两个范围联盟”的新格局：一个是大陆范围内，由全体社会主义劳动者、拥护社会主义爱国者组成的，以社会主义为政治基础的联盟；一个是大陆范围外，团结台湾同胞、港澳同胞和海外侨胞，以拥护祖国统一为政治基础的联盟。随着经济社会结构的深刻变化，我国出现了个体户、私营企业主、非公企业的管理技术人员、中介组织从业人员、自由职业者等新的社会群体和阶层，他们被称为“中国特色社会主义事业的建设者”。爱国统一战线发展成为“全体社会主义劳动者、社会主义事业的建设者、拥护社会主义的爱国者和拥护祖国统一的爱国者的最广泛的联盟”。

2000年12月，江泽民在第十九次全国统战工作会议上提出，新时期统一战线的根本任务是争取人心、凝聚力量，统一战线要为建设有中国特色社会主义的经济、政治、文化服务，为实现祖国完全统一服务，为维护安定团结的政治局面服务，为维护世界和平与促进共同发展服务。强调全党重视统一战线工作要做到“三个绝不能”：统一战线作为党的一个重要法宝，绝不能丢掉；作为党的一个政治优势，绝不能削弱；作为党的一项长期方针，绝不能动摇。[②]

2006年7月，胡锦涛在第二十次全国统战工作会议上，深刻阐述了新世纪新阶段统一战线的重要地位和作用，强调要把巩固和壮大统一战线作为提高中国共产党执政能力的重要任务，作为发展中国特色社会主义事业的重要任务，作为增强中华民族凝聚力的重要任务，摆到全党工作的重要位置，真正抓紧抓好。首次从政党关系、民族关系、宗教关系、阶层关系、海内外同胞关系五个方面，对充分发挥统一战线的优势和作用、为构建社会主义和谐社会作贡献作了概括，并系统阐述了中国共产党关于新的社会阶层人士工作的理论和政策。

爱国统一战线围绕服务现代化建设，不断凝心聚力。通过积极献计出力、开展兴教办学、智力支边扶贫、引进资金技术等方式，努力发挥统一战线人才智力优势，为促进现代化建设贡献智慧和力量。特别是围绕事关国计民生的重大问

---

① 《邓小平文选》第二卷，人民出版社1994年版，第203页。

② 《江泽民文选》第三卷，人民出版社2006年版，第143页。

题，深入开展调研，积极建言献策，为党和政府科学决策提供了重要参考。从构建东部率先发展、西部大开发、东北老工业基地振兴、中部崛起等区域发展战略，到建设社会主义新农村、促进非公有制经济发展政策出台，从制定国家发展规划、应对国际金融危机，到加快经济发展方式转变、保障和改善民生等相关措施推出，无不凝结着统一战线广大成员的智慧和力量。仅 2006 年至 2011 年的 5 年间，各民主党派中央、全国工商联和无党派人士共报送调研报告 268 篇，提交发言 308 篇、提案 1 200 余件，产生了显著的经济效益和社会效益，成为党和政府民主决策、科学决策的重要依据。①

爱国统一战线围绕发展社会主义民主政治，不断扩大有序政治参与。统一战线作为社会主义民主政治的重要方面和体现，是坚持和完善我国社会主义政治制度的重要力量。人民代表大会制度作为我国根本政治制度，代表广大人民的共同意志和根本利益，统一战线各方面人士通过人民代表大会，共同行使国家权力、管理国家事务，充分体现人民当家作主的社会主义民主本质；中国共产党领导的多党合作和政治协商制度作为独具中国特色的新型政党制度，既能实现广泛的民主参与，集中各民主党派、无党派人士的智慧，促进政府决策更加科学化、民主化，避免一党执政缺乏监督的弊端，又能实现集中统一，避免多党恶斗、互相倾轧造成社会动荡；民族区域自治制度既能实现国家集中统一领导，又能保障少数民族自主管理本民族事务的权利，是统一战线在社会主义民主建设中发挥作用的重要方面。

爱国统一战线围绕繁荣社会主义文化，不断增进社会主义核心价值观的社会认同。统一战线积淀着深厚的文化底蕴，集聚着丰富的文化资源，集中体现为以团结合作、民主协商为特点的政党文化，以爱国进步、团结和睦为特点的民族文化，以护国利民、崇顺尚和为特点的宗教文化，以开拓进取、义利兼顾为特点的新的社会阶层人士信义文化，以同宗同源、念祖爱乡为特点的海内外同胞同根文化。统一战线广大成员分布在教育科研、文艺宣传、新闻出版等文化领域，他们以文化产品的创作满足群众多层次的文化需求，促进全社会共同理想和社会主义核心价值观的牢固确立，提高人民群众的思想道德和科学文化素质。

爱国统一战线围绕构建社会主义和谐社会，不断促进社会团结融洽。统一战线作为同和异的矛盾体，涉及社会诸多领域，坚持求同存异、体谅包容，通过平等相待、民主协商的方式，促进我国社会形成谅解宽容、团结互助的良好风尚，将

① 中共中央统战部等编著：《中国统一战线教程》，中国人民大学出版社 2013 年版，第 104 页。

社会方方面面包容进来、团结起来，形成为共同目标团结奋斗的政治局面。一方面围绕统一战线内部各方面各领域，正确处理政党关系、民族关系、宗教关系、阶层关系和海内外同胞关系，引导统一战线广大成员践行社会主义核心价值体系、规范自身行为，有效解决社会领域统一战线重点难点问题、实现统一战线内部团结；另一方面围绕服务社会治理，通过咨政建言提升社会治理水平、拓宽利益表达渠道，反映社会各方面愿望诉求、调动统战资源参与和提供社会服务，完善中国特色社会主义社会治理体系、促进社会和谐。

爱国统一战线围绕团结港澳台侨同胞，不断推进祖国统一大业的实现。改革开放后，中国共产党提出"和平统一、一国两制"的基本方针，香港和澳门分别于1997年、1999年回归祖国，并坚定不移贯彻"港人治港""澳人治澳"的方针，高举爱国主义旗帜，不断壮大爱国爱港、爱国爱澳力量，宣传和贯彻基本法，支持特区政府有效施政，保持港澳长期繁荣稳定。在对台湾问题上，始终不渝地坚持一个中国原则，认真贯彻关于发展两岸关系、推进祖国和平统一进程的八项主张，推动两岸关系和平发展，开启了两岸政党交流，实现国共两党领导人的历史性握手，促成了两岸全面、直接、双向"三通"的实现，并通过《反分裂国家法》，坚决开展反"台独"、反"分裂"的斗争。在海外统战工作上，坚持以侨为桥，沟通中国与世界，传播中华文化，构建起全球最广泛的反"独"促统阵营，联系和推动全球80多个国家和地区的180多个反"独"促统组织，开展了20多次全球性的反"独"促统活动，打击了"台独"势力的嚣张气焰。①

三、统一战线为新时代中国特色社会主义事业作出新的更大贡献

党的十八大以来，中国特色社会主义进入新时代，以习近平同志为核心的党中央高度重视统一战线工作，召开一系列会议，出台一系列重要文件，作出一系列重大部署，科学回答了新时代需要不需要统一战线、需要什么样的统一战线、怎样巩固和发展统一战线等一系列重大理论和实践问题，形成了习近平总书记关于做好新时代党的统一战线工作的重要思想，为做好新时代统战工作提供了科学的理论引领和行动指南。

进入新时代，中国共产党所处的历史方位、所面临的内外形势、所肩负的使命任务发生了某些重大变化，越是变化大，越是要把统一战线发展好、把统战工

① 参见张献生：《坚持统一战线》，人民日报出版社2022年版，第56页。

作开展好。2015 年中央统战工作会议上，习近平总书记指出："人心向背、力量对比是决定党和人民事业成败的关键，是最大的政治。统战工作的本质要求是大团结大联合，解决的就是人心和力量问题。这是我们党治国理政必须花大心思、下大气力解决好的重大战略问题。"①2017 年党的十九大提出统一战线是党的事业取得胜利的重要法宝。

2020 年，中共中央新修订的《中国共产党统一战线工作条例》正式发布，强调统一战线是中国共产党凝聚人心、汇聚力量的政治优势和战略方针，是夺取革命、建设、改革事业胜利的重要法宝，是全面建设社会主义现代化国家、实现中华民族伟大复兴的重要法宝。② 2021 年党的十九届六中全会制定的第三个历史决议，把"坚持统一战线"作为党百年奋斗十条历史经验之一。2022 年中央统战工作会议上，习近平总书记指出，"统一战线是党克敌制胜、执政兴国的重要法宝，是团结海内外全体中华儿女实现中华民族伟大复兴的重要法宝"③，强调现在统战工作不是过时了、不重要了，而是更重要了。在同年召开的党的二十大上，习近平总书记进一步强调，统一战线是凝聚人心、汇聚力量的强大法宝。④

进一步扩大团结和联合的范围。实现中华民族伟大复兴作为新时代统一战线的最大公约数，丰富了团结联合的政治基础，党的统一战线范围越来越广泛。2020 年修订的《中国共产党统一战线工作条例》对统一战线的性质和构成作出新概括，明确新时代爱国统一战线是中国共产党领导的、以工农联盟为基础的，包括全体社会主义劳动者、社会主义事业的建设者、拥护社会主义的爱国者、拥护祖国统一和致力于中华民族伟大复兴的爱国者的联盟。将致力于中华民族伟大复兴的爱国者纳入统一战线，既彰显时代主题，又扩大团结面，形成了海内外中华儿女共同致力于中华民族伟大复兴的政治局面。

进一步打牢凝心聚力的思想政治基础。以深化政治交接、继承优良传统为重点，支持各民主党派、无党派人士深入开展"坚持和发展中国特色社会主义"学习实践活动、"不忘合作初心，继续携手前进"主题教育活动、纪念"五一口号"发布 75 周年系列活动，重温团结合作的初心，坚定继续携手前进的信念。以铸牢中华民族共同体意识为重点，建设各民族共有的精神家园，坚定对伟大祖国、中

---

① 中共中央文献研究室编：《十八大以来重要文献选编》(中)，中央文献出版社 2016 年版，第 556 页。

② 《中国共产党统一战线工作条例》，华文出版社 2021 年版，第 5 页。

③ 《习近平著作选读》第二卷，人民出版社 2023 年版，第 608 页。

④ 习近平：《高举中国特色社会主义伟大旗帜 为全面建设社会主义现代化国家而团结奋斗——在中国共产党第二十次全国代表大会上的报告》，人民出版社 2022 年版，第 39 页。

华民族、中华文化、中国共产党、中国特色社会主义的高度认同。以坚持我国宗教中国化方向为重点，教育引导宗教界人士和信教群众热爱祖国、热爱人民，维护祖国统一，弘扬中华文化，拥护中国共产党领导的社会主义制度。以促进非公有制经济健康发展和非公有制经济人士健康成长为重点，在非公有制经济人士中开展"四信"教育活动，引导非公有制经济人士践行社会主义核心价值观。坚持爱国者为主体的"港人治港""澳人治澳"，不断增强香港、澳门同胞的国家意识和爱国精神，与祖国人民共享祖国繁荣富强的伟大荣光。①

进一步强化"围绕中心、服务大局"的政治功能。坚持以人民为中心，服务"五位一体"总体布局和"四个全面"战略布局。在服务全面建成小康社会和全面建成社会主义现代化强国上，充分发挥联系广泛、人才荟萃、智力密集的优势，采用各种各样的方式，为打好防范化解重大风险、精准脱贫、污染防治三大攻坚战贡献了智慧和力量；在服务全面深化改革上，提出了一系列新的改革举措，如坚持和完善中国新型政党制度、铸牢中华民族共同体意识、坚持我国宗教中国化方向、构建亲清政商关系、开展新媒体从业人员统战工作等；在服务依法治国上，为建设社会主义法治国家建言献策，并制定《中国共产党统一战线工作条例》，修订《宗教事务条例》，全面提升统一战线工作法治化水平；在服务全面从严治党上，着力拓宽民主监督的新路，特别是强化对重要政策贯彻执行情况的监督，如 8 个民主党派受中共中央委托，对 8 个贫困省区的脱贫攻坚落实情况进行专项监督。②

进一步推进社会主义协商民主深入发展。习近平总书记强调，"社会主义协商民主是中国社会主义民主政治的特有形式和独特优势"③。2015 年 2 月，中共中央制定《关于加强社会主义协商民主建设的意见》，把政党协商、政协协商作为七种协商形式的重要构成，政党协商居于首位。2015 年 12 月，中共中央办公厅批转中央统战部《关于加强政党协商的实施意见》，明确了政党协商的指导思想、内容程序、保障机制，习近平总书记亲自主持多次会议，就党和国家重大事务进行政党协商。2015 年 6 月，中共中央办公厅印发《关于加强人民政协协商民主建设的实施意见》，明确了政协协商的总体要求、内容形式、制度建设，人民政协作为社会主义协商民主的重要渠道和专门协商机构，围绕国计民生的重大问题，以全体会议、常委会议、专题协商会、双周协商座谈会等多种形式开展政协协商。

① 参见张献生：《坚持统一战线》，人民日报出版社 2022 年版，第 60 页。
② 参见张献生：《坚持统一战线》，人民日报出版社 2022 年版，第 62 页。
③ 中共中央文献研究室编：《十八大以来重要文献选编》（中），中央文献出版社 2016 年版，第 291 页。

进一步加强党对统一战线的领导。针对有些地方党委对统一战线领导作用不强、统战系统存在的“统一战线不统一”的问题，习近平总书记明确提出，“坚持党委统一领导、统战部牵头协调、有关方面各负其责的大统战工作格局”[①]。《中国共产党统一战线工作条例》明确了党对统一战线领导的具体内容，规定地方党委统战部部长由党委常委担任或兼任，地方党委统战工作领导小组组长由党委主要负责同志担任，保障大统战工作格局高效运转。

第三节 统一战线是团结海内外全体中华儿女实现中华民族伟大复兴的重要法宝

党的二十大报告指出：“从现在起，中国共产党的中心任务就是团结带领全国各族人民全面建成社会主义现代化强国、实现第二个百年奋斗目标，以中国式现代化全面推进中华民族伟大复兴。”[②]党的二十大擘画了实现中华民族伟大复兴的蓝图，而在实现这一宏伟蓝图的进程中，仍然离不开统一战线重要法宝作用的发挥，特别是在维护国家安全、全面推进社会主义现代化建设、增强党的阶级基础、保持社会稳定等四个方面，统一战线的法宝作用体现得更为明显。新时代统一战线将继续围绕实现第二个百年奋斗目标，寻求最大公约数，画出最大同心圆，最广泛地团结海内外中华儿女，同心共筑中华民族伟大复兴的中国梦。

一、维护国家主权、安全、发展利益离不开统一战线

当前，我国已经迈上全面建设社会主义现代化国家的新征程，我们比历史上任何时期都更接近、更有信心和能力实现中华民族伟大复兴的宏伟目标。行进到中华民族伟大复兴关键一程，统一战线面临的时和势、肩负的使命和任务发生了重大变化。当今世界正经历百年未有之大变局，最突出的特点是“东升西降”。推动这个演变的主要力量，是中国经济发展和科技进步持续走强，是中国特色社

① 习近平：《巩固发展最广泛的爱国统一战线 为实现中国梦提供广泛力量支持》，《人民日报》2015年5月21日，第1版。

② 习近平：《高举中国特色社会主义伟大旗帜 为全面建设社会主义现代化国家而团结奋斗——在中国共产党第二十次全国代表大会上的报告》，人民出版社2022年版，第21页。

会主义制度展现出显著优势，是中华民族伟大复兴不断向前推进，中国日益走近世界舞台的中央。2020 年新冠疫情全球大流行，成为世界百年未有之大变局的新变量和催化剂，“中国之治”和“西方之乱”进一步形成鲜明对比。[①]

美国等西方国家不甘心霸权地位的丧失，不断推动大国博弈持续升温，他们以中国为主要战略对手，实施全政府、全社会、全方位遏华战略，千方百计对我国实施西化、分化战略，对中国共产党领导和我国社会主义制度进行颠覆破坏，在民主、人权、自由等问题上对我国歪曲攻击，企图在我国策划“颜色革命”。他们还通过各种渠道、利用各种机会，想方设法给中国制造麻烦，妄图把中国快速发展的势头遏制下去。来自外部的打压遏制随时可能升级，各种“黑天鹅”“灰犀牛”事件随时可能发生，中华民族伟大复兴绝不是轻轻松松、敲锣打鼓就能实现的，前进道路上必然会有艰巨繁重的新任务，必然会有艰难险阻甚至惊涛骇浪。

统一战线涉及民族、宗教、西藏、新疆、港澳台、海外等诸多工作领域，存在诸多敏感点和风险点，与国家主权、安全、发展紧密相关。在民族工作中，极少数民族分裂主义分子在境外敌对势力支持下，利用东部地区和中西部地区发展水平上的差距以及各种涉及民族因素的矛盾纠纷，从事破坏民族团结、制造祖国分裂的活动，成为影响西藏、新疆等边疆少数民族地区发展的主要不稳定因素。在宗教工作中，长期以来境外敌对势力一直把宗教作为对我国进行渗透的工具：一方面，利用宗教问题干涉中国内政，诬蔑中国“迫害宗教”；另一方面，组织大量人力物力财力，秘密甚至公开来中国传教，试图用“基督的羔羊”驯服中国“这条东方的巨龙”。[②]

在西藏工作中，身居海外的达赖集团利用藏族群众的宗教信仰，以寺庙为载体进行宗教渗透，煽动宗教狂热，蒙骗信教群众与党和政府对抗，试图以宗教的力量实现“西藏独立”。在新疆工作中，一个时期内受境外敌对势力支配的“东突”恐怖势力利用极端主义裹挟穆斯林群众，大肆进行分裂祖国、破坏社会稳定的罪恶活动，策划实施了一系列暴力恐怖事件；近年来他们又频繁制造各种假新闻，大肆鼓吹新疆“侵犯人权”，丑化中国的国际形象。

在港澳台统一战线工作中，一个时期内受各种内外复杂因素影响，“一国两制”走样变形，“反中乱港”活动猖獗，香港局势一度出现严峻局面；同时，美国、日本加大“以台制华”力度，“台独”挑衅活动不断升级，使我们解决台湾问题面临新

---

① 参见张献生：《坚持统一战线》，人民日报出版社 2022 年版，第 181 页。

② 左鹏：《新时代爱国统一战线的历史方位和使命任务》，《中央社会主义学院学报》2023 年第 2 期。

的战略环境。在海外统一战线工作中，中国快速发展产生的“树大招风”效应日益显现，华人华侨不时成为住在国政府和民众对华政策的“出气筒”，生存和发展环境出现新的问题。

总之，美国等西方国家频繁操弄民族、宗教、涉藏、涉疆等议题，挖空心思从统一战线内部入手，图谋培植代理人，离间党群关系，统一战线和统战工作逐渐成为美国打压遏制中国的重要领域。[①] 面对如此压力和挑战，统一战线在抵御渗透、防范化解风险、维护国家安全方面的任务更加艰巨繁重，凝聚人心、汇聚力量的工作也更为重要紧迫。这就要求处于反分裂、反渗透、反颠覆前沿地带的统一战线坚持底线思维，主动超前研判，协助党和政府扎实做好各项应对工作，自觉主动做好相关工作，牢牢掌握主动权，有效防范和化解风险，为维护国家主权、安全、发展利益作出应有的贡献。

二、全面建设社会主义现代化国家离不开统一战线

在中华人民共和国成立特别是改革开放以来长期探索和实践的基础上，经过新时代的创新突破，我国已经全面建成小康社会，并开启了全面建设社会主义现代化国家的新征程。但同时，我们必须清醒地看到，全面建设社会主义现代化国家是一项伟大而艰巨的事业，我国改革发展稳定还面临不少深层次的矛盾和问题。

当前，我国改革进入攻坚期和深水区，一些深层次体制机制问题和利益固化的藩篱日益显现。[②] 经济发展进入新常态，面临周期性因素和结构性因素叠加、短期问题和长期问题交织、外部冲击和内部深层次矛盾碰头的复杂局面；推进高质量发展还有许多卡点瓶颈，科技自主创新能力依然存在短板，确保粮食、能源、产业链、供应链可靠安全和防范金融风险还须解决许多重要问题；城乡区域发展和收入分配差距仍然较大，群众在就业、教育、医疗、托育、养老、住房等方面还面临不少难题；现实中一些党员、干部还缺乏担当精神，斗争本领不强，实干精神不足，形式主义、官僚主义现象仍较突出，铲除腐败滋生土壤的任务依然艰巨。

正是在这样的背景下，党适时提出推动经济高质量发展、实施乡村振兴战略、促进全体人民共同富裕、以党的自我革命引领社会革命等一系列重大发展战

① 左鹏：《新时代爱国统一战线的历史方位和使命任务》，《中央社会主义学院学报》2023 年第 2 期。

② 张献生：《坚持统一战线》，人民日报出版社 2022 年版，第 184 页。

略。统一战线作为党的总路线总政策的重要组成部分，历来都把围绕中心、服务大局作为基本任务，党的工作中心和大局，就是统一战线凝心聚力的着力重点，党的目标任务推进到哪里，统一战线就跟进到哪里，作用就发挥到哪里。为此，党要引领和支持广大统一战线成员心怀“国之大者”“责之重者”，把统一战线所长与中心大局所需结合起来，把各方面智慧和力量凝聚起来，聚焦国家经济社会发展。

统一战线可以为全面建设社会主义现代化国家提供智力支持。习近平总书记在 2015 年中央统战工作会议上指出：“同过去相比，党内汇聚的各方面人才很集中、很庞大，但依然有大量人才在党外。就拿党外知识分子来说，数量大概有八千九百多万人，占知识分子总数的百分之七十五，特别是各民主党派拥有一大批人才。”[①]这些人才都是全面建设社会主义现代化国家的有生力量，能够为党和国家中心工作提供强大的智力支持。比如，在推动高质量发展中，建设现代化产业体系、实现高水平科技自立自强、全面推进乡村振兴等都需要大量科技人才，他们不少是民主党派成员、无党派人士、党外知识分子、非公有制经济人士、新的社会阶层人士、出国和归国留学人员，都属于统一战线工作范围。统战工作可以引导统一战线广大成员发挥自身优势，围绕培育特色高新技术产业、打赢关键核心技术攻坚战、确保国家供应链安全等凝聚智慧和力量，切实服务经济高质量发展。

统一战线可以为全面建设社会主义现代化国家发挥汇聚民意的作用。“实现中国梦必须凝聚中国力量。这就是中国各族人民大团结的力量。”[②]党团结带领全国人民全面建设社会主义现代化国家，需要让党的政策和主张充分倾听人民意愿、获得人民支持。统一战线作为党和政府联系人民群众的桥梁和纽带，可以通过广大成员多层次、多渠道地了解联系群众的意见和诉求，把各自联系的人民群众中分散的意见集中起来，为党和政府科学决策提供参考。比如，各民主党派围绕经济社会发展重大问题，开展调查研究，充分反映人民群众愿望，并通过政治协商的方式提出科学化、合理化的意见建议，切实把党的主张转化为人民群众的共同意志和自觉行动。

统一战线可以为全面建设社会主义现代化国家发挥民主监督作用。让人民来监督政府是毛泽东回答共产党如何跳出历史周期率的答案，习近平总书记也

① 中共中央文献研究室编：《十八大以来重要文献选编》（中），中央文献出版社 2016 年版，第 557 页。

② 《习近平谈治国理政》第一卷，外文出版社 2018 年版，第 40 页。

明确指出，“做好新形势下统战工作，必须善于联谊交友”，“特别是要交一些能说心里话的挚友诤友”。[①] 这里的“诤友”，就是指能对党在工作中存在的问题开展批评监督的朋友。比如，8 个民主党派受中共中央委托，分别对口 8 个贫困人口多、贫困发生率高的中西部省区开展为期 5 年的脱贫攻坚专项监督，在深入调研的基础上，向 8 个对口省区的各级党委政府提出批评性意见和建议 2 400 多件，向中共中央、国务院报送专项监督报告 80 余件，为打赢脱贫攻坚战发挥了重要作用。[②]

三、增强党的阶级基础、扩大党的群众基础离不开统一战线

经过四十多年的改革开放，我国经济社会结构发生了深刻的变化，统一战线内部结构更加复杂多元。当前，随着不同所有制经济成分的不断发展，中国的经济结构、就业结构、城乡结构、社区结构、阶层结构都发生了显著变化，新的社会群体不断涌现，利益格局日益分化，思想观念也更加多元，各种社会思潮不断交流交锋。统一战线在凝聚社会共识上的作用日益显现，越来越成为增强党的阶级基础、扩大党的群众基础的重要纽带。

当前，工农联盟作为统一战线的基础没有变，但工人和农民的含义已经不同于以往。作为社会主义劳动者的工人阶级已不仅仅是公有制企业的产业工人，而且还包括各种非公有制企业的制造业工人、服务业工人、技术人员、农民工，以及国家干部和广大知识分子，工人阶级内部不同群体收入差距不断拉大，思想观念、价值取向、利益诉求差异也不断增大。但不管怎么变化，工人阶级始终是我国的领导阶级，是坚持和发展中国特色社会主义的主力军，“我们党全心全意依靠工人阶级的根本方针都不能忘记、不能淡化，我国工人阶级地位和作用都不容动摇、不容忽视”[③]。农民也不仅仅是固守在土地上的农耕者，出现了有文化、懂技术、从事规模经营的新型农民，还有大量青年农业劳动力转移到了非农产业就业，纯粹务农的小耕农大幅减少，农民的利益诉求也不尽相同。这样的变化也没有改变“农民是中国无产阶级的最广大和最忠实的同盟军”这个基本事实，工农

---

① 中共中央文献研究室编：《习近平关于社会主义政治建设论述摘篇》，中央文献出版社 2017 年版，第 132 页。

② 参见《新型政党制度效能发挥更充分》，中工网，2022 年 8 月 17 日，https://www.workercn.cn/c/2022-08-17/7136206.shtml。

③ 中共中央文献研究室编：《习近平关于社会主义政治建设论述摘篇》，中央文献出版社 2017 年版，第 186 页。

联盟依然是统一战线的基础，因此，把以工人和农民为主体的全体社会主义劳动者团结起来，进而巩固党的阶级基础，离不开统一战线的凝聚人心、增进共识的作用。

中国共产党是中国工人阶级的先锋队，同时也是中国人民和中华民族的先锋队，扩大党的群众基础也是中国共产党保持先锋队性质的应有之义。进入新时代，在大陆范围内的社会主义事业的建设者和在大陆范围以外的拥护祖国统一和致力于中华民族伟大复兴的爱国者也都发生了新的变化。非公有制经济人士不断发展壮大，尽管其中少部分人士存在不足之处，但他们也是我们自己人，“需要我们加强同他们的接触，团结他们，引导他们，帮助他们，让他们都能同我们一条心”①。党外知识分子分化为传统教学科研单位的“体制内”和走向市场创业的“体制外”等不同的部分，队伍构成更加多样，需要针对不同特点分类施策，“必须把他们紧紧团结在党的周围，发挥他们的智慧和才能”②。民营企业和外商投资企业管理技术人员、中介组织和社会组织从业人员、自由职业人员、新媒体从业人员等新的社会阶层人士仍在不断分化，并呈现出碎片化的特点，“这些人主要在党外、体制外，流动性很大，思想比较活跃，做他们的工作，一般化的方式不太管用。……我们要注意通过他们所在的组织了解情况、开展工作，对其中的代表人士更要重点培养，引导他们发挥积极作用”③。特别是包括网络“意见领袖”在内的网络人士大量涌现，“这部分人我们不去团结，人家就会去拉拢”④。

港澳地区实行资本主义制度，尤其是香港政治形势错综复杂，美西方等反华势力利用“港独”分子不断进行渗透颠覆活动；部分台湾同胞受到民进党当局推行“去中国化”“渐进台独”的影响，外部敌对势力趁机推行“以台制华”，怂恿支持“台独”势力制造两岸关系紧张动荡；新华侨华人和华裔新生代逐渐成为侨社主体，但部分新生代对祖（籍）国感情代际递减现象突出。⑤ 如何把大陆范围内的社会主义事业的建设者和大陆范围以外的拥护祖国统一和致力于中华民族伟大复兴的爱国者团结起来，进而扩大党的群众基础，离不开统一战线的重要法宝

① 中共中央文献研究室编：《十八大以来重要文献选编》（中），中央文献出版社 2016 年版，第 559 页。

② 中共中央文献研究室编：《习近平关于社会主义政治建设论述摘篇》，中央文献出版社 2017 年版，第 133 页。

③ 中共中央文献研究室编：《习近平关于社会主义政治建设论述摘篇》，中央文献出版社 2017 年版，第 134 页。

④ 中共中央文献研究室编：《习近平关于社会主义政治建设论述摘篇》，中央文献出版社 2017 年版，第 135 页。

⑤ 左鹏：《新时代爱国统一战线的历史方位和使命任务》，《中央社会主义学院学报》2023 年第 2 期。

作用。

总之,统一战线工作的对象由"单位人"向"社会人"拓展,由"体制内"向"体制外"延伸,由"现实人"向"虚拟人"转换,由"国内"向"国际"扩大。党的阶级基础、群众基础发生的这些新变化,给新时代党的统一战线工作提出了更高的要求。这更需要统一战线坚持党的群众路线,创新思路理念、政策举措和方法手段,把不同职业、不同身份的社会成员紧密团结在党的周围,通过耐心细致的工作,找到最大公约数、画出最大同心圆,不断巩固共同思想政治基础,形成同心共圆中国梦的强大合力,使党的阶级基础和群众基础更加广泛坚实。

四、协调关系、化解矛盾、保持社会稳定离不开统一战线

进入新时代,我国不断取得伟大成就,在国际社会赢得了举足轻重的地位,中华民族迎来了从站起来、富起来到强起来的伟大飞跃。与此同时,我国的发展面临着一些突出的矛盾和挑战,尤其是伴随改革出现的经济体制深刻变革、社会结构深刻变动、利益关系深刻调整、思想观念深刻变化,以及随之而来的多元的利益、多样的观念和多变的思想,引发的社会矛盾纠纷不断增多,各种思潮交流交融交锋日趋频繁,党和人民团结奋斗的共同思想基础面临严重挑战。因此,凝聚共识既是深化改革的迫切需求,更是实现社会稳定的安全阀。但要消除分歧达成共识不是轻易就能做到的,它需要社会各阶层的政治认同、思想认同和价值观认同,更要求全社会各阶层的人民有担当、有责任地在尊重多样性中寻求共识,有智慧、有追求地在严峻挑战中深化共识。而这一切既需要时间,更需要过程,这个过程就是广泛交流、深入讨论,化解矛盾、理顺情绪,增进了解、消除误解,凝聚共识的过程,这恰恰是统一战线的独特优势所在。[①]

统一战线是由不同党派、不同民族、不同宗教信仰、不同阶层、不同团体乃至生活在不同社会制度下的力量组成的政治联盟。大团结、大联合是其本质属性,争取人心、凝聚共识是其根本任务。统一战线工作作为党的特殊的群众工作,是党加强同各方面群众联系、充分反映社情民意的重要途径,具有整合力量、协调关系、化解矛盾的功能,为各党派、各团体、各民族、各阶层和各界人士参与国家政治生活、表达社会利益诉求、反映意见呼声开辟了有效的制度化渠道。

统一战线具有整合力量的功能。统一战线联系面广、包容性强,并坚持求同

---

① 刘波:《统一战线在"四个全面"战略布局中的地位和作用》,《闽江学院学报》2015年第4期。

存异、民主协商、平等相待的原则，能够在特殊的领域以特殊的方式整合社会力量，在社会治理创新中发挥不可替代的作用。利用统一战线这一平台，能够在特定的利益认同和价值认同的基础上，通过调整、完善统一战线的政策、策略，将各种社会力量凝聚起来、团结起来。另外，统一战线具有组织严密、机制健全的优势，通过加强民主党派、工商联等建设，可以引导各自所联系的广大统战成员自觉承担社会责任，协助党委、政府实现更广泛的力量整合。

统一战线具有协调关系的功能。统一战线成员大多是学有所成的专门人才，他们自身素质高，敬业精神强，政治参与意识浓，在各自联系的群众中往往具有不可忽视的影响。同样的语言，由他们向自己所代表的群众说出来，有时比共产党说的更容易被接受；同样的工作，由他们到自己代表的群众中去组织和开展，常常比共产党去做的效果更加显著。[①] 通过发挥他们的表率和引导作用来协调关系，易于使群众信服，能够收到事半功倍的效果。尤其是担任各级人大代表、政协委员等职务的统一战线成员，通过建言资政可以对涉及经济、社会发展等关系广大群众切身利益的重要决策发挥重要作用，他们对群众的引导作用更加明显。

统一战线具有化解矛盾的功能。统一战线代表着各党派、各阶层、各民族以及宗教界人士、港澳台同胞、海外华侨华人等，各方代表人士与各自所联系的群众有着密切的关系，他们能够向党委、政府反映不同群体的呼声，传递各界意见，提出相应的建议。通过开展统一战线工作，积极倡导与人为善、推己及人、求同存异、和而不同，能够有效沟通协商，理顺情绪，化解矛盾，互谅互让，实现妥协，达到多赢，形成正确的社会舆论导向和对重大社会问题的共识，避免刚性"维稳"的负作用和后遗症，营造柔性有序的和谐环境和氛围。

通过发挥统一战线各种功能优势，能够凝聚更大领域、更广泛层面的群众，进而把不同阶层、不同群体、不同党派、不同民族、不同信仰以及生活在不同社会制度下的全体中华儿女凝聚起来，为保持社会稳定、实现国家长治久安，形成有效合力。正如党的十八大报告指出的，"统一战线是凝聚各方面力量，促进政党关系、民族关系、宗教关系、阶层关系、海内外同胞关系的和谐，夺取中国特色社会主义新胜利的重要法宝"[②]。

回顾统一战线的发展历程，可以清楚地看到：统一战线始终围绕中心、服务

① 何文洪、林伟健、黄小荣等：《新形势下统一战线在党的工作全局中的地位作用研究》，《广东省社会主义学院学报》2013 年第 3 期。

② 中共中央文献研究室编：《十八大以来重要文献选编》(上)，中央文献出版社 2014 版，第 23 页。

大局，为党的事业发展和中华民族伟大复兴凝聚了广泛人心，汇聚了强大力量，特别是在党面临生死存亡的历史关头、革命建国的千秋伟业、长期执政的持续考验、风高浪急的严峻挑战面前，所发挥出来的凝心聚力集智的作用，充分说明统一战线是中国共产党攻坚克难、夺取胜利不可或缺、绝不能丢掉的传家宝。

第三章
统一战线解决的是人心和力量问题

习近平总书记在中央统战工作会议上指出，统一战线是党克敌制胜、执政兴国的重要法宝，是团结海内外全体中华儿女实现中华民族伟大复兴的重要法宝，必须长期坚持。人心向背、力量对比是决定党和人民事业成败的关键，是最大的政治。统战工作的本质要求是大团结大联合，解决的就是人心和力量问题。[①] 他强调，“我们在实践中形成了关于做好新时代党的统一战线工作的重要思想，就加强和改进统战工作提出了一系列新理念新思想新战略”[②]。而“必须解决好人心和力量问题”作为这一思想体系的重要内容，深刻揭示了统战工作的内在本质和政治使命，为做好新时代统战工作指明了方向，提供了遵循。

① 《习近平著作选读》第二卷，人民出版社 2023 年版，第 608 页。
② 《习近平著作选读》第二卷，人民出版社 2023 年版，第 608 页。

第一节　人心是最大的政治

恩格斯说过："一个民族要想站在科学的最高峰，就一刻也不能没有理论思维。"[①]中华民族要实现伟大复兴，也同样一刻不能没有理论思维。马克思主义始终是我们党和国家的指导思想，是我们认识世界、把握规律、追求真理、改造世界的强大思想武器。马克思主义唯物史观认为，人民是历史的创造者，是决定党和国家前途命运的根本力量。习近平总书记以坚定的马克思主义立场，在总结中国共产党一百多年历史经验的基础上，结合中华优秀传统文化中古已有之的民本思想，得出了"人心向背、力量对比是决定党和人民事业成败的关键，是最大的政治"的科学论断，并以此作为统一战线一切工作的出发点和落脚点。

一、夯实马克思主义政党执政根基的本质要求

以人为本、执政为民是马克思主义政党的生命根基和本质体现。中国共产党是马克思主义政党，马克思主义政党的本质属性就是人民性。党的百年历史经验告诉我们，党的根基在人民、血脉在人民、力量在人民，人民是党执政兴国的最大底气。坚持以人为本、执政为民，既是中国共产党区别于其他剥削阶级政党的根本属性，也是夯实党的执政根基的本质要求。

习近平总书记在纪念马克思诞辰200周年大会上的讲话中指出，"马克思主义是人民的理论"，"人民性是马克思主义最鲜明的品格"[②]。党的二十大报告深刻指出："人民性是马克思主义的本质属性。"[③]这些论断深刻反映了中国共产党对马克思主义的整体性理解和把握，进一步明确了马克思主义的根本立场、核心要义及实践要求，具有重大的理论意义和实践指导意义。

马克思和恩格斯的一生是满怀崇高理想、为无产阶级革命不懈奋斗的一生，

---

① 《马克思恩格斯全集》第二十六卷，人民出版社2014年版，第500页。

② 习近平：《在纪念马克思诞辰200周年大会上的讲话》，《人民日报》2018年5月5日，第2版。

③ 习近平：《高举中国特色社会主义伟大旗帜 为全面建设社会主义现代化国家而团结奋斗——在中国共产党第二十次全国代表大会上的报告》，人民出版社2022年版，第19页。

他们所创立的马克思主义理论是来自人民、为了人民的科学理论，不仅反映了人民的创造性实践，科学阐明了世界的本质和历史发展是人民群众活动的结果，而且作为人民群众科学的思想武器和有力的斗争武器，为不断认识客观世界、实现人类解放提供了思想指引和精神力量。正是由于马克思主义在理论上具有的人民性这一本质属性，其自身也在与工人运动相结合的过程中，在人民群众的实践中实现了新的发展，成为无产阶级革命事业和社会主义建设事业的指导思想，人民性也随之贯穿于马克思主义理论的各个方面、各个组成部分以及不同时期不同发展形态的科学理论成果之中。

人民性在理论上贯通于马克思主义理论体系之中，在实践上贯通于科学社会主义历史发展进程之中，在政党发展上贯通于无产阶级政党组织的发展和执政的过程之中[①]。人民性的本质属性是马克思主义从创立到发展，从确立理论主题到形成理论体系，从作为特定的社会主义流派到成为引领人民群众改造世界的强大思想潮流的根本立场和根本推动力量。习近平总书记指出："马克思主义第一次站在人民的立场探求人类自由解放的道路，以科学的理论为最终建立一个没有压迫、没有剥削、人人平等、人人自由的理想社会指明了方向。"[②]这是对马克思主义是来自人民并反映人民实践的理论，以捍卫和实现人民利益为根本价值取向的阐释和概括，既深刻揭示了马克思主义鲜明的人民性，又表明了站稳人民立场、坚持人民至上是科学社会主义实现从理论到实践、从一国到多国发展、从曲折逆境中不断奋起的根本原因。

党的十八大以来，习近平总书记反复强调坚持"人民立场"。他说："学习马克思，就要学习和实践马克思主义关于坚守人民立场的思想。"[③]"人民立场是中国共产党的根本政治立场，是马克思主义政党区别于其他政党的显著标志。"[④]"我们要始终把人民立场作为根本立场。"[⑤]坚持马克思主义立场，必须坚持人民立场。坚持人民立场，就是坚持马克思主义立场。习近平强调，必须"始终代表最广大人民根本利益"[⑥]。他回顾总结党长期奋斗的历史，指出我们党领导人民打土豪、分田地，是为人民根本利益而斗争；领导人民开展抗日战争、赶走

① 任晓伟、张雨寒：《论人民性是马克思主义的本质属性》，《理论学刊》2023年第2期。

② 习近平：《在纪念马克思诞辰200周年大会上的讲话》，《人民日报》2018年5月5日，第2版。

③ 习近平：《在纪念马克思诞辰200周年大会上的讲话》，《人民日报》2018年5月5日，第2版。

④ 中共中央文献研究室编：《十八大以来重要文献选编》（下），中央文献出版社2018年版，第352页。

⑤ 习近平：《在纪念马克思诞辰200周年大会上的讲话》，《人民日报》2018年5月5日，第2版。

⑥ 《习近平著作选读》第二卷，人民出版社2023年版，第281页。

日本侵略者，是为人民根本利益而斗争；领导人民推翻蒋家王朝、建立新中国是为人民根本利益而斗争；领导人民开展社会主义革命和建设、改变一穷二白的国家面貌，是为人民根本利益而斗争；领导人民实行改革开放、推进社会主义现代化，同样是为人民根本利益而斗争。“我们党之所以得到人民拥护和支持，从根本上说，就是因为能始终代表中国最广大人民根本利益。”[①]习近平总书记关于“人民立场”的思想，为我们在新时代坚持马克思主义立场提供了基本遵循，也为统一战线工作指明了根本立场和目标。

党的百年历史一再证明，党和国家事业发展要想取得成功，最关键的是人心，最难得的也是人心。中国共产党把马克思主义统一战线理论同中国实际相结合，创造性地提出了一系列具有中国特色的统一战线理论、方针和政策。在中国共产党的领导下，中国统一战线始终坚持马克思主义的指导地位，始终在坚持人民立场中争取人心，为夺取中国革命、建设和改革事业的胜利凝聚强大力量。

虽然在不同历史时期党领导的统一战线具有不同的性质、目标和任务，但最大限度地团结和联合中国社会各阶级、阶层、党派、团体是不变的原则。各个时期所建立起的统一战线都为党和国家事业发展提供了强大力量支撑，成为党克敌制胜、执政兴国的重要法宝。统一战线之所以是克敌制胜、执政兴国的重要法宝，原因在于统一战线关系到党执政的阶级基础和群众基础。阶级基础和群众基础是政党赖以生存和发展的社会力量，既决定着政党的施政理念和行动纲领，也决定着政党能够在多大范围影响社会各阶层。中国共产党在统一战线工作中始终坚持人民立场，以人民为中心，不断增强党的阶级基础，持续扩大党的群众基础，以此实现统一战线在党的历史上凝聚人心、汇聚力量的法宝作用。

二、中国共产党人在历史实践中得出的科学论断

习近平总书记强调：“近代以来，中国人民和中华民族弘扬伟大爱国主义精神，心聚在了一起、血流到了一起，共同书写了抵御外来侵略、推翻反动统治、建设人民国家、推进改革开放的英雄史诗。统一战线始终是中国共产党凝聚人心、汇聚力量的重要法宝。”[②]统一战线之所以是我们党的重要法宝，根本原因就在于它顺应民心，得到了广大人民群众的拥护，解决了人心和力量问题，这是中国

① 习近平：《论中国共产党历史》，中央文献出版社 2021 年版，第 19 页。

② 习近平：《在纪念辛亥革命 110 周年大会上的讲话》，中国政府网，2021 年 10 月 9 日，https://www.gov.cn/xinwen/2021-10/09/content_5641633.htm。

共产党人在百年实践中探索出的科学论断。

习近平总书记指出:“历史充分证明,江山就是人民,人民就是江山,人心向背关系党的生死存亡。”[①]这就深刻地阐明了中国共产党与人民群众的生死关系,即人民群众的拥护是中国共产党从胜利走向新的胜利的不竭动力。回首建党以来的百年历史,中国共产党总是能顺应民心,勇担历史责任,出色地完成时代赋予的历史使命,团结带领各族人民迎来了从站起来、富起来到强起来的伟大历史飞跃,以实际行动赢得了人民群众的高度认可。

中国共产党诞生之前,中国长期饱受战争与侵略的磨难,人民长期生活于水深火热之中,人民渴望早日摆脱被侵略、被压迫的悲惨境地。因此,中国共产党从诞生之初就将反侵略和反压迫写在了自己的旗帜上。然而,中国共产党进行反侵略和反压迫斗争的道路并非一帆风顺。以蒋介石为首的国民党反动派奉行“攘外必先安内”的方针,妄图破坏和扼杀中国共产党领导的革命根据地政权。1936 年 12 月,毛泽东在《给蒋介石的信》中写道:“今日之事,抗日降日,二者择一。徘徊歧途,将国为之毁,身为之奴,失通国之人心,遭千秋之辱骂。”[②]毛泽东认为,国民党应当顺应民心,认清历史形势,统筹国内各方力量共同抗日,否则必将受到历史与人民的唾弃。但是,蒋介石并没有停止反革命行为,直至西安事变和平解决,蒋介石才被迫宣布共同抗日。即使在宣布共同抗日后,国民党仍制定了“溶共、防共、限共、反共”的反动方针。具体到抗日行动上而言,国民党表面上宣称要共同抗日,背地里却从事破坏抗日民族统一战线的行为。1947 年 12 月,毛泽东说道:“进入抗战时期,蒋介石逐渐失掉人心,我们逐渐得到人心,但问题仍没有根本解决。直到抗战胜利以后这一两年来,才解决了这个问题。”[③]经过抗日战争,国民党与共产党的力量对比发生了变化,这种变化外在的表现为军队规模、党员人数、革命根据地政权的变化,而内在的根本变化则是人心向背。

毛泽东在莫斯科共产党和工人党代表会议上高屋建瓴地指出:“问题是不能用钢铁数量多少来作决定,而是首先由人心的向背来作决定的。历史上从来就是如此。历史上从来就是弱者战胜强者,没有枪的人战胜全副武装的人。”[④]新民主主义革命时期,中国共产党从弱小到强大、从边缘到中心,团结带领各族人

① 《习近平在党史学习教育动员大会上强调 学党史悟思想办实事开新局 以优异成绩迎接建党一百周年》,《人民日报》2021 年 2 月 21 日,第 1 版。

② 《毛泽东文集》第一卷,人民出版社 1993 年版,第 464 页。

③ 《毛泽东文集》第四卷,人民出版社 1996 年版,第 328 页。

④ 《毛泽东文集》第七卷,人民出版社 1999 年版,第 327 页。

民推翻了压在中国人民头上的“三座大山”，取得了新民主主义革命的胜利，使中国人民彻底摆脱了被侵略与被压迫的历史境遇，中华民族屹立于世界民族之林。究其原因，就在于中国共产党秉持着“共产党是为民族、为人民谋利益的政党，它本身决无私利可图”[①]的信念，顺应了人心，符合了历史发展趋势，夯实了中国共产党的群众基础。

1980 年 8 月，邓小平在接受意大利记者法拉奇采访时谈到，粉碎“四人帮”以后，中国共产党的三中、四中和五中全会体现了人民的意志和人民的要求。他明确表示：“我们正在考虑从制度上解决问题。已经提出了许多问题，特别是强调要一心一意搞四化建设，这是得人心的。”[②]这就说明中国共产党深刻汲取“文革”的教训，充分意识到中国共产党必须顺应民心，持续推进改革发展，这是符合中国人民根本利益的道路。

改革开放是中国的“第二次革命”，取得了巨大的成就。改革开放经过多年发展，“可以这样说，我们不仅使党的基本理论、基本路线、基本纲领更加深入人心，成为广大干部群众自觉的实际行动，而且也使它们在指导各项工作上更具体化了，从而全面推进了建设有中国特色社会主义事业”[③]。改革开放以一系列实实在在的成效，有力证明了改革开放是强国富民的必由之路，是建设中国特色社会主义事业的关键之举，也是党心和民心所向。随着社会主义市场经济体制的建立与完善，生产力得到进一步解放和发展，我国的综合国力持续增强，已位居世界前列，切实增强了人民群众的自豪感。此时，中国共产党以强烈的忧患意识要求各级党组织和全体党员重视人心向背的问题：“人民群众的理想信念、精神状态和人心所向，最终决定建设有中国特色社会主义事业的成败。”[④]中国特色社会主义事业能稳健发展的原因便是顺应了人心。因此，江泽民强调：“各级党委和政府都要多做得人心、暖人心、稳人心的工作，都要满腔热情地帮助有困难的群众解决实际问题。”[⑤]无论何时、何地，中国共产党都一如既往地高度重视人心向背的问题。

党的十八大以来，习近平总书记多次发表了关于人心向背的重要论述，科学阐释了人心向背对于管党治党和实现中华民族伟大复兴的重大意义，有利于我们更加全面地认识人心向背与新时代坚持和发展中国特色社会主义之间的关

① 《毛泽东选集》第三卷，人民出版社 1991 年版，第 809 页。
② 《邓小平文选》第二卷，人民出版社 1994 年版，第 349 页。
③ 《江泽民文选》第二卷，人民出版社 2006 年版，第 524 页。
④ 《江泽民文选》第三卷，人民出版社 2006 年版，第 74 页。
⑤ 《江泽民文选》第三卷，人民出版社 2006 年版，第 95 页。

系。当前，世界格局产生了新的变化，国内改革发展也进入了深水区，中国共产党面临着严峻的执政考验。基于此，以习近平同志为核心的党中央多次强调人心向背的问题，促使全党意识到人心向背的极端重要性。

在党的十九大报告和在庆祝全国人民代表大会成立六十周年大会上的讲话中，习近平总书记强调，“一个政党，一个政权，其前途命运取决于人心向背”，“人民群众反对什么、痛恨什么，我们就要坚决防范和打击”①，这些足以证明我们党对人心向背问题的高度重视。中国共产党历来重视维护人民群众的根本利益，在从严治党问题上，对于发生在群众身边的腐败采取“零容忍”的态度强力整治。习近平总书记曾指出：“不得罪成百上千的腐败分子，就要得罪十三亿人民。这是一笔再明白不过的政治账、人心向背的账！”②

“得民心者得天下，失民心者失天下，人民拥护和支持是党执政的最牢固根基。”③改革开放以来，中国共产党持续接力建设中国特色社会主义伟大事业，努力把我国建设成为社会主义现代化国家，而建设伟大事业的动力源自人民群众的支持。中国共产党团结带领各族人民群众创造了一个又一个光辉成就，根本上是因为有了人民群众的支持和参与，人民是历史的创造者，人民是真正的英雄。而今，中国特色社会主义进入了新时代，中国共产党确立了全面建设社会主义现代化国家的奋斗目标，这是重视人心向背的生动写照，必将能够广泛凝聚人心，使人民群众共同参与到全面建设社会主义现代化国家的实践中来。

百年来，统一战线在服务党的初心使命和目标任务中，在革命、建设和改革的不同历史时期，致力于为党和人民的事业发展凝聚人心、汇聚力量。统一战线为服务社会主义革命和建设、改革开放和现代化建设、新时代中华民族伟大复兴中国梦的历史进程，服务新中国从一穷二白到成为世界第二大经济体的历史巨变，服务中国人民从站起来、富起来到强起来的历史飞跃，服务中华民族从近代以来饱受凌辱到昂首屹立于世界东方的历史辉煌，提供了宝贵经验和深刻启示。

三、中华优秀传统文化的智慧结晶

中华优秀传统文化是中国共产党领导的统一战线思想的主要来源之一。作

---

① 中共中央文献研究室编：《十八大以来重要文献选编》（中），中央文献出版社 2016 年版，第 58 页。

② 中共中央文献研究室编：《习近平关于协调推进“四个全面”战略布局论述摘编》，中央文献出版社 2015 年版，第 145 页。

③ 中共中央文献研究室编：《十八大以来重要文献选编》（上），中央文献出版社 2014 年版，第 310 页。

为中华优秀传统文化主体思想之一的中国传统民本思想，也对统一战线解决人心和力量问题起着至关重要的作用。

中国五千年来之政治思想，一个“民”字贯穿其中，故全部得成为“民学”[1]。这里的“民学”就是民本思想。民本思想是中华文明的核心政治理念，起始于夏商周时期，在春秋时期初步形成，汉唐时期取得了进一步发展，明清时期达到高峰，是长期历史发展所积淀的结果。民本思想在历朝历代有所演变，但其思想主旨始终没有变化，即人民是国家的根本。

梁启超在《先秦政治思想史》中认为，“商周以前，民本主义极有力”[2]，在我国历史上首次提出“民本”一词。“民惟邦本，本固邦宁”是我国最早的民本思想阐述，鲜明地展现了我国古代先贤对于人民地位的深刻认识，为其后的治国理政思想发展提供了理论基础。禹受禅于虞舜而建立夏朝，为了解民意，他在庭院设置钟、鼓、磬、铎、鞀五种乐器，民众通过振击乐器上告民情。《淮南子》载：“教寡人以道者击鼓，谕寡人以义者击钟，告寡人以事者振铎，语寡人以忧者击磬，有狱讼者摇鞀。”禹通过不同乐器的声音知晓人民的诉求后，“一馈而十起，一沐而三捉发，以劳天下之民”，从而获得了人民的广泛拥戴。启的长子太康继位后，生活日益腐化，罔顾民意、沉迷声色，终日不理政事，由此遭到了国民的强烈反对。在其外出游猎之际，后羿乘机作势而起，夺取政权。此后，太康的弟弟在流亡困苦之际，忆及大禹之政，慨思万千，遂作《五子之歌》曰：“皇祖有训，民可近，不可下。民惟邦本，本固邦宁。”其意为民可以亲近爱护，而不能轻视忽视，民是一国之根本所在，只有根本稳固，国家才会安定。由此，“民惟邦本，本固邦宁”成为我国最早、最鲜明的民本思想的阐述。

随着民本思想的发展，神权日益衰落，人民向中心位移，凸显出理性思维的勃兴。夏商的覆亡警醒了周人天命靡常，应重民为本。周公痛诫曰，“我不可不监于有夏，亦不可不监于有殷”，以夏商之败亡警示当朝统治者为政必重民。随着历史变迁，神本位思想逐渐受到质疑，人民的意志开始得到执政者的关注。“天视自我民视，天听自我民听”，“民之所欲，天必从之”，“国将兴，听于民；将亡，听于神”，都反映了神权地位的动摇，民权地位的上升，人民决定了国家命运的兴衰，神的地位于此下降。春秋时期，“敬天、明德、保民”的民本思想初步形成，且治国理念由“敬天”逐步向“保民”发展，体现了民之于国的重要意义，民本思想表

---

① 谢扶雅：《中国政治思想史纲》，正中书局1954年版，第5页。

② 梁启超：《先秦政治思想史》，东方出版社2012年版，第49页。

现出理性思维的光辉。

春秋时期的保民、重民思想为儒家民本思想奠定了历史基础，并为其提供了深厚的思想土壤。儒家民本思想在吸取前人经验的基础上发展成为更健全、更成熟的思想体系。孔子创立了“仁学”，主张博爱于众，认为“民以君为心，君以民为体”，“心以体全，亦以体伤。君以民存，亦以民亡”，以广博的胸怀将人民作为关爱的主要对象，强调为君爱民的思想主张。孟子在孔子仁学的基础上推行仁政，提出得民而得天下，失民而失天下，得民而欲无王，不可得矣；失民虽欲保天下，亦不得矣，在民与君的地位方面进一步强调了“民为贵，社稷次之，君为轻”，社稷与君王皆应以人民为贵，将人民的地位提升到皇权之上。“民贵君轻”是中国政治思想史上一个重要的命题，是我国古代民本思想取得决定性发展的重要一步，标志着我国古代民本思想已形成系统。荀子主张“用国者，得百姓之力者富，得百姓之死者强，得百姓之誉者荣。三得者具而天下归之，三得者亡而天下去之”，在民与君的关系上提出“君者舟也，庶人者水也，水则载舟，水则覆舟”，即一个国家要实现稳定长久的统治，就不能忽视它身后的人民，人民可以立国，亦可以覆国，民权与君权相互联系、彼此制衡，二者是对立统一的关系。至此，民本思想在“民惟邦本，本固邦宁”的基础上不断巩固，并在民贵君轻、君舟民水的理论脉络中沿袭发展。

民本思想辉映时代，除儒家之外，其他学派亦大力倡导，道家、法家都有所呼应。道家学派创始人老子提出“爱民治国”的主张，指出君主应尊重、关照人民，以爱民之心治国为政，方是圣王贤君之作为。管子认为，民心是关乎国之兴亡的关键因素，国政的兴衰取决于民心向背。综上所述，民本思想就是统治者在治国理政时如何处理好民心、民意、民生的指导思想，其中蕴含着深刻的执政智慧，也凝聚了诸多学派关于重民、敬民、爱民的思想精华。

汉代之后，民本思想已不再是一个空洞的理论口号，改革民生“宽以养民”的理念成为执政思想的重要支点。秦始皇统一六国后，自满于国强兵盛，筑长城、建宫室，苛取农民地租，人民承担着繁重的劳役，以致男子力耕不足粮饷，女子纺绩不足衣服，激起了人民的强烈愤慨与反抗，遂落得二世而亡的结局。汉朝统治者对秦的教训深以为戒，西汉政论家、文学家贾谊在《新书》中总结秦亡的教训：“闻之于政也，民无不为本也。国以为本，君以为本，吏以为本。”他强调，君主治国理政皆以民为本，民本即为国本。同时，鉴于秦王朝的覆灭，西汉的统治者注重安抚民众，采取与民休息的利民政策，从而有效维护了社会稳定。西汉政治家、文学家晁错发展了“重农抑商”政策，主张纳粟受爵、增加农业生产、振兴经济等养民举措，以宽厚的减租养民安抚民心，稳固民本。此外，汉代选择性地继承了秦的国法制度，以“德主刑辅”的方式稳定民心、巩固朝政。

厚民生、安国本，民心关乎一国兴衰。隋朝时期，在隋文帝的治理下，国家经济繁荣、军事发达、农业兴盛，百姓安居乐业，出现了历史上著名的“开皇之治”。隋炀帝杨广继位后，大兴土木，修大运河、迁都洛阳、修造宫殿，严重损耗隋朝国力，最终导致了隋朝灭亡。唐太宗李世民鉴于历史有感：“朕每日坐朝，欲出一言，即思此言于百姓有利益否，所以不敢多言。”他还认为，帝王以民为本，就会受到人民的拥护，反之，则会被百姓所抛弃。唐朝“贞观之治”局面的出现，重要原因在于执政者能够意识到民众的重要地位与强大力量，只有改善民生，人民安居乐业，才能保证国家高效运行。宋朝继续传承历代民本思想，宋代理学家们强调为政之道当以民为本、利民为先，主张厚民生而保民力，保障人民的生产生活以维持国家的长治久安。《皇明经世文编》记载：“盖民心之向背，系天命之去留。有天下者不能固结民心，而欲久安长治者难矣。夏、商、周、汉、唐、宋，俱有天下数百年，而历世绵远者，固结民心之所致也。”由此可见，民心向背是决定历代朝政能否持久稳定的根本。

明清之际，随着商品经济的发展，传统民本思想开始发生历史性嬗变。生产力的发展使人民开始逐步掌握社会财富，在活跃的经济社会条件下，政治意识与个体意识逐渐觉醒，萌生了民众参与社会的需求与主体意识。明末清初黄宗羲、唐甄等有识之士秉持“天下为主，君为客”的天下观，批判了压抑民权的封建主义制度，转而诉求以人民为主体的平等民权，颇具现代民权意义，为我国近代民主思想形成奠定了基础。明清时期的民本思想已逐步摆脱以君王为主体，过度强调君主政治通过安抚人民来维护封建统治的思维，而是站在人民的立场上考虑如何制约君权、限制君权的问题，主张民权的最大化。此种思想超越了儒家重民、爱民的传统观念，推动我国传统民本思想走向巅峰，是我国近代民主思想的萌芽。

我国传统民本思想经过千年流传，从“民惟邦本，本固邦宁”演化发展至“民贵君轻”“君舟民水”，在“宽以养民”的基础上进一步嬗变为“天下为主，君为客”的民本思想。中国传统民本思想作为重要的治国理念和政治伦理，是中华优秀传统文化中一颗璀璨的珍宝，为新时代统一战线凝聚人心、汇聚力量提供了深厚的文化基础和强大的精神动力。

第二节　统一战线解决人心和力量问题的理论逻辑

“统一战线解决的是人心和力量问题”这一论断有其独特的理论逻辑。从统一战线的永恒主题、工作对象、工作方式以及基本任务来看，要做好统战工作，最重要的是以人为中心，满足人的需求，引领人心所向，凝聚人的力量。唯有如此，方能在统一战线大团结大联合的主题下，以特殊的工作方式团结不同的工作对象，完成统战工作的基本任务。因此，解决人心和力量问题既是坚持统一战线大团结大联合的必然要求，是做好党外代表人士工作的必然要求，也是实现统战工作基本任务的必然要求。

一、统一战线大团结大联合主题的必然要求

早在19世纪中叶，马克思、恩格斯就将无产阶级统一战线的根本问题阐述为团结和联合。1848年，马克思、恩格斯合著的《共产党宣言》作出全世界无产阶级大团结大联合的伟大号召：“全世界无产者，联合起来！”继而对19世纪早期欧洲资本主义社会的阶级状况进行全面的研究和分析，提出无产阶级为了实现自己所担负的历史使命，消灭阶级和阶级差别，最终实现共产主义，必须要加强自身的团结统一，并且要联合广泛的同盟军，从而阐明了无产阶级统一战线“团结”和“联合”这两大根本问题。

团结就是力量，大团结大联合是统一战线的永恒主题。统一战线因团结而生，靠团结而兴。纵观百年党史，在革命、建设、改革的各个历史时期，中国共产党领导的统一战线的性质、目标、任务各有不同，但统一战线最大限度地团结和联合中国社会各阶级、阶层、党派、群体，形成浩浩荡荡的革命、建设和改革大军，是我们党领导人民实现民族解放、民族振兴的基本战略和重要原则，统一战线坚持大团结大联合的主题始终没有改变。这是统一战线的安身立命之本，是统一战线一切工作的出发点和落脚点，也是检验统战工作成效的基本依据。

党的十八大以来，从2015年召开的中央统战工作会议，到2020年中共中央发布新修订的《中国共产党统一战线工作条例》，再到2022年召开的中央统战工作会议，新时代爱国统一战线不断增进共识，真正把不同党派、不同民族、不同阶

层、不同群体、不同信仰以及生活在不同社会制度下的全体中华儿女都团结起来。与此同时，以习近平同志为核心的党中央就加强和改进新时代统战工作提出了一系列新理念新思想新战略，形成了习近平总书记关于做好新时代党的统一战线工作的重要思想，指导党的统一战线工作取得历史性成就，统一战线呈现出团结、奋进、开拓、活跃的良好局面。大团结大联合是习近平总书记关于做好新时代党的统一战线工作的重要思想的重要内容之一，是统战工作的本质要求。

习近平总书记在党的二十大报告中指出："从现在起，中国共产党的中心任务就是团结带领全国各族人民全面建成社会主义现代化强国、实现第二个百年奋斗目标，以中国式现代化全面推进中华民族伟大复兴。"[①]由此可见，全面建成社会主义现代化强国、实现第二个百年奋斗目标，"中国式现代化"是路径，"团结奋斗"是关键。就如何推进中国式现代化，习近平总书记强调，要"坚持大团结大联合，动员全体中华儿女围绕实现中华民族伟大复兴中国梦一起来想、一起来干"[②]，号召全党要"为全面建设社会主义现代化国家、全面推进中华民族伟大复兴而团结奋斗"[③]。历史告诉我们，围绕明确奋斗目标形成的团结才是最牢固的大团结，依靠紧密联合进行的奋斗才是最有力的奋斗。前进道路上，我们要始终在党的全面领导下，不断巩固全国各族人民大团结，加强海内外中华儿女大联合，形成中国式现代化道路上同心共圆中国梦的强大合力。

实现大团结大联合要求团结的面要宽。新时代爱国统一战线由过去的阶级联盟发展为最广泛的政治联盟，涵盖了各党派、各团体、各阶层、各民族以及港澳台同胞和海外侨胞，统一战线由大陆范围内扩展到大陆范围外，随着时代的发展，统一战线的团结面在不断地扩大。

实现大团结大联合要求团结的人要多。要把我们的人搞得多多的，把敌人搞得少少的，中国共产党正是依靠这一点，建立了广泛的同盟军。在爱国主义、社会主义伟大旗帜下，只要有利于建成社会主义现代化国家、实现中华民族伟大复兴，不论什么阶层、什么党派、什么团体、什么人，都要加强同他们的联系，把一切可以团结的人团结起来。

实现大团结大联合要求团结的程度要深。统战工作做得好不好，不仅要看

---

① 习近平：《高举中国特色社会主义伟大旗帜　为全面建设社会主义现代化国家而团结奋斗——在中国共产党第二十次全国代表大会上的报告》，人民出版社 2022 年版，第 21 页。

② 习近平：《高举中国特色社会主义伟大旗帜　为全面建设社会主义现代化国家而团结奋斗——在中国共产党第二十次全国代表大会上的报告》，人民出版社 2022 年版，第 39 页。

③ 习近平：《高举中国特色社会主义伟大旗帜　为全面建设社会主义现代化国家而团结奋斗——在中国共产党第二十次全国代表大会上的报告》，人民出版社 2022 年版，第 1 页。

交到的朋友够不够多，还要看交到的朋友够不够铁。要扎扎实实、以心换心、深交朋友，通过关键时刻能否发挥作用考验交友的成色，通过艰难困苦能否共同战胜检验团结的真诚。

回首过去，在马克思主义基本原理与中国具体实际、与中华优秀传统文化的结合中，我们党通过大团结大联合创造了历史伟业，形成了伟大团结精神，这是任何时代、任何场合都不会过时的精神。站在新时代的今天，新的历史方位和任务要求赋予大团结大联合以新的时代特征，大团结大联合对于在新时代推进中国式现代化伟大实践依然具有重要的现实意义。坚持大团结大联合，既是以中国式现代化推进中华民族伟大复兴的必然要求，也是稳步推进中国式现代化的政治优势和强大法宝。事实证明，只有高举大团结大联合的旗帜，统一战线才能显示出强大的生命力，发挥重大法宝作用。要实现最广泛的大团结大联合，必须解决好人心和力量的问题。只有在最大限度地凝聚人心、汇聚力量的基础上，才能形成最广泛的大团结大联合。

二、统战工作对象和工作方式的必然要求

统战工作对象为党外人士，重点是其中的代表人士。党外代表人士是与中国共产党团结合作、作出较大贡献、有一定社会影响力的非中共人士，包括民主党派代表人士、无党派代表人士、少数民族代表人士、宗教界代表人士、非公有制经济代表人士、港澳台海外代表人士等。习近平总书记指出："坚持和完善中国特色社会主义制度、推进国家治理体系和治理能力现代化，要发挥统一战线优势、广泛凝聚共识。各民主党派、工商联和无党派人士在坚持和完善中国特色社会主义制度、推进国家治理体系和治理能力现代化进程中大有可为。"[①]党外代表人士是党和国家人才队伍的重要组成部分，是我国政治格局中的重要力量，党外代表人士队伍建设在统一战线工作中具有基础性、战略性地位。培养使用党外代表人士，重视发挥他们在国家政治社会生活中的作用，是我们党的一贯政策，是我国政治制度的安排，对推进国家治理体系和治理能力现代化具有重要意义。统战工作要通过有代表性的党外人士做联系群众的工作，达到"一根头发"带动"一把头发"的效果。这个过程既对解决人心和力量问题提出了具体的要

① 《中共中央召开党外人士座谈会 习近平主持并发表重要讲话》，《人民日报》2019年11月2日，第1版。

求，也充分实现了统一战线凝聚人心、汇聚力量的目标。

以毛泽东同志为核心的党的第一代中央领导集体，把做好党外代表人士工作摆在决定力量对比、影响革命成败、事关人民政权建立巩固的高度，团结和争取了一大批著名的党外代表人士，实现了进步力量的最大团结。以邓小平同志为核心的党的第二代中央领导集体，立足于为改革开放和社会主义现代化建设凝心聚力、集智引才，提出了“钱要用起来，人要用起来”的著名论断，高度重视、充分发挥党外人士的智力和资本优势，团结一切可以团结的力量，维护和发展安定团结的政治局面，为把我国建设成为现代化的社会主义强国而共同奋斗。以江泽民同志为核心的党的第三代中央领导集体，把加强党外代表人士队伍建设提到事关巩固党的执政地位、事关抵御国际敌对势力西化分化、事关改革发展稳定大局的政治高度，推动形成了党外代表人士新老交替、薪火相传的良好局面。进入新世纪新阶段，以胡锦涛同志为总书记的党中央高度重视党外代表人士队伍建设，第一次以中共中央的名义印发了《关于加强新形势下党外代表人士队伍建设的意见》，为指导和推动新形势下统一战线事业持续健康发展指明了前进方向，奠定了坚实基础。党的十八大以来，以习近平同志为核心的党中央坚持把统一战线放在党和国家工作的大局中来定位、来部署、来推动，强调党外代表人士工作的重点是科学使用、发挥作用，关键是加强培养、提高素质，并以党内法规的形式对党外代表人士发现、培养、使用、管理等方面作出明确规定。

实践证明，培养选拔党外代表人士不是权宜之计，而是必须长期坚持的重要政策；不是一般工作，而是关系我国政治制度特点和优势发挥的战略任务。要准确把握新形势下党外代表人士的特点和成长规律，积极回应和解决制约党外代表人士队伍建设的重点难点问题，在继承中创新，在创新中发展。

与党外人士联谊交友是统战工作的重要内容和方式。党的历代领导人都非常注重联谊交友，与许多党外人士结下了深厚友谊，为全党作出了典范。习近平总书记强调：“从某种意义上说，统一战线工作做得好不好，要看交到的朋友多不多、合格不合格、够不够铁。”[①]各级党政领导干部要从政治高度看待联谊交友工作，努力掌握联谊交友的艺术，真正结交一批与我们党肝胆相照、荣辱与共的党外代表人士。做好与党外人士联谊交友工作，要在处理好四个关系[②]的过程中最大限度地凝聚人心、汇聚力量。

---

① 中共中央文献研究室编：《十八大以来重要文献选编》（中），中央文献出版社 2016 年版，第 562 页。

② 参见《统一战线知识手册》，华文出版社 2016 年版，第 79-80 页。

一是广与深的关系。交朋友的面要广，不能总是在少数人里打转转，朋友越多越好；更要深交，要有几个能说心里话、关键时候能帮上忙的挚友诤友。要扩大结交面，带着感情、放下架子，不论是什么样的人，只要是对党的事业有利都要联系，都要做工作。既要结交新朋友，还要不忘老朋友，对于我们党长期合作、患难与共的党外朋友，要始终如一，保持深厚友谊。要健全机制，完善联谊交友常态化的相关制度规定，在坚持传统的、行之有效的交友方式基础上，不断探索新的有效交友方式。

二是虚与实的关系。与党外人士交朋友要体现我们党的尊重，更要切实做到政治上关心，思想上交心，感情上知心。要平等待人，“欲交天下士，未面已虚襟”，经常主动登门拜访、促膝谈心，遇到问题充分协商，及时向党外人士说明情况，使党的政策和他们见面。要相互尊重，充分尊重党外人士在思想认识、价值取向、风俗习惯、宗教信仰等方面的差异，切实做到“求大同、存小异”。要以诚相见，以心换心，对党外朋友的缺点和不足开诚布公、善意诚恳地指出来，诚心听取党外朋友的批评意见，真正赢得党外人士信赖，实现由相敬到相知。

三是情与理的关系。交朋友要靠真理的力量，道同才能共相为谋，同时还要靠情感的力量。同声相应、同气相求，只有感情深了，道理才更容易接受，人才能走到一起。既要以理服人，始终坚持政治原则和政治立场，形成团结合作的政治基础，还要以情动人、以情感人、以情化人。既要进行思想交锋，又能进行情感交流；既要在大的问题上分清是非，又能保持宽松稳定的政治环境和融洽和谐的气氛；既要注重加强思想引导，解决党外人士思想方面的困惑，又要热忱服务，注重为党外朋友排忧解难，达到讲原则与讲友谊的统一。

四是公与私的关系。同党外人士交朋友，不是为了交个人的朋友，而是为党交朋友。“公私之交，存亡之本。”交朋友当然会有私谊，但这种私谊必须服从于公谊。摆不正这个关系，联谊交友是做不好的，甚至是会出问题的。

只有做到正确处理这四种关系，在讲原则、讲纪律的基础上同党外人士联谊，才能真正做到凝聚人心、汇聚力量，为中华民族伟大复兴汇聚起磅礴伟力。

三、实现统战工作基本任务的必然要求

2022 年召开的中央统战工作会议明确，新时代爱国统一战线的基本任务是：坚持以新时代中国特色社会主义思想为指导，坚持中国共产党领导，坚持中国特色社会主义道路，高举爱国主义、社会主义伟大旗帜，坚持一致性和多样性

统一，坚持围绕中心、服务大局，坚持与时俱进、守正创新，加强思想政治引领，发挥凝聚人心、汇聚力量的政治作用，促进政党关系、民族关系、宗教关系、阶层关系、海内外同胞关系和谐，促进海内外中华儿女团结奋斗，为全面建成社会主义现代化强国、实现中华民族伟大复兴汇聚磅礴伟力。[①] 这是准确把握新时代爱国统一战线历史方位作出的科学谋划，是立足党和国家事业发展全局作出的战略部署。

“为全面建成社会主义现代化强国、实现中华民族伟大复兴汇聚磅礴伟力”是基本任务的目标，关键词是汇聚磅礴伟力。毛泽东指出，世界上什么力量最强？民众联合的力量最强。在抗日战争时期又指出：“战争的伟力之最深厚的根源，存在于民众之中。”[②]全面建成社会主义现代化强国、实现中华民族伟大复兴是一个滚石上山的过程，必然会遇到各种艰难险阻，必须凝聚磅礴伟力、攻坚克难。这个磅礴伟力就存在于最广大人民群众之中，也就是统一战线各方面社会成员、海内外中华儿女之中。这就要求实现新时代统一战线的基本任务，必须坚持大团结大联合的主题，把凝聚人心、汇聚力量作为核心任务贯穿统战工作全过程，为全面建成社会主义现代化强国、实现中华民族伟大复兴提供广泛强大、无坚不摧的力量支持。

“促进政党关系、民族关系、宗教关系、阶层关系、海内外同胞关系和谐，促进海内外中华儿女团结奋斗”是基本任务的内容，也是统战工作的着力重点。实现大团结大联合，既包括中国共产党团结凝聚社会各方面成员，也包括社会各方面成员之间的团结，始终贯穿其中的就是政党关系、民族关系、宗教关系、阶层关系、海内外同胞关系。这既是统一战线五个方面的重要成员，也是统战工作的五个领域；既是统一战线的基本关系，也是重要的社会政治关系。只要把这五个方面的人团结联合起来，实现和保持这五个方面的关系和谐，就能不断巩固和发展各民族大团结、全国人民大团结、全体中华儿女大团结，形成海内外中华儿女共同致力中华民族伟大复兴的政治局面。

“坚持以新时代中国特色社会主义思想为指导，坚持中国共产党领导，坚持中国特色社会主义道路，高举爱国主义、社会主义伟大旗帜，坚持一致性和多样性统一，坚持围绕中心、服务大局，坚持与时俱进、守正创新，加强思想政治引领，发挥凝聚人心、汇聚力量的政治作用”是完成基本任务的重要保障和内在要求，

---

① 《习近平著作选读》第二卷，人民出版社 2023 年版，第 607 页。

② 《毛泽东选集》第二卷，人民出版社 1991 年版，第 511 页。

也是统一战线百年历史经验的结晶和重要遵循。新时代新征程的统一战线工作,将面临复杂的国内国际形势、繁重的改革和发展任务、可预料和不可预料的风险与挑战、各种新变化新情况新问题。这就要求统战工作必须坚持以习近平新时代中国特色社会主义思想为指导,为统一战线巩固发展和作用发挥提供强大的思想武器和精神动力;必须坚持中国共产党领导,使统战工作始终保持坚定正确的政治方向和健康向上的蓬勃生机;必须坚持中国特色社会主义道路,努力为建设社会主义现代化强国和实现共同富裕贡献力量;必须高举爱国主义、社会主义伟大旗帜,形成千千万万、浩浩荡荡的改革和建设队伍;必须坚持一致性和多样性统一,在尊重多样性中寻求一致性,充分调动各方面统一战线成员的主动精神和创造活力;必须坚持围绕中心、服务大局,为党和政府攻坚克难、化解风险、战胜挑战献计出力;必须坚持与时俱进、守正创新,在总结历史经验、继承优良传统的基础上,在研究新情况、解决新问题中开拓前进、创新发展;必须加强思想政治引领,不断凝聚、增强和扩大各方面社会成员的政治共识,沿着中国特色社会主义道路一道前进;必须发挥凝聚人心、汇聚力量的政治作用,使海内外全体中华儿女心往一处想、劲往一处使,共同为建设社会主义现代化强国、实现中华民族伟大复兴团结奋斗。

第三节　统一战线解决人心和力量问题的实现路径

统一战线要实现最广泛的凝聚人心、汇聚力量,应当加强思想引领,不断形成政治认同;坚持目标引领,牢牢把握历史责任;尊重、维护、照顾同盟者利益,努力扩大同心圆。

一、加强思想引领,不断形成政治认同

统一战线作为不同阶级、政党和社会成员的政治共同体,并不意味着大家都在一个同等的政治认识水平上。不同阶级、政党、阶层和社会成员由于自身局限,对处于领导地位的中国共产党提出的政治目标、政治方向、方针政策等,在具有不同程度的政治共识的基础上,难免有不理解或不认同之处。

如对于中华人民共和国成立初期新解放区的土地改革,一些党外人士既赞

成土地改革，又希望和平改革；在政治制度和政治发展上，一些党外人士存在不同的思想政治观点。特别是中华人民共和国成立初期，深受封建主义、资本主义影响的知识分子，要适应社会主义革命和建设，必须解决世界观改造和政治立场转变这个根本问题。中国共产党只有对他们进行团结教育改造，才能在建设新社会新生活中凝聚和形成政治共识，实现同频共振。随着历史的发展和演进，处于领导地位的中国共产党提出的政治目标、政治方向、政治道路、政治原则等，也要与时俱进，进行丰富、拓展和创新，如从建立社会主义制度到坚持和发展中国特色社会主义，从实行社会主义计划经济到建设社会主义市场经济，从割资本主义尾巴到坚持以公有制为主体、多种所有制经济共同发展。在社会成员思想观念、价值取向、利益诉求日益多样化发展的条件下，政治共识不可能自然而然地形成。只能通过思想教育引导，才能在推进共同事业发展中不断凝聚、增进和扩大政治共识。

从党的百年统一战线实践来看，思想引导的着力点主要是：把思想引导与自我教育有机结合起来，倡导和鼓励党外人士学习马克思列宁主义、毛泽东思想、邓小平理论、“三个代表”重要思想、科学发展观、习近平新时代中国特色社会主义思想，与居于领导地位的中国共产党共同树立科学的世界观和方法论。[①] 一方面开展各种主题教育，如中华人民共和国成立初期开展知识分子思想改造学习运动，中共十八大后各民主党派开展“不忘合作初心，继续携手前进”主题教育，在少数民族中增强中华民族共同体意识，在宗教活动场所举行升国旗仪式，在非公有制经济人士中进行信念、信心、信任、信誉的“四信”教育等，对弘扬爱国主义、社会主义起了重要促进作用。另一方面实行“团结——批评——团结”的方针，用好批评和自我批评这个武器，特别是对错误的思想政治观点进行必要的批评和斗争，绝不能让其影响和危害思想政治基础这个根本。可以说，思想教育引导越有效，政治认同和共识就越牢固，凝聚的人心和力量就越强大。

凝心聚力的根本是政治认同。统一战线是政治联盟，建立在共同的思想政治基础之上。这个思想政治基础，就是政治目标、政治方向、政治原则的一致性。这是政治作为众人之事的集中体现，关系国家前途命运和人民根本利益。社会各方面成员只有在政治上认同，形成共识，才能心向往之、以身趋之。统一战线凝心聚力就是建立在政治主张根本一致的基础上。而无论是政党、团体还是社

① 张献生：《凝心聚力：统一战线的根本功能和价值所在——新中国70年统一战线的经验和启示》，《统一战线学研究》2019年第4期。

会各方面人士，都有各自的政治立场、理想和抱负。这种政治主张上的一致和分歧，决定着统一战线是巩固还是破裂，也决定着人心向背和力量聚散。因此，凝心聚力的核心就是赢得政治认同，形成政治共识。由于中国共产党在统一战线中处于领导地位，政治认同主要体现在对中国共产党政治主张的认同上。中华人民共和国成立后，统一战线不断巩固发展，为实现由新民主主义向社会主义转变、建立社会主义制度，推进改革开放和社会主义现代化建设，坚持和发展中国特色社会主义、实现中华民族伟大复兴中国梦，广泛凝聚了人心和力量。最根本的内容是各民主党派、无党派人士对中国共产党在各个时期的路线方针政策具有高度认同，并体现和贯彻到合作共事、团结奋斗的实践之中。

政治认同的对象主要是中国共产党领导和中国特色社会主义。中华人民共和国成立 70 多年来，统一战线出现的曲折和挫折、经验和教训，都与对这两个问题的政治认同有关。毛泽东在《关于正确处理人民内部矛盾的问题》中，提出了政治生活中判断言论和行动是非的六条政治标准，其中最重要的是社会主义道路和党的领导。他深刻指出："各民主党派和共产党相互之间所提的意见，所作的批评，也只有在合乎我们在前面所说的六条政治标准的情况下，才能够发挥互相监督的积极作用。"①在建立和探索、坚持和发展中国特色社会主义中，各民主党派、无党派人士与中国共产党团结奋斗、同心协力，对坚持中国共产党领导和坚持中国特色社会主义达成了政治认同。民革中央原主席李济深曾说："坚持中国共产党领导，走社会主义道路，要让后人在这个原则问题上永远和我们保持一致，代代相传。"②民建提出："听毛主席的话、跟共产党走、走社会主义道路。"③全国工商联提出："坚定不移跟党走，尽心竭力为四化。"④进入新时代，党外人士明确表示做"中国特色社会主义的亲历者、实践者、维护者、捍卫者"⑤。政治认同是一个不断发展的过程，不同时期有不同的内涵和特点，不能一劳永逸，不能止步不前。党外人士只有持续不断地形成政治认同和共识，才能在中国共产党的领导下，矢志不移地推进共同目标和共同事业，统一战线才能最大限度地汇聚人

① 《毛泽东文集》第七卷，人民出版社 1999 年版，第 235 页。

② 孙春兰主编：《大道：多党合作历史记忆和时代心声》，团结出版社 2017 年版，第 7 页。

③ 吴志明：《在坚定"四个自信"中促进海内外中华儿女大团结》，中国共产党新闻网，2022 年 6 月 28 日，http://cpc.people.com.cn/n1/2022/0628/c443712-32458493.html。

④ 《中华全国工商业联合会历史沿革》，国史网，2010 年 2 月 22 日，http://hprc.cssn.cn/gsgl/zggk/shehtt/201002/t20100222_3976467.html。

⑤ 《各民主党派中央、全国工商联分别发来贺信 热烈祝贺中共二十大胜利召开》，中国政府网，2022 年 10 月 17 日，https://www.gov.cn/xinwen/2022-10/17/content_5719012.htm。

心、团结力量。

二、坚持目标引领，牢牢把握历史责任

促进中华儿女大团结是新时代爱国统一战线的历史责任。统一战线因团结而生，靠团结而兴。中国共产党从成立初期就提出了团结联合其他阶级阶层的战略思想，赋予了统一战线大团结大联合的重要使命。作为党的总路线总政策的重要组成部分，尽管统一战线在不同时期担负的历史任务有所不同，团结联合的范围和对象有所变化，采取的政策和策略也有所区别，但求得团结、维护团结、增进团结的使命和价值始终没有改变。

进入新时代，我们党以实现中华民族伟大复兴为最大公约数，着力加强党对统战工作的全面领导，着力构建大统战工作格局，着力谋划和推进统一战线各领域工作，着力促进各党派、各团体、各民族、各阶层以及各方面的大团结，不断巩固壮大新时代爱国统一战线，推动形成了党的历史上最广泛的联盟。经过长期奋斗，实现中华民族伟大复兴具备了更为完善的制度保证、更为坚实的物质基础、更为主动的精神力量，我们比历史上任何时期都更接近、更有信心和能力实现中华民族伟大复兴的宏伟目标。越是接近目标，越是形势复杂，越是任务艰巨，越要发挥中国共产党领导的政治优势和中国特色社会主义的制度优势，把各方面智慧和力量凝聚起来。要牢牢把握新时代爱国统一战线的历史责任，围绕新时代新征程党的中心任务，不断增强统一战线的凝聚力、扩大团结面，不断巩固和发展各民族大团结、全国人民大团结、全体中华儿女大团结，铸牢中华民族共同体意识，形成海内外全体中华儿女心往一处想、劲往一处使的生动局面，汇聚起实现中华民族伟大复兴的磅礴伟力。

当前，中国特色社会主义进入新时代，我国发展的内外环境都发生了深刻变化，统一战线所处的历史方位、肩负的使命任务也在发生重大变化。准确把握新时代统战工作定位，明确统战工作目标，有利于更好发挥统一战线法宝作用，团结一切可以团结的力量，调动一切可以调动的积极因素，为实现“两个一百年”奋斗目标和中华民族伟大复兴中国梦提供广泛力量支持。

一是要不忘初心，担当时代新使命。为中国人民谋幸福，为中华民族谋复兴是中国共产党的初心和使命，也是统一战线的初心和使命。党的二十大描绘了以中国式现代化全面推进中华民族伟大复兴的宏伟蓝图。实现这一宏伟蓝图，需要中国共产党的坚强领导，需要包括广大统战成员在内的全国人民万众一心、

团结奋斗，朝着实现中华民族伟大复兴的宏伟目标奋勇前进。要坚定共同理想，始终高举爱国主义和中国特色社会主义伟大旗帜，致力于实现中华民族伟大复兴中国梦这个最大公约数，拓展统战工作视野和格局，增强海内外中华儿女的民族自豪感和对祖国的向心力，引领广大统战成员在追梦和圆梦中构建起利益共同体、事业共同体、命运共同体。要弘扬优良传统，持续深入开展主题教育，引导广大统战成员继承和弘扬老一辈党外人士在与中国共产党并肩战斗、长期合作共事风雨历程中形成的政治信念、优良传统和高尚风范，始终坚持中国共产党的领导，始终坚持走中国特色社会主义道路，筑牢团结奋斗的共同思想政治基础。要凝聚奋斗伟力，突出统一战线大团结大联合主题，巩固基本力量、团结新生力量、化解消极力量，最大限度地扩大覆盖面、增强包容性，切实把不同党派、不同民族、不同阶层、不同信仰以及生活在不同社会制度下的统战成员团结凝聚起来，形成“同心共筑中国梦”的强大合力。

二是要维护核心，旗帜鲜明讲政治。历史和实践反复证明，一个国家、一个政党，领导核心至关重要。统战工作是党的政治工作，维护核心是首要政治任务，统一战线必须把坚决维护习近平总书记党中央的核心、全党的核心地位，坚决维护党中央权威和集中统一领导作为最大的政治、最大的大局。要深刻认识维护习近平总书记核心地位的重大意义，紧密团结在以习近平同志为核心的党中央周围，坚定听党话、跟党走。要学深悟透习近平新时代中国特色社会主义思想特别是习近平总书记关于做好新时代党的统一战线工作的重要思想，自觉做习近平新时代中国特色社会主义思想的坚定信仰者、忠实实践者，坚决贯彻执行党中央各项决策部署。要始终保持政治清醒，增强政治敏锐性，善于从政治上观察问题，保持对苗头性、动态性情况的高度警觉，坚决反对一切削弱、歪曲、否定党的领导和我国社会主义制度的言行，确保统一战线人心安定、大局稳定，凝聚起团结奋进的正能量。

三是要服务中心，主动作为建新功。统一战线历来是党的总路线总政策总任务的重要组成部分，党的中心工作推进到哪里，统一战线就要跟进到哪里。统战工作只有融入中心工作才能更好发挥作用，只有在服务中心大局中才能提升水平、彰显价值。要发挥人才密集的智力优势，组织引导党外人士围绕党的中心工作，深入调查研究，积极建言献策，为党委、政府科学民主决策提供有价值的参考。发挥高校、企业、科研院所党外知识分子和专家学者的作用，引导党外高端人才创新创业，打造一批产业创新中心和创新集聚地。要发挥建言资政的渠道优势，畅通“直通车”渠道，健全党委、政府重大课题委托民主党派、无党派人士调研制度；支持民主党派以调研报告、建议等形式直接向中共党委提出意见和建议，支持民主党派负责同志以个人名义向党委、政府直接反映情况提出建议。要发挥联系广泛的资源优势，整合统一战线人才资源、资金资源、人脉资源，持续开展“万企帮万村”、“光彩事业行”、对口联系帮扶、合作共建等活动，通过内引外联，借智借力，积极助推经济社会发展。要发挥协调关系的功能优势，围绕促进政党关系、民族关系、宗教关系、阶层关系和海内外同胞关系和谐，主动协调关系、化解矛盾。引导党外人士积极发挥正能量，鼓励他们利用专业知识与影响力协助党委、政府做好政策解释、平息负面舆论等工作。

三、尊重、维护、照顾同盟者利益，努力扩大同心圆

利益是凝心聚力的直接动因。马克思说：“人们为之奋斗的一切，都同他们的利益有关。”[①]中国共产党人的初心和使命，就是为中国人民谋幸福，为中华民族谋复兴。统一战线既是一个政治共同体，也是一个利益共同体。不同阶级、政党、民族、团体及社会各界人士加入统一战线，既是为实现共同目标和事业而团结奋斗，也是为维护和实现自身利益。从某种意义上讲，只有能够维护和实现自身利益，才能为实现共同利益和根本利益而奋斗。因此，尊重、维护、照顾同盟者的利益，既是统一战线凝心聚力的重要政策原则，也是巩固发展统一战线的动力和活力所在。统一战线成员自身利益、群体利益与人民群众整体利益、根本利益紧密联系，但以有利于实现整体利益、根本利益为导向和归宿，以维护和照顾统一战线成员的自身利益为基础和前提，是有机统一的互利共赢。在土地改革、社会主义改造和发展社会主义市场经济中，中国共产党都制定相应政策，照顾各民主党派、无党派人士、原工商业者、非公有制经济人士的利益，从而保障了土地改革顺利进行、社会主义公有制胜利实现、社会主义生产力得到解放和发展。

利益主要包括经济利益、发展利益和政治利益。经济利益主要是物质利益，如在对资本主义工商业进行社会主义改造中，党和政府对原工商业者确定了“从简从宽”的定息原则，从 1956 年起，定息 10 年，企业原有在职人员全部包下来，“量才使用、适当照顾”[②]。发展利益主要是事业发展的前景和空间，如支持各民主党派巩固和发展组织，协商确定组织发展“三为主”原则，共同促进民主党派自

① 《马克思恩格斯全集》第一卷，人民出版社 1995 年版，第 187 页。

② 中共中央统战部编著：《中国共产党统一战线史》，中共党史出版社、华文出版社 2017 年版，第 235 页。

身建设制度化规范化。民主党派成员由中华人民共和国成立时的1万多人，发展到改革开放初期的6万多人，再发展到2018年的120多万人。政治利益主要是培养选拔使用党外干部，吸收各民主党派、无党派人士等党外代表人士参加国家政权。正如毛泽东指出的，对被领导者(同盟者)“给以物质福利，至少不损害其利益”①，才能团结同盟者为共同的目标而奋斗。

巩固扩大统一战线，既需要同盟者与领导者在政治目标、政治方向、政治原则方面形成政治共识，也需要领导者对同盟者的地位、作用、价值具有客观认识和评价，并给予充分的尊重信任。如果对同盟者缺乏足够的尊重信任，或敬而远之、有名无实，或不当回事、敷衍了事，或表面客气、内心提防，甚至采取过河拆桥的功利主义态度，那么要同心协力推进共同事业是不可能的。因此，在统一战线中，处于领导地位的中国共产党要赢得各民主党派、无党派人士、各少数民族、信教群众、非公有制经济人士等同盟者的拥护支持，首先要对他们待之以诚，处之以平，用之以信，以人心换取人心，真正做到风雨同舟、荣辱与共。反右派斗争扩大化和“文化大革命”中，对党外人士一度尊重信任不够，一些人还遭到迫害，导致关系紧张、人心涣散，影响团结合作。20世纪60年代初特别是改革开放后拨乱反正，平反冤假错案，解决遗留问题，认真落实政策，对党外人士给予充分尊重信任。1980年，胡耀邦到民盟中央机关看望党派同志，充分肯定知识分子一是爱国，二是学有专长，三是为人正派。他明确提出：“我们就希望能发挥这些知识分子的作用，同我们合作，成为复兴中国的一个力量。”②这些做法赢得了各方面党外人士的真心拥护，肝胆相照、荣辱与共的优良传统得以发扬光大。对党外人士的尊重信任，主要体现在政治、使用和人格方面。政治方面就是准确定位、充分肯定。如对我国民主党派的性质，中国共产党根据我国社会发展和民主党派的历史性进步，适时作出中华人民共和国成立时的“具有新民主主义性质的政党”、社会主义改造后的自食其力的社会主义“劳动者的政党”、改革开放后的“参政党”、新时代的“中国特色社会主义参政党”的界定；对少数民族，明确提出建立平等、团结、互助、和谐的社会主义民族关系；对信仰宗教的群众，确立政治上团结合作、信仰上互相尊重的原则，强调宗教工作本质上是群众工作。使用方面就是积极选拔、有职有权。如相关政策明确，符合条件的省级民主党派主委、工商联主席、无党派代表人士一般应当进入同级人大常委会、政府、政协领导班子；省

① 《毛泽东选集》第四卷，人民出版社1991年版，第1273页。

② 孙春兰主编：《大道：多党合作历史记忆和时代心声》，团结出版社2017年版，第330页。

市两级地方政府领导班子中应当配备党外干部，符合条件的党外干部可以担任政府部门（单位）行政正职；各级人民法院、人民检察院领导班子应当配备党外干部；高校领导班子中一般应当配备党外干部；各级人大代表候选人和各级政协委员中应有适当数量的非公有制经济人士；保证党外领导干部“对分管工作享有行政管理的指挥权、处理问题的决定权和人事任免的建议权”[①]。人格方面就是平等相待、民主协商，坚持“不戴帽子、不打棍子、不揪辫子”，不居高临下、盛气凌人，尊重发表不同意见的权利。对错误倾向和政治观点的批评，也要讲究方式方法，和风细雨讲道理，耐心细致做好思想政治引导工作。正是对党外人士的尊重信任，激发了他们的主人翁精神和责任感，统一战线为新中国的建设、改革和发展广泛凝聚了人心和力量。

① 《中国共产党统一战线工作条例》，中国政府网，2021 年 1 月 5 日，https://www.gov.cn/zhengce/2021-01/05/content_5577289.htm。

第四章
正确处理一致性和多样性关系

统一战线作为团结各方面力量的广泛联盟，体现了一致性和多样性的统一。只有一致性，没有多样性，或者只有多样性，没有一致性，都不能建立和发展统一战线。无论是在新民主主义革命时期，还是在社会主义革命和建设时期，无论是在改革开放和社会主义现代化建设新时期，还是中国特色社会主义进入新时代以来，无论处理政党关系、民族关系、宗教关系、阶层关系，还是处理海内外同胞关系，党的统战工作都是围绕正确处理一致性和多样性关系而展开的，处理一致性与多样性关系成为各个历史时期统战工作的主线。纵观党领导的统一战线历史，什么时候能够处理好一致性和多样性关系，统一战线就能够巩固壮大，党的事业就能够向前发展；反之，统一战线就会缩小甚至遭受破坏，党的事业就会受到损失。因此，正确处理一致性和多样性关系，奠定了统一战线建立、发展和巩固的重要基础，决定了统战工作的全部内容，是统一战线理论创新与实践发展的重要基石，是新时代统一战线工作的重要方针原则。

第一节　一致性和多样性的科学内涵

2015 年，习近平总书记在中央统战工作会议上强调，“做好新形势下统战工作，必须正确处理一致性和多样性关系”[①]；2017 年，习近平总书记在党的十九大报告中特别强调，“要高举爱国主义、社会主义旗帜，牢牢把握大团结大联合的主题，坚持一致性和多样性统一，找到最大公约数，画出最大同心圆”[②]；2021 年，习近平总书记在庆祝中国共产党成立 100 周年大会上的讲话中，再次强调要“坚持一致性和多样性统一”[③]；2022 年，习近平总书记在中央统战工作会议上提出了“十二个必须”，其中包括“必须正确处理一致性和多样性关系”[④]。“正确处理一致性和多样性关系”的思想，是习近平总书记关于做好新时代党的统一战线工作的重要思想的重要组成部分，是对党百年统战工作理论和实践成果的总结与创新发展。

一、一致性和多样性是辩证的统一体

统一战线的一致性是指统一战线成员之间存在着的共同点，包括共同的经济利益、共同的思想政治基础、共同的价值追求、共同的奋斗目标等，特别是基于共同利益基础上的共同目标。当前统一战线的一致性，归根到底，就是坚持中国共产党领导，就是对新时代中国特色社会主义道路、理论、制度、文化的认同。统一战线的多样性是指统一战线成员之间存在的不同点，包括所处的经济地位、政治地位、社会地位存在差异，特别是基于党派、民族、宗教、阶层、海内外等方面，体现出思想观念、价值取向、行为方式和利益诉求等方面的具体差别。

统一战线是一致性和多样性的统一体，只有一致性，没有多样性，没必要建立统一战线；只有多样性，没有一致性，不可能建立统一战线，正所谓“非一则不

① 《习近平谈治国理政》第二卷，外文出版社 2017 年版，第 303 页。
② 《习近平谈治国理政》第三卷，外文出版社 2020 年版，第 31 页。
③ 《习近平谈治国理政》第四卷，外文出版社 2022 年版，第 13 页。
④ 《习近平著作选读》第二卷，人民出版社 2023 年版，第 608 页。

能成两,非两则不能致一”。一方面,有了共同的经济利益、共同的思想政治基础、共同的价值追求、共同的奋斗目标,才可能实现大团结大联合,才能够建立起统一战线。共同点即一致性,是统一战线产生和发展的客观基础。另一方面,发展统一战线,做统战工作,不可能是清一色的,各式各样的人都会有,也应该有,否则搞统一战线就没有意义了。正因为各式各样的人存在不同点,他们的选择性、自主性、差异性显著,才需要寻求共同点,增强一致性,找到最大公约数,画出最大同心圆,因而才需要建立统一战线。不同点即多样性的存在,是统一战线产生和发展的必要性所在。

当统一战线建立起来后,如果过于放任多样性而忽视一致性,就会使统一战线破裂;如果过于追求一致性而排斥多样性,就会使统一战线的范围缩小、作用弱化。可以说,一致性和多样性是统一战线的基石,两者缺一不可,否则就会动摇统一战线的基础。

二、一致性和多样性不是一成不变的

一致性和多样性不是一成不变的,而是历史的、具体的、发展的。一致性和多样性的关系贯穿党领导的统一战线的各个历史时期,但统一战线在不同历史时期所面临的形势、任务不同,所具有的性质、特点不同,因而一致性与多样性的关系有着不同的内容和表现。

(一)国民革命联合战线的一致性与多样性

1921 年,党的一大提出建立“劳工联合”“民众联合”“革命联合”,认为共产党应始终站在完全独立的立场上,只维护无产阶级的利益,不同其他党派建立任何关系。1922 年 6 月,中国共产党中央执行委员会发表了《中国共产党对于时局的主张》,指出“要邀请国民党等革命的民主派及革命的社会主义各团体开一个联席会议,……共同建立一个民主主义的联合战线”[①]。1922 年 7 月,党的二大召开,通过了《关于“民主的联合战线”的议决案》,指出应该“联合全国革新党派,组织民主的联合战线,以扫清封建军阀推翻帝国主义的压迫,建设真正民主

① 中共中央文献研究室、中央档案馆编:《建党以来重要文献选编(一九二一——一九四九)》第一册,中央文献出版社 2011 年版,第 98 页。

政治的独立国家为职志”①。

1924年，国民党一大的召开标志着国共两党实现了第一次合作，建立起包括工人、农民、小资产阶级和民族资产阶级在内的国民革命联合战线。国共合作由“党外合作”改为共产党员以个人名义加入国民党进行“党内合作”，由“民主联合”改为“国民革命联合”。

这一阶段的统一战线，其一致性体现为推翻帝国主义和封建主义在中国的统治，实现民族独立和国民解放；多样性体现为统一战线所团结力量的多元化，包括全国范围内的工人、农民、知识分子、小资产阶级、民族资产阶级等在内的各种革命力量，各革命阶级也有着不同的利益诉求。

（二）工农民主统一战线的一致性与多样性

随着国民革命联合战线的破裂，大资产阶级转到了帝国主义和封建势力的反革命阵营，部分民族资产阶级、上层小资产阶级开始倒向大资产阶级。在这一形势下，统一战线由国民革命联合战线转变为反封建压迫、反国民党统治的工农民主统一战线。

1927年8月，中共中央召开八七会议，对统一战线经验教训作了初步总结，强调党的统一战线工作方针必须根本转变。一是必须把着眼点转向发动工农上，“与工会农会建立密切的关系，指导他们，使党的中心工作转移到这方面去”；二是必须将工人运动和农民武装暴动互相结合，实现“工农独裁”的政权目标，同时也要与国民党左派、下层群众、下层组织联合；三是必须保持“共产党自己独立的政治面貌”。② 八七会议后，中国共产党工作重心由联合国民党转向发动工农群众上来。在农村，党经过不断探索和总结，初步形成了一条依靠雇农、贫农，联合中农，保护中小工商业者，限制富农，消灭地主阶级，变封建和半封建的土地所有制为农民的土地所有制的土地革命路线；在城市，恢复革命工会、组织工人运动，以期建立工人群众统一战线；在国民党内，加强对国民党军队特别是下层士兵的兵运工作；在文化领域，领导进步知识分子成立“中国左翼文化总同盟”，建立起文化界统一战线。

这一时期的统一战线，其一致性体现为以反帝反封建为革命目标，以封建军

① 中共中央文献研究室、中央档案馆编：《建党以来重要文献选编（一九二一——一九四九）》第一册，中央文献出版社2011年版，第139页。

② 中共中央统战部编著：《中国共产党统一战线史》，中共党史出版社、华文出版社2017年版，第38页。

阀和国民党政权为革命对象；多样性体现为联合的力量包括了工人、农民、下层小资产阶级和进步知识分子等，工农联盟是革命联盟的基础，小资产阶级则有一定的动摇性。

（三）抗日民族统一战线的一致性与多样性

九一八事变特别是华北事变后，中华民族面临着更为严重的生存危机，中日民族矛盾上升为主要矛盾，阶级矛盾则下降为次要矛盾。中国共产党根据形势的变化，提出建立抗日民族统一战线的主张。

1935 年，中共中央发表《八一宣言》，号召一切不愿当亡国奴的同胞、爱国的官兵、抗日的党派和团体、爱国的侨胞、被压迫民族的兄弟们，“组织全中国统一的国防政府”，“组织全中国统一的抗日联军”①。《八一宣言》提出抗日救国的政治主张，强调建立包括上层在内的统一战线，扩大了抗日统一战线的范围。同年 12 月，瓦窑堡会议通过的《中央关于目前政治形势与党的任务决议》认为：民族革命的新高潮推醒了工人阶级和农民中的落后阶层；广大小资产阶级群众和知识分子已转入革命；一部分民族资产阶级，许多乡村富农和小地主，甚至一部分军阀也有对革命采取同情中立的态度以至有参加的可能。因此，“民族革命战线是扩大了”。② 随后，以上层、下层和上下层并用的形式，推动建立最广泛的抗日民族统一战线，并且由“抗日反蒋”逐步转变为“逼蒋抗日”和“联蒋抗日”，最终实现了第二次国共合作，正式形成抗日民族统一战线。

这一时期，统一战线的一致性在于抗日救国的共同愿望和共同利益；多样性体现在涵盖了不同阶级阶层、党派及民族，包括工人阶级、农民阶级、城市小资产阶级、民族资产阶级，还包括除汉奸、大地主大资产阶级投降派以外的一切政治力量，从政治上可划分为进步势力、中间势力和顽固势力。

（四）人民民主统一战线的一致性与多样性

解放战争时期，阶级矛盾成为社会的主要矛盾，革命的对象是封建主义和垄断资本主义，是地主阶级和官僚资产阶级（大资产阶级）。对此，毛泽东指出，要“联合工农兵学商各被压迫阶级、各人民团体、各民主党派、各少数民族、各地华

---

① 中央档案馆编：《中共中央文件选集》第十册，中共中央党校出版社 1991 年版，第 521、522 页。

② 中共中央统战部编著：《中国共产党统一战线史》，中共党史出版社、华文出版社 2017 年版，第 61 页。

侨和其他爱国分子，组成民族统一战线，打倒蒋介石独裁政府，成立民主联合政府”[①]。中国共产党不仅进一步巩固解放区的大团结大联合，并在国民党统治区注重团结城市各进步群体或分子，逐步形成与国民党统治集团作斗争的“第二条战线”。1948 年 4 月，中共中央发布“五一口号”，号召各民主党派、各人民团体、各社会贤达迅速召开政治协商会议，讨论并实现召集人民代表大会，成立民主联合政府。1949 年，中国人民政治协商会议第一届全体会议召开，中华人民共和国成立，显示了人民民主统一战线的巨大成功。这一阶段统一战线的一致性体现为共同的革命对象——代表大地主、大资产阶级利益的国民党政权；多样性主要体现在联合对象包括了工人，农民，独立工商业者，被反动势力压迫和损害的中小资本家，学生、教员、教授、一般知识分子，开明士绅，一般公务员，被压迫的少数民族和海外华侨，等等。

中华人民共和国成立和向社会主义过渡时期，中国共产党领导人民巩固新生的人民政权，迅速恢复国民经济，初步建立社会主义基本制度，实现了从新民主主义向社会主义的历史性转变。中华人民共和国成立初期，中国共产党继续实行土地改革以巩固和发展工农联盟；通过“三反”“五反”运动，对民族资产阶级又联合又斗争；对各民主党派，以政治协商的方式开展真诚合作；在民族、宗教、知识分子等问题上坚持以团结为主线。在随后的社会主义改造期间，中国共产党在巩固工农联盟、和平改造民族资产阶级、正确处理人民政协及知识分子、民族、宗教等问题上进行了一系列开拓性工作，奠定了人民民主统一战线的社会主义性质。这一阶段统一战线的一致性主要体现在，巩固新生政权、恢复国民经济、建立社会主义基本制度的共同目标和基础；多样性主要体现在，在土地改革、社会主义改造等社会变革中不同阶级、阶层具体利益的差异性。

1956 年社会主义改造基本完成后，中国开始转入全面大规模的社会主义建设时期。此时国内的主要矛盾，已经是人民对于建立先进的工业国的要求同落后的农业国的现实之间的矛盾，已经是人民对于经济文化迅速发展的需求同当前经济文化不能满足人民需求的状况之间的矛盾。在此背景下，党的八大通过的《关于政治报告的决议》明确指出，继续巩固以工农联盟为基础的人民民主统一战线，是加强人民民主专政的必要条件；并要求继续贯彻执行团结、教育、改造知识分子的政策，继续加强对于民族资产阶级的工作，继续团结国内各民族中的一切爱国人士，继续团结国外各地的华侨，继续加强同各民主党派和无党派人士

① 《毛泽东选集》第四卷，人民出版社 1991 年版，第 1237 页。

的合作，等等。毛泽东发表的《关于正确处理人民内部矛盾的问题》，严格区分了社会主义社会的敌我矛盾和人民内部矛盾，并阐述了正确处理人民内部矛盾的方针，为正确认识和处理统一战线内部矛盾提供了理论依据。这一阶段统一战线的一致性主要体现在建立先进的工业国，满足人民对于经济文化迅速发展需要的共同目标和基础。多样性主要体现在两个方面：一是国内社会阶级关系发生历史性变化——地主及富农、民族资产阶级转变为社会主义劳动者，广大农民和其他个体劳动者转变为社会主义的集体劳动者，工人阶级成为国家的领导阶级，知识界转变为一支为社会主义服务的队伍，国内各民族已经组成一个团结友好的民族大家庭；二是依然存在各种矛盾和差异，但主要属于人民内部的矛盾。

（五）新时期爱国统一战线的一致性与多样性

党的十一届三中全会后，国家进入以经济建设为中心的社会主义现代化建设的新时期。1979 年 6 月，邓小平在《新时期的统一战线和人民政协的任务》中明确提出："我国的统一战线已经成为工人阶级领导的、工农联盟为基础的社会主义劳动者和拥护社会主义的爱国者的广泛联盟。"[①]1981 年 6 月，党的十一届六中全会通过的《关于建国以来党的若干历史问题的决议》提出，一定要毫不动摇地团结一切可以团结的力量，巩固和扩大爱国统一战线，正式将新时期的统一战线明确地称为"爱国统一战线"[②]。1986 召开的第十六次全国统战工作会议提出新时期爱国统一战线包括大陆范围内和大陆范围外两个联盟的观点——一个是由大陆全体劳动者、爱国者组成的，以社会主义为政治基础的联盟；一个是团结台湾同胞、港澳同胞、国外侨胞，以拥护祖国统一为政治基础的联盟。[③]

1992 年，邓小平视察南方并发表重要谈话和党的十四大召开，标志着我国改革开放和社会主义现代化建设进入新的发展阶段。这一阶段，统一战线出现了新变化。例如，原工商业者和国民党起义、投诚人员等原有统一战线工作对象正在减少；海外统一战线工作的面在扩大，统一战线两个联盟相互交融；统一战线工作出现社会化趋势，逐步向基层、乡镇延伸；随着社会主义市场经济不断发展，个体工商户、私营企业主等新的社会阶层出现；等等。其中最大的变化是出

---

① 《邓小平文选》第二卷，人民出版社 1994 年版，第 187 页。

② 中共中央统战部编著：《中国共产党统一战线史》，中共党史出版社、华文出版社 2017 年版，第 349 页。

③ 中共中央统战部研究室编：《历次全国统战工作会议概况和文献》，档案出版社 1988 年版，第 499 页。

现了私营企业主等新的社会阶层。2001 年 7 月，江泽民在庆祝中国共产党成立 80 周年大会上明确指出："他们与工人、农民、知识分子、干部和解放军指战员团结在一起，他们也是有中国特色社会主义事业的建设者。"①另外，香港、澳门的回归，形成了两种不同社会制度、多种生活方式等共同存在的局面。

以党的十六大召开为标志，我国进入全面建设小康社会新的发展阶段。这一阶段，统一战线由社会主义劳动者、拥护社会主义的爱国者、拥护祖国统一的爱国者三者联盟，扩大为全体社会主义劳动者、社会主义事业的建设者、拥护社会主义的爱国者、拥护祖国统一的爱国者四者的联盟。统一战线包括了"劳动者"、"建设者"和两种"爱国者"。同时，着力协调处理"五大关系"。胡锦涛在 2006 年 7 月召开的全国统战工作会议上明确指出，政党关系、民族关系、宗教关系、阶层关系、海内外同胞关系，"这是政治领域和社会领域中涉及党和国家工作全局的一些重大关系，也是统一战线需要全面把握和正确处理的重大关系"②。2007 年 10 月，党的十七大报告明确指出："促进政党关系、民族关系、宗教关系、阶层关系、海内外同胞关系的和谐，对于增进团结、凝聚力量具有不可替代的作用。"③

新时期爱国统一战线的一致性主要体现为爱国主义和社会主义的共同基础、社会主义现代化建设和祖国统一的共同目标。多样性体现为"两个范围"、"四者"联盟、"五大关系"中的各种差异。

（六）新时代爱国统一战线的一致性与多样性

党的十八大以来，中国特色社会主义进入新时代。我国社会主要矛盾由过去人民日益增长的物质文化需要与落后的社会生产之间的矛盾，转化为人民日益增长的美好生活需要和不平衡不充分的发展之间的矛盾。中国共产党领导人民完成脱贫攻坚、全面建成小康社会的历史任务，实现第一个百年奋斗目标。在此基础上，中国共产党的中心任务发展为团结带领全国各族人民全面建成社会主义现代化强国、实现第二个百年奋斗目标，以中国式现代化全面推进中华民族伟大复兴。当前，世界百年未有之大变局加速演进，同时我国社会结构发生深刻变化，统一战线在一致性不断增强的基础上，多样性显著发展。特别是随着所有

① 《江泽民文选》第三卷，人民出版社 2006 年版，第 286 页。

② 中共中央文献研究室编：《十六大以来重要文献选编》（下），中央文献出版社 2011 年版，第 548 页。

③ 《胡锦涛文选》第二卷，人民出版社 2016 年版，第 637 页。

制形式更加多样、社会阶层更加多样、社会思想观念更加多样，统一战线内部成员构成、思想行为和具体利益出现明显差异。统一战线包括了全体社会主义劳动者、社会主义事业的建设者、拥护社会主义的爱国者、拥护祖国统一和致力于中华民族伟大复兴的爱国者。对此，习近平总书记强调，“要把握好固守圆心和扩大共识的关系，不断增进共识，真正把不同党派、不同民族、不同阶层、不同群体、不同信仰以及生活在不同社会制度下的全体中华儿女都团结起来”①，为全面建成社会主义现代化强国、实现中华民族伟大复兴汇聚磅礴力量。

新时代爱国统一战线的一致性体现为，坚持中国共产党领导下的共同目标——全面建成社会主义现代化强国、实现第二个百年奋斗目标，以中国式现代化全面推进中华民族伟大复兴。多样性主要体现在，统一战线团结的对象更加广泛，统一战线成员的利益诉求更加多元，不同社会群体的思想观念更加多样。

第二节　一致性和多样性的理论依据

习近平总书记在全面系统总结党的百年统战工作理论实践成果的基础上，把马克思主义基本原理同中国具体实际相结合、同中华优秀传统文化相结合，运用辩证唯物主义和历史唯物主义，提出了正确处理一致性和多样性的思想。这一思想体现了鲜明的马克思主义哲学方法论，也具有中华优秀传统文化的基因。

一、马克思主义的哲学基础

马克思主义哲学的基本原理认为，客观事物都是矛盾的对立统一体，都存着相互联系、相互依赖又相互排斥、相互对立的方面和趋势，矛盾是推动事物运动、变化、发展的根本原因。事物的矛盾法则，即对立统一的法则，是唯物辩证法最根本的法则。一致性和多样性是人类社会发展过程中的矛盾对立面，一致性是有条件的、暂时的、相对的，多样性则是绝对的，两者各以同自身对立着的方面为自己存在的前提，二者之间的关系实际上就是对立统一关系。同时，一致性和多

① 《习近平在中央统战工作会议上强调 促进海内外中华儿女团结奋斗 为中华民族伟大复兴汇聚伟力》，《人民日报》2022年7月31日，第1版。

样性又依据一定的条件，向着其相反的方面转化。统一战线是一致性和多样性的统一体，各种社会力量之间的一致性和多样性矛盾是统一战线的基本矛盾。统一战线是在社会政治领域中围绕解决一致性和多样性矛盾而展开的，是中国共产党为了实现自己的历史使命，自觉运用一致性和多样性矛盾规律建立的政治联盟。一致性和多样性关系是统一战线的本质属性；一致性和多样性的矛盾运动规律是统一战线的基本规律。统一战线中一致性方面规定着统一战线的性质，主导着统一战线的发展。

一致性和多样性体现了矛盾的普遍性和特殊性。一方面，矛盾存在于一切事物的发展过程中，并且在每一事物的发展过程中都自始至终存在，即事事存在矛盾运动、时时存在矛盾运动，矛盾的存在是普遍的、无条件的、绝对的。另一方面，各种事物发展的形式、内容，每一事物发展的各个阶段、各个过程、各个方面所存在的矛盾运动又带有特殊性，是有条件的、相对的。普遍性存在于特殊性之中，特殊性包含着普遍性，两者在一定条件下可以相互转化。这就是说，统一战线自始至终都存在着一致性和多样性，这是普遍的、绝对的、无条件的；同时，一致性和多样性在统一战线发展的不同阶段、各个方面、不同过程中具有特殊性。例如，在统一战线政党关系、民族关系、宗教关系、阶层关系、海内外同胞关系五大领域中，一致性与多样性的具体体现会有不同，需要具体问题具体分析。

一致性和多样性也体现了矛盾的运动与发展。矛盾的运动是普遍的、永恒的、无条件的、绝对的，静止是暂时的、有条件的、相对的。静止是运动的一种特殊状态，是矛盾变化中相对稳定的状态，或者是质变之前的量变状态。统一战线的一致性和多样性在一定的历史阶段、一定的条件下是相对静止的、稳定的；同时，又不是一成不变的，会随着社会主要矛盾、不同历史时期党的目标任务等的变化而不断运动发展。例如，在党领导的革命、建设、改革的不同时期，多样性所体现的联合对象是历史的、具体的，有变化的。

二、中华优秀传统文化的基因

“和”的思想贯穿于中华文化发展脉络之中，是中华优秀传统文化的基本内核，“和而不同”是其中的重要内容。一致性和多样性关系在文化维度上，体现了“和而不同”对“同”“异”“和”及其关系的认知。

“和而不同”思想区分了“和”与“同”。《左传·昭公二十年》记载了晏子与齐景公的对话，晏子在其中明确提出了“和”与“同”是有“异”的。齐景公问：“和与同异乎?”晏子答:“异。和如羹焉,水火醯醢盐梅,以烹鱼肉,燀之以薪,宰夫和之,齐之以味;济其不及,以泄其过。君子食之,以平其心。”他又说道:“若以水济水,谁能食之?若琴瑟之专一,谁能听之?”其大意为:“和”如同做羹,鱼或肉添加水、酱、盐、梅等,用柴火烧煮,经过厨师的加工,才能制作出味道恰到好处的美味;如果用水来调和水,谁能吃得下?如果琴瑟总是一个音调,谁能听得下去?可见,“和”即“异”,是不同要素相结合,并达到整体和谐统一的状态;“同”只是单一的要素,以及单一要素相加或同种要素聚集,是相对于“异”的同一。

对于求“和”还是求“同”,“和而不同”思想认为:“和”是事物产生和发展的基础;“同”或“同”与“同”简单相加,则会导致事物难以发展,甚至灭亡。西周时期的史伯认为:“夫和实生物,同则不继。以他平他谓之和,故能丰长而物归之。若以同裨同,尽乃弃矣。”(《国语·郑语》)这里意指,“和”则万物生产繁衍,“同”则难以发展延续。《中庸》言:“中也者,天下之大本也;和也者,天下之达道也。致中和,天地位焉,万物育焉。”这里把“和”提到了万物和谐共生的境界。孔子提出“君子和而不同”,主张和谐而不千篇一律,不同而不相互冲突。诸如上述的观点,体现出中华优秀传统文化强调尊重差异的多样性,肯定社会中多元素的共存和发展;认为这种多元共存的状态往往形成一定的关系,并以此相联结,保持其相互独立而又相互作用,社会正是在这种状态下不断进步和发展的。简言之,“和而不同”思想主张对“异”包容以求“和”,而不是一味地求“同”。

统一战线的一致性体现的是“同”,但不是不能容“异”的存在,不是否认事物多样性的纯粹同一,而是存在于各种“异”中的“同”;统一战线的多样性体现的是“异”,但不是仅有对立和斗争的“异”,而是包含“同”的“异”。一致性与多样性的关系便是“异”与“同”的辩证统一,即“和”。因此,统一战线是以一致性为基础,包容多样性,达到各方面和谐共生的统一体,并不断历史地、具体地从一种“和”向新的“和”发展。

第三节 坚持正确处理一致性和多样性关系的工作方针

习近平总书记指出:“统一战线因团结而生,靠团结而兴。促进中华儿女大团结,是新时代爱国统一战线的历史责任。做好这项工作,要把握好固守圆心和扩大共识的关系,不断增进共识,真正把不同党派、不同民族、不同阶层、不同群体、不同信仰以及生活在不同社会制度下的全体中华儿女都团结起来。”①这就需要在正确处理一致性和多样性的关系中，坚持求同存异，着力增进一致性、尊重包容多样性，正确处理好政党关系、民族关系、宗教关系、阶层关系和海内外同胞关系，找到最大公约数、画出最大同心圆，团结海内外全体中华儿女共同致力于实现中华民族伟大复兴。

一、坚持求同存异

正确处理一致性和多样性关系，关键是要坚持求同存异，不断巩固已有共识、推动形成新的共识，充分发扬民主，尊重包容差异，做到增进一致而不强求一律、尊重差异而不扩大分歧、包容多样而不弱化主导，找到最大公约数、画出最大同心圆，实现最广泛的大团结大联合。

求同之“同”，是基于共同利益基础之上的共同目标，是政治基础和政治方向上的一致性，体现为坚持中国共产党领导、坚持爱国主义和中国特色社会主义的共同思想政治基础。求“同”，就是在不同党派、不同民族、不同阶层、不同群体、不同信仰以及生活在不同社会制度下的全体中华儿女中巩固共同思想政治基础，既要巩固已有的共识，还要根据客观实际的发展变化不断推动形成新的共识，要找到最大公约数，进而团结一切可以团结的力量、调动一切可以调动的积极因素，最大限度凝聚起共同奋斗的力量。“异”是统一战线的客观存在。统一战线成员有着经济地位、职业身份、价值观念、思想认识、政治态度、利益诉求等方面的差异；而且情况也各有不同，不同个体有不同的差异，不同历史时期有不同的差异，不同问题也有不同的差异，等等。对于那些在共同思想政治基础上的不同认识和意见，对于那些无碍大局或无关方向的“异”需要存而不论、允许存在，否则就难以实现团结和联合。党在瑞金时代最“清一色”了，但那时我们的事情特别困难，结果失败了。在解放战争时期，统一战线包括了工农兵学商各被压迫阶级、各人民团体、各民主党派、各少数民族、各地华侨和其他爱国分子，如果其中的不同阶级、不同群体在经济利益、思想观念等方面存在的一些差异得不到存留，那么很难把他们团结、联合在一起，形成包括全民族绝大多数人口的最广泛的联盟。可以说，没有“异”，没必要建立统一战线；不存“异”，建立不起统一

① 《习近平在中央统战工作会议上强调 促进海内外中华儿女团结奋斗 为中华民族伟大复兴汇聚伟力》，《人民日报》2022年7月31日，第1版。

战线。

求同存异需正确认识求“同”与存“异”的关系，正确处理求什么样的“同”、存什么样的“异”。在不同的“异”中最大限度地凝聚起共同奋斗的力量之“同”是建立统一战线的目的；共同的利益和奋斗目标之“同”，是各种“异”能够团结和联合起来的基础。“同”是第一位的，是主导性的，存什么样的“异”、“异”能够存到什么程度，均取决于“同”，均是为形成和发展“同”而服务。求“同”，是求政治目标、政治方向、政治原则上的大“同”，是求根本利益之“同”，是求关涉主要矛盾和决定因素之“同”；而不是求具体事务、具体方面乃至细节上的一律相同。例如，求“同”，必须坚持中国共产党领导，必须坚持爱国主义和中国特色社会主义，等等。对于危害这些“同”的言行，都必须旗帜鲜明地加以反对，不能让其以“异”为借口而大行其道。存“异”，就是在坚持“同”的基础上，存思想认识、利益诉求、生活方式等方面的“异”。这些“异”是无碍大局、无关宏旨的“异”，是不危害“同”的“异”或非主要矛盾层面的“异”。例如，非公有制经济人士有其不同于工农群众的利益诉求，他们在深化改革、经济发展、政府管理等方面的一些具体问题上会有不同的认识；又如，不同群众有信教和不信教的差异，有生活习俗方面的不同。不能为了求“同”而强求消解这些“异”，而是要尊重、包容这些“异”。

“同”的内涵在不同历史时期会发展变化，而“异”的内容也不是一成不变的，求同存异的具体内容会有所不同。例如，新民主主义革命时期的统一战线，可以有不赞成社会主义的“异”；而在社会主义革命和建设时期及以后，坚持和发展中国特色社会主义已成为大陆范围内统一战线的大“同”，就不能存在不赞成社会主义的“异”。

二、着力增进一致性、尊重包容多样性

坚持一致性和多样性统一，必须着力增进一致性，把巩固共同思想政治基础作为着力点，始终突出坚持中国共产党的领导、坚持和发展中国特色社会主义、实现中华民族伟大复兴这个时代主旋律，把政治底线这个圆心守住；必须尊重包容多样性，找到最大公约数、画出最大同心圆，同时对危害中国共产党领导、危害我国社会主义政权、危害国家制度和法治、损害最广大人民根本利益问题，必须旗帜鲜明地反对。

增进一致性，就是要以中国共产党领导为圆心，坚持中国共产党领导，坚持

中国特色社会主义道路，高举爱国主义、社会主义伟大旗帜，把团结的根基铸牢。全面建设社会主义现代化国家、全面推进中华民族伟大复兴，关键在党。中国共产党一经诞生，就把为中国人民谋幸福、为中华民族谋复兴确立为自己的初心和使命。为了实现中华民族伟大复兴，中国共产党团结带领中国人民，浴血奋战、百折不挠，创造了新民主主义革命的伟大成就；团结带领中国人民，自力更生、发愤图强，创造了社会主义革命和建设的伟大成就；团结带领中国人民，解放思想、锐意进取，创造了改革开放和社会主义现代化建设的伟大成就；团结带领中国人民，自信自强、守正创新，统揽伟大斗争、伟大工程、伟大事业、伟大梦想，创造了新时代中国特色社会主义的伟大成就。中华民族近代以来的历史、中国共产党成立以来的历史、中华人民共和国成立以来的历史都充分证明，没有中国共产党，就没有新中国，就没有中华民族伟大复兴。历史和人民选择了中国共产党。中国共产党领导是中国特色社会主义最本质的特征，是中国特色社会主义制度的最大优势，是党和国家的根本所在、命脉所在，是全国各族人民的利益所系、命运所系，必须毫不动摇地始终坚持中国共产党领导。统一战线包括了大陆范围内和大陆范围外两个范围的联盟。要以爱国主义凝聚起海内外中华儿女，促进爱国统一战线两个范围联盟的融合。这有利于增进中华民族大团结大联合，有利于实现祖国的完全统一，有利于实现中华民族的伟大复兴。中国特色社会主义是党和人民历经千辛万苦、付出巨大代价取得的根本成就，是实现中华民族伟大复兴的正确道路。我们坚持和发展中国特色社会主义，推动物质文明、政治文明、精神文明、社会文明、生态文明协调发展，创造了中国式现代化新道路，创造了人类文明新形态。在大陆范围内，要坚持和发展社会主义，用社会主义把不同党派、不同民族、不同阶层、不同群体、不同信仰的中华儿女团结起来，以中国式现代化全面推进中华民族伟大复兴。

尊重包容多样性，就是要正确认识社会多样性的客观现实，在尊重包容多样性中寻求一致性，在坚持一致性中拉长包容的多样性半径，不断扩大共识、增进共识。当前，世界百年未有之大变局加速演进，我国发展的内外环境发生了深刻变化，多样性有了新变化、新特征，集中体现在所有制形式更加多样、社会阶层更加多样、社会思想观念更加多样。从经济基础的层面看，我们坚持和完善社会主义基本经济制度，既毫不动摇巩固和发展公有制经济，又毫不动摇鼓励、支持、引导非公有制经济发展，形成了以公有制为主体、多种所有制经济共同发展的格局。从社会结构层面看，随着经济发展，特别是互联网经济发展，不断出现新的经济业态、形成新的产业结构，加之各项改革进一步深化等因素，社会群体分化愈加多元，新的社会阶层不断出现。从意识形态层面来看，受经济利益、社会生活的影响，不同群体、不同阶层的价值观念、目标取向、思想情感等方面的差异较为明显。简言之，多样性是客观存在的。对此，不能追求“清一色”“一大二公三纯”的纯之又纯，而是要对那些必要的或无碍大局的多样性予以尊重和包容，否则容易造成矛盾、冲突甚至对立，不利于大团结大联合。例如，民营经济虽然存在资本逐利等问题，但它在推进供给侧结构性改革、建设现代化经济体系、推动创新、解决就业、贡献税收方面有着重要的作用。对于民营企业家，要鼓励、支持和引导他们发挥积极作用，而不是否定和怀疑。又如，对于一些人在共同思想政治基础上的不同认识和意见，甚至是错误认识，不能采用扣帽子、批判的方式，使得分歧扩大甚至激化矛盾，而是要通过讨论、教育、引导，以“团结——批评——团结”方式沟通思想、理顺情绪、化解矛盾。因此，尊重包容多样性，有利于增进一致性、巩固一致性、扩大一致性。

三、正确处理好“五大关系”中的一致性与多样性关系

（一）在多党合作领域，要处理好坚持党的领导与发挥民主党派作用的关系

中国共产党领导的多党合作和政治协商制度，是在中国革命、建设、改革实践中形成和发展起来的，是我国的一项基本政治制度。这项制度，既强调了中国共产党的领导，又强调了发扬社会主义民主，体现出一致性与多样性的统一。从政党制度模式层面看，中国的政党制度既不是缺乏民主的一党制、恶性竞争的多党制，也不是所谓的多党联合制，而是中国共产党领导的多党合作。中国共产党领导与多党合作的有机结合，形成了一党领导而不专制、多党合作而不对抗、互相监督而不掣肘的独特优势，保证了多党合作的正确方向和旺盛活力。从政党关系的层面看，中国共产党处于领导地位和执政地位，各民主党派、无党派人士自觉接受中国共产党的领导。中国共产党对各民主党派、无党派人士的领导，主要是政治领导，即政治原则、政治方向和重大方针政策的领导，中国共产党支持各民主党派、无党派人士独立自主地开展工作，充分履行职能，积极发挥作用。中国共产党与各民主党派是亲密友党，通力合作、互相监督、互相促进、共同提高，协力巩固多党合作的政治格局。从执政方式的层面看，中国共产党作为执政党，是中国特色社会主义的坚强领导核心。中国共产党重视发挥各民主党派在

国家政治和社会生活中的重要作用，支持各民主党派履行参政议政、民主监督、参加中国共产党领导的政治协商职能，广泛参与国家政治和社会事务，围绕经济社会发展重大问题献计出力，帮助中国共产党更好地执政。

在正确处理多党合作领域的一致性与多样性关系时，首先，要始终坚持中国共产党的领导。坚持中国共产党领导是中国新型政党制度的鲜明特色，是中国特色社会主义参政党建设的本质要求。要高举中国特色社会主义伟大旗帜，深入学习贯彻习近平新时代中国特色社会主义思想，深刻领悟“两个确立”的决定性意义，增强“四个意识”、坚定“四个自信”、做到“两个维护”，始终在思想上政治上行动上同以习近平同志为核心的党中央保持高度一致。要加强对各民主党派的思想政治引领，支持各民主党派深化政治交接，不断巩固团结合作的共同思想政治基础。其次，要扎实推进中国特色社会主义参政党建设。引导和支持各民主党派不断深化对参政党建设规律的认识，准确把握中国特色社会主义参政党建设的目标原则，以思想政治建设为核心、以组织建设为基础、以履职能力建设为支撑、以作风建设为抓手、以制度建设为保障，建设政治坚定、组织坚实、履职有力、作风优良、制度健全的中国特色社会主义参政党，始终做中国共产党的好参谋、好帮手、好同事。最后，要充分发挥中国新型政党制度的效能。进一步完善知情明政、考察调研、工作联系、协商反馈等机制，为民主党派履行职能、发挥作用创造条件、搭建平台。支持民主党派完善集智聚力机制，紧扣大局所需、立足自身职能，发挥各自界别特色和整体人才智力优势，找准履职尽责的切入点、结合点、着力点，精准选题、深入调研，集体论证、务实建言，不断提高履职尽责实效。

（二）在民族工作领域，要处理好铸牢中华民族共同体意识与尊重民族差异的关系

习近平总书记多次强调，“必须以铸牢中华民族共同体意识为党的民族工作主线”[①]。我国是统一的多民族国家，各民族在分布上的交错杂居、文化上的兼收并蓄、经济上的相互依存、情感上的相互亲近，形成了你中有我、我中有你，谁也离不开谁的多元一体格局。中华民族和各民族的关系，是一个大家庭和家庭成员的关系，各民族的关系是一个大家庭里不同成员的关系。因此，处理好铸牢中华民族共同体意识与尊重民族差异的关系，必须以前者为“纲”。只有铸牢中

① 《习近平著作选读》第二卷，人民出版社 2023 年版，第 608 页。

华民族共同体意识，构建起维护国家统一和民族团结的坚固思想长城，才能不断实现各族人民对美好生活的向往，才能实现好、维护好、发展好各族人民的根本利益。只有铸牢中华民族共同体意识，才能有效应对实现中华民族伟大复兴过程中民族领域可能发生的风险挑战，才能为党和国家兴旺发达、长治久安提供重要思想保证。只有铸牢中华民族共同体意识，才能增进各民族对中华民族的自觉认同，夯实我国民族关系发展的思想基础，推动中华民族成为认同度更高、凝聚力更强的命运共同体。铸牢中华民族共同体意识是党的民族工作开创新局面的必然要求，只有顺应时代变化，按照增进共同性的方向改进民族工作，做到共同性和差异性的辩证统一、民族因素和区域因素的有机结合，才能把新时代党的民族工作做好做细做扎实。铸牢中华民族共同体意识，就是要引导各族人民牢固树立休戚与共、荣辱与共、生死与共、命运与共的共同体意识，就是要引导各族人民坚定对伟大祖国、中华民族、中华文化、中国共产党、中国特色社会主义的高度认同，增强国家意识、公民意识和法治意识。另外，各个民族都以各自独特的精神文化和物质创造为中华民族大家庭作出了贡献，各族人民同呼吸、共命运、心连心的奋斗历程是中华民族强大凝聚力和非凡创造力的重要源泉。要承认和尊重各民族的差异性，保护和发展各民族的多样性。要在求同存异、相互借鉴、和谐发展中推动共同繁荣进步。

一是要正确把握共同性和差异性的关系。要增进共同性，尊重和包容差异性。共同性是主导，是前提和根本，差异性不能削弱和危害共同性；要保护差异性，但不能固化其中落后的、影响本民族进步的因素。二是要正确把握中华民族共同体意识和各民族意识的关系。两者可以并行不悖，但有主次之分。要引导各民族始终把中华民族利益放在首位，本民族意识要服从和服务于中华民族共同体意识，同时要在实现好中华民族共同体整体利益中实现好各民族具体利益，大汉族主义和地方民族主义都不利于中华民族共同体建设。三是要正确把握中华文化和各民族文化的关系。各民族优秀传统文化都是中华文化的组成部分，中华文化是主干，各民族文化是枝叶。要在增强对中华文化认同的基础上，推动民族文化传承保护和创新融合。四是要正确把握物质和精神的关系。要赋予所有改革发展以彰显中华民族共同体意识的意义，以维护统一、反对分裂的意义，以改善民生、凝聚人心的意义，构筑起牢固的中华民族共同体。

（三）在宗教工作领域，要处理好政治上团结合作与信仰上互相尊重的关系

宗教在社会主义发展阶段有其存在的客观土壤，会长期存在，不能把宗教问题看成是一个短期可以解决的问题。在这一现实情况下，就必须坚持我国宗教的中国化方向，积极引导宗教与社会主义社会相适应。只有与社会主义社会相适应，实现中国化的宗教，才能有利于我国社会稳定、人民生活改善，才能推动宗教在我国社会发展中发挥积极作用。这就需要在信仰有差异的情况下，通过政治上的团结合作更好地组织和引导宗教界人士和信教群众同广大人民群众一道为全面建成社会主义现代化强国、实现中华民族伟大复兴的中国梦而团结奋斗。要引导和支持我国宗教以社会主义核心价值观为引领，增进宗教界人士和信教群众对伟大祖国、中华民族、中华文化、中国共产党、中国特色社会主义的认同。要引导宗教界人士和信教群众热爱祖国、热爱人民，维护祖国统一，维护中华民族大团结，服从服务于国家最高利益和中华民族整体利益；拥护中国共产党领导、拥护社会主义制度，坚持走中国特色社会主义道路。要在宗教界开展爱国主义、集体主义、社会主义教育，有针对性地加强党史、新中国史、改革开放史、社会主义发展史教育，引导宗教界人士和信教群众培育和践行社会主义核心价值观，弘扬中华文化，努力使宗教教义同中华文化相融合、与社会主义社会相适应。要引导宗教界人士和信教群众坚持我国宗教独立自主自办的原则；遵守国家法律法规，自觉接受国家依法对宗教事务的管理。要引导他们积极投身改革开放和社会主义现代化建设，为实现中华民族伟大复兴的中国梦贡献力量。

另外，在长期的社会生活和实践中，宗教在不同程度上参与着政治、经济、文化等多层面的建设，拥有庞大的信众规模，影响重大。因此，宗教有其群众性，党的宗教工作的本质是群众工作。正确看待信教群众及其信仰，就不能把信教群众简单看成是落后甚至异己的力量，不能把宗教信仰简单看成是愚昧、落后的现象，不能把信仰上的差异扩大为政治上的对立，而是要尊重和保护信教群众宗教信仰自由的权利。信教群众和不信教群众在政治上、经济上的根本利益是一致的，都是党执政的群众基础。不仅要团结广大不信教群众，也要不断加强和扩大党与信教群众的血肉联系，最大限度团结信教群众。需要强调的是，保护信教自由，在信仰上相互尊重，不能弱化马克思主义在意识形态领域的主导地位，不能放弃与唯心主义和有神论思想观念的斗争；不能把宗教当作济世良方，人为助长宗教热；不能以尊重宗教信仰自由为借口，超出法律法规政策以及公序良俗的范

围；更要坚决反对和遏制宗教极端主义，抵御境外势力利用宗教进行渗透。

（四）在阶层关系领域，要处理好实现共同的根本利益和兼顾不同阶层具体利益的关系

党的十八大以来，习近平总书记多次强调坚持社会主义基本经济制度，坚持“两个毫不动摇”，为各类市场主体高质量发展提供了根本保障。经过40多年的改革开放，非公有制经济特别是民营经济，实现了从少到多、从小到大、从弱到强的发展。尤其是党的十八大以来，民营经济规模和实力大幅提升，地位作用愈发重要，成为坚持和发展中国特色社会主义的重要经济力量。另外，当今世界正在经历新一轮的科技革命和产业革命，尤其是互联网、大数据、人工智能等新技术的快速发展，对经济业态、产业结构、职业形态、就业方式等产生持续的深刻影响。在上述背景下，政治、社会、思想文化等宏观层面的变迁，带来社会阶层结构的深刻变化。民营企业和外商投资企业管理技术人员、中介组织和社会组织从业人员、自由职业人员、新媒体从业人员等新的社会阶层人士队伍越来越庞大。这些群体是建设新时代中国特色社会主义的实践者，是改革发展的获益者，他们有着共同的根本利益基础。同时，不同阶层群体在掌握社会资源、占有社会机会的种类、数量及配置机制等方面存在差异，其思想观念、价值追求、文化模式及生活方式各有不同。因而，不同阶层群体间客观存在利益的分化、分割乃至冲突，亟须处理好实现共同的根本利益和兼顾不同阶层具体利益的关系。

一方面，要立足人民日益增长的美好生活需要和不平衡不充分的发展之间的矛盾，着眼于全面建成社会主义现代化强国、实现第二个百年奋斗目标，引导非公有制经济人士和新的社会阶层人士确立以中国式现代化全面推进中华民族伟大复兴，实现共同富裕的一致性根本利益；另一方面，正视不同阶层的具体利益诉求，既要耐心细致地对不合法、不合理的利益诉求进行批评教育，又要支持和维护合法的利益诉求。这就要教育引导他们深刻理解习近平新时代中国特色社会主义思想的核心要义、精神实质、丰富内涵、实践要求；引导他们践行社会主义核心价值观，厚植家国情怀，进一步加强对国家、对民族的崇高使命感和强烈责任感，把事业发展同国家繁荣、民族兴盛、人民幸福紧密结合起来；引导他们不断强化法治意识、契约精神、守约观念，坚持重信誉、守信用、讲信义，自觉做诚信守法的表率；向他们准确阐释党中央对新形势的科学判断和决策部署，宣讲相关法律法规和政策文件，帮助他们把握新发展阶段，抓住新机遇、应对新挑战，坚定攻坚克难、创新发展的信心；重视和关注他们在谋求合法利益中遇到的实际问

题，为他们提供服务平台、畅通诉求表达渠道，主动帮助他们排忧解难。

（五）在港澳台和海外统战工作领域，要处理好增进实现中华民族伟大复兴目标的共同性和包容制度差异的多样性的关系

以港澳台同胞和海外侨胞为主体的第二个范围联盟，是统一战线的重要方面，是实现中华民族伟大复兴和国家统一的重要力量。在港澳台和海外统战工作领域，一致性主要体现为促进祖国统一和实现中华民族伟大复兴的爱国主义政治基础；多样性主要体现为所处的社会制度不同以及由此带来的意识形态、思想理念、思维方式、生活方式等方面的差异。做好港澳台和海外统战工作，必须在包容社会制度等方面差异的基础上，聚焦争取人心，重点关注青年群体，在海内外中华儿女中寻求实现中华民族伟大复兴中国梦的最大公约数。

在港澳统战工作方面，要准确把握坚持“一国”原则与尊重“两制”差异的关系。在“一国”与“两制”的关系中，“一国”是根，根深才能叶茂；“一国”是本，本固才能枝荣；必须牢固树立“一国”意识，坚守“一国”原则。“一国”原则愈加坚固，“两制”优势更能彰显。维护国家主权、安全、发展利益是“一国两制”方针的最高原则，在这个前提下，香港、澳门保持原有资本主义制度长期不变，享有高度自治权。社会主义制度是我国的根本制度，中国共产党领导是中国特色社会主义最本质的特征，特别行政区的居民应该自觉尊重和维护国家的根本制度。中央政府对特别行政区拥有全面管治权，这是特别行政区高度自治权的源头，同时中央充分尊重和坚定维护特别行政区依法享有高度自治权。必须始终坚持“爱国者治港”“爱国者治澳”；把保持“两制”特色融入“一国”话语体系，真正形成以爱国爱港、爱国爱澳为核心，同“一国两制”相适应的主流价值观，增强港澳同胞的国家意识和爱国精神，让港澳同胞同祖国人民共担民族复兴的历史责任、共享祖国繁荣富强的伟大荣光。

在对台统战工作方面，要坚持一个中国原则和“九二共识”，坚定反对“台独”分裂，增进维护一个中国框架的共同认知，在此基础上求同存异。要争取更多台湾民众参与两岸关系和平发展的进程，通过推动两岸交流合作、深化两岸融合发展，让台湾同胞分享大陆的发展机遇，使他们切实感受到大陆的存在和对他们生活的作用，推动形成两岸命运共同体的认知。同时，使台湾同胞能从物质利益需求上升到心灵契合，让他们感到两岸是一家人，从内心里提升对中华民族的认同感，增强作为中华民族一员的自豪感、使命感。

在海外统战工作方面，尊重华侨等群体受住在国影响所形成的各种差异，并

不断增进他们对中华民族和中华文化的认同，让他们“同圆”中国梦、“共享”中国梦。要以民族复兴为依归，增进海内外中华儿女大团结，充分调动海外侨胞等群体的积极性和创新创业热情，助力中国经济社会发展和祖国统一大业，与全国各族人民共襄民族复兴伟业。要让海外侨胞等群体抓住中国发展带来的机遇，在助力民族复兴的进程中实现自身事业的更大发展，切实增强他们的获得感和幸福感，共同分享民族复兴、国家富强的伟大荣光。

第五章
坚持好发展好完善好中国新型政党制度

《中华人民共和国宪法》规定："中国共产党领导的多党合作和政治协商制度将长期存在和发展。"作为我国的一项基本政治制度，中国新型政党制度就是中国共产党领导的多党合作和政治协商制度。这一制度"创造了一种新的政党政治模式，在中国的政治和社会生活中显示出独特优势和强大生命力，在推进国家治理体系和治理能力现代化中发挥了不可替代的作用，也为人类政治文明发展作出了重大贡献"①。

① 中华人民共和国国务院新闻办公室：《中国新型政党制度》，人民出版社2021年版，第2页。

第一节　中国新型政党制度的确立与发展

“中国新型政党制度是马克思主义政党理论与中国实际相结合的产物，是中国共产党、中国人民和各民主党派、无党派人士的伟大政治创造，是从中国土壤中生长出来的，是在中国历史传承、文化传统、经济社会发展的基础上长期发展的结果。”①作为中国工人阶级先锋队、中国人民和中华民族先锋队的中国共产党带领全国各族人民开展社会革命和自我革命，成为中国特色社会主义事业的领导核心。各民主党派在多党合作的伟大历程中自觉接受中国共产党的领导，成为中国特色社会主义参政党。“共产党领导、多党派合作，共产党执政、多党派参政”的中国政治格局由此形成。

一、中国新型政党制度的确立

1948 年 4 月 30 日，中共中央发布纪念“五一”劳动节口号，公布了中国共产党的政治纲领和新中国政权建设蓝图，提出了与各民主党派、无党派民主人士和社会各界人士团结合作、协商建国的愿望和主张。其中第五条提出：“各民主党派、各人民团体、各社会贤达迅速召开政治协商会议，讨论并实现召集人民代表大会，成立民主联合政府！”“五一口号”迅即得到了各民主党派、无党派民主人士和社会各界人士的积极响应。1948 年 5 月 5 日，聚集在香港的 12 位民主党派领导人、无党派民主人士联名向全国发出通电，公开响应中国共产党的“五一口号”，共同促进完成建国大业。各民主党派一呼百应，纷纷以各种方式发表声明、宣言、告全国同胞书。此外，民联、民促、救国会等党派也发表声明，积极响应中共“五一口号”。1948 年 6 月 4 日，在港各民主党派及无党派民主人士 125 人发表联合声明，响应“五一口号”。在响应“五一口号”的过程中，各民主党派、无党派民主人士、人民团体自觉接受中国共产党的领导。这就为中国新型政党制度的形成奠定了坚实的基础。1949 年 9 月 21 日，中国人民政治协商会议第一届

① 中华人民共和国国务院新闻办公室：《中国新型政党制度》，人民出版社 2021 年版，第 10 页。

全体会议开幕，中国共产党及各民主党派、人民团体和无党派民主人士等单位的代表(含候补代表)共 662 人参加了会议。这标志着中国新型政党制度正式确立。

中华人民共和国成立后，各民主党派在中国共产党的领导下，共同担负起建设新中国的历史使命。

一是民主党派、无党派民主人士参加新中国国家政权建设。首先，民主党派、无党派民主人士在中央人民政府中担任重要领导职务。中央人民政府委员会主席是毛泽东；副主席中 3 名共产党员分别是朱德、刘少奇、高岗，另外 3 名民主党派人士分别是宋庆龄、李济深、张澜，占副主席总数比重为 50%。在 56 名中央人民政府委员会委员中，“民主党派人士和无党派人士 27 名，也占了将近 50%”[①]。其次，民主党派、无党派民主人士在中央人民政府人民革命军事委员会中担任重要领导职务。中央人民政府人民革命军事委员会主席是毛泽东；副主席中有 4 名共产党员，分别是朱德、刘少奇、周恩来、彭德怀，1 名民主党派人士是程潜，占副主席总数比重为 20%。中央人民政府人民革命军事委员会的 22 名委员中，有民主党派、无党派民主人士 6 名，占委员总数比重约 27%。再次，民主党派、无党派民主人士在中央人民政府政务院及所属部门担任重要领导职务。中央人民政府政务院总理是周恩来；副总理中 2 名共产党员分别是董必武、陈云，另外 2 名民主党派、无党派民主人士分别是黄炎培、郭沫若，占副总理总数比重为 50%。在 15 名政务院委员中，民主党派、无党派民主人士有 9 人，占委员总数比重 60%。政务院所辖 34 个部、委、院、署、行中，有 14 名民主党派、无党派民主人士担任正职。“在各部、会、院、署、行 63 位副职中，有各界民主人士 29 位，占 46%”[②]。最后，民主党派、无党派民主人士在国家其他机构中担任重要领导职务。最高人民法院院长是沈钧儒(中国民主同盟)，副院长是张志让(非中共党员，民主人士)。最高人民检察署副检察长是蓝公武(非中共党员，民主人士)。此外，一些民主党派和无党派民主人士还担任了地方人民政府主席或省长。绥远省人民政府主席是董其武，甘肃省人民政府主席、省长是邓宝珊，湖南省人民政府主席、省长是程潜，浙江省省长是周建人。

二是民主党派、无党派民主人士通过政治协商参与国家建设。毛泽东早在中华人民共和国成立前夕就指出，“我党同党外民主人士长期合作的政策，必须

① 陈延武:《万水朝东:中国政党制度全景》，生活·读书·新知三联书店 2011 年版，第 176 页。

② 陈延武:《万水朝东:中国政党制度全景》，生活·读书·新知三联书店 2011 年版，第 183 页。

在全党思想上和工作上确定下来。我们必须把党外大多数民主人士看成和自己的干部一样，同他们诚恳地坦白地商量和解决那些必须商量和解决的问题，给他们工作做，使他们在工作岗位上有职有权，使他们在工作上做出成绩来”①。中华人民共和国成立后，中国共产党与各民主党派、无党派民主人士主要通过三种政治协商形式共商国是、通力合作。其一，通过中国人民政协全体会议平台。民主党派、无党派民主人士通过中国人民政协全体会议平台，加强与中国共产党和中央人民政府的民主协商，紧密配合人民政府，凭着广泛而密切的社会联系，动员社会成员参加国民经济的恢复和国家建设。他们参加协商重大经济方针政策，如关于为争取国家财政经济状况根本好转所采取的各项措施、关于 1951 年财政总方针、成立全国工商联、1954 年发行国家经济建设公债等。此外，民主党派、无党派民主人士中不少实力丰厚的实业家，将其经济资源直接用于恢复和发展国民经济，为争取国家财政经济的根本好转、促进就业等方面作出了巨大贡献。其二，经由中国共产党同民主党派、无党派民主人士的协商会平台。“中国共产党根据需要，不定期地就重大决策及国家大事、国内外形势、党派关系等问题和各民主党派领导人、无党派民主人士举行协商会、座谈会。”②如 1950 年 6 月，朝鲜战争爆发，新生的人民政权面临重大危险。在民主协商、统一思想的基础上，中国共产党和民主党派、无党派民主人士联名发表的《各民主党派联合宣言》指出，“唇亡则齿寒，户破则堂危。中国人民支援朝鲜人民的抗美战争不止是道义上的责任，而且和我国全体人民的切身利害密切地关联着，是为自卫的必要性所决定的”，并明确表示，“中国各民主党派誓以全力拥护全国人民的正义要求，拥护全国人民在志愿基础上为着抗美援朝保家卫国的神圣任务而奋斗”。这份重要历史文献的初稿是由民主党派起草的。其三，用好双周座谈会平台。从 1950 年 4 月到 1966 年 7 月，共召开双周座谈会 116 次。主要内容涉及党和国家的各项中心工作，如抗美援朝、土地改革、镇压反革命、“三反”、“五反”、亚太区域和平会议筹备情况；关于城市人民经济生活和城市人民公社的问题；当前国际国内形势和战争与和平问题；各民主党派的工作和贯彻“神仙会”“双百方针”等问题；周恩来总理在人大常委会上所作的关于国内外形势和当前任务的报告；关于人大、政协会议后各民主党派中央开会的情况；《中共中央关于目前农村工作中若干问题的决定（草案）》等有关农村工作的文件；汇报交流各民主党派和全国工

① 《毛泽东选集》第四卷，人民出版社 1991 年版，第 1437 页。
② 李金河主编：《多党合作的历史与现实》，中央编译出版社 2007 年版，第 135 页。

商联工作、学习的情况和经验；等等。

三是为社会主义改造和社会主义建设服务。过渡时期总路线一经公布，民主党派、无党派民主人士纷纷表示坚决拥护和支持社会主义改造。为全面掀起过渡时期总路线的学习高潮，各民主党派中央都分别成立了领导学习的机构，如民革中央成立了学习干事会，民进总部成立了学习委员会。各基层组织也举办报告会、座谈会，把学习过渡时期总路线作为当前中心工作。民建中央还提出“动员起来，在中国共产党的领导下，团结私营工商业者，为贯彻国家过渡时期的总路线而奋斗”的口号，全力支持社会主义建设。1956 年，继北京之后，上海、天津、南京等全国 50 多个大中城市也先后实现了资本主义工商业的公私合营。这段时期，“在中国共产党的帮助下，全国各民主党派组织得到空前发展。解放初期 8 个民主党派的总人数不足 1 万，到 1957 年突破 10 万，7 年多增长 10 倍以上”①。至 1956 年底，“一化三改造”顺利完成，社会主义制度正式确立，为新中国的发展进步奠定了重要基础。民主党派、无党派民主人士壮大了自身力量，动员其成员和所联系的群众参加社会主义改造和社会主义建设，在各自的岗位上为国家建设贡智献力。

二、改革开放以来中国新型政党制度的实践发展

党的十一届三中全会以后，我国进入改革开放和社会主义现代化建设新的历史时期。随着社会主义市场经济体制改革的不断深化，我国经济和社会结构也随之发生深刻变化，新型政党制度呈现出新的历史面貌和时代特色。

一是为社会主义物质文明建设服务。新时期，民主党派、无党派人士在中国共产党的领导下，充分发挥组织优势、智力优势、专业优势，为社会主义物质文明建设服务。在努力完成本职工作的同时，民主党派、无党派人士积极开展内容丰富的社会服务活动，涵盖经济咨询、就业、文化教育、智力支援等多层次、全方位。如民革中央的《关于积极开发煤炭资源缓解能源危机的意见》、民盟中央的《关于建立黄河上游多民族经济开发区的建议》、民建中央的《关于当前商品流通中若干问题的建议》、农工民主党中央的《关于加强毕节地区开发扶贫，生态建设试验区领导和重点扶持的建议》、九三学社中央的《关于建立长江上游生态保护和资

① 陈延武:《万水朝东:中国政党制度全景》,生活·读书·新知三联书店 2011 年版,第 199 页。

源开发区的建立》等[①]，受到中国共产党和人民政府的高度重视，为经济社会发展增添重大助力。

二是为社会主义精神文明建设服务。党的十二届六中全会通过了《中共中央关于社会主义精神文明建设指导方针的决议》，阐明了社会主义精神文明建设的战略地位、根本任务和基本指导方针。民主党派、无党派人士在教育、科学、文学艺术、新闻出版、广播影视、卫生、体育、文物、图书馆、博物馆等领域具备独特优势，担负重要责任。广开学路，多方办学，提高中华民族的科学文化素质。民主党派、无党派人士按照国家开展社会主义精神文明建设的要求，对接广大青年学习文化知识、掌握职业技术的迫切需要，结合自身组织成员广泛分布于大中专学校、中小学和各类文化事业单位的特点，以多种形式积极办学，为培养有用人才开辟崭新渠道，深受党和政府、社会各界的欢迎。身体力行，为发展国家教育事业服务。党的十二大把教育列为国民经济的重点发展战略之一，强调普及教育是物质文明建设和精神文明建设的重要前提。这一重要论断离不开以知识分子为主体的民主党派、无党派人士为教育事业的恢复和发展献计献策。

三是为实现祖国统一服务。按照国家确定的大政方针，民主党派、无党派人士坚决贯彻落实政策，并充分发挥自身的特殊作用，同香港、澳门、台湾和海外华侨、华人加强联系，奋力推进祖国和平统一事业。

2005 年和 2006 年，中共中央先后颁发了《关于进一步加强中国共产党领导的多党合作和政治协商制度建设的意见》《关于加强人民政协工作的意见》《关于巩固和壮大新世纪新阶段统一战线的意见》等三个重要文件，提出了民主党派的性质地位、多党合作的政治准则、参政党建设的目标和原则，提出了执政党建设和参政党建设互相促进、构建社会主义和谐政党关系等重要理论观点。

中国共产党积极推进党内民主建设。中国共产党作为执政党，党内民主的状况直接影响到政党民主和社会民主的状况。为此，中国共产党积极推进党内民主建设，尊重党员主体地位，保障党员民主权利，推进党务公开，营造党内民主讨论环境。此外，改革党内选举制度，改进候选人提名制度和选举方式；推广基层党组织领导班子成员由党员和群众公开推荐与上级党组织推荐相结合的办法，逐步扩大基层党组织领导班子直接选举范围，探索扩大党内基层民主多种实现形式。通过这些举措，不断扩大党内民主，并以党内民主的发展带动人民民主的发展，从而推动社会主义民主政治建设进程。

---

① 参见郭文明、路笃盛主编：《中国政党：中国民主党派概论》，华文出版社 2002 年版，第 173 页。

民主党派积极履行参政党职能。在改革开放的新时期，民主党派作为参政党、中国共产党的亲密友党，自觉接受中国共产党的领导，积极学习领会中共中央关于多党合作工作的指示批示，积极参政议政，发挥民主监督的重要职能，成为促进祖国统一、进行“四化”建设的一支重要力量，推动了多党合作事业的蓬勃发展。民主党派坚持把发展作为参政议政的第一要务，立足本职，深入考察调研，就两岸“三通”、中部崛起、青藏铁路沿线发展、新农村建设等经济社会发展重大问题建言献策；通过实施智力支边、光彩事业和“温暖工程”等活动服务社会、促进扶贫开发，积极服务“四化”建设；各民主党派，尤其是民革、台盟、致公党，把“实现祖国统一大业”写入章程，在促进祖国和平统一大业中发挥着独特作用。同时，各民主党派在反映民意、维护稳定、加强外联、开展交往等方面发挥积极作用。此外，民主党派还不断加强自身建设，着力做好岗位工作，切实加强机关建设，提高机关干部素质和工作效率，充分发挥机关对基层组织的指导和服务作用。

三、新时代中国新型政党制度效能进一步彰显

中国特色社会主义进入新时代，民主党派和无党派人士围绕中共中央和国家重要决策部署，围绕社会公众关心的重要民生问题，发挥自身优势，提出了一系列有重要价值的意见建议，为党和政府科学决策提供了重要参考，有效保证了我国民主政治建设的顺畅推进。

一是广泛参加国家政治生活。2018 年以来，中共中央及有关部门先后出台有关参政党建设的重要文件，对新时代参政党建设的目标和原则、在国家政治生活中发挥作用的途径作了进一步的规定，特别是对参政党思想政治建设、组织建设、履职能力建设、作风建设、制度建设等五方面工作提出了新要求。在新冠疫情防控时期，参政党充分发挥人才荟萃、智力密集的优势，围绕科学防治新冠肺炎、积极应对疫情对国内经济的冲击、修订完善相关法律法规等方面积极建言献策。

二是强化参政议政。参政议政是民主党派的基本职能之一，也是民主党派在国家政治生活中发挥作用的主要方式。新时代，在中国共产党的支持帮助下，民主党派、无党派人士的参政议政全面推进。民主党派、无党派人士担任人民政府和司法机关的领导职务，充分发挥自身优势，履行人民赋予的职责，积极作为，起到应有作用，作出重大贡献。民主党派、无党派人士围绕党和国家的中心工作，与中国共产党加强团结、合作共事，考察调研，为国是建净言，为发展献良策，

不断提升建言献策的实效性。比如，随着“一带一路”建设的不断推进，我国西部地区经由广西、云南陆海沿边口岸，联通东盟国家的国际陆海贸易新通道即南向通道的建设，凸显其重要价值。2017 年以后，民革中央通过多次考察调研，形成《关于助推西部发展，建设“一带一路”南向通道的建议》，对提升“一带一路”南向通道的战略定位、强化顶层设计、完善协调机制等问题提出意见，并以“直通车”的形式报送中共中央、国务院，得到高度认可，为深入推进“一带一路”建设提供了重要参考。

三是参加中国共产党领导的政治协商。政治协商是中国共产党和各民主党派、无党派人士团结合作的优良传统，是参政党参与国家治理的重要形式，也是中国共产党领导的多党合作和政治协商制度的基本内容和参政党的基本职能。民主党派、无党派人士参加政治协商有两种基本方式：一是执政党与参政党之间的政党协商，即中国共产党和各民主党派、无党派人士以会议协商、约谈协商、书面协商等形式，就国家和地方重大政策和重要事务进行协商；二是通过人民政协制度平台进行协商，即中国共产党在人民政协同各民主党派和各界代表人士的政治协商，各党派可以本党派的名义在政协会议上发言、报送提案，提出意见和建议。中国共产党在人民政协同各民主党派和各族各界人士的协商，主要通过全体会议、常委会会议、主席会议、专门委员会会议、专题协商会议、协商座谈会议等形式，人民政协对各民主党派以本党派名义在政协报送提案、开展协商、履职尽责等作出机制性安排。

四是开展民主监督。中国共产党与民主党派实行互相监督。中国共产党和民主党派是知无不言的挚友、过失相规的诤友，互相监督不同于西方政党竞争，不是彼此倾轧，不是相互拆台、相互掣肘，而是相互促进、共同提高。中国共产党是执政党，处于领导地位，更应自觉接受民主党派的监督。民主党派对中国共产党的民主监督是在坚持四项基本原则的基础上，通过提出意见、批评、建议的方式进行的政治监督，是一种协商式监督、合作性监督。民主党派监督中国共产党的主要目的在于促进中国共产党实现科学执政、民主执政、依法执政，从而推进以国家发展、民族振兴、社会进步、人民幸福为内容的国家治理进程。民主党派民主监督主要包括“国家宪法和法律法规的实施情况，中国共产党和政府重要方针政策的制定和贯彻执行情况，中共党委依法执政及中共党员领导干部履职尽责、为政清廉等方面的情况”①。

---

① 中华人民共和国国务院新闻办公室：《中国新型政党制度》，人民出版社 2021 年版，第 24 页。

中共十八大以来，民主党派认真履行民主监督职责，在促进依法治国中发挥了重要作用。中共中央根据新形势，拓宽民主监督发挥作用的途径，支持民主党派开展专项监督。2016年6月，中共中央统战部召开各民主党派中央开展脱贫攻坚民主监督工作启动会，民主党派脱贫攻坚民主监督工作正式启动。中共中央统战部、国务院扶贫开发领导小组办公室出台了《关于支持各民主党派中央开展脱贫攻坚民主监督工作的实施方案》。此方案对民主党派开展脱贫攻坚民主监督的对口省份、监督内容、监督形式作了明确。根据工作实施方案，各民主党派中央分别对口8个全国贫困人口多、贫困发生率高的中西部省区，开展脱贫攻坚民主监督。采取开展考察研究、提出意见建议、参加专项监督评估、加强日常联系、进行政策宣讲等五种形式，对贫困人口精准识别情况、贫困人口精准脱贫情况、贫困县摘帽情况、落实脱贫攻坚责任制情况、重大政策措施执行情况、扶贫资金项目管理使用情况等六个重点领域开展民主监督。具体操作程序主要包括：中共中央确定脱贫攻坚民主监督主题和任务委托；民主党派内部进行政治动员、组建机构、制定方案；民主党派开展脱贫攻坚民主监督，如调研、提出意见建议、监督评估、政策宣讲等；地方党委政府整改落实，并反馈给民主党派中央；民主党派中央对脱贫攻坚民主监督绩效评估与工作总结等五个步骤。

五是服务社会与维护稳定。各民主党派团结各自所联系的群众，充分发挥自身优势，自觉服务社会，维护改革开放大局，在协调关系、化解矛盾、维护社会稳定中作出了贡献。中共十八大以来，民主党派贯彻新发展理念，围绕改革开放大局，大力开展多种形式的社会服务工作。民主党派的社会服务是指民主党派在长期发展过程中，所从事的为社会和公众提供的各项实践活动。毕节试验区就是其中较为成功的案例。民主党派中央围绕脱贫攻坚和人民福祉，以实际行动为毕节地区发展作出了重要贡献。多年来，民主党派通过简报、书信、协商、访谈等方式，推动从国家层面支持试验区建设，使毕节走出了一条独具特色的“多党合作、同心共建”治理新路。各民主党派以实施“助推发展、智力支持、改善民生、生态建设、示范带动”五大“同心工程”为载体，开展立体式帮扶。实施项目1 495个，打造9个精品“同心新村”，新改扩展各类学校200多所。通过开展对口帮扶、挂职帮扶、培训指导、筹集资金等方式，形成了从试验区需求出发的“问需扶贫”新模式。协调企业签约项目351个、金额4 122亿元。2021年毕节地区脱贫攻坚战取得了全面胜利，完成了消除绝对贫困的艰巨任务。

我国经济体制改革持续深化和经济发展方式加快转变，社会利益主体呈现多元化特征，利益关系呈现复杂化特点，社会保障、医药卫生、食品安全、安全生产、社会治安、就业教育等领域出现了一些矛盾，不利于社会和谐稳定，影响了国家治理效能。面对复杂的社会环境，民主党派、无党派人士将履行职能与协调利益关系相结合，除了积极反映有关社情民意，还结合自身专业特长，就有关群体问题开展调研，与党和人民政府进行沟通协调，维护其合法权益，为协调社会利益关系积极献计献策。民主党派、无党派人士专门邀请有关方面的专家、学者，深入实际进行调查研究，形成了多篇有价值的提案，如《关于进一步完善家庭医生签约服务的提案》《关于完善我国劳动争议司法解决机制的提案》《关于加强小微企业金融服务的提案》《关于进一步做好农民工服务工作的提案》《关于支持民办学校加强教师队伍建设的提案》等，都为党和政府推动国家治理现代化提供了重要决策参考。

第二节　中国新型政党制度的基本内涵和独特优势

中国新型政党制度是植根我国土壤的好制度，其基本内涵在于中国共产党领导的多党合作和政治协商。相较旧式政党制度，这一制度具有广泛代表性和利益共同性、制度包容性和目标一致性、运行规范性和治理有效性等独特优势，为民众提供了政治参与和利益表达的制度渠道，因而有利于巩固和发展生动活泼、安定团结的政治局面。

一、中国新型政党制度是植根我国土壤的好制度

中国新型政党制度植根中国优秀传统文化土壤，彰显中国政治智慧，反映中国现实国情，又积极借鉴和吸收人类政治文明优秀成果，“突破了西方政党制度利益代表的局限，能够广泛、真实地体现人民利益”[①]，是本土出产的又具有世界意义的好制度。

一是中国新型政党制度的内生性。世界各国的政党制度具有多样性，没有完全相同的政党制度模式，政党制度不能脱离特定社会政治条件和历史文化传

① 栾建章：《中国新型政党制度是对人类政治文明的重大贡献》，《求是》2018 年第 16 期。

统来抽象评判,“不可能千篇一律、归于一尊”①,不能生搬硬套外国政党制度模式。一个国家选择什么样的政党制度,不是由哪个政党独自选择的,也不是由哪个政治领袖乾纲独断的,而是由这个国家的历史传统和现实国情决定的,是在其历史文化土壤中内生性演化的结果。中国新型政党制度内生于我国历史发展和国情,它不是凭空产生的,更不是外来制度的“舶来品”“飞来峰”②。

二是中国新型政党制度的重要原则。尊重、维护和照顾同盟者利益是中国多党合作的重要原则和一贯方针,是在多党合作和提升制度效能中加强和改善中国共产党领导的前提条件,也是增强中国共产党凝聚力和感召力的重要路径。在多党合作事业发展的不同历史时期,中国共产党十分重视同盟者利益,把尊重照顾同盟者利益作为领导团结同盟者同心前行的重要保障。支持推进中国特色社会主义参政党建设,帮助民主党派解决政治待遇、干部待遇和办公条件等一系列实际问题,帮助民主党派和无党派人士排忧解难;党委通过建立健全知情明政机制等,积极为民主党派、无党派人士参政履职创造条件,着力巩固和加强政党关系,保持政局和谐稳定。

中国新型政党制度既强调中国共产党的领导,也强调发扬全过程人民民主,坚持和改善中国共产党的领导与发扬全过程人民民主是实现人民民主专政的一体两面。因为“实现民主的形式是丰富多样的,不能拘泥于刻板的模式,更不能说只有一种放之四海而皆准的评判标准”③。中国的多党合作与西方零和博弈式的政党关系截然不同,“创造了执政与参政相结合、领导与合作相统一的政权运作方式”,各党派和无党派人士在合作共事中“形成了全新的和谐共生的合作性政党关系”④,因而丰富了全过程人民民主的科学内涵。新时代,各政党和无党派人士应不忘多党合作建立之初心,坚定不移走中国特色社会主义政治发展道路,共同把我国新型政党制度坚持好、发展好、完善好。

二、中国新型政党制度的基本内涵

中国共产党领导的多党合作和政治协商制度是中国的一项基本政治制度。这一制度既植根中国土壤、彰显中国智慧,又积极借鉴和吸收人类政治文明优秀

① 中共中央文献研究室编:《十八大以来重要文献选编》(中),中央文献出版社 2016 年版,第 59 页。
② 中共中央文献研究室编:《十八大以来重要文献选编》(中),中央文献出版社 2016 年版,第 59 页。
③ 《习近平著作选读》第一卷,人民出版社 2023 年版,第 269 页。
④ 胡荣荣:《“中国之治”与新型政党制度研究》,河北人民出版社 2021 年版,第 67 页。

成果，是中国新型政党制度。[1] 中国新型政党制度体现了社会主义民主的本质要求，是人民当家作主的重要实现形式，也是实现全过程人民民主的重要制度载体。

与其他政党制度相比，中国新型政党制度有三个关键词：一是“领导”，二是“合作”，三是“协商”。三者统一于“共产党领导、多党派合作，共产党执政、多党派参政”的政治实践中。“领导”表达的是中国共产党在新型政党制度中的政治作用；“合作”体现的是各个政党在新型政党制度中的政党关系；“协商”反映的是新型政党制度价值的实现方式。

全过程人民民主不是口号，必须以“解决人民需要解决的问题”为导向，因此，有事多商量、有事好商量、有事会商量就成为全过程人民民主的价值实现机制。显然，全过程人民民主既是“领导”、“合作”和“协商”的共同价值，也是“领导”、“合作”和“协商”的灵魂和生命所在。民主性是新型政党制度的本质属性，新型政党制度本身蕴含着民主价值。我国的政党制度本身就是一种民主制度，是践行社会主义民主的特有形式。

中国新型政党制度的基本内涵在于“中国共产党的领导”。党政军民学，东西南北中，党是领导一切的。在政党制度的结构框架和现实实践中，中国共产党发挥着领导核心作用，它通过领导的作用和制度的力量把民主党派、无党派人士乃至全国各族人民紧紧团结在自己周围，形成强大的凝聚力和动员力，共同为中华民族伟大复兴的中国梦不懈奋斗。

中国新型政党制度的基本内涵还在于“多党合作和政治协商”。中国共产党是执政党；各民主党派是参政党，是接受中国共产党领导，同共产党通力合作，共同致力于社会主义事业的亲密友党。中国共产党与各民主党派的关系，既是政治上领导与自觉接受领导的关系，也是亲密合作的友党关系，它们之间主要通过政治协商的“合作”关系建构政党关系格局，推动社会政治发展。因而，在中国的政党制度结构中，“领导”与“合作”是一体两面，二者相互支撑，才能完整地揭示中国政党制度的内在特征与运行状况。中国新型政党制度的核心要义主要体现在共同目标、合作形式、实现路径和价值取向等四个方面。

从开展政党合作的目标上看，新型政党制度表述的“共同目标”就是中华民族伟大复兴。这个目标将不同性质、不同地位、不同体量的政党汇集起来，携手共进，推翻了压在中国人民头上的帝国主义、封建主义、官僚资本主义三座大山，

① 中华人民共和国国务院新闻办公室：《中国新型政党制度》，人民出版社 2021 年版，第 1 页。

实现了民族独立、人民解放、国家统一。在这个目标指引下，参政党自觉服从执政党的领导，参政议政，民主监督，参加中国共产党领导的政治协商，有效展开政治监督，强化有序政治参与，确保社会和政局的稳定发展。进入新时代，实现中华民族伟大复兴就是要实现国家治理现代化，蹄疾步稳地推进伟大事业的逐步实现。这就要求执政党合乎时代潮流、顺应人民意愿，领导参政党和人民以中国式现代化全面推进中华民族伟大复兴。唯有此，才能不忘民族复兴之初心，牢记建立和建设政党之使命，为实现中华民族伟大复兴的中国梦不懈奋斗。

从处理政党关系的形式上看，新型政党制度提供了世界上所独有的政党关系实现方式，即中国共产党领导的多党合作和政治协商制度。这种实现形式是符合我国实际的，是基于中国独特的革命和建设的历史背景产生的，因为中国"不是一个独立的民主的国家，而是一个半殖民地的半封建的国家"①。这个政党制度是近代以来特殊国情造就的，是人民群众经过无数次尝试、碰壁、流血牺牲作出的符合国情的"中国选择"，凝聚无数仁人志士的"中国智慧"，是中国人民为世界上其他各国处理政党关系提供的"中国方案"，对世界上各种性质、各种类型的政党具有重大的启示意义和借鉴价值。在某些西方学者的观点中，中国是典型的一党制国家，甚至有极端的观点认为中国是威权主义国家。这些观点从西方文化传统和政治理论出发，站在西方中心主义的立场上，未能深入中国土壤，体验中国政党发展历程。这就需要完善好我国政党关系，加大对外传播力度，用改革开放和国家治理现代化巨大成功的事实说明我国政党制度的优越性，对世界讲清楚这是一种植根中国土壤和建设实践的新型政党关系。它不同于西方的竞争型政党关系，而是一种合作型党际关系，能够有效避免政党之间恶性竞争带来的内耗和弊端，集聚一切可能的政治力量，团结在中华民族伟大复兴的宏伟旗帜下，为国家强盛、人民幸福、世界和平献智献力。这应是向世界讲好"中国故事"之政党合作篇。

从良性政党关系的实现路径上看，新型政党制度已形成较为完善和系统的政治架构和制度保障。这个制度按照我国历史传统和现代政党政治的要求，对执政党执政和参政党参政作出完备的制度规定和程序规范，保证共产党在充分听取民主党派意见和建议的基础上，真实反映最广大人民群众的愿望和诉求，依法行使国家权力，推进经济发展，推动政治发展，推进社会进步，提升人民群众文化水平和综合素质，为人民群众日益增长的对美好生活的向往提供物质基础、制

---

① 《毛泽东选集》第二卷，人民出版社 1991 年版，第 542 页。

度保证和精神动力。新型政党制度在顶层制度设计中赋予了民主党派民主监督的职能，并为民主党派“一个参加、三个参与”提供了制度化通道和政策支持，从而有力弥补了不受制约的国家权力带来的政治风险。就地方层面而言，在地区性治理实践中，政党协商已经成为多种协商形式中最为重要的一种实现形式。中国共产党就事关现代化建设的重大问题问计于民主党派，民主党派充分发挥人才智力和专业优势，主动献计献策，为经济社会发展出谋划策，做好有关国计民生的提案，做好党委政府的好参谋、好助手。由此看来，在新型政党制度的视角下，中国共产党与民主党派互相配合、相互补台，形成了自上而下的良性互动的政党关系，共同为国家治理现代化谋篇布局，让民生实事践行落地，让人民群众充分感受到改革开放、国家兴盛带来的民族自信心和自豪感。

从追求民主政治的价值取向上看，新型政党制度站在我国最广大人民根本利益基础上，抛弃、否定旧式政党制度的三个弊端，通过制度化、程序化和规范化的政治安排，追求社会主义民主政治，为实现社会主义国家政治文明持续进步、彰显我国政治民主的价值旨趣提供了根本依据。就政治活动的本质而言，政党制度作为现代国家中极其关键的政治制度，无疑是为追求“善治”这个人类政治文明最高价值而建构的。在社会主义国家的具体语境中，“善治”应体现为以协商民主的持续发展和延伸，保证最广大人民群众当家作主的权利，将人民群众最根本、最长远的利益通过国家制度的形式确立下来，并通过科学化、民主化的决策程序，以国家政策的方式实施于政治运行过程中，让广大人民切实感受到现代政治文明的价值涵养。从马克思主义政党理论中国化进程看，处于新时代政治样态下的我国政党制度不仅要继续完善“刚性”的制度构建，更重要的是催生各族各界群众的政治价值共识，凝聚最广大人民政治认同的精神合力。这是追求社会主义民主政治的根本价值旨归。因此，将新型政党制度的实践历程作为培育价值共识的模范样本，充分认识到各民主党派在社会主义民主政治中的地位和作用，切实处理好国家治理现代化语境中的政党关系，应是涵育社会主义民主政治的恰切路径。新型政党制度展现的价值标示凝聚了各民主党派的政治力量，寻找到政党关系中的最大公约数，画出政党合作最大同心圆，为中华民族伟大复兴提供基本政治制度保障和最强政治助推力。

三、中国新型政党制度的独特优势

习近平总书记是用“三个新”来描述我国新型政党制度的特点和优势的，强调在三个层面体现新型政党制度之“新”。习近平总书记概括的中国新型政党制度的“三个新”的特点和优势，精准地反映了中国共产党领导的多党合作和政治协商制度的精髓。

一是广泛代表性和利益共同性。“它是马克思主义政党理论同中国实际相结合的产物，能够真实、广泛、持久代表和实现最广大人民根本利益、全国各族各界根本利益，有效避免了旧式政党制度代表少数人、少数利益集团的弊端。”[①]新型政党制度更好地实现了中国共产党的宗旨和性质，并以其广泛代表性不断夯实党的群众基础和社会基础，有助于人民根本利益的维护和实现。同时，社会主义协商民主有助于维护社会主义民主的广泛性和真实性，通过对民意诉求的回应，增强了满足人民需求的科学性和实效性。

二是制度包容性和目标一致性。“它把各个政党和无党派人士紧密团结起来、为着共同目标而奋斗，有效避免了一党缺乏监督或者多党轮流坐庄、恶性竞争的弊端。”[②]新型政党制度具有强大的包容性，既不是一党垄断权力资源的“一党制”，也不是两党或多党竞争然后独占或者“分赃”的“两党制”或“多党制”，而是在借鉴和创新基础上对旧式政党制度的超越。通过执政党和参政党的协调配合，共同致力于实现“国家富强、民族振兴、人民幸福”的目标，有助于团结一切力量，转化消极因素，整合社会资源，形成发展合力。

三是运行规范性和治理有效性。“它通过制度化、程序化、规范化的安排集中各种意见和建议、推动决策科学化民主化，有效避免了旧式政党制度囿于党派利益、阶级利益、区域和集团利益决策施政导致社会撕裂的弊端。”[③]新型政党制度随着时代的发展不断具有新的内涵，并在制度化建设中增强了规范性。其有助于通过多样化的民意表达渠道，实现科学执政、民主执政、依法执政，从而整合人民的眼前利益和长远利益、局部利益和整体利益、具体利益和根本利益。

相对于竞争性的多党制，中国新型政党制度能够有效避免在民主政治发展不充分条件下的恶性政治竞争，发展出了一种合作性的政党制度和一种新的民主形式——协商民主，减少现代化过程中的政治不稳定因素。

首先，中国的新型政党制度及其所依托的爱国统一战线，一方面强调中国共

---

① 习近平：《坚持多党合作发展社会主义民主政治 为决胜全面建成小康社会而团结奋斗》，《人民日报》2018年3月5日，第1版。

② 习近平：《坚持多党合作发展社会主义民主政治 为决胜全面建成小康社会而团结奋斗》，《人民日报》2018年3月5日，第1版。

③ 习近平：《坚持多党合作发展社会主义民主政治 为决胜全面建成小康社会而团结奋斗》，《人民日报》2018年3月5日，第1版。

产党的领导，保证了对最广大人民的根本利益的代表；另一方面各民主党派作为中国特色社会主义参政党，代表了各自所联系的部分人民群众的利益。同时，人大的选区制与政协的界别制相互配合，保证了各民族、各阶层、各群体、各界人士都有政治上的代表，通过民主与协商的方式参与政治生活。这种精巧的制度安排保证了新型政党制度具有最广泛、最持久、最真实的代表性。

其次，从权力运行与党际关系来看，新型政党制度实现了政治力量的“有机团结”，凝聚了国家发展的持久合力。竞争性政党制度的最大弊端就在于无法实现政治力量的团结，各政党为了争夺政权，必然相互攻讦、拆台，恶性竞争，为反对而反对，且政党轮替难以避免地导致政策短视、人走政息。一党专制禁止了政党竞争，表面上实现了政治团结，但是只存在一个政党，权力的行使缺乏外部的有效监督，必然导致权力滥用。

中国新型政党制度一方面坚持中国共产党在政党体系中的领导地位，坚持长期共存、互相监督、肝胆相照、荣辱与共，加强同民主党派和无党派人士的团结合作，为着共同目标而奋斗。另一方面民主党派和无党派人士在坚持政治共识的基础上，通过提出意见、批评、建议的方式对中国共产党进行民主监督。新型政党制度下执政党与参政党之间领导与合作、相互监督的党际关系，实现了政治力量的“有机团结”，有效避免了政党间的恶性互斗，实现了执政党与参政党的良性互动，建构了政党政治的新形态，保证了国家政治生活的生机活力和持久合力。

最后，从政党制度的功能成效来看，新型政党制度通过制度化、程序化、规范化的意见整合，推动了决策的科学化和民主化。政党制度的先进性和优越性最终要由制度来发挥和实践成效，尤其是要靠政策制定与执行的有效性来判定。竞争性政党制度中，各政党受制于选举民主制度，政策方案囿于自身的党派利益、阶级利益，而且受选区制的影响，更多地考虑区域利益，在金钱政治的环境中，还受到利益集团的严重干扰。在错综复杂的利益矛盾之中，缺乏大局意识、着眼于局部利益的决策和施政难以避免地导致社会分裂、内斗。旧式政党制度中的一党专制，执政党的决策和施政由于没有广泛的参与和有效的监督，往往只体现统治集团的利益。即使是一党制中传统社会主义模式的共产党，主观上想实现人民利益，但因缺乏有效的利益表达与意见综合程序，政策实践与人民的真实需求经常存在偏差。

中国新型政党制度一方面以执政党的先进指导思想保证政策制定的正确方向，另一方面通过制度化、程序化、规范化的安排集中各种意见和建议，吸纳各方面专家学者和代表人士的各民主党派、各级人大、各级政协都建立了系统、广泛的调研制度，在利益表达方面深入基层、联系群众，在意见综合层面围绕中心、服务大局，调研成果通过提案制度、直通车制度、反映社情民意制度及各类协商机制，输入决策程序，保证了执政党决策的科学性与民主性，有效避免了旧式政党制度囿于党派利益、阶级利益、区域和集团利益决策施政导致社会撕裂的弊端。

第三节　完善中国新型政党制度的实践路径

新时代，推动中国新型政党制度高质量发展，必须发挥我国政治体系中民主党派和无党派人士的积极作用。只有释放政党制度体系的治理效能，走好全球化视野下的中国特色多党合作道路，提升中国新型政党制度的国际话语权，才能彰显出中国新型政党制度的优越性和生命力，在实现中国式现代化进程中发挥重要作用，也为人类政治文明发展提供中国方案和中国智慧。

一、发挥民主党派和无党派人士的积极作用

中国共产党支持民主党派依法履行职能，承担政治责任和独立自主地处理党派内部事务，维护其成员及其所联系的部分人民群众的合法权益。习近平总书记指出，“多党合作要有新气象，思想共识要有新提高，履职尽责要有新作为，参政党要有新面貌”[①]。

2018 年 3 月 4 日，习近平总书记在看望参加全国政协十三届一次会议的民盟、致公党、无党派人士、侨联界委员时，希望各民主党派和无党派人士“坚定不移走中国特色社会主义政治发展道路，把我国社会主义政党制度坚持好、发展好、完善好”，“希望各民主党派和无党派人士要做中国共产党的好参谋、好帮手、好同事，增强责任和担当，共同把中国的事情办好”。[②] 新时代建设什么样的参政党、怎样建设参政党的问题，是民主党派实现时代使命所要解决的重要问题。参政党增强责任担当、推进自身建设高质量发展是新时代多党合作的题中应有

① 《习近平在同党外人士座谈并共迎新春时强调多党合作要有新气象 思想共识要有新提高 履职尽责要有新作为 参政党要有新面貌》，《中国青年报》2018 年 2 月 7 日，第 1 版。

② 习近平：《坚持多党合作发展社会主义民主政治 为决胜全面建成小康社会而团结奋斗》，《人民日报》2018 年 3 月 5 日，第 1 版。

之义。

一是明确中国特色社会主义参政党的性质定位。这蕴含两层含义：一是在政治性质上，明确了民主党派作为参政党与中国特色社会主义之间的关系，明确其是社会主义性质的政党；二是在政治定位上，首次将民主党派由此前的“参政党”明确为“中国特色社会主义参政党”。“中国特色社会主义参政党”这一概念揭示了民主党派在中国特色社会主义新时代的内涵、性质和地位，将其政治责任、政党属性、社会基础、职能作用融会贯通，为我国多党合作理论和实践注入了新的发展动力。

二是“四者”“三力”论明确多党合作的政治底色。“民主党派围绕国家经济社会发展重大问题献计出力，是中国特色社会主义事业的亲历者、实践者、维护者、捍卫者。”[①]由此，民主党派作为我国重要的政治行为主体，不仅是国家发展、社会进步、人民幸福的亲历者、实践者，也是其维护者、捍卫者，是中国特色社会主义事业不可或缺的力量。这一概括表明，无论是中国的革命、建设、改革事业，还是实现社会主义现代化强国目标和中华民族伟大复兴，都既离不开中国共产党的坚强领导，也离不开民主党派的积极参与、共同奋斗。新时代，各民主党派和无党派人士要不断提高政治判断力、政治领悟力、政治执行力，引导广大成员和所联系群众不断增进对中国共产党领导和中国特色社会主义的政治认同、思想认同、理论认同、情感认同，始终保持同中国共产党同心同德、团结奋斗的政治本色。

三是“五种能力”“五大建设”为多党合作保驾护航。“五种能力”是在新的历史条件下对参政党组织建设特别是领导班子建设的更高要求。对于民主党派自身而言，要想履行好政治职能，提高履职能力，成为高素质的中国特色社会主义参政党，必须“切实提高各级领导班子成员的政治把握能力、参政议政能力、组织领导能力、合作共事能力、解决自身问题能力”[②]。作为中国特色社会主义参政党，各民主党派要不断加强思想政治建设、组织建设、履职能力建设、作风建设、制度建设，努力在会协商、善议政上取得实效，从而为多党合作事业取得新发展保驾护航。

四是“四新”“三好”展现多党合作的勃勃生机。“多党合作要有新气象，就是在坚持、发展和完善我国新型政党制度中，进一步增强合作意识、拓展合作领域、营造合作氛围、提高合作境界，开创新时代多党合作的新局面”[③]；思想共识要有新提高，主要是指进一步巩固我国多党合作共同的思想政治基础，即坚持走中国

① 中华人民共和国国务院新闻办公室：《中国新型政党制度》，人民出版社2021年版，第16页。
② 张献生主编：《新时代统一战线知识简明读本》，华文出版社2020年版，第47页。
③ 张献生主编：《新时代统一战线知识简明读本》，华文出版社2020年版，第46页。

特色社会主义道路，与中国共产党一道致力于实现中华民族伟大复兴宏伟目标；“履职尽责要有新作为，就是民主党派和无党派人士要按照中国特色社会主义参政党要求履行职责，在服务党和国家大局中找准职能定位，积极作为、勇于进取，作出新的建树，把自身特点和优势充分发挥出来”①；参政党要有新面貌，则是指要把民主党派建设成为政治坚定、组织坚实、履职有力、作风优良、制度健全的中国特色社会主义参政党。

对参政党作为“好同事”而言，是说参政党享有在宪法和法律规定范围内的政治自由、组织独立和法律地位平等。在此基础上，参政党做以“一个参加、三个参与”为内容的“好参谋”本职工作，进而做“好帮手”，主动加强自身建设，自觉提高政党协商水平，增强履职尽责能力，切实发挥好友党作用，才能体现参政党新面貌。参政党有了新面貌，新型政党制度才会呈现出生机勃勃的新气象。新型政党制度有了新气象，参政党就会有新机遇和新动能，新时代中国特色社会主义伟大事业建设就会有新成就和新力量。

二、释放完备制度体系的治理效能

中共十八大以来，党不仅“坚持和完善中国共产党领导的多党合作和政治协商制度，完善民主党派中央对重大决策部署贯彻落实情况实施专项监督、直接向中共中央提出建议等制度”②，也有完整的参与实践，把政治协商、民主监督、参政议政贯通起来，涵盖经济建设、政治建设、文化建设、社会建设、生态文明建设等各个方面，使国家政治生活和社会生活各环节、全领域都体现人民意愿、听到人民声音、增进人民福祉，有效提升了多党合作制度的效能。

一是新型政党制度体制机制更加成熟、更加定型。治国理政，必须“立治有体，施治有序”。要健全新型政党制度体系，及时将实践中好的经验做法转化为制度规范。中共十八大以来，按照总结历史和面向未来相统一、保持定力和改革创新相统一、问题导向和目标导向相统一的原则，中共中央印发了《关于加强社会主义协商民主建设的意见》，明确政党协商是七种协商形式之首；印发《中国共产党统一战线工作条例》，对民主党派和无党派人士工作进行了规范，指出“中国共产党同各民主党派实行长期共存、互相监督、肝胆相照、荣辱与共的基本方

① 张献生主编：《新时代统一战线知识简明读本》，华文出版社 2020 年版，第 46 页。

② 《党的十九届六中全会〈决议〉学习辅导百问》，党建读物出版社、学习出版社 2021 年版，第 43 页。

针”,“民主党派的基本职能是参政议政、民主监督、参加中国共产党领导的政治协商。无党派人士参照民主党派履行职能”。[①] 这些制度与《中共中央关于坚持和完善中国共产党领导的多党合作和政治协商制度的意见》《中共中央关于进一步加强中国共产党领导的多党合作和政治协商制度建设的意见》等已有制度汇成严密完整的科学制度体系,推动新型政党制度体系更加成熟更加定型,有利于将制度优势更好转化为国家治理效能。

二是开展政党协商。“政党协商是中国共产党同民主党派基于共同的政治目标,就国家重大方针政策和重要事务,在决策之前和决策实施之中,直接进行政治协商的重要民主形式,是社会主义协商民主体系的重要组成部分。无党派人士参加政党协商。”[②]坚持和完善中国新型政党制度,更好释放制度效能,着力点在发挥好民主党派和无党派人士在其中的积极作用。“中共十八大以来,中共中央召开或委托有关部门召开政党协商会议 170 余次,先后就中国共产党全国代表大会和中央全会报告、修改宪法部分内容的建议、制定国民经济和社会发展中长期规划的建议、国家领导人建议人选等重大问题同党外人士真诚协商、听取意见,确保重大问题决策更加科学、民主。”[③]

三是开展民主监督特别是专项监督。民主监督的内容,主要包括国家宪法和法律法规的实施情况,中国共产党和政府重要方针政策的制定和贯彻执行情况,中共党委依法执政及中共党员领导干部履职尽责、为政清廉等方面的情况。[④] 民主监督的形式,主要是民主党派、无党派人士在政治协商、调研考察,参与国家有关重大方针政策、决策部署执行和实施情况的监督检查,受中共党委委托就有关重大问题进行专项监督等工作中,提出意见、批评、建议。[⑤] 中共十八大以来,中共中央支持各民主党派加强对重大改革举措、重要政策贯彻执行情况和国家中长期规划中的重要约束性指标等的专项监督。[⑥] 2016 年起,中共中央委托各民主党派与 8 个省份对接,对脱贫攻坚开展民主监督工作。从 2021 年上半年开始,8 个民主党派中央又对口沿江 9 省市,就长江生态环境保护进行为期五年的民主监督。中共中央赋予各民主党派履行民主监督职能的新任务,开辟了多党合作服务国家中心工作的新范畴。

---

① 《中国共产党统一战线工作条例》,华文出版社 2021 年版,第 15-16 页。

② 中华人民共和国国务院新闻办公室:《中国新型政党制度》,人民出版社 2021 年版,第 21 页。

③ 中华人民共和国国务院新闻办公室:《中国新型政党制度》,人民出版社 2021 年版,第 22 页。

④ 中华人民共和国国务院新闻办公室:《中国新型政党制度》,人民出版社 2021 年版,第 24 页。

⑤ 中华人民共和国国务院新闻办公室:《中国新型政党制度》,人民出版社 2021 年版,第 24 页。

⑥ 中华人民共和国国务院新闻办公室:《中国新型政党制度》,人民出版社 2021 年版,第 25 页。

四是在国家政权中团结合作。在中国国家政权中，中国共产党和各民主党派、无党派人士加强团结、合作共事，是中国多党合作的重要制度安排。“中国共产党坚持平等相待、民主协商、真诚合作，支持各级人大、政府和司法机关中的民主党派成员和无党派人士发挥作用，共同推动国家政权建设。”[①]首先，人民代表大会是中国人民行使国家权力的机关，也是民主党派成员和无党派人士发挥作用的重要机构。民主党派成员和无党派人士在各级人大代表、人大常委会组成人员及人大专门委员会成员中均占一定数量。其次，民主党派成员和无党派人士担任政府和司法机关领导职务，积极履职尽责、积极作为。最后，国务院和地方政府重视发挥各民主党派、无党派人士的作用。

五是在人民政协中发挥作用。中国人民政治协商会议是“中国共产党领导的多党合作和政治协商的重要机构”[②]，“要为民主党派和无党派人士在政协更好发挥作用创造条件”[③]。首先，尊重和保障各民主党派以本党派名义在政协发表意见、提出建议的权利。“2013 年以来，各民主党派以本党派名义提交提案近 3 000 件；提交大会发言 525 篇，其中口头发言 81 次；报送社情民意信息 3 万余篇”[④]。其次，为各民主党派、无党派人士开展政治协商、民主监督、参政议政搭建平台。完善重点关切问题情况通报会等制度，为各民主党派、无党派人士知情明政、协商履职创造条件。最后，积极做好凝心聚力工作。坚持发扬民主和增进团结相互贯通、建言资政和凝聚共识双向发力，面向社会各界讲解国家重大决策部署，团结引导服务所联系界别群众，协助做好协调关系、理顺情绪、化解矛盾、凝心聚力工作。

三、走好全球化视野下的中国特色多党合作道路

要想走好全球化视野下的中国特色多党合作道路，首先必须深刻理解习近平总书记关于新型政党制度的重要论述，明确蕴含其中的方法论。这些方法对各政党和无党派人士的政治合作作了方法论意义上的行动指引，既内蕴宏观层面的系统思维方法，又遵循中观层面的求同存异和真心交友的合作方法原则，还

① 中华人民共和国国务院新闻办公室：《中国新型政党制度》，人民出版社 2021 年版，第 26 页。

② 中华人民共和国国务院新闻办公室：《中国新型政党制度》，人民出版社 2021 年版，第 32 页。

③ 中共中央党史和文献研究院编：《十九大以来重要文献选编》（中），中央文献出版社 2021 年版，第 206 页。

④ 中华人民共和国国务院新闻办公室：《中国新型政党制度》，人民出版社 2021 年版，第 33 页。

包含微观层面的考察调研的实践方法，是发展好新型政党制度的行动指南。

一是系统思维法。系统观念的提出代表中国共产党治国理政思维方法的又一次跃升，是对统筹兼顾方法论的理论升华，对于多党合作来说具有重大的理论指导价值。系统思维要求多党合作从总体上、大局上把握问题，全面地而非片面地、系统地而非零散地、普遍联系地而非孤立抽象地观察事物，在动态与静态相结合中不断丰富多党合作实践。

二是求同存异法。新时代最本质的“同”就是坚持中国共产党的领导，围绕中华民族伟大复兴这个近代以来最伟大的目标凝心聚力、团结奋斗。运用求同存异的方法要辨明“一致性”与“多样性”的关系。只有一致性没有多样性，或者只有多样性没有一致性，都无法构成多党合作存在和发展的基础。新型政党制度的一致性与多样性有多方面的表现。共产党领导、多党派合作，共产党执政、多党派参政，体现了政党主体上的一致性与多样性。新型政党制度中利益代表的一致性和多样性表现为：中国共产党始终代表最广大人民的根本利益，民主党派所代表的群体阶层利益属于人民根本利益的一部分，体现了利益代表上的一致性；同时，各民主党派所代表和反映的是某阶层或界别的具体利益，是在一致基础上的部分利益的代表，体现了一致基础上的多样性。人民既是整体，又分为各个阶层、界别、职业等，既有共同利益，又有不同的具体利益诉求。通过政治协商、参政议政等方式，中国共产党领导多党合作协调各阶层界别的利益，实现了利益整合，形成代表最广泛的人民根本利益的集体意志，通过党的路线方针政策决议等形式得到集中体现。

“虚心公听，言无逆逊，唯是之从。”这是中国共产党应有的胸襟。中国共产党“要交一些能说心里话的挚友诤友。想交到这样的朋友，不能做快餐，而是要做佛跳墙这样的功夫菜”[①]。“凡议国事，惟论是非，不徇好恶。”这是参政党应有的担当。民主党派和无党派人士要敢于讲真话、建诤言，实事求是地反映情况。中共各级党委要为民主党派和无党派人士履行职能提供支持，认真听取和积极采纳党外人士的意见和建议，协助民主党派加强自身建设。

三是考察调研法。各民主党派、无党派人士要紧紧围绕国家中心工作，充分发挥人才荟萃、智力密集、联系广泛等优势，深入一线调查研究，积极建言献策，为推进中国特色社会主义各项事业发展作出重要贡献。要紧密“围绕国家方针

---

① 中共中央文献研究室编：《十八大以来重要文献选编》（中），中央文献出版社2016年版，第562-563页。

政策的制定和重大战略的实施献计出力。就国家政治、经济、社会生活中的全局性、战略性、前瞻性重大问题开展考察调研，提出意见建议”①。

同时，要立足本国，放眼世界，借鉴和吸收世界优秀政治文明成果，加强交流合作，促进世界民主政治发展，推动构建人类命运共同体，携手建设更加美好的世界。

当代世界面临百年未有之大变局，“中国共产党将以开放的眼光、开阔的胸怀对待世界各国人民的文明创造，愿意同世界各国人民和各国政党开展对话和交流合作，支持各国人民加强人文往来和民间友好。未来5年，中国共产党将向世界各国政党提供1.5万名人员来华交流的机会。我们倡议将中国共产党与世界政党高层对话会机制化，使之成为具有广泛代表性和国际影响力的高端政治对话平台”②。我们要志存高远、敢于担当，着眼本国和世界，着眼全局和长远，自觉担负起时代使命；应凝聚不同民族、不同信仰、不同文化、不同地域人民的共识，齐心协力应对挑战，开展全球性协作，共襄构建人类命运共同体的伟业，共同开创人类更加光明的未来。

中华人民共和国成立以来，我国多党合作走过了波澜壮阔的发展历程，形成了中国新型政党制度这一基本政治制度。最根本的一条经验就是：必须走自己的路，走中国特色多党合作道路，完善和发展符合本国国情的中国特色多党合作制度体系。

四、提升中国新型政党制度的国际话语权

提升中国新型政党制度的国际话语权，首先要有充足的制度自信，要深刻认识到：中国新型政党制度不是简单延续我国近代历史上政党合作的母版，不是简单套用马克思主义经典作家设想的政党合作模板，不是其他国家社会主义政党实践的再版，更不是国外政党政治权力竞争的翻版。只有把多党合作与“本国具体实际、历史文化传统、时代要求紧密结合起来，在实践中不断探索总结”③，形成制度规范，才能把多党合作美好蓝图转化为现实政治生活中实现中华民族伟大复兴的生机与活力。

---

① 中华人民共和国国务院新闻办公室：《中国新型政党制度》，人民出版社2021年版，第29页。

② 《习近平谈治国理政》第三卷，外文出版社2020年版，第438页。

③ 中共中央党史和文献研究院编：《十九大以来重要文献选编》（上），中央文献出版社2019年版，第434页。

一是政党政治的崭新发展阶段。中国新型政党制度“创造了一种新的政党政治模式”[①]，是政党政治发展的崭新阶段。“新”主要体现在完善性上。中国新型政党制度体现了中华优秀传统文化的精髓，反映了社会主义制度的本质要求，开创了人类政党制度文明史上的崭新阶段和崭新形态，符合中国国情和国家治理需要，是有利于国家发展、民族振兴、社会进步、人民幸福的基本政治制度，为人类探索更好的政党制度提供了中国方案。

二是马克思主义政党合作学说的成功实践样本。中国新型政党制度不是其他国家社会主义政党实践的再版，而是马克思主义政党合作学说成功实践的伟大样本，为发展马克思主义政党学说作出了中国贡献。譬如，它创造了以和合、团结、民主、和谐为本质属性的政党关系，实现了执政与参政、协商与监督的有机统一；摈弃了西方政党竞争的“权力的游戏”；创造了一套民主与集中有机结合的协商程序，超越了以党争纷沓、相互倾轧、相互拆台、相互掣肘为特征的西方政党关系；等等。总之，中国新型政党制度是对马克思主义政党学说和制度学说的创新式实践，是独立自主的中国创造。

三是多党合作实践的当代中国形态。中国新型政党制度不是简单延续我国近代历史上政党合作的母版，而是具备普遍性与特殊性相结合特征的当代中国政党合作新形态。为找到中国向何处的历史答案，中华民国初年的300多个政党进行了一系列努力尝试，各种救国救民方案轮番出台，其中不乏党派合作、共救中国的案例。如第一次国共合作、第二次国共合作，但是都没有完全实现革命的目标。事实证明，中国多党合作将马克思主义基本原理同中国具体实际相结合，团结一切可以团结的政党力量，组成广泛的统一战线，具有历史的必然性、伟大的创造性、巨大的优越性和强大的生命力，体现了中华优秀传统文化的精髓，是政党政治实践在中国的实现形式，是政党合作的当代中国新形态。

四是实现中国式现代化的全新政党制度选择。中国新型政党制度不是简单套用马克思主义经典作家设想的政党合作模板，而是实现中国式现代化道路的全新政党制度选择。比如，马克思主义经典作家设想的社会主义国家由无产阶级政党一党执政。但是这并不意味着社会主义国家只允许无产阶级政党一党存在。在实践中，很多社会主义国家都存在着一些非无产阶级的爱国民主党派和团体，我国也有8个民主党派和无党派人士。要想实现全面建成社会主义现代化强国的宏伟目标，就要处理好政党关系，释放各政党和无党派人士合作共事的

---

① 中华人民共和国国务院新闻办公室：《中国新型政党制度》，人民出版社2021年版，第2页。

活力和效能。现代化的发展方向不可逆转，但现代化的道路可以选择。“现代化＝西方化”时代已经一去不复返了。与其他国家的党派合作模式相比较，中国新型政党制度具有鲜明特色和显著优势，是人类通往现代化的全新制度选择，“也为人类政治文明发展作出了重大贡献”①。

其次要争取国际话语权。当今，国际秩序和国际政治格局进入了深度调整阶段，为中国政党政治发展提供了新的历史机遇，特别是中国提出构建“人类命运共同体”的倡议，为构建中国多党合作话语权提供了不可多得的现实机遇和转换条件。

一是设计好中国多党合作的话语议题。好的话语议题，必定是针对问题、内容重要、人民关切的议题。因此，凡是有利于我国多党合作“四个认同”的议题，各政党和无党派人士都要积极主动启动，并持续向更广、更深处推进。

二是把握好多党合作的话语导向。正确引导国际社会舆论，有力驳斥对中国多党合作历史和现实刻意歪曲的言论，积极纠正对中国多党合作价值功能的认知偏见。

三是讲述中国多党合作故事要贴近受众对象。只有贴近不同国情、社情、民情的话语，才能满足人们不同的利益诉求，也只有贴近不同受众对象的话语，才能引起人们广泛关注而获得普遍认同。

构建中国多党合作话语权，不是为了全盘否定传统政党合作模式的话语权，相反，是通过历史总结、概念提炼、明确表述、广泛传播，形成涵括中国多党合作的性质、特征、结构及运行机制等的一整套新型话语体系，“给世界上那些既希望加快发展又希望保持自身独立性的国家和民族”②提供政党制度的全新选择。

① 中华人民共和国国务院新闻办公室：《中国新型政党制度》，人民出版社2021年版，第2页。

② 《党的十九届六中全会〈决议〉学习辅导百问》，党建读物出版社、学习出版社2021年版，第57页。

第六章 铸牢中华民族共同体意识

党的十八大以来，习近平总书记多次强调铸牢中华民族共同体意识是新时代党的民族工作的主线。2023 年 6 月，习近平总书记在内蒙古考察时进一步指出，铸牢中华民族共同体意识是新时代党的民族工作的主线，也是民族地区各项工作的主线。民族地区的经济建设、政治建设、文化建设、社会建设、生态文明建设和党的建设等，都要紧紧围绕、毫不偏离这条主线。[①] 随后 8 月，在新疆听取工作汇报时，习近平总书记再次强调了这一要求。10 月 27 日，习近平总书记在中共中央政治局第九次集体学习时又一次强调，把铸牢中华民族共同体意识作为党的民族工作和民族地区各项工作的主线。[②] 习近平总书记关于铸牢中华民族共同体意识的重要论述，来自中华民族共同体的实践经验和马克思主义民族理论中国化的实践历程。2024 年 6 月，习近平总书记在青海调研时强调，全面贯彻新时代党的民族工作大政方针，坚持以铸牢中华民族共同体意识为主线，广泛开展民族团结进步创建工作，促进各

① 《习近平在内蒙古考察时强调 把握战略定位坚持绿色发展 奋力书写中国式现代化内蒙古新篇章》，《人民日报》2023 年 6 月 9 日，第 1 版。

② 《习近平在中共中央政治局第九次集体学习时强调 铸牢中华民族共同体意识 推进新时代党的民族工作高质量发展》，《人民日报》2023 年 10 月 29 日，第 1 版。

民族全方位嵌入、广泛交往交流交融。[①]

早在2014年5月、9月，习近平总书记就在第二次中央新疆工作座谈会、中央民族工作会议上分别提出“牢固树立中华民族共同体意识”“积极培养中华民族共同体意识”；2017年10月，习近平总书记在党的十九大报告中正式提出“铸牢中华民族共同体意识”，党的十九大将其写入党章；2019年9月，习近平总书记在全国民族团结进步表彰大会上明确强调，“以铸牢中华民族共同体意识为主线做好各项工作”。从树立、培养中华民族共同体意识深化到铸牢中华民族共同体意识，从“党的民族工作的主线”拓展为“党的民族工作和民族地区各项工作的主线”，是党对民族工作规律性认识的进一步深化，是对民族地区各项工作战略部署的进一步引领。

---

① 《习近平在青海考察时强调 持续推进青藏高原生态保护和高质量发展 奋力谱写中国式现代化青海篇章》，《人民日报》2024年6月21日，第1版。

第一节　铸牢中华民族共同体意识的重大意义

习近平总书记在参加十三届全国人大五次会议内蒙古代表团审议时指出："我国是统一的多民族国家，各民族团结和谐，则国家兴旺、社会安定、人民幸福；反之，则国家衰败、社会动荡、人民遭殃。党中央强调把铸牢中华民族共同体意识作为新时代党的民族工作的主线，是着眼于维护中华民族大团结、实现中华民族伟大复兴中国梦作出的重大决策，也是深刻总结历史经验教训得出的重要结论。"①

中华民族共同体的形成是中华民族历史发展的必然结果。特别是在中国共产党的领导下，各民族为实现民族独立、人民解放和国家富强、人民幸福携手奋斗，为维护祖国统一和领土完整，书写了可歌可泣的光荣历史。党的十八大以来，以习近平同志为核心的党中央站在实现中华民族伟大复兴的战略高度，提出了中华民族大家庭、中华民族共同体、铸牢中华民族共同体意识、推进中华民族共同体建设等新理念，把"铸牢中华民族共同体意识"写入党章，把"中华民族"概念写入宪法，鲜明提出把铸牢中华民族共同体意识作为新时代党的民族工作的主线、作为民族地区各项工作的主线，进一步拓展中国特色解决民族问题的正确道路，形成了党关于加强和改进民族工作的重要思想，成为全党全国各族人民的共同意志和根本遵循。

一、铸牢中华民族共同体意识，是维护各民族根本利益的必然要求

国家统一是各民族根本利益所在。我国是统一的多民族国家，各民族在漫长的历史进程中共同开拓了辽阔疆域、书写了悠久历史、创造了灿烂文化、培育了伟大精神。只有国家统一，各民族才能安居乐业，人民的根本利益才能得到充

① 《习近平在参加内蒙古代表团审议时强调 不断巩固中华民族共同体思想基础 共同建设伟大祖国 共同创造美好生活》，《人民日报》2022年3月6日，第1版。

分保证。“只有铸牢中华民族共同体意识，构建起维护国家统一和民族团结的坚固思想长城，各民族共同维护好国家安全和社会稳定，才能有效抵御各种极端、分裂思想的渗透颠覆，才能不断实现各族人民对美好生活的向往，才能实现好、维护好、发展好各民族根本利益。”①

历史上，各族人民为维护祖国统一作出了不可磨灭的贡献。从古代的行省制度、伊犁将军的设置，到戚继光抗倭、郑成功收复台湾、雅克萨之战等，都体现了各族人民对国家统一的坚定捍卫。然而，当今世界并不太平，西方敌对势力不断进行各种极端、分裂思想的渗透颠覆。他们在理论上构建宣扬民族分裂主义的理论体系，利用网络虚拟空间传播分裂思想，企图搞乱中国。例如，敌对势力质疑中国的社会主义方向，以历史虚无主义方式混乱嫁接中华各民族历史、丑化中华民族传统文化。面对这些现实挑战，我们必须铸牢中华民族共同体意识，提高政治敏锐性和政治鉴别力，增强意识形态反渗透免疫力。

在新的历史条件下，铸牢中华民族共同体意识，既是对我国各族人民共同奋斗历史的凝练升华，又为世界提供了解决民族问题、维护国家统一的中国智慧和中国方案。它在国家层面建立起最高的认同感、归属感，使国家统一具有坚不可摧的思想根基，为实现各民族群众根本利益提供牢固保障。

二、铸牢中华民族共同体意识，是实现中华民族伟大复兴的必然要求

当前，我国正处于实现中华民族伟大复兴的关键时期，党的民族工作也面临着一些新的阶段性特征。民族地区发展迈上新台阶，但发展不平衡不充分问题仍然突出；各民族人口大流动大融居趋势不断增强，而如何顺应这种形势构建互嵌式社会结构和社区环境仍需加强探索；中华民族共同体的思想基础不断巩固，但局部地区反分裂形势依然严峻，国际势力干扰破坏我国民族团结的风险不容小觑，民族领域意识形态斗争仍然尖锐复杂。

在这样的关键时期，铸牢中华民族共同体意识就显得尤为重要。只有铸牢中华民族共同体意识，才能团结一切可以团结的力量，调动一切可以调动的积极因素，最大限度凝聚起共同奋斗的力量。面对民族地区发展不平衡不充分的问

① 《习近平在中央民族工作会议上强调 以铸牢中华民族共同体意识为主线 推动新时代党的民族工作高质量发展》，《人民日报》2021 年 8 月 29 日，第 1 版。

题，铸牢中华民族共同体意识可以促进各民族共同团结奋斗，共同推动民族地区的发展，实现共同富裕。对于各民族人口大流动大融居的趋势，铸牢中华民族共同体意识能够构建起互嵌式社会结构和社区环境，促进各民族之间的交往交流交融，增进彼此的了解和信任。

同时，面对局部地区反分裂形势的严峻和国际势力的干扰破坏，铸牢中华民族共同体意识可以构建起维护国家统一和民族团结的坚固思想长城，有效抵御各种极端、分裂思想的渗透颠覆。在民族领域意识形态斗争尖锐复杂的情况下，铸牢中华民族共同体意识能够增强各族群众对伟大祖国、中华民族、中华文化、中国共产党、中国特色社会主义的认同，夯实我国民族关系发展的思想基础，推动中华民族成为认同度更高、凝聚力更强的命运共同体。

在实现中华民族伟大复兴的关键时期，铸牢中华民族共同体意识是应对各种风险挑战的必然选择，为党和国家兴旺发达、长治久安提供重要思想保证。

三、铸牢中华民族共同体意识，是巩固和发展平等团结互助和谐的社会主义民族关系的必然要求

习近平总书记指出："我国五十六个民族是历史形成的客观存在，是不以人的意志为转移的存在。我国少数民族有一亿多人，处理好民族关系始终是国家政治生活极为重要的内容。"[①]铸牢中华民族共同体意识为巩固和发展平等团结互助和谐的社会主义民族关系提供了必然路径。

平等团结互助和谐的社会主义民族关系经历了波澜壮阔的发展历程。在历史上，封建王朝的民族剥削和压迫政策导致民族关系不平等。中华人民共和国成立之初，党和国家通过多种方式改善民族关系，消除历史遗留的民族歧视，开展民族识别、确认民族成分，建立民族自治地方，让少数民族以平等一员的地位登上历史舞台，实现当家作主的夙愿。各民族不论人口多少、发展程度高低，都平等参与国家政治生活和公共事务。在社会主义大家庭中，各民族团结交融的感人事例数不胜数。改革开放后，我国社会主义民族关系进入新发展阶段，宪法、党章和民族区域自治法都把发展社会主义民族关系载入其中。2005 年中央民族工作会议指出，平等、团结、互助、和谐是我国社会主义民族关系的本质特

① 中共中央文献研究室编:《习近平关于社会主义政治建设论述摘编》，中央文献出版社 2017 年版，第 147 页。

征，四者相辅相成，构成有机整体。

中国特色社会主义进入新时代，各民族交往交流交融广泛拓展，新格局逐渐形成。但同时，随着改革开放不断深入，我国经济社会结构发生深刻变化，影响民族关系的因素日益复杂，出现了一些新情况新问题。比如，一些少数民族地处偏远、文化差异较大，形成相对封闭的环境，阻碍了与其他民族的交往交流交融；一些错误认识以及针对特定民族和特定宗教的歧视性言行伤害了民族感情；一些试图解构中华民族发展历史的民族理论在社会上有一定市场，错误思潮和模糊认识以互联网、新媒体为媒介滋生传播；一些民族主义思潮和极端思潮、活动对我国的安全稳定的影响不能低估。

面对这些新情况新问题，铸牢中华民族共同体意识至关重要。它高举中华民族大团结旗帜，促进各民族间相互尊重、相互信任、相互欣赏，和睦相处、和衷共济、和谐发展，广泛交往、全面交流、深度交融。通过不断增强“五个认同”，让各民族真正像石榴籽那样紧紧抱在一起，进一步夯实了民族关系的社会基础和思想基础。

四、铸牢中华民族共同体意识，是党的民族工作开创新局面的必然要求

习近平总书记在2022年中央统战工作会议上明确提出：“必须以铸牢中华民族共同体意识为党的民族工作主线。”[①]这一主线的确定具有重大而深远的意义。从维护各民族根本利益来看，铸牢中华民族共同体意识能够构建起坚固的思想长城，抵御各种极端、分裂思想的渗透颠覆，确保各民族的根本利益得到实现。从实现中华民族伟大复兴的角度来看，它能够团结一切可以团结的力量，为党和国家的兴旺发达、长治久安提供重要思想保证。从巩固和发展平等团结互助和谐的社会主义民族关系角度来看，它能够增进各民族对中华民族的自觉认同，推动中华民族成为凝聚力更强的命运共同体。从提出中华民族共同体意识到铸牢中华民族共同体意识，再到将其明确为新时代党的民族工作和民族地区各项工作的主线，铸牢中华民族共同体意识的提出和发展，成为引领新时代党的民族工作和民族地区各项工作高质量发展的旗帜和灵魂。

---

① 习近平：《完整、准确、全面贯彻落实关于做好新时代党的统一战线工作的重要思想》，《求是》2024年第2期。

第二节　铸牢中华民族共同体意识的科学内涵和基本目标

习近平总书记在参加十三届全国人大五次会议内蒙古代表团审议时指出："要紧紧抓住铸牢中华民族共同体意识这条主线，深化民族团结进步教育，引导各族群众牢固树立休戚与共、荣辱与共、生死与共、命运与共的共同体理念，不断巩固中华民族共同体思想基础，促进各民族在中华民族大家庭中像石榴籽一样紧紧抱在一起，共同建设伟大祖国，共同创造美好生活。"①

中华民族历经几千年发展，形成了多元一体的民族实体，是各民族你中有我、我中有你，血脉相连、不可分割的有机整体。中华民族共同体意识是对国家层面最高的社会归属感、面向世界的文化归属感，是国家认同、民族交融的情感纽带，是祖国统一、民族团结的思想基石，是中华民族延绵不衰、永续发展的力量源泉。

一、牢固树立"四个与共"的共同体理念

习近平总书记指出："铸牢中华民族共同体意识，就是要引导各族人民牢固树立休戚与共、荣辱与共、生死与共、命运与共的共同体理念。"②"四个与共"道出了56个民族同呼吸、共命运、心连心的辉煌历史、现实奋斗和坚强决心。

1. "休戚与共"强调各民族在利益上的相互交融

中华民族是一个大家庭，各民族在这个大家庭中共同生活、共同发展，利益紧密相连。无论是在历史的长河中，还是在当今时代，各民族的发展都与中华民族的整体利益息息相关。从古代各民族共同开拓祖国辽阔疆域，到现代共同为实现中华民族伟大复兴而奋斗，各民族在经济、社会、文化等各个方面相互依存，一荣俱荣、一损俱损。

① 《习近平在参加内蒙古代表团审议时强调 不断巩固中华民族共同体思想基础 共同建设伟大祖国 共同创造美好生活》，《人民日报》2022年3月6日，第1版。

② 习近平：《铸牢中华民族共同体意识 推进新时代党的民族工作高质量发展》，《求是》2024年第3期。

2. “荣辱与共”突出各民族在情感上的共鸣

爱国主义是各民族共同的情感归宿，各民族共同缔造和建设了伟大的祖国，共同捍卫和维护了祖国的独立和统一。在漫长的历史进程中，各民族形成了“你中有我、我中有你、谁也离不开谁”的多元一体格局。从“彝海结盟”到“三千孤儿入内蒙”，从“一家三代卫国戍边”到“党政军警民强边固防”，各民族共同创造了无数辉煌成就，共同经历了无数艰难险阻，在情感上紧密相连，共同分享荣耀，共同承担耻辱。

3. “生死与共”凸显各民族在精神上的支撑

中华民族在创造精神谱系的过程中，风雨同舟、牺牲奉献、共克时艰成为民族兴旺的精神密码。在古代，中华民族历经王朝更迭，却始终把“位卑未敢忘忧国”“只解沙场为国死”等精神化为无畏行动。在近代，中国共产党领导各民族共同历经血火淬炼，涌现出一大批民族英雄，为民族解放和独立不惜牺牲生命。在现代，各民族共同为社会主义现代化建设努力奋斗，同甘共苦，为国家的发展贡献力量。

4. “命运与共”彰显各民族共同体的紧密联结

中华民族共同体是一个命运共同体，各民族在这个共同体中共同面对未来，共同承担责任。在全球化的时代背景下，各民族的命运更加紧密地联系在一起，只有团结一心，共同努力，才能实现中华民族伟大复兴。

“四个与共”理念是新时代民族理论创新发展的生动体现。它在总结几千年历史经验的基础上，进一步丰富了铸牢中华民族共同体意识的内涵和意义。这一理念为新时代民族工作指明了方向，为中华民族共同体建设明确了目标。

二、坚定对“五个认同”的高度认同

习近平总书记指出：“必须以铸牢中华民族共同体意识为新时代党的民族工作的主线，推动各民族坚定对伟大祖国、中华民族、中华文化、中国共产党、中国特色社会主义的高度认同，不断推进中华民族共同体建设。”①

1. 对伟大祖国的认同

中国是一个统一的多民族国家，这是我国的基本国情。祖国统一是各族人

① 《习近平在中央民族工作会议上强调 以铸牢中华民族共同体意识为主线 推动新时代党的民族工作高质量发展》，《人民日报》2021年8月29日，第1版。

民的最高利益，民族团结是祖国统一的重要保证。一部中国史，就是各民族共同缔造、发展、巩固统一的伟大祖国的历史。各民族在长期的历史发展过程中相互依存、相互帮助，共同开拓了辽阔的疆域，共同书写了悠久的历史，共同创造了灿烂的文化，共同培育了伟大的精神。

在新时代，我们要更加深刻地认识到祖国统一和民族团结的重要性。只有实现祖国统一，各民族才能共同繁荣发展；只有加强民族团结，国家才能长治久安。我们要坚决反对任何形式的分裂行为，维护国家的统一和领土完整。同时，要加强各民族之间的交流与合作，促进各民族之间的团结与和谐。

2. 对中华民族的认同

中华民族共同体的形成有着深厚的基础。习近平总书记指出："我们辽阔的疆域是各民族共同开拓的，我们悠久的历史是各民族共同书写的，我们灿烂的文化是各民族共同创造的，我们伟大的精神是各民族共同培育的。"[①]中华民族是由 56 个民族组成的大家庭，各民族在长期的历史发展过程中，相互依存、相互融合，共同创造了灿烂的中华文化。从多民族国家、中华民族共同体的整体视角看，各民族在共同应对国家蒙辱、人民蒙难、文明蒙尘的危机中，同呼吸、共命运、心连心，中华民族共同体认同感、归属感、责任感、使命感进一步增强，共同培育了伟大的民族精神。

对中华民族的认同，就是要树立中华民族大家庭的观念，增强民族凝聚力和向心力。我们要坚持各民族一律平等，加强民族团结，促进各民族交往交流交融，共同团结奋斗、共同繁荣发展。

3. 对中华文化的认同

中华文化源远流长、博大精深，是中华民族的精神命脉。中华文化认同根植于中华优秀传统文化沃土，中华民族五千多年文明史所孕育形成的中华优秀传统文化，积淀着中华民族最深沉的精神追求，包含着中华民族最根本的精神基因，代表着中华民族独特的精神标识，是中华民族的突出优势和最深厚的文化软实力。

对中华文化的认同，就是要传承和弘扬中华优秀传统文化，增强文化自信。各民族文化相互借鉴、相互融合，共同构成了丰富多彩的中华文化。习近平总书

---

① 《习近平在全国民族团结进步表彰大会上发表重要讲话强调 坚持共同团结奋斗共同繁荣发展 各民族共建美好家园共创美好未来》，《人民日报》2019 年 9 月 28 日，第 1 版。

记指出:“没有高度的文化自信,没有文化的繁荣兴盛,就没有中华民族伟大复兴。”[①]只有增强对中华文化的认同,才能更好地促进各民族之间的交流与合作,增进民族团结。

4. 对中国共产党的认同

中国共产党是中国工人阶级的先锋队,同时是中国人民和中华民族的先锋队。中国共产党是中国特色社会主义事业的领导核心,是实现中华民族伟大复兴的根本保证。中国共产党来自于人民,为人民而生,因人民而兴,始终与人民心心相印、与人民同甘共苦。

对中国共产党的认同,就是要坚定对党的信仰,拥护党的领导,听从党的指挥。习近平总书记强调:“中国共产党的领导是中国特色社会主义最本质的特征。”[②]要引导各族群众明白今天的日子是从哪里来的,谁在真正为我国繁荣发展和人民幸福安康不懈奋斗,进一步增强各族干部群众感党恩、听党话、跟党走的政治自觉、思想自觉和行动自觉。

5. 对中国特色社会主义的认同

中国特色社会主义是当代中国发展进步的根本方向,是实现中华民族伟大复兴的必由之路。习近平总书记指出:“一个国家实行什么样的主义,关键要看这个主义能否解决这个国家面临的历史性课题。”“历史和现实都告诉我们,只有社会主义才能救中国,只有中国特色社会主义才能发展中国,这是历史的结论、人民的选择。”[③]中国特色社会主义是党领导各族人民历经千辛万苦、付出巨大牺牲取得的宝贵成果,是实现民族团结、国家富强、人民幸福的必由之路。

对中国特色社会主义的认同,就是要坚定中国特色社会主义道路自信、理论自信、制度自信、文化自信。习近平总书记指出:“中国特色社会主义,既坚持了科学社会主义基本原则,又根据时代条件赋予其鲜明的中国特色。这就是说,中国特色社会主义是社会主义,不是别的什么主义。”[④]我们要坚持和发展中国特色社会主义,不断推进国家治理体系和治理能力现代化,为实现中华民族伟大复兴的中国梦提供坚实的制度保障。

---

① 习近平:《决胜全面建成小康社会 夺取新时代中国特色社会主义伟大胜利——在中国共产党第十九次全国代表大会上的报告》,人民出版社 2017 年版,第 52 页。

② 《习近平谈治国理政》第二卷,外文出版社 2017 年版,第 18 页。

③ 习近平:《关于坚持和发展中国特色社会主义的几个问题》,《求是》2019 年第 7 期。

④ 习近平:《关于坚持和发展中国特色社会主义的几个问题》,《求是》2019 年第 7 期。

三、增强国家意识、公民意识、法治意识

党的二十大报告指出："以铸牢中华民族共同体意识为主线，坚定不移走中国特色解决民族问题的正确道路，坚持和完善民族区域自治制度。"①铸牢中华民族共同体意识，是新时代党的民族工作的"纲"，所有工作要向此聚焦。在这个过程中，增强国家意识、公民意识、法治意识，对于实现中华民族伟大复兴的中国梦具有至关重要的意义。

1. 增强国家意识

国家意识是公民对国家的认同、忠诚和热爱之情，是一种对国家主权、国家利益、国家尊严的自觉维护和担当。习近平总书记指出："爱国主义是中华民族精神的核心。爱国主义精神深深植根于中华民族心中，是中华民族的精神基因，维系着华夏大地上各个民族的团结统一，激励着一代又一代中华儿女为祖国发展繁荣而不懈奋斗。"②习近平总书记的论述深刻阐明了爱国主义与国家意识的紧密联系。爱国主义是国家意识的核心内容，只有热爱自己的国家，才能真正树立起国家意识，为国家的繁荣富强贡献自己的力量。在中华民族的历史长河中，国家意识始终是维系国家统一和民族团结的重要精神纽带。国家意识包括对国家历史的了解和尊重、对国家主权的维护和捍卫、对国家发展的关心和参与等方面。它体现了公民对国家的归属感和责任感，是一种超越个人利益和局部利益的大局观念。只有当全体公民都树立起强烈的国家意识，才能自觉抵制分裂势力的破坏，维护国家的统一和稳定。在统一的多民族国家中，国家意识能够促进各民族之间的团结协作，共同为国家的发展而努力奋斗。

2. 增强公民意识

公民意识是指公民对自己在国家中的地位和作用的认识，以及对自己应尽的义务和享有的权利的自觉意识。它包括主体意识、权利意识、责任意识、参与意识等方面。习近平总书记指出："人民是历史的创造者，是决定党和国家前途命运的根本力量。"③这强调了公民在国家发展中的重要作用，要求公民树立起

① 习近平：《高举中国特色社会主义伟大旗帜 为全面建设社会主义现代化国家而团结奋斗——在中国共产党第二十次全国代表大会上的报告》，《人民日报》2022 年 10 月 26 日，第 1 版。

② 习近平：《大力弘扬伟大爱国主义精神 为实现中国梦提供精神支柱》，《人民日报》2015 年 12 月 31 日，第 1 版。

③ 《习近平著作选读》第二卷，人民出版社 2023 年版，第 17 页。

强烈的主体意识和责任意识，积极参与国家建设。公民意识强调公民作为国家的主人，应积极参与国家事务和社会事务，关心公共利益，维护社会公正。同时，公民也应自觉遵守国家法律和社会公德，履行自己的义务，为社会的和谐稳定作出贡献。公民意识是民主政治建设的重要基础，只有当公民具备强烈的主体意识和参与意识，积极参与政治生活，才能推动民主政治的发展。在中华民族共同体中，公民意识能够促进各民族之间的平等交流和协商，共同参与国家治理，推进民族区域自治制度的不断完善。

3. 增强法治意识

法治意识是指公民对法律的尊重、信仰和自觉遵守的意识。它包括法律至上意识、权利义务意识、公平正义意识、程序意识等方面。习近平总书记强调："法律是治国之重器，法治是国家治理体系和治理能力的重要依托。"①这一论述深刻阐明了法治在国家治理中的重要地位，也对公民的法治意识提出了更高的要求。法治意识强调法律是国家治理的基本方式，公民应自觉遵守法律，维护法律的权威。同时，法治意识能够促使公民学会运用法律武器维护自己的合法权益。当公民具备权利义务意识和公平正义意识时，他们会更加注重通过法律途径解决矛盾和纠纷，保障自己的合法权益。在中华民族共同体中，法治意识能够为各民族公民提供平等的法律保护，促进各民族的共同发展。

四、正确理解把握"四个关系"

习近平总书记指出，铸牢中华民族共同体意识，要"正确把握共同性和差异性的关系""正确把握中华民族共同体意识和各民族意识的关系""正确把握中华文化和各民族文化的关系""正确把握物质和精神的关系"②。正确把握"四个关系"，对于准确理解和全面贯彻新时代党的民族政策，推动民族工作高质量发展具有极其重要的意义。

1. 正确理解把握共同性和差异性的关系

共同性是指各民族在中华民族大家庭中，拥有共同的历史渊源、共同的文化根基、共同的价值追求和共同的目标使命。各民族共同开拓了辽阔的疆域，共同

① 中共中央文献研究室编：《十八大以来重要文献选编》(中)，中央文献出版社 2016 年版，第 141 页。

② 《习近平在中央民族工作会议上强调 以铸牢中华民族共同体意识为主线 推动新时代党的民族工作高质量发展》，《人民日报》2021 年 8 月 29 日，第 1 版。

书写了悠久的历史，共同创造了灿烂的文化，共同培育了伟大的精神。差异性则体现在各民族在语言、服饰、风俗、习惯等方面的独特之处。每个民族都有其独特的文化传统和生活方式，这些差异是民族多样性的体现。

马克思主义认识论指出，民族在发展和消亡过程中，共同性因素日益增多是总趋势，而民族差异也将长期存在。共同性和差异性关系在“四个关系”中起着引领作用。维护共同性是民族工作的主导方向，要坚定“五个认同”，增强国家意识、公民意识和法治意识。各民族要共同维护国家主权、安全和发展利益，共同致力于中国式现代化建设，学好用好国家通用语言文字，共同建设美丽中国。同时，差异性要服从和服务于共同性，尊重和包容各民族在饮食服饰、风俗习惯等方面的差异，但不能让差异性削弱和危害共同性。例如，在民族工作中，既要推动各民族共同繁荣发展，又要保护和传承各民族的优秀传统文化，在增进共同性的过程中实现差异的和谐共存。

2. 正确理解把握中华民族共同体意识和各民族意识的关系

中华民族共同体意识是各民族成员对中华民族共同的历史、文化、价值、命运的认同和归属，是对中华民族大家庭的热爱和忠诚。它强调各民族在中华民族大家庭中的整体性和统一性，要求各民族把中华民族的利益放在首位，共同维护国家的统一和民族团结。各民族意识是各民族成员对本民族的历史、文化、传统、利益的认同和维护。它体现了各民族的独特性和个性，反映了各民族的自我认同和自我发展的需求。

中华民族共同体意识和各民族意识虽层面不同、范畴不同，但可并存不悖。中华民族共同体意识处于主导地位，各民族意识要服从和服务于中华民族共同体意识。把中华民族利益放在首位，是因为近代以来实现中华民族伟大复兴就是中华民族最根本的利益。大汉族主义和地方民族主义都是民族团结的大敌，必须坚决反对。在实践中，要引导各民族始终把中华民族利益放在首位，在实现好中华民族共同体整体利益进程中实现好各民族具体利益。

3. 正确理解把握中华文化和各民族文化的关系

中华文化是中华民族在长期的历史发展过程中共同创造的文化，包括中华优秀传统文化、革命文化和社会主义先进文化。中华文化是中华民族的精神家园，是中华民族凝聚力和向心力的重要源泉。各民族文化是各民族在长期的历史发展过程中创造的具有本民族特色的文化，包括语言文字、文学艺术、风俗习惯、宗教信仰等方面。各民族文化是中华文化的重要组成部分，丰富了中华文化的内涵。

中华文化是各民族优秀文化的集大成，是主干，各民族文化是枝叶，两者体现了共性与个性的辩证统一。各民族优秀传统文化都是中华文化的组成部分，共同推动中华文化繁荣发展。中华文化由各民族文化兼容并包、融合发展而来，如我国历史上最早的诗歌总集《诗经》是各地区各民族民歌的总汇，藏族史诗《格萨尔》在多个民族中广为流传。要增强各族群众对中华文化的高度认同，大力弘扬和传承中华优秀传统文化、革命文化和社会主义先进文化。同时，要尊重各民族文化的多样性，保护和传承好各民族优秀传统文化，取其精华、去其糟粕，推动民族文化创新发展。

4. 正确理解把握物质和精神的关系

物质是指人们在生产生活中所需要的物质财富和物质条件，包括衣食住行等方面。精神是指人们的思想观念、价值取向、道德规范、文化艺术等方面。物质和精神是人类社会发展的两个方面，二者相互依存、相互促进。

一个民族的复兴既需要强大的物质力量，也需要强大的精神力量，两者相辅相成。物质力量和精神力量在很大程度上不可相互替代，但在一定条件下可相互转化、相互促进。要赋予改革发展以彰显中华民族共同体意识、维护统一、反对分裂、改善民生、凝聚人心的意义，让中华民族共同体牢不可破。一方面，要从铸牢中华民族共同体意识的角度把握“管肚子”的工作，推动民族地区融入新发展格局，实现共同富裕；另一方面，要做好“管脑子”的工作，旗帜鲜明反对民族领域各种错误思想观念，增强各族干部群众识别大是大非、抵御境内外敌对势力思想渗透的能力。例如，在民族地区的发展中，既要加大对基础设施建设、公共服务保障等方面的投入，提高人民生活水平，又要加强民族团结教育，增强中华民族共同体意识。

五、树立正确的中华民族历史观

在2024年召开的全国民族团结进步表彰大会上，习近平总书记强调：“中华民族是有着五千多年文明史的伟大民族。我国各民族共同开拓了祖国的辽阔疆域，共同缔造了统一的多民族国家，共同书写了辉煌的中国历史，共同创造了灿烂的中华文化，共同培育了伟大的民族精神。”①这一论述深刻揭示了中华民族共同体形成和发展的历史脉络，回答了中华民族“从哪里来、向哪里去”的时代之

① 习近平：《在全国民族团结进步表彰大会上的讲话》，《人民日报》2024年9月28日，第2版。

问，为我们树立正确的中华民族历史观提供了根本遵循。

1. 辽阔疆域：各民族共同开拓

中国辽阔的疆域是中国各民族在漫长的历史进程中共同开拓的。从炎黄部落联盟到多民族国家的形成与发展，各民族都为开拓和守护这片广袤的土地作出了不可磨灭的贡献。

在古代，中原地区的华夏民族与周边的少数民族不断交流、融合。秦始皇统一六国后，派蒙恬北击匈奴，修筑长城，将中原地区与北方游牧民族的活动区域明确划分，同时也促进了双方的交流与互动。汉朝时期，汉武帝派遣卫青、霍去病等将领多次出击匈奴，拓展了汉朝的疆域，同时也加强了与西域各国的联系。张骞出使西域，开辟了丝绸之路，促进了东西方文化的交流和贸易往来。

在边疆地区，各少数民族也积极开拓和建设自己的家园。例如，蒙古族建立的元朝，将西藏正式纳入中国版图，对边疆地区进行了有效的治理和开发。清朝时期，康熙、雍正、乾隆等皇帝通过一系列的军事行动和政治手段，巩固了对边疆地区的统治，加强了各民族之间的联系和融合。

习近平总书记指出："一部中国史，就是一部各民族交融汇聚成多元一体中华民族的历史，就是各民族共同缔造、发展、巩固统一的伟大祖国的历史。"[①]各民族在共同开拓疆域的过程中，形成了中华民族多元一体的格局。这种格局既体现了各民族的独特性和多样性，又体现了各民族之间的相互依存和共同发展。

2. 统一的多民族国家：各民族共同缔造

我们的国家是各民族共同奋斗缔造的统一的多民族国家。从秦汉开创多民族大一统政治格局，到唐宋扩展期民族大融合与疆域扩大，再到元明清定型期对边疆地区的统辖巩固，都展现了各民族共同开拓辽阔疆域、书写历史的历程。

中国统一的多民族国家有着极为悠久且灿烂的历史脉络。从秦朝的统一到清朝的大一统，中国的统一多民族国家不断发展和巩固。在这一过程中，各民族之间的政治、经济、文化交流不断加强。例如，汉朝时实行"和亲"政策，加强了与匈奴等少数民族的联系；唐朝时实行开明的民族政策，吸引了众多少数民族归附，形成了"万国来朝"的盛世局面。

各民族在共同缔造统一多民族国家的过程中，也形成了独特的政治制度和治理模式。如元朝实行的行省制度，对后世的行政区划产生了深远影响；清朝实

① 《习近平在全国民族团结进步表彰大会上发表重要讲话强调 坚持共同团结奋斗共同繁荣发展 各民族共建美好家园共创美好未来》，《人民日报》2019年9月28日，第1版。

行的满人汉人共同参与政府管理，有效地维护了国家的统一和稳定。在几千年历史长河中，各族人民始终团结一心、同舟共济，建立了统一的多民族国家，发展了56个民族多元一体、交织交融的融洽民族关系，形成了守望相助的中华民族大家庭。特别是在抵御外侮、防止分裂、维护统一的进程中，各族人民空前团结、同仇敌忾，书写了中华民族艰苦卓绝、气壮山河的伟大史诗。中华人民共和国成立后，各民族在中国共产党的领导下，共同走上了社会主义道路，实现了民族平等、民族团结和各民族共同繁荣。

各民族之所以团结融合，多元之所以聚为一体，源自各民族文化上的兼收并蓄、经济上的相互依存、情感上的相互亲近，源自中华民族追求团结统一的内生动力。历史充分表明，各民族血脉相融，是中华民族共同体形成和发展的历史根基；各民族信念相同，是中华民族缔造统一的多民族国家的内生动力；各民族文化相通，是中华民族铸就多元一体文明格局的文化基因；各民族经济相依，是中华民族构建统一经济体的强大力量；各民族情感相亲，是中华民族一家亲的坚强纽带。

国家统一是国家最高利益所在，也是各族人民根本利益所在。在统一的国家中，各民族相互交流、相互融合、共同发展，有效抵御各种极端、分裂思想的渗透颠覆，共同维护好国家安全和社会稳定，才能不断实现各族人民对美好生活的向往，实现好、维护好、发展好各民族的根本利益。

3. 悠久历史：各民族共同书写

中华民族的悠久历史是各民族共同书写的壮丽篇章。从远古时期的神话传说到有文字记载的历史，各民族都在不同的历史时期留下了自己的印记。

在古代，华夏民族创造了灿烂的中原文明，如夏商周时期的青铜文化、春秋战国时期的百家争鸣、秦汉时期的大一统等。同时，周边的少数民族也在各自的领域取得了辉煌的成就。例如，匈奴、鲜卑、突厥等游牧民族在军事、政治、文化等方面都有着独特的贡献。匈奴的骑兵战术、鲜卑的汉化改革、突厥的文字创造等，都对中华民族的历史发展产生了深远的影响。

在历史的长河中，各民族之间的交流与融合从未停止。魏晋南北朝时期，北方的少数民族纷纷南迁，与汉族相互融合，推动了民族大融合的进程。唐朝时期，各民族之间的交流更加频繁，唐太宗被尊称为“天可汗”，体现了唐朝对各民族的包容和尊重。元朝时期，蒙古族统一全国，实行了一系列的民族政策，促进了各民族之间的经济、文化交流。清朝时期，满族统治者积极学习汉族文化，同时也保留了本民族的特色，推动了各民族之间的融合与发展。

习近平总书记指出："历史是最好的教科书，也是最好的清醒剂。"[1]各民族共同书写的历史，是中华民族宝贵的精神财富。我们要通过学习历史，了解各民族在不同历史时期的贡献和成就，增强民族自豪感和自信心，同时也要从历史中吸取教训，珍惜来之不易的民族团结和国家统一。

4. 灿烂文化：各民族共同创造

中华民族的灿烂文化是各民族共同创造的瑰宝。从语言文字、文学艺术到哲学思想、科学技术，各民族都为中华文化的繁荣发展作出了独特的贡献。

在语言文字方面，汉语是中华民族的共同语言，但同时许多少数民族也有自己的语言和文字。例如，蒙古族的蒙古文、藏族的藏文、维吾尔族的维吾尔文等，都是中华民族语言文字宝库中的重要组成部分。这些语言文字不仅记录了各民族的历史和文化，也为中华文化的多样性增添了色彩。

在文学艺术方面，各民族都有自己的独特风格和表现形式。汉族的诗词、小说、戏曲等文学艺术形式源远流长，影响深远。少数民族的文学艺术也各具特色，如蒙古族的长调、藏族的《格萨尔》史诗、维吾尔族的木卡姆等，都是世界文化遗产中的瑰宝。这些文学艺术作品不仅反映了各民族的生活习俗和精神风貌，也为中华文化的繁荣发展作出了重要贡献。

在哲学思想方面，儒家、道家、法家、墨家等思想流派在中国历史上产生了深远的影响。同时，少数民族的哲学思想也有着独特的价值。例如，蒙古族的哲学思想强调人与自然的和谐相处，藏族的哲学思想注重心灵的修行和超越，这些哲学思想为中华文化的丰富和发展提供了新的视角及思路。

在科学技术方面，各民族也都有自己的杰出成就。汉族的四大发明——造纸术、印刷术、火药、指南针，对世界文明的发展产生了巨大的推动作用。少数民族在农业、畜牧业、医学、天文学等领域也有着独特的贡献。例如，蒙古族的畜牧业技术、藏族的藏医药学、维吾尔族的天文学等，都是中华民族科学技术宝库中的重要组成部分。

习近平总书记指出："中华文化是各民族文化的集大成。"[2]各民族共同创造的灿烂文化，是中华民族凝聚力和创造力的重要源泉。我们要保护和传承各民族的优秀文化，推动各民族文化的交流与融合，促进中华文化的创新和发展。

---

① 习近平：《坚定不移走中国特色社会主义法治道路 为全面建设社会主义现代化国家提供有力法治保障》，《求是》2021 年第 5 期。

② 《习近平著作选读》第一卷，人民出版社 2023 年版，第 285 页。

5. 伟大精神：各民族共同培育

中华民族的伟大精神是各民族共同培育的精神支柱。在长期的历史发展过程中，各民族共同培育了以爱国主义为核心的团结统一、爱好和平、勤劳勇敢、自强不息的伟大民族精神。

在团结统一方面，各民族始终把维护国家统一和民族团结作为自己的神圣职责。无论是在古代的战争时期，还是在现代的和平建设时期，各民族都紧密团结在一起，共同为国家的繁荣富强而努力奋斗。例如，在抗日战争时期，各民族人民同仇敌忾，共同抗击日本侵略者，为捍卫我国领土完整和民族尊严作出了巨大的贡献。

在爱好和平方面，中华民族自古以来就是一个爱好和平的民族。各民族在长期的历史发展过程中，与周边国家和民族保持着友好的往来和交流。例如，丝绸之路的开辟，促进了东西方文化的交流和贸易往来，体现了中华民族的和平友好精神。

在勤劳勇敢方面，各民族人民在艰苦的自然环境和社会环境中，勤劳耕耘，勇敢拼搏，创造了丰富的物质财富和精神财富。例如，蒙古族的游牧生活、藏族的高原农业、维吾尔族的绿洲农业等，都体现了各民族人民的勤劳勇敢精神。

在自强不息方面，各民族人民在面对困难和挑战时，始终保持着顽强的斗志和不屈的精神。例如，在历史上的多次民族危机中，各民族人民都奋起反抗，不屈不挠，为维护祖国的独立和捍卫民族的尊严而奋斗。

习近平总书记强调："中国人民在长期奋斗中培育、继承、发展起来的伟大民族精神，为中国发展和人类文明进步提供了强大精神动力。"①各民族共同培育的伟大精神，是中华民族的灵魂和脊梁。我们要传承和弘扬中华民族的伟大精神，不断增强民族凝聚力和向心力，为实现中华民族伟大复兴的中国梦而努力奋斗。

第三节　铸牢中华民族共同体意识的作用效果

新时代以来，习近平总书记关于铸牢中华民族共同体意识的重要论述有力加强和改进了党的民族工作。在习近平总书记关于加强和改进民族工作的重要思想特别是铸牢中华民族共同体意识重大论断的引领下，民族工作和民族地区各项工作取得了历史性成就，发生了历史性变革，取得了坚定不移走中国特色解

① 习近平：《在第十三届全国人民代表大会第一次会议上的讲话》，《求是》2020 年第 10 期。

决民族问题的正确道路的重大成果。

一、基于唯物史观和中华优秀传统文化的重大理论创新，推动形成了“两个结合”在民族工作领域的丰硕实践成果

习近平总书记关于中华民族大家庭、中华民族共同体、铸牢中华民族共同体意识等理念的重要论述精神深入人心，充分证明了中国特色解决民族问题的正确道路的实践性与人民性。基于马克思主义民族历史过程论与中华民族交往交流交融历史规律的深度结合，从历史发展角度提出必须坚持正确的中华民族历史观；基于马克思主义民族交往联合论与中国各民族“你中有我，我中有你”客观实际的深度结合，从共同体角度提出“四个与共”的共同体理念；基于马克思主义唯物辩证法与中国传统辩证思维的深度结合，从方法论角度提出中华民族与各民族的“四个关系”；基于马克思主义国家民族理论与中国大一统演进规律的深度结合，从治国理政角度强调中华民族多元一体格局和统一的多民族国家理念。以上观念、理念、思维、认识的向前发展，推动了党的十八大以来社会主义先进文化的不断繁荣，使中华文化特征、中华民族精神、中国国家形象的表达力、感召力和凝聚力，夯实民族团结的文化根基显著增强，各族群众对中华民族的认同感和自豪感不断提升，各族群众呈现出自信自强、昂扬向上的精神面貌，奋进新征程、建功新时代。

二、基于解决主要矛盾的根本途径，拓展为一整套成熟、科学的方法论体系，明晰了中国特色解决民族问题的正确道路

文化认同是最深层次的认同，是民族团结的根脉。聚焦于增进文化认同这一主要矛盾，习近平总书记指出，“要着眼建设中华民族现代文明，不断构筑中华民族共有精神家园。必须顺应中华民族从历史走向未来、从传统走向现代、从多元凝聚为一体的发展大趋势，深刻理解把握中华文明的突出特性，在新的历史起点上不断构筑中华民族共有精神家园，为铸牢中华民族共同体意识奠定坚实的精神和文化基础”①，并将其内涵与外延不断拓展。其中的一切成果，都是建立在系统的理论体系建设和详尽的调查研究基础之上的。从提出中华民族共同体

① 《习近平在中共中央政治局第九次集体学习时强调 铸牢中华民族共同体意识 推进新时代党的民族工作高质量发展》，《人民日报》2023 年 10 月 29 日，第 1 版。

意识到铸牢中华民族共同体意识，再到将其明确为新时代党的民族工作和民族地区各项工作的主线，铸牢中华民族共同体意识的提出和发展，成为引领新时代党的民族工作和民族地区各项工作高质量发展的旗帜和灵魂。当下，以铸牢中华民族共同体意识为主线，民族团结进步事业作为基础性事业正在持续向上向好。更多人民群众认识到民族团结、铸牢中华民族共同体意识的重要性，自觉从思想上行动上以铸牢中华民族共同体意识维护各民族根本利益。

三、以主线统领工作，形成了能够广泛影响全社会的民族工作格局与凝心聚力效能

铸牢中华民族共同体意识成为“时代强音”。中华民族共同体意识是国家统一之基、民族团结之本、精神力量之魂。“铸牢中华民族共同体意识、推进新时代党的民族工作高质量发展，是全党全国各族人民的共同任务。”[①]党的二十大报告指出：“以铸牢中华民族共同体意识为主线，坚定不移走中国特色解决民族问题的正确道路。”[②]在民族工作职责层面，通过把党的领导贯穿民族工作全过程，形成党委统一领导、政府依法管理、统战部门牵头协调、民族工作部门履职尽责、各部门通力合作、全社会共同参与的新时代党的民族工作格局。在宣传思想文化工作层面，通过充分宣传党中央关于铸牢中华民族共同体意识决策部署和各部门各地区的行动举措，讲好中华民族故事，构筑中华民族共有精神家园，引导各族群众牢固树立休戚与共、荣辱与共、生死与共、命运与共的共同体理念，推动各民族坚定对伟大祖国、中华民族、中华文化、中国共产党、中国特色社会主义的高度认同。促进各民族在中华民族大家庭中像石榴籽一样紧紧抱在一起，铸牢中华民族共同体意识在各族群众心中不断走深走实，各族人民亲如一家的良好格局正在形成。

四、通过对短板弱项和风险隐患的深刻洞察，有力有效解决了其中重大问题与防范民族领域重大风险隐患

党的十八大以来，党的民族工作面临着新的形势和任务。针对境内外敌

① 《习近平在中共中央政治局第九次集体学习时强调 铸牢中华民族共同体意识 推进新时代党的民族工作高质量发展》，《人民日报》2023年10月29日，第1版。

② 习近平：《高举中国特色社会主义伟大旗帜 为全面建设社会主义现代化国家而团结奋斗——在中国共产党第二十次全国代表大会上的报告》，《人民日报》2022年10月26日，第1版。

对势力的分裂、渗透、破坏活动，民族地区发展不平衡不充分，影响民族关系的新情况新问题，民族工作存在不匹配、不适应的问题和短板等，在中央民族工作会议上，习近平总书记强调“坚决防范民族领域重大风险隐患”[①]，并站在新时代党和国家事业发展全局高度，就防范民族领域重大风险隐患提出了明确要求。通过铸牢中华民族共同体意识，按照增进共同性的方向改进工作，从统一思想守住意识形态阵地，有效应对新时代党的民族工作中可能发生的风险挑战，推动中华民族成为认同度更高、凝聚力更强的命运共同体角度，为各民族自觉参与到化解民族领域风险隐患的工作中提供了重要的思想基础。当下，各地区各部门有针对性地补齐了短板弱项，有效防范化解了民族复兴进程中可能出现的重大风险隐患，坚决守住了不发生区域性、系统性风险的底线，有力捍卫了国家总体安全。

五、在发展中不断与时俱进自我完善，以好的、管用的民族理论和政策有效提升民族事务治理体系和治理能力现代化水平

从 2014 年 5 月习近平总书记在第二次中央新疆工作座谈会上提出“中华民族共同体意识”重大论断，到将“铸牢中华民族共同体意识”正式写入党的十九大报告和党章，到把铸牢中华民族共同体意识提升到民族工作“纲”的高度，再到把铸牢中华民族共同体意识作为新时代党的民族工作和民族地区各项工作的主线，这一马克思主义民族理论的重大原创性论断，随着我们党坚定不移走中国特色解决民族问题的正确道路，也在不断探索中国特色解决民族问题的科学路径。对铸牢中华民族共同体意识的认识至今仍在不断完善。从当下一系列重点工作来看，通过构建科学完备的中华民族共同体理论体系、建设中华民族现代文明和构筑中华民族共有精神家园、促进各民族广泛交往交流交融、大力宣介中华民族共同体意识、做好相关工作等重点任务，铸牢中华民族共同体意识逐渐进入一个从“意识”到“共识”、从“自觉”到“自为”的阶段，不断推动新时代民族工作高质量发展，正最大限度地凝聚起实现民族复兴的磅礴力量。

---

① 《习近平在中央民族工作会议上强调 以铸牢中华民族共同体意识为主线 推动新时代党的民族工作高质量发展》，《人民日报》2021 年 8 月 29 日，第 1 版。

六、着眼于建设中华民族现代文明，为民族永续发展构筑中华民族共有精神家园

铸牢中华民族共同体意识是建设中华民族现代文明的重要前提和基础。只有不断增强各族群众对中华民族的认同感和自豪感，才能更好地推动中华民族现代文明建设事业的发展。只有铸牢中华民族共同体意识，增强各族群众的凝聚力和向心力，才能更好面对建设中华民族现代文明进程中的挑战。习近平总书记强调："必须顺应中华民族从历史走向未来、从传统走向现代、从多元凝聚为一体的发展大趋势，深刻理解把握中华文明的突出特性，在新的历史起点上不断构筑中华民族共有精神家园，为铸牢中华民族共同体意识奠定坚实的精神和文化基础。"①中华优秀传统文化有很多重要元素，共同塑造出中华文明的连续性、创新性、统一性、包容性、和平性"五大突出特性"。这些关于文化建设的新思想新观点新论断，既主动顺应中华民族从传统走向现代的大趋势，又深刻把握中华民族多元一体的背后哲理，是对把马克思主义基本原理同中国具体实际，特别是同中华优秀传统文化相结合的开创性认识，为中华民族的永续发展奠定了文化基石，为构建人类文明新形态提供了方向。正如习近平总书记所指出的："对历史最好的继承就是创造新的历史，对人类文明最大的礼敬就是创造人类文明新形态。"②"中华民族共同体"与"人类命运共同体"，着眼于寻求人类共同利益和共同价值的新内涵，从不同维度形成了当今全人类价值观的新视角。

第四节　铸牢中华民族共同体意识的实践路径

2021 年 8 月 27 日，习近平总书记在中央民族工作会议上指出："要准确把握和全面贯彻我们党关于加强和改进民族工作的重要思想，以铸牢中华民族共同体意识为主线，坚定不移走中国特色解决民族问题的正确道路，构筑中华民族共有精神家园，促进各民族交往交流交融，推动民族地区加快现代化建设步伐，提升民族

① 习近平：《铸牢中华民族共同体意识 推进新时代党的民族工作高质量发展》，《求是》2024 年第 3 期。

② 习近平：《在文化传承发展座谈会上的讲话》，《求是》2023 年第 17 期。

事务治理法治化水平，防范化解民族领域风险隐患，推动新时代党的民族工作高质量发展，动员全党全国各族人民为实现全面建成社会主义现代化强国的第二个百年奋斗目标而团结奋斗。”[①]铸牢中华民族共同体意识是一项复杂庞大的系统工程，需要绵绵用力、久久为功，使之贯穿党的民族工作各领域、全过程。

一、加强和完善党对民族工作的全面领导

习近平总书记指出：“中国共产党领导是做好民族工作的根本保证，是维护中华民族大团结的根本保证。”[②]中国共产党的领导是铸牢中华民族共同体的根本保证。党的领导是中国特色社会主义最本质的特征，也是做好民族工作的根本保证。在政治立场上，民族工作必须始终同党中央保持高度一致，要从政治角度把握民族关系和看待民族问题。这是因为民族工作具有很强的政治性和政策性，只有坚持正确的政治方向，才能确保民族工作的顺利开展。同时，要提高认识、统一思想，深刻认识到民族工作关系到祖国统一、边疆巩固、民族团结和社会稳定，是关系国家长治久安和中华民族繁荣昌盛的大事。

要加强党对民族工作的领导，把民族工作纳入各级党委重要议事日程，建立健全民族工作领导体制和工作机制。各级党委和政府主要负责人要高度重视民族工作，把民族工作摆上重要议事日程，及时研究解决重大问题。在遵循民族制度政策方面，要坚持和完善民族区域自治制度，坚持统一和自治相结合、民族因素和区域因素相结合，确保国家法律和政令在民族地区实施，同时保障民族自治地方依法行使自治权。此外，坚持“争取人心”是民族团结的关键。党的二十届三中全会通过的《中共中央关于进一步全面深化改革 推进中国式现代化的决定》提出，制定民族团结进步促进法，健全铸牢中华民族共同体意识制度机制，增强中华民族凝聚力。要全面深入、持久推进民族团结进步创建，加强党的民族理论和民族政策学习以及民族团结教育，促进各民族交往交流交融，用法律保障民族团结，增强各族群众的法律意识，维护国家最高利益和民族团结大局。

---

① 《习近平在中央民族工作会议上强调 以铸牢中华民族共同体意识为主线 推动新时代党的民族工作高质量发展》，《人民日报》2021年8月29日，第1版。

② 《习近平著作选读》第二卷，人民出版社2023年版，第510页。

二、着眼建设中华民族现代文明，不断构筑中华民族共有精神家园

习近平总书记指出："在新的起点上继续推动文化繁荣、建设文化强国、建设中华民族现代文明，是我们在新时代新的文化使命。"[①]中华民族共有精神家园是中华民族生存和发展的精神支撑，建设中华民族现代文明与构筑中华民族共有精神家园相辅相成、相互促进。在新时代新征程中，我们要深刻领会习近平总书记的重要论述，着眼建设中华民族现代文明，不断构筑中华民族共有精神家园。

1. 弘扬伟大中华民族精神

中华民族伟大创造精神、奋斗精神、团结精神和梦想精神，在不同历史时期，面对不同社会主要矛盾，通过社会生产实践和生活交往不断锻造形成。中国共产党领导中国人民在长期奋斗中，创造了建党精神、井冈山精神、长征精神等一系列伟大精神。这些精神是把中华民族坚强团结在一起的力量，是历久弥坚的强大精神支柱。在新征程上，我们要进一步挖掘、阐释、提升中华民族精神的丰富内涵，继承和发扬伟大建党精神等精神谱系。加大宣传力度，深化对中华民族伟大精神重要历史作用的认识，激发中华儿女的精神力量，弘扬以爱国主义为核心的民族精神和以改革创新为核心的时代精神，引导各族群众将其与自己的工作、学习和日常生活紧密结合，凝聚强国建设、民族复兴的强大正能量。

2. 深入挖掘中华优秀传统文化的价值内涵

深入挖掘中华优秀传统文化的思想内涵、价值观念和精神追求，加强对中华优秀传统文化的研究阐释，为建设中华民族现代文明和构筑中华民族共有精神家园提供理论支撑。要组织专家学者对中华优秀传统文化进行系统研究，梳理其发展脉络、核心思想和重要价值，推出一批有深度、有影响力的研究成果。结合时代要求和实践需要，对中华优秀传统文化进行创造性转化、创新性发展，使其焕发出新的生机和活力。要将中华优秀传统文化与现代科技、现代管理、现代生活相结合，创新文化发展的理念、内容、形式和方法，推出一批具有时代特色、符合人民需求的优秀文化产品和服务。

3. 夯实共同的文化根基

中华文明是世界上唯一未曾中断的人类文明形态，积累和创造了丰富的文

① 习近平：《在文化传承发展座谈会上的讲话》，《求是》2023年第17期。

化资源。我们要把握、遵循思想文化发展规律，在尊重差异中扩大共识，于包容多样中增进认同。例如，新疆维吾尔自治区在深入开展文化润疆工程中，以新疆维吾尔木卡姆艺术等文化资源为载体，突出各民族共有共享的中华文化符号和形象。这为我们提供了很好的范例。我们要广泛吸引、动员各族群众参与中华民族共有精神家园建设，增强认同感和归属感。大力弘扬社会主义核心价值观，让中华文化始终成为各民族的情感依托、心灵归宿和精神家园。目前全国已有众多城市开展了丰富多彩的文化活动，以传承和弘扬中华优秀传统文化，增强人们对中华文化的认同。这些活动不仅丰富了人们的精神生活，也为中华民族共有精神家园的建设奠定了坚实的基础。

4. 树立共同的价值目标

实现中华民族伟大复兴是近代以来中华民族最伟大的梦想。在全面建设社会主义现代化国家新征程中，我们要以实现民族复兴为目标，促进各族群众人心归聚、精神相依。要用共同的理想信念凝心铸魂，引导各民族牢固树立休戚与共、荣辱与共、生死与共、命运与共的共同体意识。例如，在一些多民族聚居的地区，通过开展共居共学、共建共享、共事共乐的活动，强化共有共享的价值理念、道德观念。在这些活动中，各族群众共同参与社区建设、文化活动等，增进了相互之间的了解和信任，形成了人心凝聚、团结奋进的强大精神纽带。同时，我们要有效应对强国建设、民族复兴之路上的各种风险挑战，推动中华民族成为认同度更高、凝聚力更强的命运共同体。

三、促进各民族广泛交往交流交融，以中华民族大团结促进中国式现代化

习近平总书记指出："交往交流交融，是增进民族团结、铸牢中华民族共同体意识、推进中华民族共同体建设的必由之路。中华民族在各民族交往交流交融中铸就，中华民族伟大复兴也必将在各民族交往交流交融中实现。中华民族大团结是以中国式现代化全面推进中华民族伟大复兴的前提和基础，强国建设、民族复兴的进程，必然是各民族广泛交往交流交融的过程，必然是各民族共同团结奋斗、共同繁荣发展的过程。"[1]在新时代，促进各民族广泛交往交流交融，推动

① 习近平：《铸牢中华民族共同体意识 推进新时代党的民族工作高质量发展》，《求是》2024 年第 3 期。

各民族走向社会主义现代化，是实现中华民族伟大复兴的重要任务。

1. 加强教育引导

要加强民族团结教育，在学校、社区、企业等场所广泛开展民族团结教育活动，提高各民族群众的民族团结意识。通过举办民族团结讲座、开展民族团结主题活动等方式，让各民族群众了解民族团结的重要性，增强各民族之间的相互了解和信任。推广国家通用语言文字是促进各民族交往交流交融的重要举措。在各民族地区，加强国家通用语言文字教育，提高各民族群众的语言文字水平，为各民族之间的交流沟通提供便利。同时，也要尊重和保护各民族的语言文字，促进各民族语言文字的传承和发展。加强各民族文化教育，让各民族群众了解和尊重不同民族的文化传统。通过举办文化展览、文化讲座等方式，让各民族群众了解不同民族的文化特色，增强各民族之间的文化认同感。同时，也要促进各民族文化的交流融合，共同创造丰富多彩的中华文化。

2. 促进经济发展

加强基础设施建设，加大对各民族地区基础设施建设的投入力度，改善各民族地区的交通、通信、能源等基础设施条件，为各民族之间的交往交流交融提供便利。同时，也要加强各民族地区的生态环境保护，实现经济发展与生态保护的良性互动。推动产业发展，根据各民族地区的资源优势和产业基础，制定科学合理的产业发展规划，推动各民族地区产业发展。培育壮大一批具有民族特色的产业集群，提高各民族地区的经济发展水平。加大对各民族地区特色产业的扶持力度，立足民族地区资源禀赋，构建产业发展新格局。推动文化旅游产业发展，挖掘民族文化资源，打造特色旅游品牌。培育特色农牧产业，提高农产品附加值，实现绿色发展。通过产业发展，提高民族地区经济实力，增加各族群众收入。同时，也要加强各民族地区之间的产业合作，实现优势互补、共同发展。促进就业创业，加大对各民族地区就业创业的扶持力度，制定优惠政策，鼓励各民族群众创业就业。加强职业技能培训，提高各民族群众的就业创业能力。同时，也要加强各民族地区之间的劳务合作，促进各民族群众的就业转移。

3. 深化交往交流交融

深化互嵌式社会结构和社区环境建设，深入实施各民族青少年交流、各族群众互嵌式发展、旅游促进各民族交往交流交融“三项计划”，结合地区实际，充分挖掘利用历史文化、红色文化、乡村文化、研学实践等探索促进各民族交往交流交融的新模式，不断拓展各民族交往交流交融的深度和广度，促进各民族在理想、信念、情感、文化上的团结统一。强化公共服务，夯实基层工作基础。一方面，要做好流动人口服务管理工作，在精细化服务上下功夫。创新思路举措，完善工作机制，提升服务能力。社区要积极与相关部门联动，充分发挥“民族团结一家亲工作站”、流动人口服务中心、法律援助站等阵地窗口作用，在创业就业、就医就学、教育培训、社会保障、法律维权等方面为各族群众提供支持，推进基本公共服务均等化。另一方面，要不断创新思路举措，完善均等化的基本公共服务体系，统筹城乡建设规划和公共服务资源配置，推进民族地区农牧业转移人口和散杂居地区少数民族流动人口的市民化。例如，甘肃省张掖市甘州区大力实施“红石榴”就业、创业和家园建设行动，充分发挥“红石榴工作站”、法律援助站等阵地窗口作用，在各个方面为各族群众提供服务支持，提升各族群众的获得感、幸福感、安全感，让城市成为铸牢中华民族共同体意识的广阔平台。

四、提升民族事务治理体系和治理能力现代化水平

习近平总书记强调：“坚持和完善民族区域自治制度，健全民族政策和法律法规体系，推动民族事务治理体系和治理能力现代化。”[①]民族事务治理是国家治理的重要组成部分，推进民族事务治理体系和治理能力现代化，用法律保障民族团结，不断夯实铸牢中华民族共同体意识的法治基础。

1. 增强法治思维，提升法治方式

确保权力在法治的轨道上运行，用法治给权力定规矩、划界限，加快建设职能科学、权责法定、执法严明、公开公正、智能高效、廉洁诚信、人民满意的法治政府。领导干部要带头崇尚法治、敬畏法律，自觉做尊法学法守法用法的模范，逐步养成在法律约束和监督之下工作的自觉。在民族工作中，要推进严格公正文明执法，提高司法公信力，不断提高运用法治思维和法治方式做好民族工作的能力水平。加强对各民族公民的法治宣传教育。积极引导各民族公民特别是青少年牢固树立国家意识、公民意识、法治意识，使其更加深刻地认识到各民族都是中华民族平等一员，都要把中华民族的根本利益摆在首位。应加强分类指导，提高普法工作的时代性、针对性和实效性，逐步涵养出自觉守法、遇事找法的情感信赖、心理预期和价值取向，塑造良好的法治环境。依法妥善处置涉及民族因素的矛盾纠纷。坚持以事实为依据、以法律为准绳，坚持实事求是、具体问题具体

① 习近平：《铸牢中华民族共同体意识 推进新时代党的民族工作高质量发展》，《求是》2024 年第 3 期。

分析。在处理涉及民族因素的矛盾纠纷时，应当确保公正公平，维护各民族的合法权益。

2. 提升民族事务治理现代化水平

在公共生活中，加强民主法治、权利义务等现代政治价值的宣传和引导，以增进共同性为方向，让各族人民更好地融入现代社会，共同参与国家治理。以法治化、制度化、规范化提升治理效能，要在严厉打击民族分裂势力，持续巩固反恐与去极端化成果的同时，健全民族政策和法律法规体系，依法治理民族事务。完善复合型治理的民族工作体制机制，提升化解民族领域风险隐患的制度韧性。健全民族事务治理的党建引领机制、多元共治机制、协同响应机制、信息沟通机制、应急处置机制，激活民族地区基层党政资源、组织资源、行政资源、自治资源以及民间内生性社会力量等德治资源，系统构建民族事务治理共建共治共享格局，将涉民族因素的矛盾纠纷化解在基层、化解在萌芽状态。党的十八大以来，在以习近平同志为核心的党中央坚强领导下，法治在我国民族事务治理中的地位日益凸显，法治对民族事务治理的保障作用空前增强。

3. 坚持依法治理民族事务

民族领域风险隐患与普通风险隐患存在明显区别。民族领域风险隐患涉及国家统一、民族团结、文化传承等多方面，具有政治性、敏感性和复杂性。我们必须明确各民族一律平等的宪法原则，维护国家统一和民族团结。依法支持各民族发展经济、改善民生，建立具有可行性的长效机制和制度保障。例如，制定民族地区经济发展规划，加大对民族企业的扶持力度，推动民族地区特色产业发展。同时，创新各民族法治宣传教育模式，开展“菜单”式学法模式、“三定”普法模式、“五用”普法模式等，使各民族明确任何一个民族或者个人都必须在法律允许的范围内活动。及时处理涉民族因素的纠纷和案件，避免将民族地区或各民族涉及的刑事领域、行政领域或民事领域的普通纠纷问题上升为民族问题。依法公开审理和查处民族分裂、宗教极端思想的相关案件，做好案例宣传和警示教育工作。

五、有效防范化解民族领域风险隐患

当前，我国民族领域形势总体稳定，但风险隐患依然存在。要贯彻总体国家安全观，统筹好发展和安全，筑牢各族人民共同维护祖国统一、维护民族团结、维护社会稳定的钢铁长城。

1. 以总体国家安全观为核心，强化底线思维，防患于未然

构建常态化处置体系和应急处突预案体系，将被动防御、防范转化为主动介入、化解。完整准确全面把握贯彻习近平总书记关于加强和改进民族工作的重要思想，自觉用这一重要思想武装头脑、指导实践、推动工作。引导民族工作的参与者全面了解党领导开展民族工作的历史经验，自觉运用成功经验做好新形势下的民族工作。要不断提升治理水平，加强和创新治理手段和治理方式。在民族事务治理中，充分运用现代信息技术，如大数据分析、人工智能等，提高风险预警的准确性和敏感性。同时，加强与社会组织、专家学者等的合作，充分发挥各方优势，提升整体防范能力。

2. 加强网络意识形态阵地建设和管理

健全涉民族因素网络信息管理机制，规范网络社群发展，防止有害信息渗透，维护良好网络生态。面对尖锐复杂的民族领域意识形态斗争，外宣、内宣要统筹发力，守好意识形态阵地。一方面，要扩大对外宣传，抢占舆论阵地，牢牢把握国际话语权。面对西方话语霸权对我国意识形态领域的攻击，要深入开展涉民族事务外宣斗争，综合运用政治、外交、经济、法律政策、文化等手段多拳出击；同时，要加强正面舆论引导，多角度、全方位、立体式地讲好中国故事，并动员境内外民间力量进行广泛宣传，让国际社会更多、更真实地了解中国。另一方面，要强化对内宣传，凝聚合力。既要加强反分裂宣传工作，又要巩固扩大主流舆论。多挖掘鲜活的正面典型，传播正能量。优化网络宣传，要健全涉民族因素网络信息管理机制，规范网络社群发展，严防境外有害信息倒灌和渗透，形成良好的网络生态。要加强全媒体传播体系建设，让互联网成为铸牢中华民族共同体意识的最大增量。民族地区网络舆情有其显著的特殊性，网民数量不断增加，新媒体在信息传播过程中占巨大优势。因此，要加强网上民族宗教领域意识形态引导和管控，做大做强网上正面思想舆论，确保网络意识形态安全。

3. 建立健全风险预警机制，及时发现和化解风险隐患

要加强对民族领域风险的监测和分析，及时掌握民族关系的动态变化，发现潜在的风险隐患。建立风险评估指标体系，对民族领域的风险进行科学评估，确定风险等级。根据风险评估结果，制定相应的应急预案，提高应对突发事件的能力，妥善开展风险处置，及时有效阻断不同领域风险扩散转化通道，坚决防范发生“黑天鹅”“灰犀牛”事件。同时，要加强信息沟通和协调配合，形成工作合力，共同做好民族领域风险防范化解工作。

4. 加强国际合作，共同应对外部风险挑战

在全球化背景下，民族问题日益国际化。要加强国际合作，共同应对外部风险挑战。积极参与国际民族事务治理，推动建立公正合理的国际民族秩序。加强与周边国家的交流与合作，共同维护边境地区的稳定和安全。同时，要警惕外部势力利用民族问题干涉我国内政，坚决维护国家主权和领土完整。

展望未来，我们有信心通过不懈的努力，实现民族领域的稳定和国家的长治久安。各民族将更加紧密地团结在一起，共同为实现中华民族伟大复兴的中国梦而奋斗。我们要以铸牢中华民族共同体意识为主线，不断推进民族团结进步事业，让各民族在中华民族大家庭中手足相亲、守望相助。在新的历史起点上，我们要以更加坚定的信念、更加务实的举措，为民族领域的稳定与发展贡献力量，共同开创国家繁荣富强、民族和谐团结、人民幸福安康的美好未来。

第七章
坚持我国宗教中国化方向

坚持我国宗教中国化方向是习近平总书记关于宗教工作的重大理论创新，创造性地回答了引导宗教与社会主义社会相适应的实践问题，为新时代党的宗教工作指明了方向。坚持我国宗教中国化方向是基于世界及中国宗教发展历史的规律性总结，是应对宗教领域现实问题的务实举措，是引导宗教与社会主义社会相适应的长期战略。2015 年中央统战工作会议上，习近平总书记明确提出了“坚持我国宗教中国化方向”的重要论断。2016 年全国宗教工作会议上再次强调，“积极引导宗教与社会主义社会相适应，一个重要的任务就是支持我国宗教坚持中国化方向”①。时隔五年，2021 年全国宗教工作会议上，这一表述的实践导向更加明确，“深入推进我国宗教中国化”。

近年来党和国家多次强调要“坚持我国宗教中国化方向”，逐步明确了坚持我国宗教中国化方向的重大意义、理论内涵、政策原则、工作措施、实践要求等，为新时代推进我国宗教中国化工作提供了根本遵循。

① 《习近平在全国宗教工作会议上强调 发展中国特色社会主义宗教理论 全面提高新形势下宗教工作水平》，《人民日报》2016 年 4 月 24 日，第 1 版。

第一节 坚持我国宗教中国化方向的必然逻辑

宗教是一种意识形态，是人类社会发展到一定阶段的产物，有其特定的社会属性，其发展也必然与人类社会有着密切的关联。任何宗教的发展都离不开人类社会，都需要融入当时当地的历史社会，这也正是坚持我国宗教中国化的理论逻辑与现实基础。

一、宗教传播发展的历史脉络

坚持我国宗教中国化方向，符合宗教生存发展的自身规律。马克思主义认为，宗教不能脱离社会而存在，要从社会生活的现实基础中研究和分析宗教的根源，不能单纯用精神性的因素去解释宗教现象。宗教是人类社会发展到一定阶段的产物，某种宗教的出现与其所处社会的发展阶段、人文环境和自然条件密切相关，并形成不同的内涵和样貌。宗教能否长久地传承延续，又取决于宗教能否适应所处社会的发展变化，是一个从适应到不适应、再到新的适应的曲折演进过程。

从世界宗教史来看，几大世界性宗教能够广为传播，主要原因是它们能适应不同的文化、民族和社会，以各自的方式实现本土化、民族化与处境化。事物在什么地方，只有跟所在地方相适应，才能生存发展，这是一个普遍的自然现象和社会规律。同样是伊斯兰教，在土耳其、叙利亚、沙特阿拉伯等不同国家就各有特点。可以说，宗教能在多大的层面上与所处地区相适应相融通，就决定了宗教能够在多大层面上生存与发展。世界宗教史上的本土化、民族化和处境化是宗教传播发展的一条规律，中国宗教史是世界宗教史的一部分，当然“宗教中国化”也是符合这一规律的。

从世界宗教史来看，在基督教“希腊化”时期，著名的宗教学家汉斯·昆认为，基督宗教是随着教徒保罗在希腊的传教活动才成功的，因为在那里“希腊化的异教徒”首次被称为基督徒，并成立了教会。保罗书信是用希腊文写的，“四福音书”、《宗徒大事录》等很多新约经文也都是用希腊文写作并传世的。正是经过这种本土化的努力，基督宗教完成了从“犹太基督宗教”到“希腊基督宗教”的过渡，从而使“一种与希腊文化和解的基督宗教”有望演变为“一种世界性宗教”，即“一种可移植于各个民族、各种文化的宗教”。比如，在20世纪30年代的非洲人画作里，耶稣和圣徒们就以黑人的形象出现，这也是基督宗教本土化的一个例证。

回到中国宗教史来看，明末清初天主教的传入及其结局，便充分说明了这一点。耶稣会传教士利玛窦等人精通汉语，一身中国打扮，他们最初是以哲学家、数学家、天文学家等身份出现，采取的是适应中国国情的策略，以寻找儒家的支持。如利玛窦将其传教内容与孔夫子的教导，而不是亚里士多德的观点联系起来，便是明智的做法，赢得了一些士大夫的皈依。但是在洗礼问题上，利玛窦却像欧洲反宗教改革的天主教徒一样固执，他要求那些皈依的士大夫与过去一刀两断，不但放弃儒释道的信仰，而且烧毁佛像和祖宗牌位，这对中国人来说是不能接受的。在利玛窦常驻北京、交游士大夫阶层的时候，其他入华传教团体在民间大规模传教。这在中国人看来，显然是一种恶劣的两面派手法。面对士大夫，他们高谈的是与儒家思想统一的学问，如哲学、道德和科学等；而对于普通民众，他们则违背了儒家的理性精神，传播令人费解的教条和神学故事。中国官方发现有些百姓在外国非法传教团体的组织下加入了“天主教”，部分成员还秘密参加活动后，便在1617年首次将传教士驱逐出境。然而，传教的失败主要原因在于罗马教廷。1704年，教皇克莱门十世下令，要求中国信众彻底放弃中国传统礼仪，不能祭祖祀孔，不能用中国传统概念“上帝”或“天”来称谓天主教的“天主”，否则将被开除教籍。这就是说，无论是谁，只要他想保持天主教教徒的身份，就首先必须放弃“做中国人的权利”，而这种做法必然导致天主教在中国传播的失败。

基督教的传播也有类似的情况。19世纪上半叶，随着欧洲民族主义、殖民主义和帝国主义的极度膨胀，基督宗教在华传教活动达到一个新的高潮。基督新教从德、英、荷、美等国派来了传教团体。1842年，欧洲列强在中国实现了政治上的突破，而对中国来说则是莫大的国耻，军舰兵临南京城下，中国政府被迫签订不平等条约，容许外国商人在中国贩卖鸦片，允许传教士在中国传播教义。这一时期，无论天主教还是新教的传教团体，都将自己纳入欧洲列强的帝国主义扩张计划，他们的传教根据地分布在中国各地。在这一时期，可以说“殖民化等于基督教化，反之亦然”。由此可以看出，只有真正扎根中国文化的土壤，中国的基督宗教才有前途。这就是说，反对带有殖民主义、帝国主义意向的传教活动和教会;反对对于中国的西化;反对传教士式舶来的基督宗教;反对简单地将西方神学直译成中国的思维方式,使它的价值观融合于民族文化而有益于人类幸福——所有这一切都应在一个独立教会范围内实现,适应于当今中国的社会文化条件。这个独立教会应能够“自养、自治、自传”。

从佛教来看,公元1世纪,佛教经中亚的丝绸之路和南方的海路传入中国。佛教在当时是中国唯一的外来宗教,至今被列为儒释道三大家之一,无论是禅宗、净土宗,还是日本禅等,都是源自中国的佛教宗派。日本佛教更接近中国的佛教,而非印度的佛教。尽管佛教在其诞生地印度已经衰微了,但是在中国找到了新的土壤,实现了新的发展,这就是佛教中国化。佛教自两汉之际传入中国后,受中国古代经济、政治、传统文化的影响,逐步走上了中国化的道路。佛教中国化的历程是与中国传统文化相互激荡、吸收、融合的过程,总体呈现出儒学化、伦理化、心性化的特点。两汉之际,佛教中国化呈现出方术化的特点,与当时的神仙方术和民间传统宗教观念结合在一起,人们用本地的方术观念来理解佛教。比如,把佛看成神仙,“佛之言觉也,恍惚变化,分身散体,或存或亡,能大能小,能圆能方,能老能少,能隐能彰”;阿罗汉则是“能飞行变化,旷劫寿命,住动天地”。魏晋时期,佛教则呈现出玄佛合流、玄学化的特点,佛教也受到谈玄说妙、体道通玄的影响,佛徒名僧好谈玄虚。汤用彤先生在《汉魏两晋南北朝佛教史》中指出,魏晋时代之佛学,不论在行事风格,抑在研读书籍及所用之名词术语方面,均与玄学家没有多少区别;至于思想内容方面,则常常玄佛互证,以“无”谈“空”,“涅槃”“本无”,遥相符契,名人释子,玄谈佛理,共入一流。这一时期,佛教还受到中土传统的“灵魂不灭”等观念影响,形成了“神不灭”等相关理论,如慧远的“薪火之喻”。隋唐时期,佛教中国化进入了一个较为成熟的时期,呈现出社会化、政治化、心性化的特点。这一时期的佛教宗派以“六经注我”的精神,自造家风,“说己心中所行之法门”。比如,天台宗的“性具善恶”“止观并重”、华严宗的“圆融无碍”、禅宗的以“心”为本等。作为中土佛教代表的禅宗,直探心海,由超佛之祖师禅而发展到越祖之分灯禅;净土宗正好相反,以“信愿行”为宗,以自悲为特点,把佛教注重三学兼修的传统修行方法扫地出门。禅宗与净土宗两面夹击,把传统佛教与佛教传统破除殆尽,佛教的中国化进一步衍化为中国化佛教。

二、我国宗教面临的现实问题

我国五大教总体状况良好，但也存在一些问题。如，一段时期以来，有的宗教有商业化问题，有的宗教存在去中国化、逆中国化现象，有的宗教有极端思想渗透现象，非法宗教活动还不同程度地存在，网络宗教事务较为复杂。这些问题不仅影响了我国宗教自身的健康传承发展，而且危及我国社会稳定、民族团结和国家安全。这些问题的根本原因是宗教中国化程度不够。解决这些问题的根本举措就是要坚持我国宗教中国化方向，更好地引导宗教与社会主义社会相适应。

从理论上来看，主要涉及两个方面：一是对政治和宗教关系的处理。古代中国是一个政主教从的国家，历史上没有教权高于王权的现象。以佛教为例，早期传入中国有“沙门不敬王者”之论，随后不久即改为“不依国主，则法事难立”。传统王朝社会对于传入的宗教也采取“转相化导”的政策，制定相应的举措对其进行引导利用，促使宗教成为巩固统治的工具，适应中国社会发展，融入中华文化。以明清为例，《明史》在评论当时宗教政策时明确指出“迨成祖，益封法王及大国师、西天佛子等，俾转相化导，以共尊中国”。这样做就是出于统战工作的考虑，增进更广泛的文化认同、宗教认同，形成坚定的统治基础，就是“欲其率修善道，阴助王化”。政教关系是外来宗教中国化最为重要的因素之一。传统封建王朝对宗教采取了不同的举措，或提倡或抑制，如提倡素食、设立僧官、“三武一宗”灭佛事件，都从不同侧面证明佛教是处在传统王朝的管治之下，所谓的僧团、庙宇等也是管辖下的实体。从伊斯兰教来看，历史上通过文化的融通来引导，“以儒诠经”把伊斯兰教的教义提到与理学同样的高度，“仁覆天下，道贯古今”“深源于正理”，这样就引导穆斯林认同中华传统文化，融入社会生活，客观上促进了民族共同体的形成、相关教义思想和礼仪制度的形成确立。

当然，如果违背传统王朝统治阶级的利益和意志，不顺应“转相化导”的宗教，必然会招致毁灭性的打压。比如，天主教传入中国进程中的“礼仪之争”事件。当年，天主教的传教士龙华民“传教心火甚高”，为了传教要去中国的街道上讲教义，他认为从高官大员到乡下村民，“都应该劝他们信教”，由此发生了后来的“礼仪之争”。最终结果是“百年禁教”。天主教在中国传播的良好势头一去不返。由此可见，宗教传播与发展要适应当时当地的社会制度和政治形态，处理好政教关系，特别是与当地传统文化、主流社会意识形态的关系，达到和谐共生的状态。

当前，宗教与社会主义社会相适应是构建积极健康宗教关系的必然结果。引导宗教与社会主义社会相适应与历史上的封建王朝有着根本的不同，“这种相适应不是要求公民放弃宗教信仰，不是改变宗教的基本教义，而是要求宗教活动在法律范围内开展，与社会的发展和文明的进步相适应，这符合信教群众和各宗教的根本利益”①。

二是对宗教“本地化”问题的回应与处理。有人认为，“本地化”和“普遍化”是矛盾的，宗教要融入所在地，就会发生根本性的变化。这一认识是有偏颇的。以中国佛教为例，现在没有人把佛教看作外来宗教，因为佛教从两汉时期传入中国，历经千余年发展，已经成为中华文化的重要一支，融入中华文化的血脉，实现了从佛教在中国到中国佛教的转变。同时，中国佛教依然是佛教，其中的根本教义一脉相承，保留、传承了印度佛教的核心教义精神，只是在发展过程中吸收、融合儒家、道家等中华传统思想文化中的内容，发展到了一个新的阶段。比如，禅宗是中国佛教的代表性宗派，其中的许多教义观点不同于早期佛教，具有鲜明的中华思维特点。正因如此，有观点认为，禅宗不是纯粹的佛教，而是中华文化的一种形态。就禅宗的核心观点来看，所谓的简易法门、直指人心、见性成佛等，虽然有别于其他的佛教派别，但从佛教的根本精神上来讲，并没有超出传统佛教“不二法门”“缘起性空”的范畴。从佛教传入中国的历史进程来看，宗教的“本地化”是不会改变宗教根本教义的，与所在地文化的融合恰恰是宗教适应发展的现实选择与必经之路。

天主教在传教时很注重适应当地的社会文化生活。当年利玛窦来华传教，先是脱下西装换上僧袍，后来发现儒家更有影响力，于是又脱下僧袍换上儒服。天主教传教时充分关注了文字表达、服饰表达等一些文化符号。这些变通的做法，也是尊重、认同与融入当地文化的一种积极态度。基督宗教的一些习俗也成为我们今天的通行做法，比如将星期日定为休息日等。

同时应该注意到，在面对中华文化核心价值理念、道德精神时，在面对中华民族的民族特性时，如何开展神学思想建设，形成具有特色的神学思想是我们需要深入思考和探究的。回顾基督教的中国化历程，经历了自立运动、中华人民共和国成立后的“三自”爱国运动，中国基督教基本摆脱了“洋教”的形象，但是至今仍没有完全形成符合中华文化、适应中国社会生活的神学思想形态。当前，世界

① 郑筱筠：《保障宗教信仰自由的中国经验》，《中国宗教》2018 年第 5 期。

文化多元，多种文明交流互鉴，中国基督教需要建构自身的话语体系，就必然要加强神学思想建设。这一思想建设既要有理论面向，也要有深沉的现实关切；既要梳理回应基督教义的根本旨趣，也要面向新时代中国特色社会主义的时代发展，回应时代关切，利国利民。“基督教如果能在探讨解决中国社会和中华民族现代化转型所面临的各种问题时进一步中国化，进一步处理好与中国社会文化的关系，特别是与社会主义社会相适应这一课题，那么它将在中国的未来更好地发挥其独特的作用，它的普遍性精神，也将真正成为中国文化更新发展的重要资源。”①

三、党的宗教工作的本质要求

坚持我国宗教中国化方向是新时代党的宗教工作的重大理论创新。中华人民共和国成立后，为了帮助我国宗教适应中国社会的深刻变革，党中央指导和推动我国宗教界实行重大改革，我国各宗教走出了符合新的历史条件和国情特点的中国化道路。基督教、天主教界在党的领导下，开展“三自”革新和反帝爱国运动，开启了基督教、天主教中国化的新的历史征程，佛教、道教、伊斯兰教界开展宗教制度民主改革，为适应我国社会主义社会奠定了重要基础。通过这次重大改革，我国宗教逐步走上了与社会主义社会相适应的正确道路。改革开放后，在巩固宗教制度民主改革成果的基础上，我们党根据我国社会的深刻变革和宗教领域出现的新情况，不断探索处理宗教问题的正确道路，形成了党的宗教工作基本方针，确立了积极引导宗教与社会主义社会相适应的宗教工作的根本目标，我国各宗教大力加强自身思想、组织、人才建设，热爱国家、服务社会、利益人群，在与社会主义社会相适应的道路上继续前行，取得了丰硕的成果，赢得了社会各界的广泛认可，积累了促进我国宗教中国化的宝贵经验。

党的十八大以来，以习近平同志为核心的党中央着眼于实现中华民族伟大复兴战略全局和世界百年未有之大变局，科学把握宗教和宗教工作规律，深入分析我国宗教发展变化和工作实际，明确提出要坚持我国宗教中国化方向，为积极引导宗教与社会主义社会相适应开辟了实现途径。在2015年召开的中央统战工作会议上，习近平总书记首次提出要坚持我国宗教中国化方向。此后，在党中央召开的全国宗教工作会议等一系列重要会议上，习近平总书记就此作出了进

① 刘金光：《比较与思考 宗教中国化的路径（下）》，《中国宗教》2017年第3期。

一步阐述，明确了坚持我国宗教中国化方向的重大意义、深刻内涵、政策原则、工作举措、实践要求等，为新时代推进我国宗教中国化工作提供了根本遵循。各级党委和政府认真贯彻落实，加强对宗教界的引领，形成了广泛共识，推动我国宗教中国化工作不断深入。

宗教中国化与党的宗教工作方针也是深度契合的。2021 年，习近平总书记在全国宗教工作会议上指出："要完整、准确、全面贯彻党的宗教信仰自由政策，尊重群众宗教信仰，依法管理宗教事务，坚持独立自主自办原则，积极引导宗教与社会主义社会相适应。"[①]以上这句话，是党的宗教工作基本方针的最新表述。与此前表述相比较，最值得关注的是新增加了"尊重群众宗教信仰"。特别需要注意的是，习近平总书记提出，党的宗教工作的本质就是群众工作。[②] 在我国，信教公民人数近两亿，要做好宗教工作，必须做好群众工作，要做好群众工作，就要不断地引导宗教中国化，引导宗教与社会主义社会相适应，构建积极健康的宗教关系。

第二节　坚持我国宗教中国化方向的基本内涵

完整、准确、全面地认识理解坚持我国宗教中国化的内涵和外延，是深入推进宗教中国化进程的前提和基础，对于推进我国宗教中国化进程实践的理念、方法、举措都会产生重要影响。

当前宗教中国化进程中存在着一些认识问题，有些模糊的认识，甚至错误的声音。比如，有些人认为佛教中国化成效最显著，或者认为佛教已经是中国的宗教，中国化的任务已经完成了；道教本身就是中国经济、社会、文化发展的产物，不存在中国化问题；伊斯兰教在明清时期就已经成功实现了中国化，没有必要继续推动；天主教的本地化就是中国化，没有必要再换表述了；基督教中国化是在"三自"爱国运动之外"另起炉灶"，思想上是重新建设。还有些人认为中国化是一场政治运动，带有政治意图，目的是控制宗教；宗教界认同中国化不过是政治跟风、搞政治运动，与信仰生活无关；伊斯兰教只有一个，不能走中国化道路，否

① 《习近平在全国宗教工作会议上强调 坚持我国宗教中国化方向 积极引导宗教与社会主义社会相适应》，《人民日报》2021 年 12 月 5 日，第 1 版。

② 《习近平著作选读》第二卷，人民出版社 2023 年版，第 566 页。

则会改变伊斯兰教,鼓吹"去中国化""逆中国化",甚至一些受境外宗教渗透影响的基督教信徒通过互联网宣扬"不是基督教要中国化,而是中国要基督化"等。

以上是关于"宗教中国化"认识的一些误区,那么究竟应该怎样理解和认识"宗教中国化"呢?这一问题学界已经有许多研究,宗教界自己也有实践探索和经验总结。所谓"中国化",是指外来宗教进入中国后在与中国社会的互动关系中,在保持自身信仰核心的前提下,与中国传统文化交流融会,或作适当变通,或从中吸取有益的东西加以改造,表现出不断适应中国社会而发展的趋势和倾向,从而使自身在内容和形式上与发源地有所不同,呈现出明显的中国特色,呈现出不同时代的进步的过程。

中国化不是照搬中国传统文化,而是"万变不离其宗",在保持宗教信仰和宗教教义权威性和核心理念不变的同时,学习、接受和吸收传播地对本宗教发展有益的东西,根据当代中国特征做出调适与发展。

一是宗教中国化具有时空双向所指,不仅是地域上的,也是时代上的。任何事物都是变动不居的,都是在矛盾中发展变化的。宗教也不例外。有人认为,道教是中国本土宗教,佛教自两汉时传入中国,历经千余年发展已经完成中国化。事实上,坚持我国宗教中国化方向,既要用中华优秀传统文化浸润宗教,又要用社会主义核心价值观引领和教育宗教界人士及信教群众,使其紧跟时代步伐,与社会主义先进文化相适应。佛道两教在千年的沉淀中,已经成为中华文化的重要组成部分,是中华优秀传统文化的题中之义。如何弘扬宗教的积极因素,去除不符合时代的糟粕,顺应新时代的文化潮流,是坚定宗教中国化方向需要面对的重大时代课题。因此,道教和佛教不是说不用中国化,而是中国化的努力方向和主要任务有所不同而已。

二是宗教中国化不是要改变宗教甚至消灭宗教,而是积极引导宗教与我国社会主义社会相适应,实现宗教与我国政治、经济、社会、文化等全方位协调,以发挥宗教在我国社会发展中的积极作用。坚持我国宗教中国化方向与引导宗教与社会主义社会相适应是一致的。世界上各大宗教在发展历程中都有一个适应所在地的过程,都有一个调适过程。在根本教义不变的情况下,各宗教在不同的地方会发生不同的变化。推进我国宗教中国化,是为了剔除掉那些不适应我国当代社会发展的东西,并不会改变宗教的基本信仰、核心教义,绝不是要改变人们的宗教信仰。

三是宗教中国化不是要割断宗教与国际的联系,也不是要割断宗教与民族的联系。现在有一些观点认为,宗教中国化会淡化甚至抹杀宗教的国际性、民族性，这种看法是错误的。党的宗教工作基本方针明确，要坚持独立自主自办原则，在这一原则的基础上，与世界上其他国家和地区开展宗教文化交流，讲好中国宗教故事，始终是党的宗教政策所鼓励和支持的。但是，扛着所谓“宗教自由”的旗号，罔顾事实，以西方的价值观来对中国宗教政策说三道四、指手画脚，是宗教中国化必须旗帜鲜明反对的。同时，坚持宗教中国化，并不是要改变民族的传统文化、信仰特点和生活习俗，取消民族的独特性，相反宗教中国化只有通过一定的民族形式才能实现，在这一进程中，体现出地方特点、民族特色、中华文化风格。

四是宗教中国化不是要将宗教政治化，进而控制宗教。党的宗教工作基本方针明确，要完整、准确、全面贯彻党的宗教信仰自由政策，尊重群众宗教信仰。保障公民宗教信仰自由是党的宗教政策一以贯之的基本原则。中国政教分离，坚持政治上团结合作、信仰上相互尊重的原则，不依靠行政力量扶持打压宗教，不干预宗教内部事务；同时宗教不能干预国家行政、司法、学校教育和社会公共教育。推进我国宗教中国化，就是要引导宗教界人士和信教群众热爱祖国、热爱人民，维护祖国统一，维护中华民族大团结，服从服务于国家最高利益和中华民族整体利益；拥护中国共产党领导，拥护社会主义制度，坚持走中国特色社会主义道路。

五是宗教中国化有助于解决当前宗教领域存在的问题。我国宗教基本面是好的，但也存在一些问题，比如，有的宗教商业化问题严重，有的宗教“去中国化”“逆中国化”倾向明显，宗教非法活动屡禁不止，互联网宗教事务复杂多变等。这些问题产生的根本原因就是宗教中国化程度不够，宗教与中国社会实际没有完全契合。解决这些问题的根本举措就是坚持我国宗教中国化方向，积极引导宗教与社会主义社会相适应。宗教工作的根本方向和目的是积极引导宗教与社会主义社会相适应，而坚持我国宗教中国化方向，是积极引导宗教与社会主义社会相适应的一个重要任务。

六是宗教本土化是世界宗教发展的普遍规律。从世界范围来看，无论哪一个宗教，无论在哪一个国家或地区，宗教的发展都需要与本地的政治、经济、社会、文化相适应相融合。要把坚持我国宗教中国化方向放到世界宗教历史、放到中华文明发展史的视野中进行审视，正确认识宗教本地化，正确认识坚持我国宗教中国化方向的必然性与科学性，坚定理论自信，积极用中华优秀传统文化浸润宗教，对于诋毁、抹黑坚持我国宗教中国化政策的，要有理论自信，运用好理论武器，坚定地给予反驳，切实讲好中国宗教故事。

宗教中国化不仅体现在地域的融入，更强调与新时代中国的深刻契合；不是要淡化宗教信仰、改变宗教、消灭宗教，而是要改变那些不适应当代社会的历史积淀；不是要割断与国际的联系，而是要鼓励支持宗教界走出去，讲好中国宗教故事；不是要将宗教政治化，而是要引导宗教界人士和信教群众热爱祖国，热爱人民，维护祖国统一，维护中华民族大团结，服从服务于国家最高利益和中华民族整体利益；要拥护中国共产党领导，拥护社会主义制度，坚持走中国特色社会主义道路；要积极践行社会主义核心价值观，弘扬中华文化；要遵守国家法律，自觉接受国家依法管理；要投向改革开放和社会主义现代化建设，为实现中华民族伟大复兴的中国梦贡献力量。

目前，坚持我国宗教的中国化方向，得到了包括宗教界在内的社会各界的认同，产生了广泛的影响，是新时代宗教工作最鲜明的标志、最主要的努力方向、最宽广的前进道路、最重大的工作举措。还有不同认识的人士应尽早消除误解、打消顾虑，将思想和行动统一到这一要求上来。

第三节　坚持我国宗教中国化方向的工作实践

当前，关于推进我国宗教中国化工作还面临一些困难。宗教界普遍感到不知如何推进，抓不住重点，除了开展理论讨论，实际工作的举措很多还处在摸索的过程中。比如，宗教中国化的人才队伍问题。从现实情况来看，人才不足是制约宗教中国化的重要因素之一。对于宗教中国化的理解和认知，国家、省级层面的工作部门、宗教团体中，相关人员的认知理解较为深刻，基层承担着大量、具体的中国化实践工作，但往往对宗教中国化的认知不太深刻，延伸到实践工作中，也是缺乏比较明晰的思路和举措。一些地方政府部门在引导宗教中国化方面能力不足，有的工作方法简单，理解不深不透，思想上不重视，工作不深入，只注重外在形式，不注重内涵本质。社会环境对宗教中国化有一定影响，如佛教、道教的商业化，影视作品的歪曲宣传，社会上对基督教中国化的误解，认为中国化是传教手段，目的是扩大基督教的影响等。[①]

① 陈宗荣：《坚持我国宗教中国化方向 要做好六个方面的工作》，《中国宗教》2017 年第 12 期。

一、坚持我国宗教中国化的方法理念

始终以习近平新时代中国特色社会主义思想为指导，学思践悟习近平总书记关于宗教工作重要论述，深刻领会坚持我国宗教中国化方向这一新时代党的宗教工作的重要理论创新，把指导思想学习好、领会好、运用好、贯彻好。具体工作中，要注重以下几个方面：一是明确宗教界是主体。宗教界是中国化理论与实践的主体。从历史上看，每一次宗教的发展创新，都由宗教界领袖号召，宗教团体组织协同推进，最后凝聚宗教界共识，形成重要理论实践成果。二是充分发挥党委、政府的支持引导作用。在坚持我国宗教中国化实践中，党委、政府是外因，对于宗教中国化工作提供坚强法治保障、物质保障、人才保障具有重要意义。三是深刻领会宗教中国化长期性、复杂性、系统性特点。宗教是一种复杂的社会历史现象，要深刻把握宗教规律和宗教工作特点，坚持我国宗教中国化是一个长期的、复杂的历史进程，不可能毕其功于一役，要树立久久为功的理念。同时，宗教中国化是一项系统工程，不仅有内在的神学思想的中国化，也有外在的宗教建筑、艺术、礼仪的中国化，这就要求紧紧抓住神学思想建设这个核心，以神学思想的中国化带动外在表现形式的中国化，以外在表现形式的中国化推动神学思想的理论创新。

二、坚持我国宗教中国化的工作方向

宗教中国化的路径主要有以下三个方面。一是要适应中国政治的情势。中国历史上皇帝主宰一切，至高无上，教权依附于世俗皇权。如果宗教不维护统治者的利益，不顺应统治者的意志和要求，必然难以生存。所谓的“不依国主，则法事难立”、“三武一宗”灭佛就是例证。中华人民共和国成立之后，实行政教分离，政治与宗教之间形成了“政治上团结合作，信仰上相互尊重”的新型关系，中国的任何宗教都要遵守国家的宪法和法律，没有超出法律的特权。

二是要适应中国主流思想文化。自汉代“罢黜百家，独尊儒术”以来，儒家思想文化备受推崇，占据了主流思想地位，发展到宋明理学时期，儒家思想在中国社会主流思想中占据了绝对的主导地位。外来宗教如果与儒家思想文化相悖而不融，甚至格格不入，便很难为统治者和全社会所接纳。在现代中国，社会的主流思想是社会主义核心价值观，它既来源于中国传统文化，又具有社会主义文化的先进性。中国各宗教要与社会主义核心价值观相适应、相融通，才能确保中国化的正确方向，才能真正落地生根。

三是要适应中国社会习俗。宗教与习俗虽然不同，但是关系密切。外来宗教传入中国后，与民间习俗接触最多，为了便于交往交流，必然学习和吸收民间习俗中的关键部分，以期更好地与普罗大众接近、相处，解决他们生产生活中遇到的各种问题和矛盾。

三、坚持我国宗教中国化的实践理路

宗教中国化涉及内容广泛，包括神学思想、教规戒律、管理体制、宗教礼仪、建筑艺术等多方面内容。具体实践中要抓住重点，应从以下几个方面着手：

一是从现实情况来看，宗教中国化要有问题意识。要深入分析宗教中国化的现实情况，分析宗教领域存在的现实问题，为宗教中国化的阶段性工作指明努力方向和工作任务。从当前我国宗教领域情况看，五大教（包括佛教、道教、天主教、基督教〈新教〉、伊斯兰教）历史传统不同、现实特点各异，宗教中国化的要求也各不相同。如针对基督教，主要是全面拓展中国化的广度和深度，不能在中国化的道路上有反复，从根本上改变“洋教”形象，防范西方渗透干预；针对伊斯兰教，主要是使其更好地融入中国当前的社会文化，坚持走中道、和谐、爱国、向善的道路；佛、道教存在商业化问题，需要进一步引导其跟上时代步伐，加强自身建设。

二是从工作重点来看，要集中精力做好神学思想建设。宗教神学思想建设是宗教自身建设中最核心、最根本的建设。要充分发挥“三支队伍”的作用，整合资源力量，围绕社会主义核心价值观、中华优秀传统文化、宗教教义教规三方面开展研究。要研究清楚中华优秀传统文化的丰富内涵和人文精神，梳理清楚宗教教义教规中与社会和谐、时代进步相契合的内容，分析宗教教义教规中与时代不相适应的内容，坚定文化自信，坚持用中华优秀传统文化浸润，用社会主义核心价值观阐释，不断促进形成中国化的宗教教义教规，以引领宗教建筑、艺术、礼仪等外在表现形式的中国化。

三是从世界范围看，要注重总结其他宗教本地化的经验教训。世界各大宗教在不同国家、地区的传播发展中有很多经验，也有一些教训，对于新时代我国系统推进宗教中国化有很多的启发意义。要注重研究中国历史上宗教本地化的经验教训，注重研究世界各大宗教发展史上本地化的经验教训，从中汲取养分，为我所用，推动宗教中国化工作的顺利开展。

四是从长远来看，宗教中国化需要保持长远定力。中国化是一个长期的、渐进的过程，要潜移默化、春风化雨，要因教因时因地因事制宜加以推进，不能空喊口号，不能搞运动式，不可能一蹴而就，要尊重宗教自身发展规律，保持定力、顺势而为、坚持不懈。要特别重视支持爱国宗教团体加强自身建设和人才培养，加强对宗教教职人员队伍的国民教育、法治教育、政治教育、宗教教育，提高他们的综合素质，发现和培养优秀中青年宗教界人士，为推进宗教中国化夯实组织和人才基础，推动宗教中国化行稳致远。

第八章
做好党外知识分子和新的社会阶层人士统战工作

习近平总书记在2022年召开的中央统战工作会议上强调，必须做好党外知识分子和新的社会阶层人士统战工作，明确指出：“要加强党外知识分子和新的社会阶层人士统战工作，以凝聚共识为根本，以爱国奋斗为目的，鼓励支持他们立足本职建功立业，积极投身改革创新一线，施展才华和抱负。”[①]党外知识分子和新的社会阶层人士是建设中国特色社会主义事业不可或缺的重要力量，做好党外知识分子和新的社会阶层人士统战工作是党的总路线总政策总任务的重要组成部分，事关党和国家事业发展大局和战略全局。随着我国全面开启建设社会主义现代化国家新征程，我们党、国家和民族比任何时期都需要团结联合包括党外知识分子和新的社会阶层人士在内的广大知识分子群体，为实现“两个一百年”奋斗目标和实现中华民族伟大复兴中国梦汇聚起最广泛的社会力量。

① 《习近平著作选读》第二卷，人民出版社2023年版，第610页。

第一节 党外知识分子工作是统一战线的基础性战略性工作

习近平总书记强调:“伟大的事业,决定了我们更加需要知识和知识分子,更加需要知识分子为国家富强、民族振兴、人民幸福多作贡献。”[①]知识分子作为工人阶级中掌握科学文化知识较多的一部分,始终是先进生产力的开拓者、先进文化的创造者、先进知识的传播者,必须把他们紧紧团结在党的周围。党外知识分子是知识分子中的特殊群体,普遍具有文化程度比较高、思想活跃多元、富有朝气和创新意识、社会责任感和政治参与意识比较强等特征,是社会主义现代化建设的一支重要力量。

一、党外知识分子的基本范畴

习近平总书记提出:“知识分子,顾名思义,就是文化水平较高、知识比较丰富的人,其中不少是学有所长、术有专攻、在某个领域某个方面的行家专家。”[②]在统战工作中,凡是具有大专以上学历的都属于知识分子。根据统一战线开展知识分子工作的特殊需要,知识分子可区分为党内知识分子和党外知识分子。所谓党外知识分子,特指当代知识分子中除中共党员之外的社会群体,主要有广义与狭义两种不同的语义。广义的党外知识分子,泛指没有加入中国共产党的知识分子,其中包括民主党派成员中的知识分子和没有加入任何党派的知识分子。狭义的党外知识分子,是指没有加入任何党派的无党无派的知识分子。[③] 就统战工作实践而言,党外知识分子通常界定为具有大专以上学历,在所在领域和所联系群众中具有一定代表性的无党无派的知识分子。

---

① 习近平:《我国广大知识分子要主动担当积极作为 为国家富强民族振兴人民幸福多作贡献》,《人民日报》2017 年 3 月 5 日,第 1 版。

② 习近平:《在知识分子、劳动模范、青年代表座谈会上的讲话》,《人民日报》2016 年 4 月 30 日,第 2 版。

③ 宋俭:《关于党外知识分子的概念、范围、构成与新时代党外知识分子工作的重点》,《湖北省社会主义学院学报》2018 年第 6 期。

党的十一届三中全会以来，随着市场经济发展和改革开放持续深入，党外知识分子队伍的内涵和外延发生了许多新的变化。一是党外知识分子数量继续大幅度增加，总体素质显著提高。特别是随着高等教育的普及，具有大专以上学历的高学历人才呈现快速增长态势。二是党外知识分子队伍内部结构发生显著变化。在社会主义市场经济条件下，一些党外知识分子由“体制内”走向“体制外”，自由择业党外知识分子比例大幅度增加，正在形成一个很有影响的党外知识分子群体。三是党外知识分子学习、交流的范围日益具有国际性，在世界所有发达国家，几乎都有中国的留学人员。中共中央发布的《中国共产党统一战线工作条例》（以下简称《条例》）“第四章　党外知识分子工作”明确党外知识分子统战工作的对象主要包括国家机关和国有企事业单位党外知识分子、出国和归国留学人员两大类。

二、党外知识分子政策的历史演进

自 1921 年中国共产党成立至今，党外知识分子跟随中国共产党的脚步走过了百年奋斗历程，伴随着中国革命与实践的不断发展起起伏伏，其间经历了新民主主义革命时期、社会主义革命和建设时期、改革开放和社会主义现代化建设新时期、中国特色社会主义新时代四个历史时期，党外知识分子统战工作在不同的历史时期呈现出不同的历史特点。

1. 新民主主义革命时期：团结、吸收党外知识分子

中国共产党成立初期就非常注重争取和团结知识分子群体，主要采取依靠知识分子，实行知识分子与工农运动相结合的政策。1922 年 7 月，党的二大通过了《关于“民主的联合战线”的议决案》，提出：“在全国各城市集合工会农民团体、商人团体、职教员联合会学生会妇女参政同盟团体、律师公会新闻记者团体等组织‘民主主义大同盟’。”[①]可见，党在组织革命力量时，不仅依靠团结工人、农民、商人，而且也将知识分子作为统一战线的重要组成部分。

1935 年 12 月，瓦窑堡会议通过了《中共中央关于目前政治形势与党的任务的决议》，明确提出：“广大的小资产阶级群众，革命的智识分子是民族革命中最

① 中共中央文献研究室、中央档案馆编：《建党以来重要文献选编（一九二一——一九四九）》第一册，中央文献出版社 2011 年版，第 140 页。

可靠的同盟者。”[①]1939年，毛泽东在《大量吸收知识分子》中提出，“对于广大的同情我们的党外知识分子，则应该同他们建立适当的联系，把他们组织到抗日和民主的伟大斗争中去，组织到文化运动中去，组织到统一战线的工作中去”[②]，精辟地分析了知识分子在新的革命形势下的重要地位和作用，确定了大胆放手吸收和使用知识分子的战略决策，提出了对知识分子实行吸收、争取、团结、教育等相结合的政策，第一次提出“工农干部知识化”和“知识分子工农化”的口号。同年，周恩来在《关于统一战线的策略、方法和守则（提纲）》中明确提出，统一战线的策略之一就是“积极扶持同情分子，努力争取中间分子，尤其是知识分子及公正绅商参加抗战，以扩大统一战线”[③]。这是我们党首次明确提出开展知识分子统战工作的目标和内容。

解放战争时期，争取广大知识分子特别是党外知识分子，站在党的阵线为人民解放战争和新民主主义政权服务，是党的统一战线工作的关键。1948年3月，毛泽东在《关于民族资产阶级和开明绅士问题》党内指示中，把知识分子看作劳动者或劳动人民的一部分。1949年7月，刘少奇在《关于中国新民主主义的国家性质与政权性质》中提出工人、农民与革命知识分子的联盟，是新民主主义国家政权的基础力量，从而使对知识分子政治属性的认识上升到新的高度。通过这些工作，团结了大量知识分子，巩固和壮大了统一战线，为抗日战争和解放战争的胜利、新中国的成立发挥了重要作用。

2. 社会主义革命和建设时期：教育、改造党外知识分子

中华人民共和国成立初期，百废待兴、百业待举，迫切需要调动广大知识分子的积极性，最大限度地发挥他们在社会主义建设中的积极作用，知识分子统战工作也因此被摆上了更加重要的位置。

1950年，李维汉在第一次全国统战工作会议上提出，“为了更好地开展统一战线工作，争取团结中间阶级或中间力量的合作，目前迫切需要有计划地培养更多数量的，政治上比较成熟的，社会上有相当地位的，在言论行动上都坚决拥护共同纲领的非党革命知识分子（即进步分子），帮助他们学习马列主义理论和革

---

① 中共中央文献研究室、中央档案馆编：《建党以来重要文献选编（一九二一——一九四九）》第十二册，中央文献出版社2011年版，第536页。

② 《毛泽东选集》第二卷，人民出版社1991年版，第620页。

③ 中共中央统一战线工作部、中共中央文献研究室：《周恩来统一战线文选》，人民出版社1984年版，第43页。

命政策,使能成为党的统一战线工作的得力助手"①。这不仅肯定了中华人民共和国成立后知识分子依然是统一战线的重要组成部分,而且事实上提出了中华人民共和国成立初期知识分子统战工作的主要目的和基本内容。

1951 年 2 月,《中共中央关于进一步加强统一战线工作的指示》明确提出,一九五一年统一战线工作的主要任务之一就是:必须积极争取知识分子,工商业界,宗教界,民主党派,民主人士,在反帝国主义反封建主义的基础上将他们团结起来,吸引他们参加人民革命斗争(包括土地改革和镇压反革命在内)和适当工作,并加以教育。② 1951 年底,中央批准中央统战部成立负责文教界知识分子工作的专门业务处。

1953 年 6 月,第四次全国统战工作会议召开,此次会议在知识分子统战工作历史上具有特殊意义。习仲勋在会议上所作的报告中提出,文教统战工作是整个统战工作的一个重要部分。忽视文教统一战线工作是不全面的。希望统战部门今后多做这方面的工作,以求把党的整个统一战线工作搞好。这一论断,不仅强调了知识分子统战工作的重要意义,而且对统战部门开展知识分子统战工作提出了新的要求。

1956 年 1 月,全国知识分子问题会议召开,周恩来作了《关于知识分子问题的报告》,对知识分子的阶级属性进行了重新定位,果断作出了我国知识分子的绝大部分"已经是工人阶级的一部分"的论断,"他们中间的绝大部分已经成为国家工作人员,已经为社会主义服务,已经是工人阶级的一部分"③,"知识分子已经成为我们国家的各方面生活中的重要因素"④。同年 10 月,第七次全国统战工作会议讨论通过了《中央统战部关于统战部门进行对知识分子的统一战线工作的意见》,明确"对于知识分子的工作应当是统战部的重要的工作内容之一"⑤。这个文件对于统战部门开展知识分子工作的具体分工、主要任务、具体工作作了比较系统全面的规定和明确,为中华人民共和国成立后党外知识分子统战工作的开展奠定了基础。但随后"反右"斗争和"文化大革命"开始,知识分子工作经历了一段曲折,并长期处于停滞状态。

---

① 中央统战部研究室编著:《统一战线 100 个由来》,华文出版社 2010 年版,第 294 页。

② 中央统战部研究室编著:《统一战线 100 个由来》,华文出版社 2010 年版,第 294-295 页。

③ 《周恩来选集》下卷,人民出版社 1984 年版,第 162 页。

④ 《周恩来选集》下卷,人民出版社 1984 年版,第 160 页。

⑤ 中央统战部研究室编著:《统一战线 100 个由来》,华文出版社 2010 年版,第 295 页。

3. 改革开放和社会主义现代化建设新时期：尊重知识、尊重人才

党的十一届三中全会后，我国进入了以实现四个现代化为中心任务的新的历史时期，统一战线也进入了新的历史时期。知识分子统战工作从此结束徘徊局面，开始进入一个新的阶段。

1979年8月第十四次全国统战工作会议，是进入新的历史时期召开的一次具有重要历史意义的统战工作会议，这次会议大大推动了新时期知识分子统战工作的开展。邓小平在这次会议上明确指示，知识分子问题，统战部应注意。知识分子的安排、待遇，包括政治的、生活的，别的单位不能从总的方面去考虑。统战部要研究，要管，要综合反映这方面的情况，反映全貌。[①] 邓小平的这一观点明确了做好党外知识分子工作是统一战线工作的一项重要任务，明确了统战部在知识分子工作中的职能和定位，也为统战部开展知识分子统战工作提出了要求。

1980年6月，为了贯彻中央的指示精神，中央统战部在上海召开了七省、市知识分子工作座谈会，专门研究开展知识分子工作的问题。会议认为，知识分子工作已成为新时期统战工作的一项重要任务，并对统战部门开展知识分子工作的工作范围、工作任务、工作方法及工作机构设置等问题进行了明确。

1988年7月，中央统战部正式印发《关于加强非党知识分子工作的若干意见》，提出要进一步加强统战部门对非党知识分子的工作。统战部门知识分子工作的对象，主要是各界非党的有代表性的高、中级知识分子，特别是社会主义现代化建设中的拔尖人才和对港澳台以及海外有影响的人士。统战部门开展非党知识分子工作的任务是：了解情况，贯彻政策，协调关系，举荐人才。并将目前知识分子反映比较突出的问题和重要意见、帮助解决知识分子，特别是中年知识分子的工作、生活困难，加强同非党知识分子的联系、通过人物调查掌握一批非党知识分子等作为当前主要几项工作内容提出。1989年1月，中央批准中央统战部成立负责无党派人士、党外知识分子工作的业务局。至此，党外知识分子统战工作的内容、职能、任务得到更进一步的明确，党外知识分子统战工作焕发出蓬勃生机。

1992年10月，江泽民指出："知识分子是工人阶级中掌握科学文化知识较多的一部分，是先进生产力的开拓者，在改革开放和现代化建设中有着特殊重要的作用。能不能充分发挥广大知识分子的才能，在很大程度上决定着我们民族

① 中央统战部研究室编著：《统一战线100个由来》，华文出版社2010年版，第296页。

的盛衰和现代化建设的进程。”[1]这虽是针对整个知识分子队伍来说的，但由于党外知识分子占了队伍的大多数，实际上也是针对党外知识分子而言的。

随着科教兴国战略的实施，知识分子在党和国家全局中的地位变得越来越重要。2000 年 12 月，江泽民在第十九次全国统战工作会议上的讲话中强调："党外知识分子工作是统一战线的一项基础性工作，尤其要重点做好有代表性、有影响的党外知识分子工作。政治上要充分信任，工作上要放手使用，生活上要关心照顾，充分调动他们的积极性、主动性、创造性，鼓励和支持他们投身知识创新和科技创新，为他们人尽其才、才尽其用创造良好的条件。”[2]胡锦涛提出了对知识分子要做到“政治上充分信任，工作上放手使用，生活上关心帮助”的工作方针。我们党关于做好党外知识分子工作的方针政策不断完善，党外知识分子工作不断迈上新的台阶。

4. 中国特色社会主义新时代：聚天下英才而用之

党的十八大以来，以习近平同志为核心的党中央在把握世界发展大势、系统规划中华民族伟大复兴战略全局的基础上，深刻认识到在知识为第一生产力的现代社会，知识分子是决定党的事业成败的关键，对新形势下知识分子的具体情况作了正确判断，就新时代加强对党外知识分子的统战工作、完善联系党外知识分子机制提出了新思想与新论断。

关于思想政治引领。政治性是组织的灵魂，人心向背是最大的政治。习近平总书记在知识分子、劳动模范、青年代表座谈会上指出，“在我们党领导革命、建设、改革 90 多年的历程中，广大知识分子为党和人民建立了彪炳史册的功勋”[3]，由此充分表明对党外知识分子加强政治引领的必要性，知识分子对推进伟大事业发展的重要性，科学回答了为何要重视、引领、凝聚知识分子。

关于充分信任、尊重知识分子。党的十八大以来，党中央从人才强国战略高度认可知识分子的独特作用，坚持营造识才爱才敬才用才的环境，在肯定知识分子地位的基础上给予知识分子充分的信任与尊重。习近平总书记在哲学社会科学工作座谈会上明确表示，对知识分子要“做到政治上充分信任、思想上主动引导、工作上创造条件、生活上关心照顾”[4]，提出了对待知识分子的正确态度，表

---

① 《江泽民文选》第一卷，人民出版社 2006 年版，第 233 页。

② 《江泽民文选》第三卷，人民出版社 2006 年版，第 148 页。

③ 习近平：《在知识分子、劳动模范、青年代表座谈会上的讲话》，《人民日报》2016 年 4 月 30 日，第 2 版。

④ 习近平：《在哲学社会科学工作座谈会上的讲话》，《人民日报》2016 年 5 月 19 日，第 2 版。

明了应如何科学对待党外知识分子。习近平总书记还强调，“要遵循知识分子工作特点和规律，减少对知识分子创造性劳动的干扰，让他们把更多精力集中于本职工作”①，为党组织联系党外知识分子提出了工作要求、指明了工作方向，给党外知识分子提供了更为包容的空间，创造了可以充分发挥才能的社会发展条件。

关于做好党外知识分子的培养工作。知识分子是一个国家、民族发展力量的重要体现，因此讲好“中国故事”、传播“中国力量”，离不开知识分子的支持与参与。习近平总书记在《深入实施新时代人才强国战略 加快建设世界重要人才中心和创新高地》一文中强调，要“培养具有国际竞争力的青年科技人才后备军，用好用活人才，大胆使用青年人才，激发创新活力，放开视野选人才、不拘一格用人才”②，明确了对知识分子及人才的培养目标、培养方式和发展方向，科学回答了新时代怎样团结、培养党外知识分子。

三、党外知识分子工作的重要意义

党外知识分子工作是统一战线工作的一项重要内容。做好新时代党外知识分子工作，必须站在“两个大局”的高度，提升对党外知识分子工作的规律性认识，不断深化对其基础性、战略性、开创性作用的把握。

1. 党外知识分子工作具有基础性作用，事关统一战线各领域代表人士的源头

习仲勋曾指出，统战工作中所说的党外人士，大多数是知识分子。从广义来看，《条例》明确的十二类统战工作对象中，除了党外知识分子，民主党派成员、无党派人士、新的社会阶层人士、出国和归国留学人员等同样属于知识分子范畴。做好党外知识分子工作，也就抓住了统战工作的主流和主体，特别是抓住了民主党派和无党派人士工作的重点，抓住了各个领域党外代表人士的关键，就可以源源不断地为党外干部涵养水源、输送人才。

2. 党外知识分子工作具有战略性作用，事关中华民族伟大复兴中国梦的实现

历史证明，“没有知识分子的参加，革命的胜利是不可能的”③。同样，进入

① 习近平:《在知识分子、劳动模范、青年代表座谈会上的讲话》,《人民日报》2016 年 4 月 30 日,第 2 版。

② 习近平:《深入实施新时代人才强国战略 加快建设世界重要人才中心和创新高地》,《求是》2021 年第 24 期。

③ 《毛泽东选集》第二卷,人民出版社 1991 年版,第 618 页。

中国特色社会主义新时代，没有广大知识分子的参与，中华民族伟大复兴的中国梦也不可能实现。当前，我国知识分子数量超过2.18亿，其中党外知识分子约1.7亿，占知识分子总量的3/4①，不仅发挥统一战线人才蓄水池作用，而且发挥中国式现代化的生力军、资政建言的思想库、高质量发展的服务团、社情民意的观察站、基层社会治理的维护队等作用，是全面建设社会主义现代化强国的重要依靠力量和宝贵资源。

3. 党外知识分子工作具有开创性作用，事关统一战线强大法宝作用的发挥

习近平总书记强调："现在，统一战线面临的时和势、肩负的使命和任务发生了某些重大变化。"②这些重大变化导致党外知识分子统战工作面临群体大众化、构成多样化、思想多元化、交游国际化、社交网络化等新情况新特点，工作任务更加繁重，地位作用更加突出。做好党外知识分子工作，必须增强开拓精神和创新意识，在坚持以往有效做法的基础上，探索适应形势发展、工作对象变化的新的方式方法。

第二节　强化党外知识分子工作

党的十八大以来，在新时代的历史境遇下，党外知识分子的分布范围、数量和规模都呈现出不断扩大的趋势，参政议政意愿高涨，思维方式活跃且独特，高学历、年轻化、精英化的趋势，利益诉求表达渠道多元化，始终保持进步性、爱国性、为民性的特点是整个社会的主流。但是，仍然存在诸如政治定力缺乏、游离于政治组织之外、公共服务能力不足、实用主义倾向的价值观等亟须解决的问题。习近平总书记在党的二十大报告中明确提出，加强党外知识分子思想政治工作，做好新的社会阶层人士工作，强化共同奋斗的政治引领。

一、增强历史自觉，正确认识党外知识分子的历史地位和作用

纵观党的历史，在百余年关于联系党外知识分子的理论与实践中，党成功地

① 参见《中央统战工作会议精神学习问答》，人民出版社2022年版，第85页。

② 《习近平著作选读》第二卷，人民出版社2023年版，第609页。

实行了争取、团结、改造、尊重、培养、聚集英才的政策。回顾历史可知，对党外知识分子历史地位的认识有正确发展，也有过偏离和曲折。经验证明，只有对知识分子有正确的认知，采取团结的方针政策，党的事业才会顺利前进。因此，正确认识党外知识分子的地位作用，是做好党外知识分子工作、巩固统一战线的重要基础。改革开放以后，党和国家吸取了过去的教训，深刻认识到团结党外知识分子对社会发展具有不可替代的作用，及时调整、制定、实施了尊重知识、尊重人才的方针政策，充分肯定了党外知识分子的力量，自此，全党充分重视、发展知识分子的工作提到日程上来。党的十八大以来，党中央多次强调："要把我们的事业发展好，就要聚天下英才而用之。"①基于对党外知识分子正确的历史考察，党中央始终坚持历史性与发展性相结合，以"大人才观"的思维、"大统战"的方式，广泛凝聚、引导、发展一切党外知识分子，使知识分子成为新时代有"大担当""大使命"的社会主义建设者、维护者和赓续者。

二、强化思想政治教育，切实做到"两个维护"

思想政治教育主要是引导党外知识分子自觉在重大政治原则和大是大非问题上保持正确认识和判断，坚持正确的政治立场，树立正确的政治态度，把自身工作放到大局中思考、定位，做到正确认识大局、自觉服从大局、坚决维护大局，在任何时候都自觉同以习近平同志为核心的党中央保持高度一致。思想政治教育的根本目的是做到"两个维护"，即坚决维护习近平总书记党中央的核心、全党的核心地位，坚决维护党中央权威和集中统一领导。

三、坚持以人为本，给予党外知识分子充分的尊重与关怀

古语道：贤良之士众，则国家之治厚；贤良之士寡，则国家之治薄。中国共产党历来重视对党外知识分子的统战工作，重视、尊重、充分发挥知识分子的作用，是党攻坚克难、发展壮大的政治优势，也是党在领导百年革命、建设和改革的奋斗中总结出的一条重要历史经验。党的十八大以来，党中央深刻回答了"为什么建设人才强国、什么是人才强国、怎样建设人才强国的重大理论和实践问题"。一方面，中国共产党从统一战线的现实需求和长远发展出发，制定、完善了一系

① 习近平：《在网络安全和信息化工作座谈会上的讲话》，《人民日报》2016 年 4 月 26 日，第 2 版。

列培养发展党外知识分子的政策，改革与现实不相适应的体制机制，放开视野选人才、不拘一格用人才，为党外知识分子的发展创造更广阔的空间、更灵活的机制、更完善的保障。给予党外知识分子充分的尊重及充足的发展空间是党立足新时代、新情况与新问题作出的正确的战略决策，切实增强了统一战线工作的实效性。另一方面，中国共产党完善了一系列联系党外知识分子的机制，主动履行主体责任，将加强对党外知识分子的统一战线工作列入党组织的重点工作内容。以在政治上充分信任为基点深化改革，在生活中给予关心、工作上给予尊重支持、经济上力求改善，加快形成有益于充分发挥知识分子才能、助力事业发展的体制。同时畅通交流渠道，通过学术座谈会、谈心谈话等方式积极推进常态化教育、创新关怀方式，了解知识分子的所思、所想、所虑，在加强交流、解决困难的过程中增进情感，更加紧密地将党外知识分子团结在党的周围，引导知识分子主动承担起建设祖国的重任。

四、加强代表人士队伍建设，提高参政议政能力

统战工作强调的是以点带面，通过努力实现吸纳一个、影响一片的效果，所以抓好党外知识分子代表人士队伍建设是党外知识分子统战工作的一项重点任务，也是一项综合性、持续性的系统工程，统战部门应不断加大力度做好代表人士的发现工作并创新其培养和选拔工作的方式方法。要做好代表人士的发现、储备工作，就要在摸底、调研及日常开展工作、活动的过程中，善于发现、及早发现那些政治坚定、素质过硬、形象正面、积极参与的成员，将其纳入代表人士队伍，建立台账，开展培养并进行相应的政治安排。在代表人士培养的过程中，要在建立党外知识分子数据库、明确培养目标的情况下，着力开展党外知识分子代表人士综合评价。综合评价工作要在统战部门的牵头下，有人大、政协、宣传、科技、公安、民政等相关单位和有关行业主管部门及行业协会共同参与，研究制定评价对象范围、采集信息内容、部门评价标准，以及包含政治素质、参政议政能力、社会贡献等内容的综合评价的标准。结合上述标准和内容，对代表人士进行综合评定，根据评定结果，分类组建队伍，并有的放矢地对党外知识分子进行政治安排和社会安排。

对于代表人士队伍的建设，要从以下三方面着手：完善选拔任用代表人士的联系制度，统战部门要加强与组织部门的联系，及时更新、共享党外人才的规模、安排、调动等工作情况，发挥代表人士实职安排和政治安排的优势，为代表人士

积累经验、增长才干提供机会和渠道；注重代表人士能力的提升，既要为其提供参加培训、学习的机会，提高政治素养，增进政治认同，提升政治把握和政治敏感度、参政议政能力，又要鼓励引导其成为先进思想的传播者和科学技术的开拓者，成为各自领域的带头人，发挥党外知识分子代表人士的优势与作用；为调动代表人士的积极性，发挥其在党和政府科学决策、推进社会主义现代化国家建设、社会治理等方面的智库作用，举荐各领域的党外知识分子代表人士有针对性地加入政协、人大及各民主党派，担任各类监督员、特约人员等，通过定期的座谈会、听证会、专题调研发挥其参政议政、建言献策的智力优势，继而满足参政议政、民主协商的诉求，激发其社会责任感。于国家治理而言，这种政治吸纳也有利于促进有序政治参与和加强政治调控、促进政治稳定，扩大我国政治制度的包容面。

五、创新思想政治工作方法，激发党外知识分子的活力

方法得当，思想政治工作的内容就易于接受，目的和效果就能达到。因此，思想政治工作不仅要注意内容的思想性和科学性，而且要注意运用恰当的方式和方法。首先，要结合党外知识分子的各项业务工作开展思想政治工作。党外知识分子的思想问题、实际问题普遍产生于业务工作中，或者与业务工作密切相关，只有深入具体的业务工作，才能发现问题，较好地解决问题。其次，要组织引导党外知识分子参加各项社会实践活动。充分利用各类知识分子联谊会、党外知识分子智库论坛、党外知识分子经验交流会、党外知识分子议政建言座谈会等，还可以组织党外知识分子积极参与社会公益等活动，引导他们自觉担当起自己的社会责任。再次，要讲究灵活多样的思想政治工作方法，增强感染力、吸引力。最后，要发挥各级社会主义学院的阵地作用，对党外知识分子进行思想政治教育。一方面，要科学设置课程内容体系，主要以政治理论、党的路线方针政策、国家法律法规及专业能力素质为培训内容。另一方面，要创新教学方式方法，综合运用讲授式、研讨式、案例式、模拟式、体验式等方法，建设实践教学基地，建立网上培训平台，丰富社会主义学院教学的内容和方式。

六、加强党的领导，健全完善党委领导的统战工作机制

坚持党的政治领导权问题是做好党外知识分子工作的先决条件，百年历史

和事实充分证明，知识分子只有坚持党的领导，才能有效保持正确的发展方向。方向问题关乎着前途命运，是不可忽视也决不能忽视的问题。党坚持对党外知识分子的集中统一领导首要体现在政治引领。政治立场正确是根本性问题，因此必须将对党外知识分子的政治引领放在首位。中国共产党通过制定正确的方针、政策来团结、教育和发展党外知识分子，将其紧密团结在党组织周围。这是百年来统一战线坚不可摧的重要法宝。正如习近平总书记强调的："做好人才工作必须坚持正确政治方向，不断加强和改进知识分子工作，鼓励人才深怀爱国之心、砥砺报国之志，主动担负起时代赋予的使命责任。"①其次是思想引领。思想引领是保证统一战线稳固的必要条件，是需要长期坚持的系统性工程。因此，要坚持循序渐进，引导党外知识分子实现爱国与爱党、爱社会主义的有机统一，坚定思想立场，尤其是在事关党和国家的大是大非面前，做到敢于旗帜鲜明地讲政治，发挥在意识形态领域的积极引导作用。最后是事业引领。党外知识分子是建设中国特色社会主义事业的中坚力量，因此要引导党外知识分子将个人职业理想融入国家事业发展，完善人才流动机制，用伟大梦想、共同理想引领事业发展，用事业力量托起伟大梦想、实现共同理想。

第三节　新的社会阶层人士是建设中国特色社会主义事业的重要力量

改革开放以来，我国社会结构发生重大转变，出现了新的社会阶层人士。这不仅直接影响着统一战线工作的对象范围、工作内容和团结联合的方式方法，而且在更深层次上影响着中国未来的社会发展和政策选择。新的社会阶层人士是建设中国特色社会主义事业的重要力量，是新时代统一战线工作新的增长极和着力点。

一、新的社会阶层人士的对象范围

新的社会阶层人士是指随着改革开放和社会主义市场经济发展，在非公有

① 习近平：《深入实施新时代人才强国战略 加快建设世界重要人才中心和创新高地》，《求是》2021年第24期。

制经济领域和社会领域出现的自主择业人员，主要包括民营企业和外资企业管理技术人员、中介组织和社会组织从业人员、自由职业人员、新媒体从业人员等四类群体，主体是知识分子，大多是党外人士，是建设中国特色社会主义事业的重要力量。

1. 民营企业和外资企业管理技术人员

民营企业和外资企业管理技术人员指受聘于民营企业和外资企业、掌握企业经营管理知识和专门技术、从事经营管理和技术研发应用的人员。这一群体不是泛指民营企业和外资企业中所有的管理人员、技术人员，而是指具有中高级职务或者中高级技术职称的少部分人，他们是企业的管理精英或者技术骨干。

2. 中介组织和社会组织从业人员

中介组织从业人员指根据市场经济需求，利用专业知识和专门技能接受委托，在鉴证、咨询、服务等组织中提供知识性产品服务的人员。社会组织从业人员主要指在社会团体、基金会和社会服务机构等非营利组织中从事管理工作或提供专业服务的人员。中介组织和社会组织从业人员具有职业资格较高、专业性强，工作涉及面广、服务性强，思想主流积极、责任心强，发展速度较快、成长性强等特征。

3. 自由职业人员

自由职业人员指不与用人单位建立长期固定的劳动关系，以个体执业为主要形式，凭借自己的知识、技能和专长，为社会提供某种服务并获取报酬的人员。与其他社会群体相比较，自由职业人员最显著的特征是“自由”，即工作时间自由、工作环境自由、工作内容自由等。

4. 新媒体从业人员

新媒体从业人员是指以新媒体为平台或对象，从事或代表特定机构从事投融资、技术研发、内容生产发布以及经营管理活动的人员，大多数属于“平台＋内容＋终端＋应用”的专业技术型人才。

2019 年 11 月，中央统战部、中央网信办召开全国网络人士统战工作会议，要求做好网络人士统战工作。网络人士泛指在互联网上有影响力的人，其中绝大部分是党外人士，主要分布在体制外。可以概括为以信息技术为基础，以互联网为平台，从事经营管理、生产传播、技术研发、投融资等活动，具有舆论传播能力、内容生产能力、社会动员能力的人员。习近平总书记指出，随着互联网快速发展，包括新媒体从业人员和网络“意见领袖”在内的网络人士大量涌现。在这两个群体中，有些经营网络、是“搭台”的，有些网上发声、是“唱戏”的，往往能左右互联网的议题,能量不可小觑。[①]

二、新的社会阶层人士政策的历史演进

新的社会阶层是我们党在领导人民进行改革开放伟大实践、不断提高治国理政现代化水平的进程中,对阶级阶层问题认识不断深化、实践日趋成熟的产物。新的社会阶层人士政策的历史演进可以分为四个阶段。

1. 萌芽阶段:党的十一届三中全会到2000年底

党的十一届三中全会以来,伴随着改革开放加速,计划经济体制向市场经济体制转轨,中国的非公有制经济蓬勃发展,由此出现了一大批个体户、私营企业主以及非公企业的管理技术人员等新的社会群体。长期以来,我国非公有制经济的发展始终伴随着姓"社"还是姓"资"的争论。为了澄清疑虑,推动民营经济健康发展,1991年7月,中共中央在批转的中央统战部《关于工商联若干问题的请示》中明确了对待私营企业主的政策。"对现在的私营企业主等新的社会阶层,不应和过去的工商业者简单类比和等同,更不要像50年代那样对他们进行社会主义改造"[②],而主张对一些非公有制经济人士采取"团结、帮助、引导、教育"的方针,并且明确由统战部门负责非公有制经济人士工作,正式将非公有制经济人士纳入统战对象范围,让广大非公经济人士吃了"定心丸"。2000年12月,第十九次全国统战工作会议明确"将自由择业的党外知识分子纳入统战工作范围",进一步扩大统战视野。这一时期,"新的社会阶层"还不是具有特定内涵和外延的专用名词,只是在没有完全把握改革开放进程中新出现的社会阶层本质特征的情况下采用的一种描述性称呼。

2. 提出阶段:江泽民"七一"讲话到党的十六大

2001年7月,江泽民在"七一"讲话中首次对新的社会阶层的主要对象和政治属性进行了阐述。"改革开放以来,我国的社会阶层构成发生了新的变化,出现了民营科技企业的创业人员和技术人员、受聘于外资企业的管理技术人员、个体户、私营企业主、中介组织的从业人员、自由职业人员等社会阶层……他们也是有中国特色社会主义事业的建设者。"[③]新的社会阶层不是泛指改革开放后产

---

① 中共中央文献研究室编:《习近平关于社会主义政治建设论述摘编》,中央文献出版社2017年版,第135页。

② 中央统战部研究室编著:《统一战线100个由来》,华文出版社2010年版,第303页。

③ 《江泽民文选》第三卷,人民出版社2006年版,第286页。

生的所有群体，诸如农民工、农村专业户等，而是专指“民营科技企业的创业人员和技术人员、受聘于外资企业的管理技术人员、个体户、私营企业主、中介组织的从业人员、自由职业人员”等六个属性、特征相近的群体，并且明确了他们的政治属性是“有中国特色社会主义事业的建设者”。2002 年，党的十六大报告进一步明确，在社会变革中出现的民营科技企业的创业人员和技术人员、受聘于外资企业的管理技术人员、个体户、私营企业主、中介组织的从业人员、自由职业人员等社会阶层，都是中国特色社会主义事业的建设者。这一时期，虽然没有在中央层面正式提出新的社会阶层概念，但指出了这六类群体包含的职业范围、出现背景、流动变化特质和积极贡献，特别肯定了他们作为中国特色社会主义事业建设者的重要作用。

3. 确立阶段：第二十次全国统战工作会议到党的十七大

2006 年 7 月，胡锦涛在第二十次全国统战工作会议上首次明确提出“新的社会阶层”概念。会后发布的《关于巩固和壮大新世纪新阶段统一战线的意见》进一步明确：“改革开放以来出现的民营科技企业的创业人员和技术人员、受聘于外资企业的管理技术人员、个体户、私营企业主、中介组织的从业人员、自由职业人员等新的社会阶层，主要由非公有制经济人士和自由择业知识分子组成，集中分布在新经济组织、新社会组织中，呈现出快速发展的态势。”①2007 年 10 月，胡锦涛在党的十七大报告中提出，鼓励新的社会阶层人士积极投身中国特色社会主义建设。

4. 发展阶段：党的十八大以来

2013 年 3 月，习近平总书记在第十二届全国人民代表大会第一次会议上的讲话中提出“一切非公有制经济人士和其他新的社会阶层人士，要发扬劳动创造精神和创业精神，回馈社会，造福人民，做合格的中国特色社会主义事业的建设者”②，明确将“非公有制经济人士”与“其他新的社会阶层人士”并列提出，新的社会阶层人士的内涵和外延发生结构性变化，专指自由择业知识分子。

2015 年 5 月，习近平总书记在中央统战工作会议上的讲话中指出，包括新媒体从业人员和网络“意见领袖”在内的网络人士“能量不可小觑”，“要把这些人

① 中共中央文献研究室编：《十六大以来重要文献选编》(下)，中央文献出版社 2011 年版，第 576 页。

② 《习近平谈治国理政》第一卷，外文出版社 2018 年版，第 42 页。

中的代表性人士纳入统战工作视野”①，进一步扩大新阶层的外延。这样，新媒体从业人员加上原有的三种自由择业知识分子，就成了改革开放后新产生的四种体制外知识分子。随后颁布的《中国共产党统一战线工作条例(试行)》中明确将“新的社会阶层人士”作为统战工作 12 个方面的对象之一。2016 年 7 月，经党中央批准，中央统战部成立“新的社会阶层人士工作局”，专门负责新的社会阶层人士统战工作，从组织上强化了对新的社会阶层人士统战工作的领导。

2017 年 2 月，中央召开全国新的社会阶层人士统战工作会议，专门对这项工作进行全面部署，建立起一套系统的、长期有效的体制机制，为新的社会阶层人士统战工作全面深入开展提供制度保障，标志着新的社会阶层人士统战工作进入新的历史阶段。同年 10 月，党的十九大报告进一步要求，做好新的社会阶层人士工作，发挥他们在中国特色社会主义事业中的重要作用。

2020 年 12 月，《条例》专门增加“第八章　新的社会阶层人士统一战线工作”，明确了新的社会阶层人士的对象范围、工作思路、方式方法、主要任务以及责任主体的具体内容，为做好新的社会阶层人士统战工作提供了基本遵循和根本保证。

2022 年 7 月，习近平总书记在中央统战工作会议上明确把“必须做好党外知识分子和新的社会阶层人士统战工作”作为新时代统战工作的“十二个必须”之一，提出“要加强党外知识分子和新的社会阶层人士统战工作，以凝聚共识为根本，以爱国奋斗为目的，鼓励支持他们立足本职建功立业，积极投身改革创新一线，施展才华和抱负”②。同年 10 月，习近平总书记在党的二十大报告中再次强调，“加强党外知识分子思想政治工作，做好新的社会阶层人士工作，强化共同奋斗的政治引领”③，为新的社会阶层人士统战工作指明了正确方向，明确了工作重点。

通过对以上历史的梳理可以看出，新的社会阶层人士由“也是有中国特色社会主义事业的建设者”到“都是中国特色社会主义事业的建设者”，再到“做合格的中国特色社会主义事业的建设者”，“发挥他们在中国特色社会主义事业中的重要作用”，直至今天“强化共同奋斗的政治引领”，反映了我们党对“新的社会阶

① 中共中央文献研究室编：《习近平关于社会主义政治建设论述摘编》，中央文献出版社 2017 年版，第 135-136 页。

② 《习近平著作选读》第二卷，人民出版社 2023 年版，第 610 页。

③ 习近平：《高举中国特色社会主义伟大旗帜 为全面建设社会主义现代化国家而团结奋斗——在中国共产党第二十次全国代表大会上的报告》，人民出版社 2022 年版，第 40 页。

层人士"的群体范围界定日益清晰，政治定位日益明确，对新的社会阶层人士工作愈加重视。

三、新的社会阶层人士工作的重要意义

习近平总书记强调："我们搞统一战线，从来不是为了好看、为了好听，而是因为有用、有大用、有不可或缺的作用。"[①]当今世界正经历百年未有之大变局，实现中华民族伟大复兴正处于关键时期。越是接近目标，越是形势复杂，越是任务艰巨，越要发挥中国共产党领导的政治优势和中国特色社会主义的制度优势，把各方面智慧和力量凝聚起来，形成海内外中华儿女心往一处想、劲往一处使的强大合力。新的社会阶层人士是建设中国特色社会主义的重要力量，做好他们的工作是新的历史条件下我们党治国理政必须解决的重大课题。

1. 扩大党的群众基础，巩固党的执政地位

当下我国正处于"两个大局"相互叠加相互交织相互作用的关键节点，社会阶层分化更加明显，利益群体趋于复杂化，中国共产党面临的执政难度和风险加大。能否巩固阶级基础，扩大群众基础，将直接关系到党的前途命运。党执政的基础和力量从何而来？习近平总书记指出，"人民是我们党执政的最大底气，是我们共和国的坚实根基，是我们强党兴国的根本所在"[②]。从增强党的执政基础的角度看，团结联合新的社会阶层人士是重要的战略举措。

新的社会阶层人士并不是独立于其他阶级或阶层之外新出现的阶层，这一阶层的主体是体制外的知识分子，与体制内的知识分子具有先天性联系，其阶级属性仍然属于"人民"范畴。其在根本利益上与工人、农民、体制内的知识分子是一致的，是党的阶级基础和群众基础的重要组成部分，是党长期执政必须团结和依靠的重要力量。同时也要看到，新的社会阶层人士思想活跃多元，对党情、国情了解不够，许多人更倾向于追求自我、标新立异，少数人拿着"放大镜""显微镜"观察问题，甚至出现一些错误倾向，给社会主流价值观念带来冲击，削弱共同思想政治基础。做好新的社会阶层人士统战工作，最大限度地把他们团结在党的周围，能够壮大共同奋斗力量，解决人心向背、力量对比这一"最大的政治"，筑牢党长期执政的基础。

---

① 《习近平谈治国理政》第二卷，外文出版社 2017 年版，第 304 页。
② 《习近平谈治国理政》第三卷，外文出版社 2020 年版，第 137 页。

2. 推动经济结构转型升级，实现经济社会高质量发展

当前，我国经济已由高速增长阶段转向高质量发展阶段。我们必须围绕解决好社会主要矛盾，努力实现更高质量、更有效率、更加公平、更可持续的发展。促进经济高质量发展是艰巨复杂的社会系统工程，需要广泛动员全社会力量共同努力。

新的社会阶层人士作为“中国特色社会主义事业建设者”，学历层次和专业技能较高，具有专业优势、技术优势、智力优势。他们广泛分布于新产业、新业态、新领域之中，加之“体制外”的灵活身份和对新理念、新思维的强烈追求，是最具有创业创新活力的群体。特别是后疫情时代，引导新的社会阶层人士增强发展信心，发挥自身优势，积极构建新发展格局，对于实施创新驱动发展战略、助推经济转型升级、全面推进乡村振兴、实现高质量发展具有不可或缺的重要作用。

3. 推进社会治理现代化，实现良政善治

随着新的社会阶层人士规模的扩大和数量的增长以及社会地位、社会作用的提升，中国社会阶层结构呈现不可逆的多元化趋势。与之相适应，社会管理模式开始由“管理”向“治理”转变。习近平总书记指出，治理和管理一字之差，体现的是系统治理、依法治理、源头治理、综合施策。① 党的十九届四中全会审议通过的《中共中央关于坚持和完善中国特色社会主义制度、推进国家治理体系和治理能力现代化若干重大问题的决定》提出，必须加强和创新社会治理，完善党委领导、政府负责、民主协商、社会协同、公众参与、法治保障、科技支撑的社会治理体系，建设人人有责、人人尽责、人人享有的社会治理共同体，为实现“中国之治”提供了制度保证和根本遵循。

新的社会阶层人士，特别是中介组织和社会组织从业人员具有社会资源丰富、专业能力突出、社会参与意识和服务意愿比较强等独特优势，是社会治理的重要参与者。一方面，发挥新的社会阶层人士专业优势，将社会治理重心下移，赋予社会组织或个人更多治理权限，能够对社会公共资源实现适度开发与调适，弥补国家和市场在公共服务供给中的不足，更好地满足公共需求，最大限度地实现公共服务均等化。另一方面，通过整合新的社会阶层人士的力量和资源，为社会提供更多公益性、志愿性服务，从而在政府能力和资源有限的情况下为社会困难群体提供必要的关怀和保障，防止社会问题扩大化和出现社会动荡，最终实现

① 习近平：《推进上海自贸区建设 加强和创新特大城市社会治理》，《人民日报》2014 年 3 月 6 日，第 1 版。

良政善治。

4. 应对互联网“最大变量”，维护意识形态安全

互联网技术的高速发展对人类社会产生革命性影响，社会交流更加活跃、社会思想更加多变、社会舆论更加复杂，网络以从未有过的方式改变了社会交往和舆论生态，改变了新时代思想政治工作的环境。习近平总书记指出：“过不了互联网这一关，就过不了长期执政这一关。”[①]网络也成为最大的舆论场，占领不了互联网信息传播的制高点，就站不稳新闻舆论工作的新高地，就掌握不了舆论引导的主动权。

新的社会阶层人士具有突出的网络化特征，以网络为获取信息、交流交往的重要渠道，引导得好，可以在弘扬社会主义核心价值观、增强文化自信等方面发挥重要作用。在当前意识形态领域斗争复杂尖锐、互联网成为舆论斗争前沿的新形势下，切实加强对新的社会阶层人士的团结引导，有利于抵御境内外敌对势力渗透、牢牢掌握意识形态工作领导权和话语权。

第四节　做好新的社会阶层人士工作

党的十八大以来，以习近平同志为核心的党中央高度重视新的社会阶层人士工作，召开一系列重要会议，制定一系列重要法规文件，对新阶层统战工作进行了全面谋划部署，科学回答了新阶层统战工作的一系列重大理论和实践问题，为做好新的社会阶层统战工作提供了根本遵循和科学指南。

一、健全体制机制，构建社会化大统战工作格局

习近平总书记针对“统一战线不统一”问题，强调“要坚持党委统一领导、统战部牵头协调、有关方面各负其责的大统战工作格局，形成工作合力”[②]。

一方面，创新理念，打破“统战工作就是统战部门工作”的狭隘认知。习近平总书记指出，做好新形势下统战工作需要创新理念，就是“要保持思想的敏锐性

① 《习近平著作选读》第一卷，人民出版社 2023 年版，第 453 页。

② 中共中央文献研究室编：《习近平关于社会主义政治建设论述摘编》，中央文献出版社 2017 年版，第 138 页。

和开放度，打破传统思维定势，努力以思想认识新飞跃打开工作新局面”①。与传统统战对象相比较，新阶层具有群体结构复杂、思想多元多变、流动性比较强等特征，加之他们成长周期比较短，仍处于动态变化之中，单纯依靠统战部门去做工作显然“做不了，也做不好”。所有党政机构、相关部门以及群团组织等必须认识到，“统战工作是全党的工作，必须全党重视，大家共同来做”②。换言之，新阶层统战工作不是统战部门一家党委部门的“责任田”，而是所有党政部门和各级党组织共同承担的“分内事”。

另一方面，建立协同联动机制，壮大统战工作合力。全国新的社会阶层人士统战工作会议明确提出，要在党委统一领导下，充分发挥各级党组织主体作用，广泛调动各方面积极性，构建分工负责、协同配合的社会化大统战工作格局。《中国共产党统一战线工作条例》进一步要求，与新的社会阶层人士联系密切的党政部门、群众团体、社会组织等，应当发挥职能作用，健全工作机制，密切协调配合，共同做好新的社会阶层人士统一战线工作。通过完善落实组织领导、沟通协调、目标考核等机制，发挥好新的社会阶层人士统战工作联席会议制度的功能和作用，探索创新多部门、跨地域、多种力量强强联合的协同统战工作机制。

二、坚持尊重信任团结引导，广泛凝聚力量

1. 坚持充分尊重、广泛联系、加强团结、热情帮助、积极引导的方针

第二十次全国统战工作会议提出“充分尊重、广泛联系、加强团结、热情帮助、积极引导”的方针，并写入《关于巩固和壮大新世纪新阶段统一战线的意见》。全国新的社会阶层人士统战工作会议再次强调，这20字方针是做好新阶层统战工作的关键所在。充分尊重，就是尊重和肯定新阶层所具有的创业创造及劳动精神；广泛联系，就是与新阶层展开密切的沟通与协作；加强团结，就是团结一切新阶层力量，注重对他们的培养选拔；热情帮助，就是为新阶层提供服务，维护和保障其合法权益；积极引导，就是从思想政治领域强化对新阶层的教育，引导他们做合格的中国特色社会主义事业的建设者。

---

① 中共中央文献研究室编：《习近平关于全面深化改革论述摘编》，中央文献出版社2014年版，第84页。

② 习近平：《巩固发展最广泛的爱国统一战线 为实现中国梦提供广泛力量支持》，《人民日报》2015年5月21日，第1版。

2. 坚持一致性与多样性相统一

习近平总书记强调："做好新形势下统战工作，必须正确处理一致性和多样性关系。统一战线是一致性和多样性的统一体，只有一致性、没有多样性，或者只有多样性、没有一致性，都不能建立和发展统一战线。"[①]这是马克思主义一致性与多样性理论在统战领域的创新应用，也是做好新阶层统战工作的基本原则。一方面，一致性是基础和前提。习近平总书记指出，做好统战工作要"努力寻求最大公约数、画出最大同心圆"[②]，而坚持党的领导、坚持爱国主义和中国特色社会主义是统一战线的共同思想政治基础，是最大同心圆的"圆心"。另一方面，维护多样性，扩大团结包容面。多样性是利益多元、思想多样的客观反映，要在尊重多样性中寻求一致性，不要搞成"清一色"。正如习近平总书记所强调的，"包容的多样性半径越长，画出的同心圆就越大"[③]。对待新阶层要坚持平等、尊重包容、求同存异，不断扩大团结面，打造最广泛最具凝聚力的统一战线。

3. 坚持尊重、维护和照顾同盟者利益原则

毛泽东在《关于目前党的政策中的几个重要问题》中精辟指出，"对被领导者给以物质福利，至少不损害其利益，同时对被领导者给以政治教育"[④]，是实现我们党对统一战线领导权的必要条件之一，也是党在长期的统战工作实践中总结出来的重要经验和原则。习近平总书记继承和发展了这一思想，强调"尊重、维护、照顾同盟者的利益，帮助党外人士排忧解难。这是我们党的职责，也是实现党对统一战线领导的重要条件"[⑤]。新阶层作为统一战线新的同盟者，同样需要尊重、维护、照顾其政治利益、经济利益、物质利益和其他特殊利益。

三、加强思想政治引领，画出最大同心圆

党的十九大提出，新时代统一战线"要高举爱国主义、社会主义旗帜，牢牢把握大团结大联合的主题，坚持一致性和多样性统一，找到最大公约数，画出最大

---

① 中共中央文献研究室编：《十八大以来重要文献选编》（中），中央文献出版社 2016 年版，第 561-562 页。

② 中共中央党史和文献研究院编：《十九大以来重要文献选编》（中），中央文献出版社 2021 年版，第 206 页。

③ 中共中央文献研究室编：《十八大以来重要文献选编》（中），中央文献出版社 2016 年版，第 562 页。

④ 《毛泽东选集》第四卷，人民出版社 1991 年版，第 1273 页。

⑤ 中共中央文献研究室编：《十八大以来重要文献选编》（中），中央文献出版社 2016 年版，第 561 页。

同心圆”①。这也是做好新阶层统战工作的主要任务和目的所在。

1. 加强思想引领,凝聚政治共识

习近平总书记指出,新时代统战工作“要把服务实现‘两个一百年’奋斗目标作为工作主线,把加强思想政治引领、广泛凝聚共识作为中心环节”②,这是全党面临的共同任务。新阶层具有“体制外”和“党外”两种身份,思想活跃多元,处于各种思想观念交流交融交锋的前沿,如果他们的“思想防线被攻破了,其他防线就很难守住”③。因此,做好他们的思想引领工作,最大限度地凝聚政治共识,极其重要。全国新的社会阶层人士统战工作会议明确提出,要把加强思想教育引导作为新阶层统战工作的根本任务,创新方式、多措并举、常抓不懈,切实提高思想教育引导的针对性和实效性,不断巩固共同思想政治基础。

2. 搭建工作平台载体,“组织起来”

习近平总书记针对新阶层“在党外、体制外,流动性很大,思想比较活跃,做他们的工作,一般化的方式不太管用”等现实问题,提出“我们党历来有一个好办法,就是组织起来”,并且明确“新形势下,组织起来不仅要注重党政机关、企事业单位、人民团体等,而且要注重各类新经济组织、新社会组织”。④ 全国新的社会阶层人士统战工作会议进一步提出“用好现有组织、创建工作载体”的工作任务,要求发挥多种组织平台作用,扩大组织吸纳范围,通过组织了解情况、开展工作。

3. 加强代表人士队伍建设,提高参政议政能力

党外代表人士是党和国家人才队伍的重要组成部分,是推动中国特色社会主义事业的重要力量。习近平总书记非常重视党外代表人士的重要作用,强调“培养使用党外代表人士,是我们党的一贯政策。要加大党外代表人士培养、选拔、使用工作力度”⑤。加强新阶层代表人士队伍建设,努力造就一支政治坚定、素质优良、数量充足、结构合理的新阶层党外代表人士队伍,既是开展统战工作的重要抓手,也是做好思想引领工作可以依托的重要力量。

---

① 《习近平谈治国理政》第三卷,外文出版社 2020 年版,第 31 页。

② 中共中央党史和文献研究院编:《十九大以来重要文献选编》(中),中央文献出版社 2021 年版,第 207 页。

③ 中共中央文献研究室编:《习近平关于社会主义文化建设论述摘编》,中央文献出版社 2017 年版,第 21 页。

④ 中共中央文献研究室编:《习近平关于社会主义政治建设论述摘编》,中央文献出版社 2017 年版,第 134-135 页。

⑤ 习近平:《巩固发展最广泛的爱国统一战线 为实现中国梦提供广泛力量支持》,《人民日报》2015 年 5 月 21 日,第 1 版。

4. 善于联谊交友，扩大朋友圈

习近平总书记指出："做好新形势下统战工作，必须善于联谊交友。联谊交友是统战工作的重要内容，也是统战工作的重要方式。"[①]对于如何评价联谊交友的作用、如何同新阶层联谊交友等问题，习近平总书记在中央统战工作会议上的讲话中给出明确答案。一方面，"从某种意义上说，统一战线工作做得好不好，要看交到的朋友多不多、合格不合格、够不够铁。多不多是数量问题，合格不合格、够不够铁是质量问题"[②]。统战工作实际上就是在做人的工作，团结的人越多、交到的朋友越多，那么统一战线的范围就越广、包容性就越大、"同心圆"的半径就越长。统战工作还要注重团结高质量的朋友，"要交一些能说心里话的挚友诤友"[③]。另一方面，与新阶层交朋友，"要多接触、多谈心、多帮助，讲尊重、讲平等、讲诚恳，不随意伤害对方自尊心，不以势压人"[④]，在沟通交流中获得理解与信任，达成共识与认同。同时，要处理好公谊和私谊的关系，"私谊要服从公谊"[⑤]，出于公心为党交一大批肝胆相照的新阶层朋友。

四、创新方式方法，讲求工作艺术

习近平总书记强调，统战工作"具有很强的政治性"，是"党的特殊群众工作，要有特殊的方式方法"[⑥]，讲求很强的工作艺术。特别是针对新阶层这一新的利益群体而言，一般的方式不太管用，要用全新的眼光看待他们，用全新的政策和方法团结、吸引他们。这就需要转变工作理念，在对原有统战方式进行创造性转化的同时，探索创新工作方式方法，提升统战工作效能。

1. 坚持精准化统战，分类施策

习近平总书记指出："现在，党外知识分子队伍构成更加多样，需要针对不同特点分类施策。"[⑦]新阶层群体之间差异性明显，必须结合各自群体特点进行分

① 中共中央文献研究室编：《十八大以来重要文献选编》（中），中央文献出版社 2016 年版，第 562 页。
② 中共中央文献研究室编：《十八大以来重要文献选编》（中），中央文献出版社 2016 年版，第 562 页。
③ 中共中央文献研究室编：《十八大以来重要文献选编》（中），中央文献出版社 2016 年版，第 562 页。
④ 中共中央文献研究室编：《十八大以来重要文献选编》（中），中央文献出版社 2016 年版，第 563 页。
⑤ 中共中央文献研究室编：《十八大以来重要文献选编》（中），中央文献出版社 2016 年版，第 563 页。
⑥ 中共中央文献研究室编：《十八大以来重要文献选编》（中），中央文献出版社 2016 年版，第 560-561 页。
⑦ 中共中央文献研究室编：《习近平关于社会主义政治建设论述摘编》，中央文献出版社 2017 年版，第 133-134 页。

众研究，分类施策。针对“新经济组织、新社会组织中的知识分子，如律师、会计师、评估师、税务师等专业人士”，习近平总书记提出“要注意通过他们所在的组织了解情况、开展工作，对其中的代表人士更要重点培养，引导他们发挥积极作用”①。针对“新媒体从业人员和网络‘意见领袖’在内的网络人士”，习近平总书记提出“要把这些人中的代表性人士纳入统战工作视野，建立经常性联系渠道，加强线上互动、线下沟通，引导其政治观点，增进其政治认同”②。

2. 坚持社会化统战，壮大统战力量

中央统战工作会议指出，随着统战要素、组织和结构的变化，承担统战工作的各种社会团体和部门逐渐增多，统战工作越来越显现出社会化的发展趋向。社会化方式与统一战线结构变化相适应，是统战工作进入新阶段的重要标志，是全面贯彻落实党的统战政策的必然选择。全国新的社会阶层人士统战工作会议明确提出，新阶层统战工作必须坚持“社会化方向”，按照“社会化工作思路”，创新“社会化的工作方法”。从实践层面分析，社会化统战方式是指通过对话协商、相互合作、共同参与等方式将社会力量和社会资源整合起来，将新阶层由“统战对象”转变为“统战力量”，将社会资源转变为统战资源，不断壮大统战工作的合力。

3. 坚持网络化统战，打造网上网下同心圆

习近平总书记强调，“善于运用网络了解民意、开展工作，是新形势下领导干部做好工作的基本功”，“各级党政机关和领导干部要学会通过网络走群众路线”。③ 针对新阶层统战工作，习近平总书记提出，要“主动适应信息化要求、强化互联网思维，善于学习和运用互联网”，“真正成为运用现代传媒新手段新方法的行家里手”④，善于通过网络把握他们的思想动向和利益诉求，引导他们通过网络正向发声，“使互联网这个最大变量变成事业发展的最大增量”⑤。同时，加强网络法制化管理，“无论什么形式的媒体，无论网上还是网下，无论大屏还是小

---

① 中共中央文献研究室编：《习近平关于社会主义政治建设论述摘编》，中央文献出版社 2017 年版，第 134 页。

② 中共中央文献研究室编：《习近平关于社会主义政治建设论述摘编》，中央文献出版社 2017 年版，第 135-136 页。

③ 《习近平谈治国理政》第二卷，外文出版社 2017 年版，第 336 页。

④ 中共中央文献研究室编：《习近平关于全面深化改革论述摘编》，中央文献出版社 2014 年版，第 83 页。

⑤ 《习近平谈治国理政》第三卷，外文出版社 2020 年版，第 311 页。

屏，都没有法外之地、舆论飞地”①。

五、坚持党的全面领导，落实主体责任

习近平总书记在中央统战工作会议讲话中明确提出，做好新形势下统战工作，“最根本的是要坚持党的领导”②。之所以强调党对新阶层统战工作的全面领导，是因为这项工作政治性、政策性很强，加之新的社会阶层人士处于体制外和党外，思想观念复杂多变，以党的领导全面统领新阶层统战工作，能够确保政治方向正确，找到最大公约数，画出最大同心圆。

1. 坚持党的政治领导，巩固执政基础

习近平总书记在中央统战工作会议上强调，“统一战线是党领导的统一战线”，并进一步明确“党对统一战线的领导主要是政治领导，即政治原则、政治方向、重大方针政策的领导”③。坚持党对新阶层统战工作的政治领导，就是要以党的政治建设为统领，加强党对新阶层组织的政治方向、政治道路、方针政策等方面的领导，增进新阶层人士的政治认同，肩负起政治责任，不断巩固和扩大党的执政基础。

2. 坚持党的思想领导，凝聚政治共识

习近平总书记在中共十八届三中全会第一次全体会议上的讲话中特别强调，“意识形态工作是党的一项极端重要的工作”④。新阶层以党外知识分子为主体，思维活跃多元，批判意识比较强，容易受到西方思潮的影响，是影响主流意识形态安全的重要变量。对此，习近平总书记指出：“做好党外人士思想政治工作，巩固共同思想政治基础，是统战工作的主要内容。”⑤特别针对新阶层的思想特征，“要关注他们的思想”，“同他们交思想上的朋友”⑥，通过加强思想政治引领，引导他们明确“两个确立”的重大意义，坚定“四个自信”，坚决做到“两个维护”，树立实现中华民族伟大复兴中国梦的信心和信念。

---

① 《习近平谈治国理政》第三卷，外文出版社2020年版，第318页。

② 中共中央文献研究室编：《十八大以来重要文献选编》（中），中央文献出版社2016年版，第561页。

③ 中共中央文献研究室编：《十八大以来重要文献选编》（中），中央文献出版社2016年版，第561页。

④ 中共中央文献研究室编：《习近平关于全面深化改革论述摘编》，中央文献出版社2014年版，第86页。

⑤ 中共中央文献研究室编：《十八大以来重要文献选编》（中），中央文献出版社2016年版，第560页。

⑥ 中共中央文献研究室编：《习近平关于社会主义政治建设论述摘编》，中央文献出版社2017年版，第137页。

3. 坚持党的组织领导，落实主体责任

习近平总书记指出："严密的组织体系，是马克思主义政党的优势所在、力量所在。"[①]党对新阶层统战工作的领导，是通过党的各级组织实现的。全国新的社会阶层人士统战工作会议提出，要把新阶层统战工作纳入党的建设总体布局，在党委统一领导下，充分发挥各级党组织主体作用和政治核心作用。习近平总书记特别注重基层党组织的作用，提出要"有效实现党的组织和党的工作全覆盖"，"把各领域基层党组织建设成为实现党的领导的坚强战斗堡垒"。[②]《中国共产党统一战线工作条例》明确要求，新的社会阶层人士所在街道、社区、园区、企业等的党组织应当落实主体责任，把新的社会阶层人士统一战线工作纳入重要工作职责，研究解决突出问题。

新的社会阶层人士正处于快速成长但尚未定型的关键可塑期，也处于加强对他们团结引导的重要窗口期。这就需要从全局和战略的高度，充分认识做好新的社会阶层人士统战工作的重大意义，切实增强做好新的社会阶层人士统战工作的责任感和使命感，将他们纳入工作视野，不断扩大团结面，引导他们更好地发挥正能量。

① 中共中央党史和文献研究院编：《十九大以来重要文献选编》（中），中央文献出版社 2021 年版，第 598 页。

② 中共中央党史和文献研究院编：《十九大以来重要文献选编》（中），中央文献出版社 2021 年版，第 599 页。

第九章
促进非公有制经济健康发展和非公有制经济人士健康成长

习近平总书记关于“两个健康”的重要论述，系统地回答了新的历史方位上如何引领非公有制经济高质量发展、非公有制经济人士健康成长等一系列根本性、全局性、战略性的重大问题，引领党的非公有制经济领域统战工作进入新时代。

第一节　“两个健康”重要论述的逻辑演进

习近平总书记关于“两个健康”的重要论述，来源于理性的凝结、历史的淬炼和现实的升华，是马克思主义政治经济学、自身从政经历和对非公有制经济现实问题考量的集成。

一、“两个健康”重要论述的深厚根基

（一）马克思主义政治经济学的创新发展

马克思主义经典作家并没有提出“两个健康”的概念，但是他们关于私有制的理论阐述成为习近平总书记关于“两个健康”重要论述的思想和理论来源。马克思和恩格斯曾说过耳熟能详的名言：资产阶级在它的不到一百年的阶级统治中所创造的生产力，比过去一切世代创造的全部生产力还要多，还要大。[①] 这表明以私人占有生产资料为本质的资本主义有效地解放和发展了生产力。列宁在领导俄国革命和建设的过程中，对促进多种所有制经济并存进行了不少有益的思考。十月革命后，苏俄实行“战时共产主义”，在农村实行余粮收集制等政策，造成了列宁所称的“最大的政治危机”。列宁意识到了在生产力没有充分发展的情况下，急于向纯粹的社会主义公有制过渡，急于消灭私有制，必然会损害苏维埃政权，随后苏俄开始执行新经济政策。“新经济政策的真正实质在于：第一，无产阶级国家准许小生产者有贸易自由；第二，对于大资本的生产资料，无产阶级国家采用资本主义经济学中叫作‘国家资本主义’的一系列原则。”[②]毛泽东在社会主义改造结束后在同民建和工商联负责人的谈话中提出，一些地方如“上海的地下工厂同合营企业也是对立物。因为社会有需要，就发展起来。要使它成为地上，合法化，可以雇工……最好开私营工厂，同地上的作对，还可以开夫妻店，

① 《马克思恩格斯选集》第一卷，人民出版社2012年版，第405页。
② 《列宁全集》第四十三卷，人民出版社1987年版，第263页。

请工也可以”[①]。他甚至怀疑“俄国新经济政策结束得早了，只搞了两年退却就转为进攻，到现在社会物资还不充足”[②]。上述马克思主义经典作家对私有制的观点虽然没有直接论述要求促进非公有制经济的健康发展，但都是正确理解和处理公有制经济和非公有制经济的理论指南，也为习近平总书记“两个健康”重要论述提供了丰厚的理论滋养。

（二）改革开放以来民营经济工作的经验总结

“治理国家和社会，今天遇到的很多事情都可以在历史上找到影子，历史上发生过的很多事情也都可以作为今天的镜鉴。”[③]基于这一历史唯物主义的立场、观点和方法，习近平总书记察古知今、鉴人知己，对改革开放以来党的非公有制经济发展情况进行了系统考察和总结，为新时代“两个健康”工作提出了历史依据。

改革开放后，党对非公有制经济的认识和工作经历了初步探索、日益完善和纵向深化三个阶段。

改革开放初期，“两个健康”经历了从“一个健康”向“两个健康”的演进过程。1981 年，中共中央、国务院《关于广开门路、搞活经济，解决城镇就业问题的若干决定》（简称《决定》）下发后，中国民主建国会、中华全国工商业联合会向中央提交了执行《决定》的几点意见。1982 年 2 月，中共中央办公厅、国务院办公厅将这些意见转发中央统战部，其中提出“要进一步调整政策，改革制度，以利于集体经济和个体经济的健康发展”。这是最早在中央文件中涉及非公有制经济健康发展的提法。1989 年 3 月，中央统战部在《关于开展私营企业统战工作的几点意见》中，明确提出“开展私营企业统战工作的指导思想是：鼓励、引导私营企业健康发展；团结、教育私营企业者，为繁荣社会主义商品经济服务”。

党的十四大以后，党对非公有制经济和非公有制经济人士的认识取得了突破，非公有制经济人士成为中国特色社会主义事业建设者，扩大了非公有制经济人士政治参与渠道。1996 年 1 月，时任中央统战部部长王兆国同志在全国统战部长会议上指出，做好非公有制经济代表人士的思想政治工作，直接关系到党的经济体制改革伟大战略的实施，关系到非公有制经济的健康发展。这是从统战工作视角第一次提出了“非公有制经济健康发展”的主题。2000 年 12 月，江泽

① 《毛泽东文集》第七卷，人民出版社 1999 年版，第 170 页。

② 《毛泽东文集》第七卷，人民出版社 1999 年版，第 170 页。

③ 《习近平主持中共中央政治局第十八次集体学习》，中国政府网，2014 年 10 月 13 日，https://www.gov.cn/xinwen/2014-10/13/content_2764226.htm。

民在第十九次全国统战工作会议上发表讲话，强调要“着眼于非公有制经济健康发展和非公有制经济人士健康成长，帮助他们树立在党的领导下走建设有中国特色社会主义道路的信念，做到爱国、敬业、守法；在加快自身企业发展的同时，也要开展致富思源、富而思进的活动，帮助更多的人走上富裕之路”①。这次全国统战工作会议上提出了“非公有制经济人士健康成长”，并将其摆到与“非公有制经济健康发展”同等重要的地位。

进入新时代，面对世情国情和非公有制经济自身的变化发展，以习近平同志为核心的党中央对非公有制经济工作审时度势、科学研判和系统谋划，实现了重大理论创新和政策发展，作出了“民营企业和民营企业家是我们自己人”“民营经济是我国经济制度的内在要素”②的判断，深化了对“两个健康”的认识。在党的十九大上，习近平总书记明确指出，“促进非公有制经济健康发展和非公有制经济人士健康成长”③。“引导非公有制经济人士健康成长，促进非公有制经济健康发展”被列入统一战线工作的重点问题之一。党对非公有制经济方针政策日益深化，信任、团结、服务、引导、教育日趋优化完善。

（三）世界经济治理成果的择善而用、兼容并蓄

促进经济发展、财富增长是经济学永恒的主题。千百年来，世界不同国家都生成了许多跨越时空的经济治理理念、制度和方法，产生过许多杰出的经济思想家和广为流传的经典著作。这些思想和著作包含着很多迄今仍有借鉴意义的经济思想精华。习近平总书记充分借鉴吸收国外经济理论和治理文明成果，始终坚持辩证思维，反对不加甄别、全盘照搬、机械复制国外经济治理思想和学说，提出了客观看待非公有制经济在社会发展中的地位和作用，辩证分析政府与市场的关系，要不断为非公有制经济营造更好的发展环境，帮助非公有制经济解决发展中的困难，充分利用政府“有形之手”，解决市场“无形之手”的失灵，从而让非公有制经济创新源泉充分涌流，让非公有制经济创造活力充分迸发。

同时，习近平总书记非常强调非公有制经济人士，特别是“企业家精神”这个核心要素对经济发展的促进作用。2020年，习近平总书记在视察江苏时提出学习爱国企业家典范张謇，弘扬新时代企业家精神。这不仅是辩证唯物主义的应

---

① 《江泽民文选》第三卷，人民出版社2006年版，第152页。

② 习近平：《在民营企业座谈会上的讲话》，《人民日报》2018年11月2日，第2版。

③ 习近平：《决胜全面建成小康社会 夺取新时代中国特色社会主义伟大胜利——在中国共产党第十九次全国代表大会上的报告》，人民出版社2017年版，第51页。

用，更是汲取世界经济治理精华，支持服务非公有制经济高质量发展的重要途径和举措。

二、“两个健康”重要论述的现实要求

（一）“两个健康”重要论述是推动非公有制经济高质量发展的遵循指导

改革开放四十多年的历程告诉我们，非公有制经济是中国特色社会主义市场经济的重要组成部分，非公有制经济人士成为中国特色社会主义事业建设者。非公有制企业强则中国经济强，非公有制经济活则中国经济活，非公有制企业家好则中国经济发展好，非公有制经济已成为我国国民经济的重要力量、创造就业机会的最大来源，广大民营企业家已成为推动中国高质量发展的中坚力量，促进全体人员共同富裕的推动器。“两个健康”的重要论述，对于非公有制经济人士不忘初心、接续奋斗，继续创新和弘扬新时代优秀企业家精神，对于实现非公有制经济勇立时代潮头、高质量发展指明了方向，提供了根本遵循。

（二）“两个健康”重要论述是做好非公有制经济领域统战工作的重要抓手

促进“两个健康”既是重大经济问题，又是重大政治问题。“两个重大”的论断凸显了促进“两个健康”在党和国家工作全局中的战略地位，有利于形成全党共同做好非公有制经济领域统战工作的良好局面，推动非公有制经济领域统战工作进一步聚焦和突出“两个健康”主题。“两个健康”的重要论述，就是要通过改革创新，进一步完善非公有制经济领域统战工作、推进工商联和商会改革发展、培育和发展中国特色商会组织，提升非公有制经济发展的质量、效益和竞争力。

三、“两个健康”重要论述的形成过程

（一）萌发孕育

习近平总书记关于“两个健康”的重要论述是在改革开放的实践中不断萌发

孕育的。习近平同志担任市县领导时在非公有制经济工作相关会议上的讲话、出台的相应政策中就非公有制经济的健康发展和非公有制经济人士的健康成长作出判断、建议、要求、指导，是习近平总书记关于“两个健康”重要论述的萌芽和源头。其蕴含的深刻内涵往往是极具战略性和前瞻性的。

习近平同志在担任正定县委书记期间，了解到“左”的思想干扰仍影响着私营经济的发展。一些干部把先富起来的“两户一体”（指专业户、重点户、经济联合体）看成搞歪门邪道的非“正统”百姓。在县委工作会议上，习近平深入分析了类似现象存在的原因，“把运用正当手段实现勤劳致富与投机钻营、非法剥削混淆起来了”。在习近平的组织下，正定县委出台《关于认真检查对待专业户的一些错误做法的通知》，提出“对‘两户一体’进行打击、刁难、阻碍的，要认真追查，严肃处理”“各级都要为‘两户一体’撑腰”。[①] 1990 年习近平担任福州市委书记时就实施了营商制度改革，从而为非公有制经济发展减负松绑。习近平在福州率先倡导简政放权，创造性地实行投资项目审批“一栋楼办公”，全部手续不用出楼即可办成。尤其是在福州经济开发区强调“马尾的事，特事特办，马上就办”，要求市各主管部门简化审批程序，一揽子解决问题，给企业带来了很多便利。1996 年至 2002 年，先后担任福建省委副书记、省长的习近平七次到晋江调研，他发现晋江发展中存在着一些不足：企业虽不少，有影响力的大企业却不多；产量虽不低，产品的技术含量却不高；鞋帽服装饰品企业多，高精尖技术却稀少；工业化发展热气腾腾，城市化发展却相对滞后。针对晋江发展的矛盾与问题，习近平提出以“六个始终坚持”和“处理好五大关系”为主要内容的“晋江经验”，至今仍彰显着超越时空的价值性、战略性、前瞻性、开创性的真理光芒和实践伟力。

（二）探索形成

习近平同志担任浙江省委书记后，负责总揽全局、协调各方，把各种政治力量统一到党中央的路线方针之下，对非公有制经济健康发展和非公有制经济人士健康成长形成了更加全面深刻的思考，“两个健康”的思想初具雏形。

针对非公有制经济，习近平创造性地提出了“四个不限”，即对个体私营经济不限发展比例、不限发展速度、不限经营方式、不限经营规模。针对政府服务水平不高的问题，提出了要优化非公有制企业发展环境，服务好非公有制经济人

① 参见河北日报总编室编：《与时代同行 河北日报 70 年新闻作品选》（下），河北人民出版社 2019 年版，第 646 页。

士，包括为台资企业、外资企业、个体私营企业创造良好的外部环境，充分调动他们的积极性。2003 年，习近平在《经济日报》连续刊发两篇重要文章，在充分肯定浙江个体私营经济地位的同时，敏锐地指出发展个体私营经济过程中“某些政策和不公平待遇依然存在”，气势恢宏地提出“三个一切”：破除一切影响民营经济发展的思想束缚！改变一切影响民营经济发展的做法和规定！消除一切影响民营经济发展的体制障碍和政策制约！[①]“三个一切”催生了许多重大改革举措，含金量和可操作性俱佳，为浙江民营经济的发展创造了良好政策环境。

在 2004 年 1 月 12 日召开的浙江省知名民营企业家座谈会上，习近平希望民营企业适应我国对外开放新形势，充分利用国际国内两种资源、两个市场，不断提高外向发展水平，敢于打到省外去，敢于打到国际市场去，通过跨区域、跨国经营，做大、做强、做优。

比较习近平总书记在浙江关于非公有制经济的做法和民营企业座谈会上的讲话精神，可以看出他关于“两个健康”的重要论述与在浙江工作期间对非公有制经济健康发展和非公有制经济人士健康成长的认识实践是一脉相承、一以贯之的，体现了与时俱进、与时俱新的理论品质。

（三）创新完善

党的十八大以来，习近平总书记明确提出了“两个健康”的概念，作出了“民营经济是我国经济制度的内在要素，民营企业和民营企业家是我们自己人”[②]等重要论断，强调引导非公有制经济人士争做“四个典范”，并就优化营商环境、推动政策落实、弘扬企业家精神、构建亲清政商关系、切实发挥工商联群团组织作用、积极培育和发展中国特色商会组织等作出一系列部署。

2015 年，习近平总书记在中央统战工作会议上强调，非公有制经济要健康发展，前提是非公有制经济人士要健康成长。2017 年 10 月，党的十九大报告明确提出“构建亲清新型政商关系，促进非公有制经济健康发展和非公有制经济人士健康成长”。2018 年 11 月，习近平总书记在民营企业座谈会上再次强调“两个健康”：希望广大民营经济人士加强自我学习、自我教育、自我提升。民营企业家要珍视自身的社会形象，热爱祖国、热爱人民、热爱中国共产党，践行社会主义核心价值观，弘扬企业家精神，做爱国敬业、守法经营、创业创新、回报社会的典

① 习近平：《鼓励引导民营企业推进体制和机制创新》，《经济日报》2003 年 7 月 1 日。

② 习近平：《在民营企业座谈会上的讲话》，《人民日报》2018 年 11 月 2 日，第 2 版。

范。[①] 2020年9月，习近平总书记对新时代非公有制经济领域统战工作作出重要指示，指出非公有制经济是社会主义市场经济的重要组成部分，促进非公有制经济健康发展和非公有制经济人士健康成长具有十分重要的意义。[②] 这些重要论述，极富继承性，极富创造性，极富实践性，极富感染力，极大地丰富了“两个健康”的内涵与外延。

第二节　“两个健康”重要论述的核心要义

“两个健康”有特定的科学内涵，可从以下三个层面把握其核心要义。

一、非公有制经济健康发展的内涵

（一）发展速度稳

非公有制经济的健康发展首先体现在发展速度上，可以用一些具体的指标进行描述。具体而言包括民营经济的营业收入、营业利润、就业人数、外贸出口、新登记市场主体的增加数等指标。

但是，非公有制经济健康发展不仅仅体现在发展的速度上。如果单纯追求非公有制经济的增长速度，完全可以采取一些纯粹的刺激经济增长的办法，从而实现更高的经济发展指标。例如，降低环评标准上项目、实施更为宽松的货币政策逆周期调节、让民间资本无序流动等。这是在解决一个问题的同时制造更多的问题，这不仅会让已有的问题，比如房价上涨过快、生态破坏等问题更为严重，而且还会带来通货膨胀和产业低端化。因此，我们要重视速度但又不唯速度，增长速度要以增长质量为前提。

正确理解非公有制经济发展速度应从以下三个方面着手：一是非公有制经济发展速度应当与潜在增长率相匹配。潜在增长率是一个地区非公有制经济在

① 习近平：《在民营企业座谈会上的讲话》，《人民日报》2018年11月2日，第2版。

② 《习近平对新时代民营经济统战工作作出重要指示》，中国共产党新闻网，2020年9月16日，http://cpc.people.com.cn/GB/n1/2020/0916/c64094-31864240.html。

各种资源得到最优配置条件下所能达到的最大经济增长率。如果一味通过刺激“透支”式地促进非公有制经济的高速发展,从表面上看发展速度快了,但这种竭泽而渔的快速发展并不是健康的。二是非公有制经济的发展要体现稳定性,年度非公有制经济发展速度波峰与波谷间的差距要小。三是非公有制经济发展要体现协调性。协调主要是指一、二、三产业以及第二产业中的高技术产业与传统产业之间的协同发展。

(二)经济结构优

经济结构是非公有制经济中各个领域、各个部门、各个地区乃至各个行业之间的对比关系和结合状况。非公有制经济结构优主要表现在以下两个方面:一是从产业结构看,第二产业快速发展,第三产业稳步发展。根据“配第-克拉克”定理,随着经济水平的提升,第三产业在整个经济中所占比例也会大幅提升。但是我们也应该看到,制造业是实现中国式现代化的根基。2023 年两会期间,习近平总书记在参加江苏代表团审议时指出:“任何时候中国都不能缺少制造业。”[①]目前,我国制造业门类、品种齐全,下一步要努力发展高端制造业,实现全面提升,国家将大力支持高端制造业发展。二是从工业生产结构看,制造业产业结构持续优化,不断向高端化、智能化、绿色化、数字化转型升级。转型升级的动力在于新动能增长较快,特别是战略性新兴产业、高技术产业和装备制造业的增长。习近平总书记指出,制造业的核心就是创新,就是掌握关键核心技术,必须靠自力更生奋斗,靠自主创新争取,希望所有企业都朝着这个方向去奋斗。[②] 这也为非公有制经济结构优化指明了方向。

(三)营商环境好

好的营商环境不仅是企业家投资兴业的沃土,更是企业发展壮大不可或缺的条件。优化营商环境最核心的工作是按照“市场在资源配置中起决定性作用和更好发挥政府作用”的要求,处理好政府与市场的关系。

一是提升政务服务透明度。既要全面公开涉企服务事项及办事流程,编制发布办事指南,也要全面推行行政许可和公共服务标准化,为非公有制企业办事

---

① 习近平:《任何时候中国都不能缺少制造业》,中国政府网,2023 年 3 月 6 日,https://www.gov.cn/xinwen/2023-03/06/content_5744928.htm。

② 《【每日一习话】制造业的核心就是创新》,人民网,2022 年 7 月 17 日,http://politics.people.com.cn/n1/2022/0717/c1001-32477461.html。

提供明确指引，同时还应在制定涉及非公有制企业及其经营者重大利益的地方性法规和政府规章及其他规范性文件，或者作出涉及企业重大利益决策时，通过听证会、论证会、座谈会等形式，充分听取非公有制企业及其负责人的意见。

二是增强法治治理公平度。要做到“三个平等”。司法办案对内资与外资、国企与民企的诉讼地位平等，法律适用平等，法律责任平等。要做到“三个慎重”。慎重拘留逮捕企业负责人和管理、技术骨干，慎重查封扣押冻结企业财物账户，慎重考虑办案方式和时机。比如，调查取证严格限定相关人员范围，不对非涉案当事人、非涉案项目和非涉案财务账册进行“普遍性”排查、调查和取证；传唤、拘传、搜查时，尽量避免在公众场合进行，最大限度地避免司法办案给企业正常经营活动带来负面影响。既注重保护企业有形资产，也要注重保护企业的无形资产，特别是商誉。要严格区分“五个界限”。注意区分经济纠纷与经济犯罪的界限、个人犯罪与企业违规的界限（个人财产与企业财产、个人财产与家庭财产）、合法企业与犯罪组织的界限、正当融资与非法集资的界限、合法经营收入与违法犯罪所得的界限（合法财产与非法财产）。要做到“两个严格”。严格遵循罪刑法定、疑罪从无原则；严格遵循法不溯及既往、从旧兼从轻原则。

三是提升市场准入公平度。提升市场准入的公平度就是要持续深化“放管服”①和商事制度改革，以推进“三个平等”为目标，不断优化营商市场环境，确保不同市场主体之间的公平竞争，从而不断增强中国非公有制经济发展的内生动力。党的十八大明确要求，“保证各种所有制经济依法平等使用生产要素、公平参与市场竞争、同等受到法律保护”②。2013 年 11 月，习近平总书记在《关于〈中共中央关于全面深化改革若干重大问题的决定〉的说明》中强调，“坚持权利平等、机会平等、规则平等，实行统一的市场准入制度”③。党的十九大重申，“全面实施市场准入负面清单制度，清理废除妨碍统一市场和公平竞争的各种规定和做法”④。党的十八大以来，中共中央、国务院深入推进“放管服”和商事制度改革，取得了显著成效，妨碍平等准入和公平竞争的“玻璃门”“弹簧门”“旋转门”大幅减少。

---

① 即简政放权、放管结合、优化服务。

② 中共中央文献研究室编：《十八大以来重要文献选编》（上），中央文献出版社 2014 年版，第 16 页。

③ 《习近平谈治国理政》第一卷，外文出版社 2018 年版，第 79 页。

④ 习近平：《决胜全面建成小康社会 夺取新时代中国特色社会主义伟大胜利——在中国共产党第十九次全国代表大会上的报告》，人民出版社 2017 年版，第 42-43 页。

（四）风险抵御能力强

风险抵御能力体现了非公有制经济健康发展的底线，经济发展不能以牺牲环境、资源、生命等为代价，应该是可持续的、绿色的、安全的发展，必须坚持一定的底线。非公有制经济抵御风险的能力可以从财务、市场、安全、环境、信誉等五个方面进行考察。民营企业的财务风险主要涉及筹资风险、投资风险和营运资金风险。如果企业杠杆率过高，在资金不足的情况下容易导致企业的破产。民营企业的市场风险与市场的需求密切相关。随着文化水平、收入提升等，市场对产品的偏好往往发生改变，从而影响企业的生产经营。民营企业在生产经营中也需要特别关注声誉风险。随着互联网技术的普及，某些负面消息容易被放大，往往影响到大众对企业产品的需求。

二、非公有制经济人士健康成长的内涵

2015 年 5 月，习近平总书记在中央统战工作会议上首次明确指出，要“引导非公有制经济人士特别是年轻一代致富思源、富而思进，做到爱国、敬业、创新、守法、诚信、贡献”[①]。2020 年 7 月，习近平在企业家座谈会上强调，“企业家要带领企业战胜当前的困难，走向更辉煌的未来，就要在爱国、创新、诚信、社会责任和国际视野等方面不断提升自己”[②]。2023 年 3 月，习近平总书记在看望参加全国政协十四届一次会议的民建、工商联界委员时指出，“民营企业和民营企业家要筑牢依法合规经营底线，弘扬优秀企业家精神，做爱国敬业、守法经营、创业创新、回报社会的典范”[③]。结合习近平总书记历次讲话精神，非公有制经济人士健康成长的内涵可以归纳为爱国敬业、守法经营、创新创业、回报社会和国际视野五个层面。

（一）爱国敬业

爱国，就是热爱祖国、报效祖国。这是民营企业家作为合格公民的神圣责

① 习近平：《巩固发展最广泛的爱国统一战线 为实现中国梦提供广泛力量支持》，《人民日报》2015 年 5 月 21 日，第 1 版。

② 习近平：《在企业家座谈会上的讲话》，人民网，2020 年 7 月 21 日，http://politics.people.com.cn/n1/2020/0721/c1024-31792296.html。

③ 《习近平在看望参加政协会议的民建工商联界委员时强调 正确引导民营经济健康发展高质量发展》，《人民日报》2023 年 3 月 7 日，第 1 版。

任。企业营销无国界，企业家有祖国。优秀企业家必须对国家、对民族怀有崇高使命感和强烈责任感，把企业发展同国家繁荣、民族兴盛、人民幸福紧密结合在一起，主动为国担当、为国分忧，正所谓“利于国者爱之，害于国者恶之”。爱国是近代以来我国优秀企业家的光荣传统。从清末民初的张謇，到抗战时期的卢作孚、陈嘉庚，再到新中国成立后的荣毅仁、王光英等，他们都是爱国企业家的典范。改革开放以来，我国也涌现出一大批爱国企业家。企业家爱国有多种实现形式，但首先是办好一流企业，带领企业奋力拼搏、力争一流，实现质量更好、效益更高、竞争力更强、影响力更大的发展。

敬业，就是要牢记职责，忠于职守，这是发展企业、成就事业的基本保证。企业家要有“咬定青山不放松”的专心致志。事实上，企业家一生不知要碰上多少“迷人”的诱惑，任何诱惑都有着美妙无比的“理论”说辞。如果禁不住诱惑，“多元化”经营往往会导致企业陷入困境。大部分优秀的非公有制企业能够坚持主业，任凭市场风云变幻，企业发展战略始终没变，这才能够把企业推到全球行业的前列。

（二）守法经营

守法，就是要敬畏法律、恪守底线，依法经营、依法管理。这是依法治国的基本要求。

2018 年 11 月，习近平总书记在民营企业座谈会上的讲话中指出：“民营企业家要讲正气、走正道，做到聚精会神办企业、遵纪守法搞经营，在合法合规中提高企业竞争能力。”①2023 年全国两会期间，习近平总书记再次强调，民营企业和民营企业家要筑牢依法合规经营底线。

社会主义市场经济是信用经济、法治经济。法治意识、契约精神、守约观念是现代经济活动的重要意识规范，也是信用经济、法治经济的重要要求。企业家要做诚信守法的表率，带动全社会道德素质和文明程度的提升。守法经营，这是任何企业都必须遵守的原则，也是长远发展之道。

（三）创新创业

创新，就是要打破常规、敢为人先。这是企业家精神的灵魂，是非公有制经济可持续发展的核心驱动力。

---

① 《习近平谈治国理政》第三卷，外文出版社 2020 年版，第 268 页。

在2023年两会期间，习近平总书记强调“民营企业要践行新发展理念”“自觉走高质量发展路子”，“有能力、有条件的民营企业要加强自主创新，在推进科技自立自强和科技成果转化中发挥更大作用”。①

创新是引领发展的第一动力。富有之谓大业，日新之谓盛德。企业家创新活动是推动企业创新发展的关键。美国的爱迪生、福特，德国的西门子，日本的松下幸之助等著名企业家都既是管理大师，又是创新大师。改革开放以来，我国经济发展取得举世瞩目的成就，这与广大企业家大力弘扬创新精神是分不开的。创新就要敢于承担风险。敢为天下先是战胜风险挑战、实现高质量发展特别需要弘扬的品质。大疫过后，百业艰难，但危中有机，唯创新者胜。企业家要做创新发展的探索者、组织者、引领者，勇于推动生产组织创新、技术创新、市场创新，重视技术研发和人力资本投入，有效调动员工创造力，努力把企业打造成为强大的创新主体，在困境中实现凤凰涅槃、浴火重生。

（四）回报社会

回报社会，就是要饮水思源、感恩回报。这是非公有制经济人士应当具备的思想境界和精神风貌。2023年两会期间，习近平总书记勉励非公有制企业和非公有制经济人士，“要继承和弘扬中华民族传统美德，积极参与和兴办社会公益慈善事业，做到富而有责、富而有义、富而有爱”②。

回报社会就是要引导非公有制企业在防范化解重大风险、促进社会和谐稳定方面发挥作用。要引导非公有制企业积极参与节能环保、清洁能源等领域建设，用实际行动践行绿色发展理念。只有真诚回报社会、切实履行社会责任的企业家，才能真正得到社会认可，才是符合时代要求的企业家。这些年来，越来越多的企业家投身于各类公益事业。在防控新冠疫情过程中，广大企业家积极捐款捐物，提供志愿服务，作出了重要贡献，值得充分肯定。当前，就业压力加大，部分劳动者面临失业风险。关爱员工是企业家履行社会责任的一个重要方面，要努力稳定就业岗位，关心员工健康，同员工携手渡过难关。

---

① 《习近平在看望参加政协会议的民建工商联界委员时强调 正确引导民营经济健康发展高质量发展》，《人民日报》2023年3月7日，第1版。

② 《习近平在看望参加政协会议的民建工商联界委员时强调 正确引导民营经济健康发展高质量发展》，《人民日报》2023年3月7日，第1版。

（五）国际视野

有多大的视野，就有多大的胸怀。改革开放以来，民营企业家在国际市场上锻炼成长，利用国际国内两个市场、两种资源的能力不断提升。过去十年，我国企业"走出去"步伐明显加快，更广、更深参与国际市场开拓，产生出越来越多世界级企业。近几年，经济全球化遭遇逆流，经贸摩擦加剧。一些企业基于要素成本和贸易环境等方面的考虑，调整了产业布局和全球资源配置。面对这种新的国际形势，习近平总书记明确指出，非公有制企业要提高"四种能力"，即提高把握国际市场动向和需求特点的能力，提高把握国际规则能力，提高国际市场开拓能力，提高防范国际市场风险能力。[①] 企业家只有在提高四种能力上下功夫，才能带动企业在更高水平的对外开放中实现更好发展，促进国内国际双循环。

三、准确把握"两个健康"之间的内在关联

（一）"两个健康"既是重大的经济问题，也是重大的政治问题

"两个健康"规定了新时代民营经济统战工作的根本任务。习近平总书记指出，促进"两个健康"，既是重大经济问题，也是重大政治问题。

"两个健康"是重大的经济问题，是因为关系到能否打造中国经济"升级版"。改革开放以来，特别是进入新时代，非公有制经济是社会主义市场经济发展的重要成果，是推动社会主义市场经济发展的重要力量，是推进供给侧结构性改革、推动高质量发展、建设现代化经济体系的重要主体，也是我们党长期执政、团结带领全国人民实现"两个一百年"奋斗目标和中华民族伟大复兴中国梦的重要力量。

非公有制经济发展到了今天，进入了"船到中流浪更急、人到半山路更陡"的新阶段。总结起来就是七个"过去了"：一是工资低、不要社保、又听话的"好员工"时代过去了；二是地价低甚至不要钱的"好政策"时代过去了；三是资源、环境、能耗标准低的"好环境"时代过去了；四是房地产、煤炭、金融、IT、电商等产业的"暴利时代"过去了；五是加工贸易靠"走量"取胜的"WTO 红利"时代过去了；六是跟风、盗版、"山寨"，"一招鲜吃遍天"的"好赚钱"时代过去了；七是挖门路、找靠山、攀关系、走后门、甩红包的"潜规则"时代过去了。今天，企业竞争要

① 习近平：《在企业家座谈会上的讲话》，《人民日报》2020 年 7 月 22 日，第 2 版。

靠真本领、硬功夫,走偏门、“打一枪换一个地方”已经不行了。

克服经济面临的消极面,迫切需要引领非公有制经济高质量发展,迫切需要对非公有制经济人士的思想进行升级。思想升级决定企业升级。企,“人”+“止”。人的高度,决定企业的高度;有什么样的老板,就有什么样的企业。老板的思想不升级,企业就很难升级。非公有制经济人士创业时要有一股劲,现在转型升级也要有一股劲。在当前“不转型等死、转型找死”的重大命运转折时期,没有这股劲就会求稳怕输,止步不前,甚至重走老路、邪路。深圳的华为技术有限公司为什么能够多年一以贯之地向一个“城墙口”——通信技术创新“冲锋”,即使在企业起步阶段,也要把相当大的一笔投资用于创新,一个根本原因就是有一股不服输、永不止步的奋斗精神。没有这种精神,就会小富即安、心为物役、耽于享乐,企业就不能继续做大做强。

“两个健康”也是重大的政治问题,经济决定政治,政治又反过来影响经济,二者很难分开。中国很早就存在“红顶商人”,在日本、韩国等东方国家,至今还存在裙带资本主义的阴影。在西方世界,一方面金钱对政治的影响至今没有消退,个别国家所谓“普世民主”完全沦为金钱游戏;另一方面企业也很难完全避开政治,企业家的经济行为也会带来政治后果。习近平总书记在新的历史方位上,高屋建瓴地看到,当我国非公有制经济从无到有、从小到大,发展到占据中国经济“半壁河山”,非公有制经济人士成长为一个新的社会阶层时,他们掌握了相当多的资源,具有较强的社会号召力和动员能力。做好他们的团结、教育工作,关系到扩大党的群众基础,关系到社会人心向背,关系到党的执政地位。非公有制经济的问题,不再是自身的问题,而是中国经济的问题,不仅是经济问题,而且是重大政治问题。

一是关系到扩大党的群众基础。当前,我国非公有制经济人士总数超过1亿人;如果加上家属和子女,以及与其有直接利益关系的亲属数量,总人数超过3亿,在全国总人口中的占比超过23%。如果算上受他们管理的在非公有制经济领域就业的2亿多员工,非公有制经济人士已经成为中国社会的一支重要力量。总数这么大的一个群体,他们信不信社会主义、跟不跟党走在政治上是件大事。在现实生活中,我们发现的确存在少数民营经济人士理想信念缺失,信权信钱信教信美①就是不信党、信社会主义。作为改革开放国策的最大受益者,少数民营经济人士却对党和政府没有感恩之心,一味吹嘘自我奋斗,什么人都不在

① 信美,是指一些人相信以美国为首的西方敌对势力宣传的“三权分立”等所谓普世价值。当有关中国的谣言在西方、网络满天飞的时候,他们相信西方媒体、政客说的话,不相信党和政府的正面报道。

他的眼里。这样的人虽然只是少数,但他们的存在不仅威胁国家意识形态安全,而且对反腐败斗争、维护国家安全和社会稳定产生不利影响,极大地损坏了非公有制经济人士的整体社会形象。

二是关系到社会人心向背。非公有制经济人士,特别是其中的代表人士,作为巨额财富的拥有者和巨量资本的掌控人,在市场经济社会很容易成为“有头有脸”的“高光”人士。这群人来源多元、文化素质参差不齐、企业处境千差万别,独立性和自主性比较强,思想观点多样复杂,没有体制内的人那么多顾虑和束缚,出于各种目的常有“惊人之语”。如果不加以正确引导,从小处看会影响党的方针政策的贯彻落实,从大处讲会影响国家政治稳定。

三是关系到巩固党的执政地位。短短四十年内出现这么大的一个利益群体,是中国社会史上发生的大事件,历史上恐怕只有士大夫阶层的出现能够与之媲美。而在掌控的社会资源上,曾经的士大夫们恐怕远不及今天的非公有制经济人士。

引导这一庞大群体以“建设者”身份存在比作为“异己力量”出现,更有利于国家社会稳定和提高党的执政水平。比如,在实施国家重大战略上,他们的作用如果发挥得好,往往能起到比党和政府直接推动更好的民间外交效果。2014 年 5 月 13 日,越南发生反华骚乱,许多中资企业受到冲击,极大挫伤了非公企业参与“一带一路”的积极性。然而,就在这次反华事件中,杨勇智创办的越南光伏科技有限公司被当地政府 24 小时保护,安然度过了危机。杨勇智的秘诀在哪里?融入当地社会,真诚地对当地人好,不仅为越南带去了中国最先进的光伏生产技术,而且通过主动为越南北江省进行产业链招商,使北江省的经济发展速度远超越南平均水平。这个案例生动地说明了非公有制经济人士这个市场经济领域的“稀缺资源”和“关键少数”,如果教育引导得好,就是巩固党执政地位的有利因素;他们的作用如果发挥得好,对党治国理政大有裨益。

(二)非公有制经济健康发展的前提是非公有制经济人士健康成长

2016 年 3 月 4 日,习近平总书记在参加全国政协十二届四次会议民建、工商联界委员联组会时首次指出,非公有制经济要健康发展,前提是非公有制经济人士要健康成长。广大非公有制经济人士也要认识到这一点,加强自我学习、自我教育、自我提升。①

① 《习近平著作选读》第一卷,人民出版社 2023 年版,第 466-467 页。

习近平总书记作出的这个科学判断，已经被 1991 年以来的非公有制经济统战工作证明为科学真理。把民营经济人士作为政治上的自己人，有利于加强对非公有制经济人士的教育引导，有利于把广大非公有制经济人士团结在党和政府的周围，引导他们主动向党靠拢，认真贯彻党的路线、方针和政策，积极参与国家发展大战略，把个人、家庭、企业的发展命运与国家、民族的命运紧密联系在一起，在实现中华民族伟大复兴中国梦中实现个人梦、家庭梦、企业梦。

（三）一手抓鼓励支持，一手抓教育引导

习近平总书记在 2015 年中央统战工作会议上强调，促进非公有制经济健康发展和非公有制经济人士健康成长，要坚持信任、团结、服务、引导、教育的方针，一手抓鼓励支持，一手抓教育引导。这为我们做好“两个健康”工作指明了正确方向，规划了路径，提出了根本要求。

一是要鼓励非公有制企业坚定发展信心。2016 年习近平总书记在参加全国政协十二届四次会议民建、工商联界委员联组会时的讲话中指出，信心很重要[①]。我国发展一时一事会有波动，但长远看还是东风浩荡。广大非公有制经济人士要准确把握我国经济发展大势，提振发展信心。在 2018 年民营企业座谈会上，习近平总书记再次指出，“保持定力，增强信心，集中精力办好自己的事情，是我们应对各种风险挑战的关键”，“只要我们保持战略定力，坚持稳中求进工作总基调，以供给侧结构性改革为主线，全面深化改革开放，我国经济就一定能够加快转入高质量发展轨道，迎来更加光明的发展前景”。[②]

二是要为非公有制企业发展营造更好的支撑环境。在 2018 年民营企业座谈会上，习近平总书记指出：“在我国经济发展进程中，我们要不断为民营经济营造更好发展环境，帮助民营经济解决发展中的困难，支持民营企业改革发展，变压力为动力，让民营经济创新源泉充分涌流，让民营经济创造活力充分迸发。”[③]

三要把外部教育引导与内部自我教育结合起来。许多非公有制企业家都是创业成功人士，是社会公众人物。习近平总书记认为，这些人的“举手投足、一言一行，对社会有很强的示范效应”，因此，他要求广大非公有制经济人士“珍视和维护好自身社会形象”，“加强自我学习、自我教育、自我提升”。[④] 习近平总书记

① 《习近平著作选读》第一卷，人民出版社 2023 年版，第 466 页。
② 《习近平谈治国理政》第三卷，外文出版社 2020 年版，第 263 页。
③ 《习近平谈治国理政》第三卷，外文出版社 2020 年版，第 264 页。
④ 《习近平著作选读》第一卷，人民出版社 2023 年版，第 466-467 页。

指出，“不要听到这个要求就感到不舒服，我们共产党内对领导干部也是这样要求的，而且要求得更严，正所谓‘金无足赤，人无完人’”①。在加强自我修养上，非公有制经济人士要自强不息，止于至善。

四是要大力弘扬企业家精神，造就一支优秀企业家队伍。2014 年 11 月，习近平主席在亚太经合组织工商领导人峰会开幕式上的演讲中指出：“我们全面深化改革，就要激发市场蕴藏的活力。市场活力来自于人，特别是来自于企业家，来自于企业家精神。”②2017 年 4 月 18 日，在中央全面深化改革领导小组第三十四次会议上，习近平总书记再次指出：“企业家是经济活动的重要主体，要深度挖掘优秀企业家精神特质和典型案例，弘扬企业家精神，发挥企业家示范作用，造就优秀企业家队伍。”③

第三节 促进“两个健康”的实践途径

促进“两个健康”需要坚持问题导向，注重统筹协调，多管齐下，在优化营商环境、加强思想政治建设、发挥工商联作用等方面多向发力。

一、优化四大营商环境，助力非公有制经济高质量发展

（一）不断优化营商法治环境，严格保护产权

马克思赞同摩尔根的观点：“无论怎样高度估计财产对人类文明的影响，都不为过甚。”④涉及民事案例时，企业合法权益往往受到侵害。

对合法私有财产的侵犯严重影响了非公有制企业家的信心。习近平总书记在 2018 年民营企业座谈会上的讲话中指出，“要甄别纠正一批侵害企业产权的

① 《习近平著作选读》第一卷，人民出版社 2023 年版，第 467 页。

② 习近平：《谋求持久发展 共筑亚太梦想——在亚太经合组织工商领导人峰会开幕式上的演讲》，《人民日报》2014 年 11 月 10 日，第 2 版。

③ 《拓展改革督察工作广度深度 提高发现问题解决问题实效》，《人民日报》2017 年 4 月 19 日，第 1 版。

④ 《马克思恩格斯全集》第四十五卷，人民出版社 1985 年版，第 377 页。

错案冤案”[①]。最高人民法院依法再审张文中、顾雏军、李美兰等重大涉产权案件。张文中被改判无罪，并作出相应的国家赔偿。纠正一起错案胜过制定一沓文件，冤案纠正堪称是对民营经济发展的“南门之木”。

（二）不断优化营商市场环境，落实“三个平等”

“卷帘门”“玻璃门”“旋转门”是非公有制企业在市场准入、审批许可、招投标等方面受到不公平待遇的形象描述。

党的十八届三中全会指出，要坚持权利平等、机会平等、规则平等，消除各种隐性壁垒，制定非公有制企业进入特许经营领域的具体办法。“三个平等”提出后，各地区都出台了配套措施，确保非公有制企业与国有企业具有相同的机会。一是建立负面清单。除关系国计民生，如水、电、通信、油气等行业外，其他行业都积极鼓励民营企业进入。二是强制规定向民企倾斜。例如，在政府采购方面，有些地方政府明确规定30%的采购份额必须留给中小民营企业。

（三）不断优化营商政策环境，提升政策获得感

一是强输血、活融资，全力以赴为非公有制企业助力加油。资金是企业的血液。与国有企业相比，非公有制企业特别是中小企业的发展一直饱受资金贫乏之苦：融资工具少，主要是银行贷款，无法发行股票、债券等。抵押贷款难，除机器厂房外无可贷之物。当企业发展良好时，银行贷款容易获得，发展不好时，银行进行抽贷。针对这种情况，习近平总书记明确表态，要“逐步降低融资成本”，“把银行业绩考核同支持民营经济发展挂钩”，“拓宽民营企业融资途径”[②]等。“线上大数据，线下软实力”就是解决中小非公有制企业融资的好办法。“线上大数据”就是根据企业平时经营、履行社会责任等情况进行评估，刻画出企业“画像”，从而直接给予信用贷款。“线下软实力”主要用于地区的农村商业银行等，由于银行和企业是在一个地区，银行对企业的“前身今世”等信息了解多，从而提高企业的融资可得性。

二是降成本、减税费，全力以赴为非公有制企业减轻负担。除了缴纳一定的税收，非公有制企业还面临行政收费压力。特别是有些地方应付改革，将行政审批事项转为中介服务，严重增加了企业成本。习近平总书记明确指出，要进一步

① 习近平：《在民营企业座谈会上的讲话》，《人民日报》2018年11月2日，第2版。

② 习近平：《在民营企业座谈会上的讲话》，《人民日报》2018年11月2日，第2版。

清理、精简涉及民间投资管理的行政审批事项和涉企收费，规范中间环节、中介组织行为，减轻企业负担，加快推进涉企行政事业性收费零收费，降低企业成本。[①] 习近平总书记直达市场主体、有效且普惠的减税降费为非公有制企业前行“卸包袱”，转型“加燃料”，研发“添底气”。

三是畅渠道、优服务，全力以赴为非公有制企业排忧解难。2015 年 5 月 6 日，李克强总理在国务院常务会议上讲过这样一个故事：一个公民出国旅游，需要填写紧急联系人。他写了母亲的名字，结果有关部门要求他提供材料，证明“你妈是你妈”。这种事情虽然发生在个别部门，但是，李总理在天津滨海新区见证 1 枚公章取代 109 枚公章时，还是不无感慨地说：“这章做得多结实啊！不知束缚了多少人。”[②]

2020 年 7 月 21 日，习近平总书记在与企业家座谈时指出，要推进简政放权，全面实施市场准入负面清单制度，支持企业更好参与市场合作和竞争。[③] 习近平总书记提出要求后，“最多跑一次”、一网通办、“只进一扇门”等措施相继推出。例如，浙江的最多跑一次，准备好材料去行政机关办证，一次就能把证件办好，使得企业花最少的时间、跑最少的路、交最少的材料就能把该办的事办妥。很多地方实行“2340”改革，即两天办完企业执照，3 天办完不动产权证，40 天办好施工许可证。“你只管乘风破浪，我为你保驾护航”，政府通过“减法”换取了市场的“乘法”，为非公有制企业安心发展创造良好的政务环境。

（四）不断优化营商社会环境，营造良好创新创业氛围

一是营造企业家成长环境。深入学习习近平总书记关于非公有制经济一系列重要论述和重要指示精神，大力宣传党和国家大政方针，深化全社会对非公有制经济和非公有制企业家作用的认识。选树一批政治素质高、管理能力强、企业发展好的民营企业家典型，认真总结、梳理、宣传一批典型事例，以“身边人讲身边事、身边事教身边人”的形式，充分发挥典型的示范引领作用，在全社会形成尊重民营企业、尊重民营企业家的良好氛围。

二是加大表扬奖励企业家力度。各级地方政府每年召开非公有制企业家大会，对地区作出突出贡献的优秀企业家，经综合评价给予表扬奖励；对入围全国

---

① 习近平：《在民营企业座谈会上的讲话》，《人民日报》2018 年 11 月 2 日，第 2 版。

② 《李克强见证封存审批章 叹“不知束缚了多少人”》，中国政府网，2014 年 9 月 13 日，https://www.gov.cn/xinwen/2014-09/13/content_2749991.htm。

③ 习近平：《在企业家座谈会上的讲话》，《人民日报》2020 年 7 月 22 日，第 2 版。

民营企业500强、国家认定的单项冠军、龙头示范企业和营业收入首次突破100亿元的领军企业单独给予表扬奖励。在劳动模范、全国五一劳动奖章和中国青年五四奖章、全国三八红旗手等评选中给予企业家适当倾斜。

三是讲好新时代企业家故事。在新闻媒体开设宣传优秀企业家专栏和专题节目，广泛宣传优秀企业家先进事迹和突出贡献，讲好新时代非公有制企业创新创业的“非公有制企业家故事”。策划一批反映优秀企业家精神的书籍和影视作品，让非公有制企业和企业家有更多的荣誉感、自豪感和成就感。

二、推进思想政治建设，提升非公有制经济人士凝聚力和向心力

（一）加强思想政治引领，夯实非公有制经济人士思想政治工作基础

一是强化非公有制经济人士理想信念教育。深入学习习近平新时代中国特色社会主义思想，主动实践新发展理念，积极投身高质量发展，努力做到听党话、跟党走、报党恩，争做优秀中国特色社会主义事业建设者。完善理想信念教育实践活动长效机制，创新开展非公有制经济人士理想信念教育主题活动，建立非公有制经济人士思想政治培训机制，始终保持非公有制经济人士思想的先进性。

二是加强和改进非公有制企业党建工作。加强和改进非公有制企业党的建设工作，是引导非公有制经济健康发展、推动经济社会发展的需要，是加强和创新社会管理、构建和谐劳动关系、促进社会和谐的需要，是增强党的阶级基础、扩大党的群众基础、夯实党的执政基础的需要。“黄沙、石子、水泥、钢筋，没有水，黏合不到一起，只有用水的力量，才能把它们变成坚固的混凝土。党建在企业里就像水，能够增强凝聚力。”[①]坚持产业发展到哪里，党组织就建到哪里，党的工作就覆盖到哪里。引导党员群众听党话、感党恩、跟党走，把企业的发展与党的国家战略有机结合起来，将党建工作融入企业生产经营、人才培养、企业文化、和谐共建、社会信任五大工程，形成“车之双轮、鸟之双翼”齐头并进、齐飞共进的融入式民企党建新格局，让党建成为驱动企业高质量发展

① 《崔根良：不忘初心永葆本色》，荔枝网，2017年11月6日，https://news.jstv.com/a/20171106/1510107150938.shtml。

的“红色引擎”。

加强非公有制企业党建工作要做好以下五个方面的工作：一要引导非公有制经济人士支持企业建立党的组织，开展党的活动。二要配合组织部门做好在非公有制经济人士中发展党员的工作，严格审查把关，重点考察其思想政治、遵纪守法、道德品质、履行社会责任、支持党建工作等方面情况，并提出明确意见。三要会同宣传、组织等部门，采取多种形式，指导非公有制企业建设先进企业文化，大力宣传非公有制企业党建工作典型，定期评选表彰先进，形成全社会关注、支持非公有制企业党建工作的良好氛围。四要加强工商联所属商会党建工作。探索完善工商联党组织领导和管理所属商会党建的有效机制，探索在工商联所属商会党组织中建立统战工作联络员制度。五要在党委统一领导、党委组织部门牵头协调和党委统战部门指导支持下，加大对民营企业党建工作的推动力度。

（二）规范政治安排，建设高素质非公有制经济代表人士队伍

科学合理地配置政治资源，是促进阶层关系和谐的重要途径，也是坚持人民民主国家政权性质、保持政治稳定的必要条件。在发展社会主义民主政治中，引导非公有制经济人士有序政治参与，有利于党和政府科学决策、民主决策，有利于更好发挥非公有制经济人士的作用。但是非公有制经济人士的政治安排中也出现了一些不容忽视的问题：有的非公有制经济人士为了进人大、政协而不择手段，变换身份甚至拉票贿选。当选之后不是为党和政府分忧，为人民幸福出力，而是谋求一己私利。这是非公有制经济人士政治安排中必须解决好的一个重要问题。

一是科学界定身份。政治推荐安排人员必须从非公有制经济人士中择优选择。人大代表、政协委员首先要保证思想政治素质，还要保证真正的、不是冒名顶替的。

二是掌握适当规模。各级人大代表候选人和各级政协委员中民营经济人士数量要适当，要体现社会主义国家政权的性质，不能依据财富多少分配政治资源。

三是严格标准程序。认真考察，综合评价，做到一个入口、一套标准、凡进必评。习近平总书记指出，在非公有制经济人士政治安排方面，“要坚持标准、严格程序、认真考察，做好综合评价，真正把那些思想政治强、行业代表性强、参政议政能力强、社会信誉好的非公有制经济代表人士推荐出来”[①]。组织部门、统战

① 《习近平著作选读》第一卷，人民出版社 2023 年版，第 469 页。

部门要负好责任，不能有人打个招呼、批个条子，就不加甄别放行，出了问题要倒查责任。

四是加强教育管理。加强对进入人大、政协的非公有制经济代表人士的教育监督管理，切实解决“重安排，轻管理”的问题。要教育引导非公有制经济人士明白，成为人大代表、政协委员，不是打通关节的钥匙，不是获取利益的通道，不是逃避法律责任的护身符，而是为人民服务、为国家发展建言出力的责任状。同时，要充分发挥非公有制经济代表人士作用，要在“两代表一委员”之外创造更多渠道。《中国共产党统一战线工作条例》明确要求“畅通非公有制经济人士有序政治参与渠道，引导规范政治参与行为”。第一，工商联、民间商会要根据人才资源丰裕程度和服务会员的需要，科学设置各类专委会，让更多愿意参加专委会服务的非公有制经济人士发挥他们的聪明才智。第二，让不同地区、不同行业、不同规模、不同年龄、不同性别的各类企业家代表，都有机会按照《关于建立健全企业家参与涉企政策制定机制的实施意见》参与党和政府重大决策，或列席重要会议，或参加主要领导召开的企业座谈会、征求意见会，或参与涉企政策落实情况第三方评估，提高他们的职业荣誉感和自豪感，发挥他们参政议政、建言献策作用。第三，开展聘请非公有制企业家担任特约检察员、特约监察员工作，发挥他们民主监督的作用。

五是形成工作合力。发挥统战部门牵头协调职责，在民营经济人士政治安排中加强与相关部门的沟通协作，共同做好工作。

（三）健全政企沟通制度，优化亲清政商关系

政商关系是一个国家亘古不变的话题，本质上反映的是政府与市场、权力与财富之间的关系。近些年来，有些领导干部遭到了非公有制企业的“围猎”，大搞政商勾结、权钱交易、利益输送，一些政治安排变成了利益交换。习近平总书记把新型政商关系概括为“亲”“清”两字，为净化政治生态、经济生态和社会生态确立了标尺。对领导干部而言，所谓“亲”，就是要胸怀坦荡地同民营企业接触交往，特别是在非公有制企业遇到困难和问题的情况下更要积极作为、靠前服务，真心实意支持非公有制经济发展。所谓“清”，就是同非公有制企业打交道要守底线、把分寸，对他们的正当要求积极响应，对他们的合法权益切实保护，不能以权谋私，不搞权钱交易。对非公有制企业家而言，所谓“亲”，就是要有自己人意识，积极与党委、政府沟通交流，讲真话、说实情、建诤言，满腔热情支持地方发展。所谓“清”，就是要走正道，遵纪守法办企业、正大光明搞经营。偷税漏税、走

私贩私、制假贩假等违法的事情坚决不做；偷工减料、短斤缺两、质次价高的亏心事坚决不做，向领导干部行贿的事坚决不干。

一是倡导领导干部加强同非公有制经济人士接触交往。坚持亲商、安商、富商，积极作为、靠前服务，真心实意支持非公有制经济发展。要关注和回应非公有制经济人士的正当要求、合理建议、利益诉求，切实尊重和保护非公有制经济人士的合法权益。要关心非公有制经济人士，调动他们发展经济、服务社会的积极性。建立党政领导干部与企业经常性沟通联系机制。各地党政主要负责同志要联系重点企业、商会，认真研究解决非公有制经济发展中的突出问题。

二是规范领导干部与非公有制经济人士接触交往行为。领导干部同非公有制经济人士打交道要坚持“亲”“清”二字，既要加强与非公有制经济人士的联系沟通，密切政商关系，又要守住法纪底线、把好交往分寸，不能以权谋私，不能搞权钱交易，做到不越法、不违纪、不谋私；既要当好民营企业的“店小二”，亲商、安商、富商，千方百计地帮助企业排忧解难，不遗余力地支持企业发展，又要慎小事、拘小节，筑牢思想道德和党纪国法防线。

三是严明领导干部与非公有制经济人士接触交往纪律。各级领导干部在与非公有制经济人士交往中，严禁向企业乱摊派、乱检查、乱收费、乱罚款、乱募捐；严禁在市场准入、证照办理、项目审批、土地征用、工商管理、税收征管、金融贷款、财政补贴等环节吃拿卡要、以权谋私；严禁对企业故意刁难、推诿扯皮，不作为、乱作为；严禁干预和插手企业正常生产经营管理活动；严禁违规收受企业的礼品、礼金、消费卡等财物，违规参加企业的宴请或者旅游、健身、娱乐等活动，以及接受企业邀请违规出入私人会所，拥有非上市公司（企业）的股份、证券，以及其他违反防止利益冲突规定的行为；严禁未经批准参加企业各类庆典活动；严禁纵容、默许、授意配偶、子女及其配偶等亲属和其他特定关系人从企业谋取非法利益，以及将应当由本人及其配偶、子女及其配偶等亲属个人支付的费用，交由企业支付、报销。

四是鼓励非公有制经济人士讲真话、说实情、建诤言，满腔热情支持地方发展。非公有制经济人士要把企业发展与推动地方经济社会发展结合起来，自觉承担社会责任，积极主动同各级党委、政府及其有关部门沟通交流，立足当地经济社会发展积极建言献策，千方百计为当地经济社会发展作贡献。各级党委、政府要建立机制、搭建平台、畅通渠道，健全完善民营经济人士反映意见诉求的机制。

三、发挥工商联作用，筑牢党委政府与非公有制企业桥梁

（一）推进工商联改革发展

一是发挥工商联在非公有制经济人士思想政治建设中的引导作用。深入开展习近平新时代中国特色社会主义思想学习教育，引导民营经济人士在党的领导下坚定走中国特色社会主义道路，践行社会主义核心价值观，树立义利兼顾、以义为先理念，加强企业文化建设，积极参与光彩事业及其他社会慈善事业，自觉履行社会责任，为推动高质量发展、促进社会和谐作贡献。深入开展优秀中国特色社会主义事业建设者评选表彰活动，营造有利于非公有制经济健康发展和非公有制经济人士健康成长的良好氛围。

二是发挥工商联在非公有制经济人士有序政治参与中的主渠道作用。要密切与民营经济人士的联系，深入了解他们的意愿和要求，及时向政府反映非公有制经济发展动态、非公有制经济人士利益诉求和意见建议，参与国家有关方针政策、法律法规的制定和贯彻执行，促进非公有制经济政策环境、法治环境、市场环境、社会环境的改善。帮助民营经济代表人士增强责任意识，提高参政议政能力和水平，有序参与政治生活和社会事务。协助党委和政府在非公有制经济人士中发现培养一批代表人士，发挥他们的示范带头作用。

三是发挥工商联在非公有制企业改革发展中的服务作用。建立相关重要经济决策委托工商联征询非公有制经济人士意见的制度，参加促进非公有制经济和中小企业发展工作的领导机构和协调机制，参与中小企业服务体系建设。探索建立适应社会主义市场经济要求的服务载体和机制，为非公有制企业提供信息、法律、融资、技术、人才等方面的服务，帮助非公有制企业更好地推进结构调整和自主创新，不断增强市场竞争能力、抵御风险能力和可持续发展能力。

四是发挥工商联在保障和改善民生、创新社会治理中的协同作用。参与协调劳动关系三方会议，同人力资源社会保障部门、工会组织及其他有关企业方代表一道，共同推进劳动关系立法和劳动关系协调机制建设，共同研究解决劳动关系中的重大问题和调处劳动争议。引导非公有制企业依法与工会就职工工资、生活福利等涉及职工切身利益问题进行平等协商，签订集体合同。正确协调处理投资者利益和劳动者权益的关系，引导非公有制企业积极创造就业岗位，尊重和维护员工合法权益，依法建立工会组织，开展工会活动。

五是发挥工商联在依法平等保护产权方面的民主监督作用。引导非公有制经济人士依法理性反映诉求、维护权益。依法维护企业正常经营秩序，尊重和保护企业家合法人身和财产权益。健全调解、仲裁、诉讼等多元化纠纷解决机制，及时有效化解非公有制企业民商事纠纷。

（二）推动统战工作向商会组织有效覆盖

一是健全商会管理体制。进一步理顺商会管理体制，直接登记和已脱钩的商会统一归口工商联业务主管，并由工商联党建工作部门领导和管理其党建工作。仍需有业务主管单位的商会，除有特别规定外，一般由工商联作为业务主管单位。

二是规范商会治理结构。商会要遵循法治化原则，按照权责明确、运转协调、制衡有效的要求，依法注册登记，成为自主办会、服务为本、治理规范、行为自律的社会组织。健全由会员大会（会员代表大会）、理事会（常务理事会）、监事会（独立监事）组成的法人治理结构。完善以章程为核心的内部管理制度。健全财务管理制度和信息公开制度。

三是发挥商会作用。充分发挥行业代表协调作用，加强对产业政策、行业发展规律的研究，参与或承担编制行业发展规划。运用市场化方式，搭建公共服务平台，为会员提供金融、研发设计、成果转化、产品检测、市场开拓、人才培训等集成服务。建立政府职能转移、购买公共服务双向精准对接机制，支持商会承接政府转移职能和参与购买服务。加强行业自律，开展行业信用体系建设工作试点。积极探索商会参与社会治理的新途径、新办法，主动做好相关领域化解矛盾、维护稳定等工作。提升会员法律风险防范能力，积极开展民商事纠纷和劳动争议调解。引导企业依法纳税，诚信经营，扩大就业，注重安全生产，参与环保治理，促进社会和谐。引导会员参与精准扶贫、乡村振兴、光彩事业、公益慈善等活动，自觉履行先富带后富、促进共同富裕的社会责任。探索推动重点商会发布社会责任报告。

四是加强对商会工作指导。壮大党建工作力量，加强商会党组织主要负责人和党务工作者队伍建设。受党组织选派，机关退休或不担任现职的党政领导干部可担任商会党组织负责人、党建指导员、统战联络员。加强商会领导班子建设。按照管理权限，选好配强会长、监事长和秘书长。坚持凡进必评原则，对新组建商会拟任会长和新推荐会长人选进行综合评价。完善会长年度述职机制，对会长、监事长、秘书长等人选进行任前考察、备案和履职考核，对不能正确履职的人选按程序进行调整。

五是加大商会培育力度。按照“坚持标准、确保质量、优化结构、动态管理”的原则，加强商会组建源头管理，规范组建程序，加大新兴产业商会组建力度，注重“四好商会”典型示范引领，扩大商会组织覆盖面，更好地发挥商会组织在服务“两个健康”方面的积极作用。

六是探索理想信念教育进商会工作制度。以商会会长、秘书长“两支队伍”为载体，探索建立“会长沙龙”、秘书长业务理论培训班等制度。指导商会制定理想信念教育实践活动实施方案，加强政治引领，突出理想信念教育，积极推动落实，将活动开展情况作为考核的重要内容，为推动商会改革与发展提供有力保障。

七是探索建立商会评估激励机制。加强分类指导，推动“四好”商会建设。健全商会考核、监督、激励和退出机制，科学设定考核评价内容，发挥考核考评机制的导向、激励和约束作用。

第十章

发挥港澳台和海外统战工作争取人心的作用

党的二十大报告强调，“形成更广泛的国内外支持‘一国两制’的统一战线”“坚持团结广大台湾同胞，坚定支持岛内爱国统一力量”“加强和改进侨务工作，形成共同致力民族复兴的强大力量”。随着我国正日益走近世界舞台中央，港澳台和海外统战工作的重要性越来越凸显。发挥港澳台和海外统战工作争取人心的作用，就是要把拥护祖国统一和致力于中华民族伟大复兴的爱国者搞得多多的，最大限度地争取积极因素、转化消极因素。

第一节　全面准确、坚定不移贯彻“一国两制”方针，维护香港、澳门长期繁荣稳定

习近平总书记关于港澳工作的重要论述，是习近平总书记关于做好新时代党的统一战线工作的重要思想的重要组成部分，与时俱进发展了党的“一国两制”理论，标志着党对“一国两制”实践规律的认识和把握达到了新高度，丰富了党治国理政的新经验，为做好新时代港澳统战工作提供了根本遵循和行动指南。要全面准确、坚定不移贯彻“一国两制”、“港人治港”、“澳人治澳”、高度自治的方针，发展壮大爱国爱港爱澳力量，增强港澳同胞的爱国精神，形成更广泛的国内外支持“一国两制”的统一战线，维护国家主权、安全、发展利益，促进香港、澳门长期繁荣稳定。

一、香港、澳门工作面临的新形势

党的十八大以来，以习近平同志为核心的党中央全面准确、坚定不移贯彻“一国两制”、“港人治港”、“澳人治澳”、高度自治的方针，“一国两制”展现出强大生命力和巨大优越性。针对“修例风波”发生后香港一度出现的复杂严峻局面，以习近平同志为核心的党中央审时度势、果断决策，成立中央港澳工作领导小组，进一步加强党中央对港澳工作的集中统一领导，并采取一系列标本兼治的举措，包括建立健全特别行政区维护国家安全的法律制度和执行机制，制定实施香港国安法，完善香港特别行政区选举制度，落实“爱国者治港”“爱国者治澳”原则，支持特别行政区完善公职人员宣誓制度，支持行政长官和特别行政区政府依法施政，坚决遏制外部势力干预港澳事务，严厉打击反中乱港乱澳活动，全面支持香港、澳门更好融入国家发展大局等，推动香港进入由乱到治走向由治及兴的新阶段，香港、澳门保持长期稳定发展良好态势。港澳工作取得一系列突破性进展、标志性成果，“一国两制”事业在正确的轨道上破浪前行。

“一国两制”制度体系不断完善。按照党的十九届四中全会对坚持和完善“一国两制”制度体系作出的顶层设计和全面部署，制定实施香港国安法，从根本

上堵住香港维护国家安全的制度漏洞，成为“一国两制”实践的重要里程碑。依法设立中央人民政府驻香港特别行政区维护国家安全公署，指导香港特别行政区设立维护国家安全委员会等执行机构和国家安全事务顾问，批准在澳门特别行政区维护国家安全委员会设立国家安全事务顾问和国家安全技术顾问。系统性完善香港特别行政区选举制度，夯实守护香港政权安全的制度基础。中央对特别行政区行使全面管治权、行政长官对中央政府负责的制度机制进一步健全，“一国两制”实践行稳致远的制度根基更加稳固。

国家主权安全在特别行政区得到坚决维护。坚决支持香港特别行政区依法止暴制乱、恢复秩序，深入实施香港国安法，切实防范制止、严厉打击惩治分裂、颠覆、渗透等严重危害国家安全的行为和活动，严惩反中乱港分子，取缔和解散反中乱港组织，沉重打击“港独”激进势力嚣张气焰，坚决回击外部敌对势力干预，精准反制美西方无理制裁，有力维护国家安全。全方位推进香港拨乱反正、重回正轨，香港社会政治状况发生积极变化。澳门维护国家安全的良好形势持续巩固发展，“一国两制”实践沿着正确方向稳步前进。

特别行政区管治权牢牢掌握在爱国者手中。按照修改完善后的选举制度，香港特别行政区选举委员会、第七届立法会和第六任行政长官选举圆满举行，当选者都是爱国爱港人士。香港特别行政区第六届政府管治团队也都由坚定的爱国者组成。香港新的民主实践，充分展现出“爱国者治港”新气象，具有广泛代表性、政治包容性、均衡参与性、公平竞争性等鲜明优势和特色，有力促进提高治理效能，实现良政善治。澳门特别行政区顺利选举产生第五任行政长官和第七届立法会，依法取消反中乱澳分子参选资格，为落实“爱国者治澳”立规明矩。

香港、澳门保持繁荣稳定良好局面。回归祖国后，港澳经济保持蓬勃发展，本地生产总值年均增速显著高于发达经济体平均水平，人均生产总值位居世界前列。香港国际金融、航运、贸易中心地位稳固，创新科技产业迅速发展。香港国际金融中心综合排名位居世界前列，成为全球最大离岸人民币业务枢纽、亚洲最大资产管理中心，是内地资本进行全球化投融资和风险管理的最佳平台。香港与世界上几乎所有国家和地区保持贸易联系，是全球第六大贸易经济体。香港营商环境世界一流，是全球公认的最自由经济体，包括普通法在内的原有法律得到保持和发展。澳门“一中心、一平台、一基地”建设成效显著，支持澳门特别行政区修订博彩业法律制度，博彩业逐步走上依法有序发展轨道，经济适度多元发展加快推进。港澳教育、医疗卫生、社会保障等社会事业全面进步，对外交往不断扩大，国际影响力显著提升。

香港、澳门为国家社会主义现代化建设作出重要贡献。回归祖国后，港澳背靠祖国、联通世界的独特地位进一步凸显，国家“引进来”“走出去”的战略通道功能进一步强化，为国家改革开放事业、融入经济全球化进程，实现经济长期快速发展发挥了不可替代的重要作用。香港一直是我国最大外资来源地、最大对外投资目的地、对外贸易最大转口地、最大境外投融资平台。港澳以前所未有的广度和深度融入国家发展大局，积极参与共建“一带一路”、粤港澳大湾区建设、科教兴国、人才强国、创新驱动发展等国家重大发展战略，助力国家加快构建新发展格局、实现高质量发展，在构建我国更大范围、更宽领域、更深层次对外开放新格局中发挥着重要功能。粤港澳大湾区建设全面推进，广深港高铁、港珠澳大桥等大型跨境基础设施建成开通，跨境产业合作不断深化，便利港澳居民在内地发展的系列政策落地实施。港澳同内地交流合作领域全面拓展、机制不断完善，港澳同胞创业建功的舞台越来越宽广。

作为一项前无古人的开创性事业，“一国两制”需要在实践中探索前进，香港、澳门回归祖国以来，也遇到一些新情况新问题。

香港发展面临的新情况新问题。一是香港回归后，部分香港市民尚不适应这一历史性转折和宪制秩序发生的根本性变化。有些对“一国两制”方针政策和基本法的理解不全面、不准确，对国家历史、现状和政治制度等缺乏了解和认同，对中央和特别行政区的关系缺乏正确认知，片面强调“两制”差异和高度自治权等。二是香港经济的部分传统优势相对弱化，新的增长动能尚未形成。香港过去是内地对外贸易的重要中转站，港口集装箱吞吐量曾连续多年排名全球第一，但随着内地港口的崛起，转口贸易向直接贸易转变，香港的集装箱吞吐量逐步被上海、深圳、宁波—舟山及亚洲其他国家港口超越。金融、旅游、专业服务等其他支柱产业虽仍有明显优势，但也不同程度地受到来自内地及国际市场的竞争和挑战。香港的房地产业高度集中，长期保持高楼价、高租金，加之其他要素成本高企，抑制了香港的创新活力，挤占了新兴产业发展空间。香港经济长期形成的深层次矛盾也随之显现，发展面临的风险有所积累。三是长期积累的社会矛盾不断凸显，民生问题日益突出。回归后，特别行政区政府一直把扶贫助弱、改善民生作为施政的重点之一，并取得了一些进展，但贫富差距依然严重。社会阶层流动性趋弱，特别是青年人在学业、就业、创业等方面面临困难，上升通道收窄。土地供应长期不足，住房价格居高不下，许多低收入家庭居住环境差，影响到香港社会和谐。

澳门发展面临的新情况新问题。一是博彩业“一业独大”，经济适度多元进展缓慢。博彩业虽然拉动了澳门经济高速增长，但也占用了大量土地、人力、资金等要素资源，对其他行业形成明显的“挤压”效应，澳门多元发展内生动力不足。二是特别行政区政府施政能力需要进一步加强。回归后，特别行政区政府在加强自身建设、推进公共行政改革、提升管治能力和施政水平方面作了许多努力，但与澳门市民期待和经济社会发展需要相比，仍存在一定差距。

对香港、澳门回归后出现的这些新情况新问题，既要看到“一国两制”作为一个新生事物，必然要经历一个不断探索和完善的过程，也要看到香港、澳门发生的很多问题有其复杂的历史根源和国际背景，不能作简单归因，更不能采取情绪化的态度。有问题不可怕，关键是想办法解决问题。“困难克服了，问题解决了，‘一国两制’实践就前进了。”①

二、新时代贯彻“一国两制”方针的精髓要义

习近平总书记关于港澳工作的重要论述体系完备、内涵丰富、博大精深，系统回答了新形势下是否坚持“一国两制”、坚持什么样的“一国两制”和怎样坚持与发展“一国两制”等基本问题，是对党的十八大以来“一国两制”实践经验的深刻总结和高度凝练，也是新时代贯彻“一国两制”方针必须始终遵循的重要原则。

必须全面准确、坚定不移贯彻“一国两制”方针。习近平总书记指出，“‘一国两制’是经过实践反复检验了的，符合国家、民族根本利益，符合香港、澳门根本利益，得到十四亿多祖国人民鼎力支持，得到香港、澳门居民一致拥护，也得到国际社会普遍赞同。这样的好制度，没有任何理由改变，必须长期坚持”②。中央贯彻“一国两制”方针坚持两点：一是坚定不移，确保不会变、不动摇；二是全面准确，确保不走样、不变形。“一国两制”的根本宗旨是维护国家主权、安全、发展利益，保持香港、澳门长期繁荣稳定。全面准确贯彻“一国两制”方针，关键是把握好“一国”与“两制”的关系。“一国两制”方针是一个完整的体系，“一国”是“两制”的前提和基础，“两制”从属和派生于“一国”。没有“一国”这个前提，“两制”就无从谈起。维护国家主权、安全、发展利益是“一国两制”方针的最高原则。“一国”不是抽象的，“一国”就是中华人民共和国，社会主义制度是中华人民共和国的根本制度，中国共产党领导是中国特色社会主义最本质的特征，特别行政区

---

① 《习近平会见香港社会各界代表人士》，《人民日报》2017年7月1日，第2版。

② 《习近平著作选读》第二卷，人民出版社2023年版，第601页。

所有居民应该自觉尊重和维护国家的根本制度。在牢牢守护“一国”原则的前提下，香港、澳门保持原有的资本主义制度和生活方式长期不变，享有高度自治权。“一国”原则愈坚固，“两制”优势愈彰显。只有维护好国家主权、安全、发展利益，港澳的繁荣稳定才能得到更好保障，港澳的优势特色才能得到更好发挥，港澳居民的切身权益才能得到更好维护。

必须坚持落实中央全面管治权和保障特别行政区高度自治权相统一。习近平总书记指出：“中央政府对特别行政区拥有全面管治权，这是特别行政区高度自治权的源头，同时中央充分尊重和坚定维护特别行政区依法享有的高度自治权。”①中央对特别行政区的全面管治权和特别行政区的高度自治权，两者是“源”与“流”的关系。只有维护和落实好中央全面管治权，特别行政区的高度自治权才能正确和有效行使。在“一国两制”下，要确保宪法和基本法规定的特别行政区制度有效运行，把特别行政区治理好，必须做到中央全面管治权与特别行政区高度自治权的统一衔接。香港之所以实现由乱到治、重回正轨，很重要的一条就是用好中央全面管治权。抓住事关港澳长治久安的重大问题，把该管的坚决管起来，把该纠正的坚决纠正过来，把该立的规矩坚决立起来，确保“一国两制”实践始终沿着正确方向前行。中央全面管治权在很大程度上是通过特别行政区依法行使高度自治权来实现的。中央充分尊重和坚定维护特别行政区依法享有的高度自治权，明确行政长官和特别行政区政府是香港、澳门当家人，也是治理香港、澳门第一责任人，全力支持其履行好职责，把特别行政区治理好。

必须坚定落实“爱国者治港”“爱国者治澳”原则。习近平总书记指出，“要确保‘一国两制’实践行稳致远，必须始终坚持‘爱国者治港’。这是事关国家主权、安全、发展利益，事关香港长期繁荣稳定的根本原则”②。这一论断同样适用于澳门。把特别行政区的管治权牢牢掌握在爱国者手中，是确保“一国两制”行稳致远，保证港澳长治久安、繁荣稳定的必然要求，任何时候都不能动摇。在特别行政区政权架构中，身处重要岗位、掌握重要权力、肩负重要管治责任的人，必须是坚定的爱国者。落实“爱国者治港”“爱国者治澳”原则，每位港澳居民都是参与者、实践者、受益者，而不是旁观者。守护好管治权，就是守护港澳的繁荣稳定，就是守护港澳居民的切身利益。

必须坚持依法治港治澳。习近平总书记指出，“依法治理是最可靠、最稳定

---

① 《习近平著作选读》第二卷，人民出版社 2023 年版，第 602 页。
② 《习近平听取林郑月娥述职报告》，《人民日报》2021 年 1 月 28 日，第 1 版。

的治理。要善于运用法治思维和法治方式进行治理”[①]。要坚决维护特别行政区法治，强化宪法和基本法权威，严格依照宪法和基本法办事，坚决维护宪法和基本法确定的特别行政区宪制秩序，不断完善同宪法和基本法实施相关的制度和机制。制定实施香港国安法、修改完善香港选举制度，就是中央坚持依法治港、保障香港居民基本权利的重要举措。要加强法治教育，维护良好的法治环境和法治声誉。只有坚持依法治港治澳，“一国两制”之路才能走对走稳。

必须发挥香港、澳门的优势和特点。习近平总书记指出：“推进强国建设，离不开香港、澳门长期繁荣稳定。”[②]在新时代国家改革开放进程中，香港、澳门仍然具有特殊地位和独特优势，仍然可以发挥不可替代的作用。港澳自由开放雄冠全球、营商环境世界一流、法治水准广受赞誉、国际资本人才汇聚、中西文化荟萃交融，香港继续保持普通法制度、澳门继续保持原有法律制度，这都是港澳取得成功的重要因素。发挥好港澳的优势和特点，对于保持港澳长期繁荣稳定，对于实现第二个百年奋斗目标，对于共建“一带一路”、促进合作共赢，都具有十分重要的意义。只要有利于港澳长期保持独特地位和优势，有利于港澳同世界各地开展更加开放、更加密切的交往合作，有利于港澳更好融入国家发展大局，中央都不遗余力地予以支持。在全面建成社会主义现代化强国、实现中华民族伟大复兴的历史进程中，香港、澳门必将大有可为、大有作为，一定会绽放出更加绚丽夺目的光彩。

必须支持港澳发展经济、改善民生、破解经济社会发展中的深层次矛盾和问题。习近平总书记指出，“发展是永恒的主题，是香港的立身之本，也是解决香港各种问题的金钥匙”[③]。当前，港澳长期积累的经济结构失衡、发展动能不足、住房困难、贫富悬殊等经济民生深层次矛盾和问题凸显，这些都需要靠发展来解决。特别是面对世界百年未有之大变局，港澳面临的挑战日益增多，发展的任务更加艰巨紧迫。站在由治及兴的新起点上，港澳要实现什么样的发展、怎么样实现全面发展，这是必须回答的重大课题，必须探索新路径、拓展新空间、增添新动能，提升国际高端竞争力，充分释放社会蕴含的巨大活力，用更好的发展理念和办法解决深层次矛盾和问题，让发展成果更多、更公平惠及全体居民。

---

① 中共中央文献研究室编：《习近平关于全面依法治国论述摘编》，中央文献出版社 2015 年版，第 63 页。

② 习近平：《在第十四届全国人民代表大会第一次会议上的讲话》，《人民日报》2023 年 3 月 14 日，第 2 版。

③ 《习近平谈治国理政》第二卷，外文出版社 2017 年版，第 436 页。

必须构建更广泛的国内外支持“一国两制”的统一战线。习近平总书记指出：“发展壮大爱国爱港爱澳力量，增强港澳同胞的爱国精神，形成更广泛的国内外支持‘一国两制’的统一战线。”①港澳统一战线是党的统一战线事业的重要组成部分。凝聚人心和力量，实现大团结大联合，对于做好港澳工作、推进“一国两制”事业至关重要。近年来，港澳社会之所以战胜各种风险挑战、保持稳定发展，“一国两制”实践之所以能够不断取得成功，很重要的一条就是做到了把一切可以团结的力量团结起来，把一切可以调动的积极因素调动起来。面对复杂动荡的国际形势和日趋激烈的国际斗争，更需要加强港澳统一战线建设，让每一个热爱港澳这个家园、每一个支持“一国两制”事业的人士，都成为建设港澳的积极力量，携手共创更加美好的明天。

三、聚焦争取人心，保持港澳长期繁荣稳定和长治久安

统一战线作为各种力量的政治联盟，离不开共同理想的感召、共同目标的激励、共同利益的维系，根本归结于人心的凝聚。只有做好港澳人心工作，发展壮大爱国爱港爱澳力量，才能确保“一国两制”、“港人治港”、“澳人治澳”、高度自治的方针顺利实施，维护香港、澳门长期繁荣稳定。

坚定维护国家安全。当前，港澳维护国家安全的形势依然复杂严峻，维护国家安全的弦一刻也不能放松。要坚决打击一切反中乱港乱澳活动，坚决防范和遏制外部势力干预港澳事务。要进一步健全特别行政区维护国家安全的制度体系和执行机制，不断提高港澳维护国家安全的能力和水平。要继续深入实施香港国安法，支持澳门特别行政区完善国安法律体系。要坚持“爱国者治港”“爱国者治澳”原则，确保中央对特别行政区的全面管治权得到有效落实，宪法和基本法确立的宪制秩序得到有效维护，各种深层次问题得到有效解决，确保香港特别行政区、澳门特别行政区实现长治久安。

着力构建港澳良政善治。严格依照宪法和基本法治港治澳，用法治思维处理港澳事务，在法治轨道上把“一国两制”事业推向前进。坚持和完善行政主导体制，支持行政长官和特别行政区政府依法施政、善作善成。加强对港澳社会特别是公职人员和青少年的宪法和基本法宣传教育，增强港澳同胞的国家意识和法治精神。广泛吸纳爱国爱港爱澳的立场坚定、管治能力突出、热心服务公众的

---

① 《习近平著作选读》第一卷，人民出版社 2023 年版，第 48 页。

优秀人才进入政府。支持特别行政区政府改进政府作风、优化基层治理，努力破解港澳发展面临的各种矛盾和困难，善于为民众办实事，善于团结方方面面的力量，善于履职尽责，不断提升管治水平。

不断完善“一国两制”制度体系。健全中央依照宪法和基本法对特别行政区行使全面管治权的制度，健全特别行政区行政长官对中央政府负责的制度，完善特别行政区司法制度和法律体系。完善香港、澳门融入国家发展大局，同内地优势互补、协同发展的机制，制定便利港澳居民在内地发展的政策措施，支持港澳青年在内地就业创业，全面推进内地同香港、澳门的互利合作。

奋力推进港澳繁荣发展。支持香港巩固提升国际金融、航运、贸易中心地位，加快科创产业发展；持续建设澳门世界旅游休闲中心、中国与葡语国家商贸合作服务平台和以中华文化为主流、多元文化共存的交流合作基地，推动经济适度多元发展。支持港澳持续优化营商环境，积极引进高端人才、先进技术等创新要素，不断提升港澳作为国际大都市的吸引力和辐射力。支持港澳抓住国家重大战略实施带来的宝贵机遇，以粤港澳大湾区建设、粤港澳合作、泛珠三角区域合作等为重点，与内地开展更深入更广泛更有效的交流合作，开拓新发展空间，增添发展新动能，使港澳在融入国家发展大局的过程中实现自身更好更大发展。下大力气改善民生，让港澳居民更加公平、公正地获得发展机会，分享发展成果，不断提升港澳居民的幸福感、获得感、安全感。

巩固发展爱国爱港爱澳统一战线。大力开展争取人心工作，持续强化政治引领，发挥好“一根头发带动一把头发”的作用，推动港澳代表人士积极向港澳社会宣传国家发展成就和惠港惠澳政策，不断增强香港、澳门同胞的国家意识和爱国精神，珍视和传承爱国爱港爱澳光荣传统，增强社会凝聚力和正能量，使港澳同胞焕发出最大的积极性、主动性、创造性，共同致力于实现港澳的长期繁荣稳定，自觉维护国家根本利益和民族尊严，让香港、澳门同胞同祖国人民共担民族复兴的历史责任、共享祖国繁荣富强的伟大荣光。支持爱国爱港爱澳力量加强自身建设，增强凝聚力，扩大团结面，提高包容性，在爱国爱港爱澳旗帜下画出最大同心圆。讲好“一国两制”成功实践的港澳故事，更广泛地形成国际社会对“一国两制”的认同和支持。

做好港澳青年工作。港澳青年是实现中华民族伟大复兴的重要力量，做好他们的工作具有战略性、基础性、紧迫性。要统筹各方资源，尊重港澳青年的主体地位，多做绵绵用力、潜移默化的工作，扩大交流，精心服务，改进引导，增进认同，讲求方法，注重实效，不断增强他们对中华文化和中华民族的认同，克服形式化、表面化。要加强爱国教育，让青年更多感悟近代以来中华民族救亡图存、奋发图强的光辉历程，认识新中国走过的不平凡道路和取得的巨大成就，更多理解“一国两制”与坚持和发展中国特色社会主义、实现中华民族伟大复兴的中国梦之间的内在联系，从而牢牢把握港澳同祖国紧密相连的命运前程，增强民族自豪感，厚植爱国爱港爱澳情怀，增强投身“一国两制”事业的责任感与使命感。要全力支持港澳青年追逐梦想、奋力打拼，为港澳的未来、为祖国的未来作出无愧青春的贡献。

坚决反对外部势力干预港澳事务。港澳事务纯属中国内政，不容任何外部势力以任何名义进行干涉。既不容许外部势力以所谓“道义责任”干涉港澳事务，也不容许其以“民主”“人权”“自由”为借口干预港澳事务；既不容许外部势力发表所谓涉港涉澳报告、对港澳事务指手画脚，也不容许其勾结“港独”分子，为其站台背书；既不容许外部势力公开干预，也不容许其暗中插手。中央有关部门坚决支持香港特别行政区政府依法规管“港独”分子及其与外部势力的勾连活动，以切实维护国家主权、安全、发展利益，维护香港的长期繁荣稳定和香港社会的根本利益。

第二节　坚决贯彻新时代党解决台湾问题的总体方略，实现祖国完全统一

解决台湾问题、实现祖国完全统一，是中国共产党矢志不渝的历史任务，是全体中华儿女的共同愿望，是实现中华民族伟大复兴的必然要求。党的十八大以来，以习近平同志为核心的党中央统筹中华民族伟大复兴战略全局和世界百年未有之大变局，准确把握国内外形势发展变化，全面推进国家统一理论和对台工作理论与实践创新，形成新时代党解决台湾问题的总体方略，牢牢把握住两岸关系主导权和主动权，有力维护台海和平稳定，扎实推进祖国统一进程。

一、对台工作面临的新形势

维护国家统一永远是中国核心利益中的核心，是全体中华儿女命运所系，是中国共产党矢志不渝的历史使命。一个时期以来，台湾民进党当局加紧进行“台

独”分裂活动，一些外部势力极力搞“以台制华”，企图阻挡中国实现完全统一和中华民族迈向伟大复兴。在国内国际两个大局发生深刻复杂变化的时代背景下，推进祖国完全统一面临着新的形势。中国共产党和中国政府有驾驭复杂局面、战胜风险挑战的综合实力和必胜信心，完全有能力推动祖国统一大业阔步前进。

实现祖国完全统一是中华民族伟大复兴的必然要求。实现中华民族伟大复兴，是近代以来中国人民和中华民族最伟大的梦想。实现祖国完全统一，才能使两岸同胞彻底摆脱内战的阴霾，共创共享台海永久和平；才能避免台湾再次被外国侵占的危险，打掉外部势力遏制中国的图谋，维护国家主权、安全、发展利益；才能清除“台独”分裂的隐患，稳固台湾作为中国的一部分的地位，推进中华民族伟大复兴；才能更好地凝聚两岸同胞力量建设共同家园，增进两岸同胞利益福祉，创造中国人民和中华民族更加幸福美好的未来。

国家发展进步引领两岸关系发展方向。国家发展进步特别是经济实力、科技实力、国防实力持续增强，不仅有效遏制了“台独”分裂活动和外部势力干涉，而且为两岸交流合作提供了广阔空间、带来了巨大机遇。越来越多的台湾同胞特别是台湾青年来大陆学习、创业、就业、生活，促进了两岸社会各界交往交流交融，加深了两岸同胞利益和情感联系，增进了两岸同胞文化、民族和国家认同，有力牵引着两岸关系沿着统一的正确方向不断前行。无论何党何派在台湾掌权，都无法改变两岸关系向前发展的总体趋势和祖国统一的历史大势。

“台独”分裂势力抗拒统一不会得逞。台湾是包括 2 300 万台湾同胞在内的全体中国人民的台湾，中国人民捍卫国家主权和领土完整、维护中华民族根本利益的决心不可动摇，意志坚如磐石，这是挫败一切“台独”分裂图谋的根本力量。100 多年前中国积贫积弱，台湾被外敌侵占。70 多年前中国打败侵略者，收复了台湾。现在的中国，跃升为世界第二大经济体，政治、经济、文化、科技、军事等实力大幅增强，更不可能让台湾从中国分裂出去。搞“台独”分裂抗拒统一，根本过不了中华民族的历史和文化这一关，也根本过不了 14 亿多中国人民的决心和意志这一关，是绝对不可能得逞的。

外部势力阻碍中国完全统一必遭失败。外部势力打“台湾牌”，是把台湾当作遏制中国发展进步、阻挠中华民族伟大复兴的棋子。他们纵容鼓动“台独”分裂势力滋事挑衅，加剧两岸对抗和台海形势紧张，破坏亚太地区和平稳定，既违逆求和平、促发展、谋共赢的时代潮流，也违背国际社会期待和世界人民意愿。台湾问题是中国的内政，事关中国核心利益和中国人民民族感情，不容任何外来干涉。中国坚定不移走和平发展道路,同时决不会在任何外来干涉的压力面前退缩,决不会容忍国家主权、安全、发展利益受到任何损害。中国人民有坚强决心、坚定意志、强大能力,挫败一切外部势力干涉和“台独”分裂行径,坚决捍卫国家主权和领土完整。

二、新时代党解决台湾问题的总体方略的丰富内涵和重大意义

党的十八大以来,习近平总书记就对台工作发表了一系列重要论述,作出了一系列重要指示批示,提出了一系列新理念新思想新战略。党的十九大进一步确立坚持“一国两制”和推进祖国统一的基本方略。习近平总书记在《告台湾同胞书》发表40周年纪念会上系统宣示新时代推进祖国和平统一的重大政策主张。党的十九届四中全会明确坚持和完善“一国两制”制度体系、推进祖国和平统一。党的十九届六中全会首次提出新时代党解决台湾问题的总体方略。

新时代党解决台湾问题的总体方略内涵丰富、逻辑严密、系统完备,深刻回答了新征程推进祖国统一的根本保证、历史方位、战略思路、大政方针、政治基础、实践途径、根本动力、必然要求、外部条件、战略支撑等重大理论和实践问题,为新时代解决台湾问题、实现祖国完全统一指明了方向,必须长期坚持、全面贯彻。

坚持党中央对对台工作的集中统一领导。对台工作是党和国家事业的重要组成部分,必须把加强党中央集中统一领导落实到对台工作的各方面全过程。明确做好对台工作的优势所在、关键所在、根本所在,把握好党的全面领导与发挥各方面积极性的关系,把政治制度优势转化为对台工作效能,巩固“全国一盘棋”对台工作格局,为推进统一大业提供更为强大的合力。

坚持在中华民族伟大复兴进程中推进祖国统一。民族复兴、国家统一是大势所趋、大义所在、民心所向,国家统一是中华民族走向伟大复兴的历史必然。台湾问题因民族弱乱而产生,必将随着民族复兴而解决。明确国家统一在民族复兴战略全局中的重要地位,把握好国家统一与民族复兴的关系,把握历史大势,掌握历史主动,为推进统一大业注入更为主动的精神力量。

坚持在祖国大陆发展进步基础上解决台湾问题。从根本上说,决定两岸关系走向的关键因素是祖国大陆发展进步,要在保持自身发展势头的同时,采取正确政策措施做好台湾工作。明确解决台湾问题的必要充分条件,把握好发展硬实力与软实力的关系,把国家和民族发展放在自己力量的基点上,办好自己的事

情，持续增强对台影响力、吸引力和感召力，为推进统一大业奠定更为雄厚的基础。

坚持“和平统一、一国两制”基本方针。我们所追求的国家统一不仅是形式上的统一，更重要的是两岸同胞的心灵契合。“和平统一、一国两制”是解决台湾问题的基本方针，也是实现两岸统一的最佳方式，对两岸同胞和中华民族最有利。要为和平统一创造广阔空间，着力探索“两制”台湾方案。明确高质量统一的内涵和形式，把握好“一国”与“两制”的关系，坚定制度自信，在实践探索中不断开辟“一国两制”新境界，为推进统一大业提供更为完善的制度保障。

坚持一个中国原则和“九二共识”。一个中国原则是两岸关系的政治基础，体现一个中国原则的“九二共识”是确保两岸关系和平发展的关键。在此基础上，愿意同台湾各党派、团体和人士就两岸政治问题和祖国和平统一开展对话沟通，推动两岸各政党、各界别推举的代表性人士就两岸关系和民族未来开展民主协商。明确共商共议统一的基础和方式，把握好原则坚定与策略灵活的关系，坚持一个中国原则，广泛开展对话协商，为推进统一大业积累更为广泛的社会共识。

坚持推动两岸关系和平发展、融合发展。两岸关系和平发展是维护两岸和平、促进共同发展、造福两岸同胞的正确道路，也是通向和平统一的光明大道。要深化两岸融合发展，率先同台湾同胞分享发展机遇，提供同等待遇，扩大深化两岸交流合作，壮大中华民族经济，共同弘扬中华文化，建设两岸命运共同体。明确和平统一的必由之路，把握好和平发展、融合发展与和平统一的关系，增强统一预期和动力，实现过程和目的高度统一，为推进统一大业提供更为充分的条件。

坚持团结台湾同胞、争取台湾民心。秉持“两岸一家亲”的理念，在对台工作中贯彻好以人民为中心的发展思想，对台湾同胞一视同仁，像为大陆民众服务那样造福台湾同胞。伟大祖国是所有爱国统一力量的坚强后盾，两岸同胞要携手同心，共圆中华民族伟大复兴中国梦。明确统一的依靠力量和精神旗帜，把握好一致性与多样性的关系，重视人心回归，坚持不懈做台湾人民工作，为推进统一大业凝聚更为磅礴的力量。

坚持粉碎“台独”分裂图谋。“台独”分裂是祖国统一的最大障碍，是民族复兴的严重隐患。我们有坚定的意志、充分的信心、足够的能力挫败任何形式的“台独”分裂图谋，绝不允许任何人、任何组织、任何政党、在任何时候、以任何形式、把任何一块中国领土从中国分裂出去。明确决不容忍“台独”分裂的态度和决心，把握好治标与治本的关系，坚决打击“台独”分裂行径，廓清“台独”社会思想根源，为推进统一大业彻底清除障碍隐患。

坚持反对外部势力干涉。台湾是中国的台湾，解决台湾问题是中国人自己的事，要由中国人来决定。台湾问题是中国的内政，事关中国核心利益和中国人民民族感情，不容任何外来干涉。任何人都不要低估中国人民捍卫国家主权和领土完整的坚强决心、坚定意志、强大能力。明确台湾问题的本质和突出风险，把握好争取国际理解支持与反对外来干涉的关系，坚决同打“台湾牌”、“以台制华”的行径作斗争，巩固国际社会坚持一个中国原则的格局，为推进统一大业营造更为有利的外部环境。

坚持决不承诺放弃使用武力。决不承诺放弃使用武力，保留采取一切必要措施的选项，针对的是外部势力干涉和极少数“台独”分裂分子及其分裂活动，绝非针对广大台湾同胞。明确统一必须坚持两手并用，把握好和平与非和平方式的关系，始终做足做好两手准备，确保两手都过硬，为推进统一大业提供更为牢靠的手段。

新时代党解决台湾问题的总体方略是习近平新时代中国特色社会主义思想的重要组成部分，是我们党对台大政方针的继承发展和集大成，是我们党为祖国统一奋斗百年历史的智慧结晶，是实现统一的认识论和方法论，升华了我们党的国家统一观，标志着我们党的国家统一理论更加成熟、更加定型。

三、争取台湾民心，推进祖国完全统一

党的二十大报告对今后一个时期对台工作作出了战略部署。我们要贯彻党的二十大精神，把新时代党解决台湾问题的总体方略落实到对台工作各方面全过程。

把握历史主动，坚定推进祖国统一进程。党的二十大报告把握中华民族伟大复兴不可逆转的历史大势，立足党和国家事业发展全局谋划对台工作，提出“牢牢把握两岸关系主导权和主动权，坚定不移推进祖国统一大业”的对台工作目标。要发挥历史主动精神，把日益增长的综合实力、显著的制度优势持续转化为推进统一进程的强大动能。坚持“和平统一、一国两制”方针，以最大诚意、尽最大努力争取和平统一的前景，但决不承诺放弃使用武力，保留采取一切必要措施的选项，从根本上维护祖国和平统一的前景、推进祖国和平统一的进程。

增进人民福祉，深化两岸各领域融合发展。党的二十大报告提出“继续致力

于促进两岸经济文化交流合作，深化两岸各领域融合发展，完善增进台湾同胞福祉的制度和政策，推动两岸共同弘扬中华文化，促进两岸同胞心灵契合”[①]的对台工作举措，彰显以人民为中心的发展思想、为同胞谋福祉的不变初心。经济文化交流合作是发展两岸关系的“两个轮子”，是促进两岸共同发展、增进同胞亲情福祉的重要渠道，要拉紧两岸同胞利益联结和情感纽带，铸牢两岸命运共同体意识。两岸各领域融合发展是和平统一的基础工程，要在探索两岸融合发展新路上迈出更大步伐，支持福建率先建设两岸融合发展示范区；支持台胞台企抓住党的二十大带来的广阔发展空间和发展机遇，更好融入新发展格局、参与高质量发展。台湾同胞与大陆同胞共享福祉，是台胞作为中国公民的应有之义，要积极落实同等待遇，依法保障台湾同胞权益，不断提升其获得感和认同感。中华文化是两岸同胞的根和魂，是两岸关系中最天然的联结、最深沉的力量，也是最牢不可破的纽带，从根本上决定了“台独”分裂必然失败。要共同弘扬中华文化，增强中华文化认同、自信，建设共同精神家园。

发扬斗争精神，坚决粉碎“台独”分裂和外来干涉图谋。统一就是同“台独”分裂势力和外来干涉势力不断斗争直至最终胜利的过程。一个时期以来，台湾民进党当局坚持“台独”错误立场，拒不承认一个中国原则和“九二共识”，甘为外部势力遏华“棋子”，不断进行谋“独”挑衅。美国大打“台湾牌”，掏空一个中国原则，提升美台往来层级，加大对台售武，图谋阻挠中国统一和民族复兴进程。要增强忧患意识，坚持底线思维，敢于斗争、善于斗争，巩固拓展反分裂反干涉斗争成果，坚决挫败“台独”挑衅和外来干涉行径，坚定捍卫国家主权和领土完整，为党和国家事业发展营造稳定台海环境。

促进团结奋斗，携手共创祖国统一、民族复兴历史伟业。台湾同胞是中华民族的成员，是发展两岸关系、推进祖国统一的重要力量，岛内爱国统一力量更是其中的中坚力量。要团结广大台湾同胞，坚定支持岛内爱国统一力量，共同把握历史大势，坚守民族大义，坚定反“独”促统。两岸同胞血脉相连，是一家人。我们要始终尊重、关爱、造福台湾同胞，绵绵用力、久久为功，增进台湾同胞尤其是青少年对民族、对国家的认知和感情，加深他们对统一有好处、“台独”是绝路、外人靠不住的认识，引导他们自觉投身祖国统一和民族复兴的光辉事业。两岸的事是两岸同胞的家里事，当然也应该由家里人商量着办。要在一个中国原则和“九二共识”基础上，推进同台湾各党派、各界别、各阶层人士就两岸关系和国家

① 《习近平著作选读》第一卷，人民出版社 2023 年版，第 48 页。

统一开展广泛深入协商，共同推动两岸关系和平发展、推进祖国和平统一进程，创造全体中国人民共同美好的未来。

第三节　广泛团结海外侨胞，凝心聚力同圆共享中国梦

海外统一战线工作是中国共产党统一战线工作的重要组成部分，特指面向海外华侨华人以及归侨、侨眷的工作，在我国革命、建设和改革开放各个历史时期都发挥了重要而独特的作用。中国共产党历来高度重视做好海外统战工作，始终把争取和团结广大华侨和归侨、侨眷作为统一战线工作的一项重要任务，在实现中华民族伟大复兴的战略全局和世界百年未有之大变局中也越来越凸显其重要性。

一、海外统战工作和侨务工作面临的新形势

争取人心、凝聚共识是一个长期复杂的过程和任务。海外侨胞和出国留学人员相比其他领域统战成员有着鲜明的特殊性，他们生活在与我国不同的社会制度下，其价值观念、思维方式和生活习惯等难免打上住在国烙印，个人生存发展往往深受住在国政治、经济和文化等因素影响。因此，海外争取人心工作受国际环境、住在国政情民意以及侨情发展变化影响较大，长期性和复杂性更为突出。

侨胞构成发生深刻变化。海外侨胞总数逾 6 000 万，分布在世界近 200 个国家和地区。留学深造、商务投资等大陆新移民数量持续增长，海外侨社构成更趋多元化。华侨华人专业人士数量持续增长，全球华商经济总量不断增长，涉足领域更加广泛，商业网络更加紧密。新华侨华人和华裔新生代渐成侨社主体，他们受教育水平普遍提高，从业领域更加广泛，经济科技实力稳步提升，利益诉求更加多元。传统工作方式对新华侨华人和华裔新生代缺乏吸引力，大量青年人才既游离于传统侨社之外，也未被纳入我国侨务工作部门视野。加强与他们的联系交往，增进其民族认同和文化认同的任务更加复杂紧迫。

侨胞融入主流社会意识增强。海外侨社组织程度逐渐提高，更加注重与住在国政治、经济、文化等领域的交流合作，积极开展各类社会公益项目，展现出华

裔族群良好形象，有效扩大了在主流社会的影响力。华人公民意识、参政维权意识显著提升，更加注重抱团取暖、主动发声，参政诉求更加务实，维权行动趋于成熟理性，客观上有助于提高华裔群体的社会地位。

海外侨胞和归侨侨眷利益诉求多元。海外侨社对中华文化的精神需求强烈，广大侨胞对共享中国发展红利的期待渐高，在入出境便利、长期居留等方面的诉求增多。部分国家和地区政局不稳、社会动荡、疫情蔓延、自然灾害等突发事件增多，海外侨胞和出国留学人员面临的经济民生、种族歧视等方面问题累积叠加，生存发展风险有所上升。与此同时，"请进来""走出去"工作受到严重影响，统筹疫情防控和暖侨护侨工作难度增加，为侨服务、凝聚共识的任务更加繁重。国内侨务工作对象趋向多元，回国(来华)长期工作生活的华侨华人等群体数量增长，新归侨侨眷整体素质不断提高。涉侨部门在开展为侨服务工作时，考虑海外侨胞和归侨侨眷的实际需求不够，服务的平台载体、方式方法还较为单一，与侨界群体的期盼仍有差距，个性化、精准性为侨服务能力需要进一步提升。

境外反华势力对我国海外统战工作的抹黑诋毁不断升级。面对中国实力的稳步提升，部分国家对华焦虑持续增长，继而利用舆论武器在全球范围散布对华恐慌，以达到遏制中国发展的目的。美国政府的"统战干涉论"指责中国利用统一战线对海外华侨华人进行政治干涉，其以"人权""国家安全"为由，多次提出对中国统战官员的制裁，并施压盟友联合发动对华制裁，在涉藏、涉疆、涉港、涉台问题上联合盟友同步开展对华污名化，甚至意图联合其盟友助长海外"台独""港独"等分裂势力，使海外统一战线维护祖国和平统一进程与国家核心利益的工作面临更加严峻的挑战，严重影响中国人民与世界人民的友好合作交流，使海外统战工作的开展陷入不利局面，严重干扰广大海外侨胞、留学生群体的正常工作、学习、生活，严重破坏我国同有关国家侨胞侨团之间的正常交往，海外统战工作和侨务工作面临形势更加复杂，培育海外爱国力量、巩固壮大知华友华"朋友圈"的任务更加艰巨。

中外人文交流受到恶意破坏。以美国为首的西方国家关闭了大批孔子学院，试图在人文交流领域与中国脱钩。美国政府还刻意阻挠中美两国科研人员正常交往。自2018年以来，美国多次针对中国学者、科技人员、留学生签证无故延误设卡，阻碍了正常的学术与人文交流。党外知识分子是我国统一战线工作的重点对象，海外统战工作的主要任务包括增进华侨和出国留学人员等对祖国的热爱，引导华侨、归侨、侨眷致力于祖国现代化建设，维护和促进中国统一。对中外人文交流渠道的破坏，不仅使海外统战工作涵养侨务资源、汇集侨智、发挥侨力难度加大，而且使海外统战工作传承和弘扬中华优秀文化、促进中外文化交流进程受阻。

二、海外统战工作和侨务工作的方针政策

海外统战工作和侨务工作是党和国家一项长期的战略性工作。做好这方面工作，必须掌握基本方针政策，把握基本原则。《中国共产党统一战线工作条例》规定，海外统一战线工作的主要任务是：加强思想政治引领，增进华侨和出国留学人员等对祖国的热爱和对中国共产党、中国特色社会主义的理解认同；传承和弘扬中华优秀文化，促进中外文化交流；鼓励华侨参与我国改革开放和社会主义现代化建设，融入民族复兴伟业；遏制“台独”等分裂势力，维护国家核心利益；发挥促进中外友好的桥梁纽带作用，营造良好国际环境。侨务工作的主要任务是：围绕凝心聚力同圆共享中国梦的主题，加强华侨、归侨、侨眷代表人士工作，凝聚侨心、汇集侨智、发挥侨力、维护侨益，为侨服务；统筹国内侨务和国外侨务工作，着力涵养侨务资源，引导华侨、归侨、侨眷致力于祖国现代化建设，维护和促进中国统一，实现中华民族伟大复兴，致力于增进中国人民与世界人民的友好合作交流，推动构建人类命运共同体。

华侨工作的基本方针政策。《中国共产党统一战线工作条例》规定，要保护华侨正当权利和利益，关心华侨的生存和发展，推动和谐侨社建设，教育引导华侨遵守住在国法律，尊重当地文化习俗，更好融入主流社会，为住在国经济社会发展贡献智慧和力量，充分展现守法诚信、举止文明、关爱社会、团结和谐的大国侨民形象。第一，华侨是中国公民，中国政府有权利、有义务保护华侨的正当权益。第二，中国政府有义务提醒华侨遵守当地的法律，尊重当地社会、民族习俗，与当地人民友好相处。第三，尊重华侨自愿加入住在国国籍的意愿，鼓励华侨为发展中国与住在国政府之间的经济、文化、科学等领域的交流合作作贡献。第四，以凝聚侨心、汇集侨智、发挥侨力为目标，坚持把维护海外侨胞和归侨侨眷的根本利益作为侨务工作的出发点和落脚点，使海外侨胞对祖国的认同感和自豪感不断增强，热爱祖国、振兴中华的优良传统代代相传。

新移民的特点和工作政策。改革开放以来，通过留学、投资、家庭团聚等方式移居国外者大幅度增加，港澳台地区向外移民也有所增加。这些新移民是华侨、华人的重要组成部分，但又具有不同于老一代华侨、华人的特点。第

一，职业层次较高，经济实力较强。新华侨华人中大多数人拥有高学历、高学位，有些人还具备一定的社会和工作实践经验。凭借自己的学识与实力，经过几年的打拼，一些人成功地进入世界著名的高等学府和科研机构，或者跨国公司和大型企业集团的管理层。第二，参与意识、自我价值实现意识较强。许多新华侨华人在国内有较高的知识技能或一定的经济基础，他们往往是为发展事业而出国的，出国后关注的问题是如何发展，有较强烈的经济、社会、政治诉求和“落地生根”意识。第三，较容易融入当地主流社会。新华侨华人虽然在国内生活过，多数仍与国内保持联系，对家乡的情感也不会轻易改变，但同时他们对住在国社会价值观念和生活方式也有较大程度的认同。在新的社会环境中，以一种开放、友好、发展的姿态来对待当地人和主流社会，积极适应主流文化，参与各种社会事务，寻找一切机会进入当地的主流社会。第四，参政和争取民族平等权益的自觉性有较大提高。近年来，随着华人经济、科技实力的增强和精英队伍的壮大，他们在住在国的公民意识和参政意识进一步加强，不少人积极参加当地的政治、经济和文化活动，组织各种政治性、权益性社团，维护自己的正当合法权利。许多新华人加入住在国各种党派，有些国家的新华人甚至还单独组织政党，以多种形式参与政治。开展新移民工作，应当本着“高度重视、广泛团结、突出重点、积极引导、热情服务”的精神，根据特点，分层次地进行。在一视同仁、广泛团结的基础上，着重做好层次较高、进入当地主流社会、有发展前途的人士及社团的工作。通过保护权益、扶持服务、合作交流、培养凝聚力的工作，使其逐渐成为统一祖国、振兴中华的新生力量。

归侨侨眷工作的基本方针政策。对归侨侨眷工作的基本方针是，保护归侨、侨眷的合法权益，适当照顾归侨、侨眷的特点，积极发挥他们与海外联系广泛的优势作用，为建设中国特色社会主义国家而团结奋斗。为保护归侨侨眷的合法权益，1990 年 9 月 7 日第七届全国人大常委会第十五次会议通过了《中华人民共和国归侨侨眷权益保护法》。2000 年 10 月全国人大常委会对其进行了修改，一是增加和充实了权益保护法的内容，进一步强调对归侨侨眷的结社、华侨农林场、捐赠、子女升学、经济财产、社会保障、出入境等权益的保护；二是突出了侵犯归侨侨眷合法权益应承担的法律责任；三是进一步明确了各级政府及其负责侨务工作的机构在维护归侨侨眷合法权益方面负有组织协调的职责；四是明确了全国侨联和地方侨联在护侨中的地位和作用。修改后的《中华人民共和国归侨侨眷权益保护法》公布施行后，国务院又完成了《中华人民共和国归侨侨眷权益保护法实施办法》的制订，并从 2004 年 7 月 1 日开始施行。《中华人民共和国归侨侨眷权益保护法》《中华人民共和国归侨侨眷权益保护法实施办法》的颁布，切实保障了归侨侨眷政治权益，依法维护了归侨侨眷财产权益，有效维护了归侨侨眷社会保障权益。

侨务工作的基本原则。做好侨务工作，既要掌握各项侨务工作的具体方针政策，又要把握侨务工作的基本原则。侨务工作的基本原则主要有五个：第一，“三个有利于”的原则。开展侨务工作要有利于海外侨胞的长期生存和发展，有利于发展我国同海外侨胞住在国的友好合作关系，有利于推进我国现代化建设和祖国统一。第二，区别国籍界限的原则。开展侨务工作既要遵守《中华人民共和国国籍法》，注意外籍华人与华侨的国籍区别，又要尊重外籍华人的族裔感情和他们与祖籍国有着千丝万缕联系的实际，增进同他们的亲情乡谊。第三，公开合法的原则。开展侨务工作要遵循相关的国际条约和国际惯例，符合海外侨胞住在国的法律，做到合情、合理、合法，不授人以柄，不强人所难。第四，积极稳妥的原则。侨务工作是一项政治性和政策性很强的工作，应当服从和服务于党和国家的工作大局，既要积极进取，又要稳妥慎重，做到因地、因时、因人、因事制宜。第五，“一视同仁、不得歧视，根据特点、适当照顾”的原则。“一视同仁、不得歧视”，是指华侨、归侨侨眷和国内其他公民一样，享有宪法和法律规定的中国公民的同等权利，并履行宪法和法律规定的公民义务，任何组织或个人不得对他们有任何歧视。“根据特点、适当照顾”，是指国家根据实际情况和华侨、归侨侨眷的特点，对他们予以适当照顾。

三、凝聚侨心侨力形成共同致力民族复兴的强大力量

党的十八大以来，以习近平同志为核心的党中央统筹国内国际两个大局，对做好海外统战工作和侨务工作、凝聚侨心侨力为实现中国梦而努力作出新的部署、提出新的要求。要牢牢把握凝聚侨心侨力同圆共享中国梦的主题，聚焦“加强和改进侨务工作，形成共同致力民族复兴的强大力量”的要求，加强思想引领，深化为侨服务，推动新时代海外统战工作和侨务工作高质量发展，促进海内外中华儿女大团结，努力把海外侨胞和归侨侨眷中蕴藏的宝贵资源转化为实现中华民族伟大复兴的巨大力量。

凝聚侨心侨力，同圆共享中国梦。分布在世界各地的6 000多万海外侨胞，是中华儿女的重要组成部分，是中华大家庭血脉相连的重要成员。他们和祖(籍)国有着千丝万缕的联系，始终把自身生存发展与国家前途、民族命运紧

密联系在一起。从辛亥革命到抗日战争，从社会主义建设到改革开放，在中国追求国家独立和民族解放、致力国家富强和民族复兴的征程中，海外侨胞作出了不可磨灭的历史功绩。当前，我国进入了全面建设社会主义现代化国家、向第二个百年奋斗目标进军的新征程，广大海外侨胞必将在这一伟大进程中发挥更加重要的作用。正如习近平总书记所指出的，“广大海外侨胞有着赤忱的爱国情怀、雄厚的经济实力、丰富的智力资源、广泛的商业人脉，是实现中国梦的重要力量。只要海内外中华儿女紧密团结起来，有力出力，有智出智，团结一心奋斗，就一定能够汇聚起实现梦想的强大力量”①。“同圆”中国梦，就是要“聚天下英才而用之”，以民族复兴为依归，促进海内外中华儿女大团结，充分调动海外侨胞等群体的积极性和创新创业热情，助力中国经济社会发展和祖国统一大业，与全国各族人民共襄民族复兴伟业。“共享”中国梦，就是要让海外侨胞等群体抓住中国发展带来的机遇，在助力民族复兴的进程中实现自身事业的更大发展，切实增强他们的“获得感”和“幸福感”，共同分享民族复兴、国家富强的伟大荣光。

加强海外爱国力量建设。不断加强对海外侨胞等群体的联系服务引导，切实维护他们的正当合法权益，特别注重做好“政治上有地位、经济上有实力、社会上有影响、专业上有造诣”等“四有”人士的工作，不断巩固发展一支宏大的海外爱国友好力量。一是加强思想引领。建立各级统战部门与海外侨胞、留学人员骨干联系交友制度，加强日常联络交往和思想引领；通过侨界社团联谊大会、侨领培训研习班、留学人员国情考察等活动，增进他们对中国道路、中国制度的认同和理解；深入做好重点代表人士工作，通过授荣表彰、邀请参加重大活动等方式，引导他们传承弘扬爱国爱乡光荣传统，发挥示范引领作用，为我们党交一批“铁友”“挚友”。二是深化为侨服务。及时了解海外侨胞和留学人员所思所想所盼，为他们在当地生存发展提供帮助；关心他们在国内的眷属，通过定期走访、节日慰问、举办联谊活动、解决实际困难等，有效凝心聚力；加强海外领事保护，做好应急处突帮扶，维护他们的正当合法权益。三是支持事业发展。鼓励引导海外侨胞和留学人员把握中国发展机遇，积极参与“一带一路”建设、创新驱动发展、区域协调发展等国家重大战略；完善涉侨法律法规，推动有关部门在制定政策时充分考虑侨的因素，为海外侨胞和留学人员在投资创业、子女教育、社会保险等方面提供便利；加强“侨梦苑”和“海归小镇”等海外侨胞和留学人员创新创

① 《习近平谈治国理政》第一卷，外文出版社2018年版，第64页。

业基地建设，集聚更多优质资本和创新活力；完善国内为侨服务体系，提高为侨服务水平建设，持续改善侨界民生。四是增进文化认同。大力加强中华文化海外传播和华文教育，协调有关部门开展“文化中国”等系列活动，提供更多富有中国特色的高质量文化产品，引导海外侨胞和留学人员深刻理解中华文化、中华文明核心要义；持续组织各类寻根谒祖活动及“寻根之旅”夏冬令营等华裔青少年中华文化体验活动，不断增强其文化认同和民族认同。

涵养壮大知华友华力量。习近平总书记指出，“广大海外侨胞有着赤忱的爱国情怀、雄厚的经济实力、丰富的智力资源、广泛的商业人脉，是实现中国梦的重要力量”①，希望广大侨胞“弘扬中华民族勤劳善良的优良传统，努力为促进祖国发展、促进中国人民同当地人民的友谊作出贡献”②。要紧扣促进中外文化文明交流互鉴这一主题，“以侨为桥”开展民间交流，面向国际社会讲好中国故事、传播人类命运共同体价值理念，增进友谊、凝聚共识，涵养壮大知华友华力量。一是加强涉侨文化交流。重视维系海外侨胞、出国留学人员的中华文化情结，向其提供更多思想深刻、艺术精湛、喜闻乐见的文化精品，同时发挥海外侨胞和出国留学人员跨文化传播的作用，鼓励支持他们面向住在国社会和民众开展形式多样的中外人文交流活动，把跨越时空、跨越国度、富有永恒魅力、具有时代价值的中华文化弘扬起来，把中华优秀传统文化和当代中国文化传播出去。统筹中央与地方、政府与民间、国内与国外资源，推动政府合作与民间交流互促共进，以中华传统节日为载体，以侨社群众性文化活动为基础，以中华文化走出去品牌活动为牵引，促进与住在国的人文交流，增强中华文化的亲和力、感染力、吸引力和影响力。二是发挥好海外侨胞和出国留学人员民间友好“使者”的作用。鼓励他们为中国和住在国在经济、文化、教育、友城等各领域的民间合作牵线搭桥，增进两国人民的相互交流和理解，夯实民间友好的基础。引导他们以住在国社会和民众听得懂、能接受的语言和方式，讲述中国故事，阐释中国立场，展示中国形象，讲清中华文明与人类命运共同体理念的内在一致性，向世界展示一个真实、立体、全面的中国，不断加深国外民众对中国制度、中国道路、中华文化的理解和认同，营造良好国际舆论环境。积极推动构建和谐侨社，引导海外侨胞遵守住在国法律，尊重当地文化习俗，更好融入主流社会，促进住在国经济社会发展，加强侨团建设，充分展现守法诚信、举止文明、关爱社会、团结和谐的大国侨民形象。

---

① 《习近平谈治国理政》第一卷，外文出版社 2018 年版，第 64 页。
② 《习近平著作选读》第一卷，人民出版社 2023 年版，第 101 页。

深化新华侨华人和华裔新生代工作。新华侨华人和华裔新生代已逐渐成为侨社主体，做好他们的工作事关侨社可持续发展，事关海外侨社人心向背和友我力量消长。要深入开展调研，针对新华侨华人和华裔新生代的群体特征、困难诉求等基础信息进行收集和分析，切实摸清底数，提高工作精准度。要加大资源涵养力度，强化家庭教育阵地，从青少年抓起，深化中华文化传承，推动海外华文教育高质量发展。要创新工作方式，加强与华裔新生代群体联谊交流，引导他们积极参与侨社事务，支持他们回国（来华）创新创业，逐步培养其中华民族、中华文化认同，不断壮大知华友华队伍。要拓展工作覆盖面，拓宽工作视野，加强与学界、法律界、医卫界、科技界、体育界、文艺界、媒体界等领域新华侨华人和华裔新生代群体联系，进一步扩大“朋友圈”。要发挥桥梁纽带作用，鼓励新华侨华人和华裔新生代助力中外交往，搭建中外文明文化互鉴之“桥”，成为传承传播中华文化的不竭源流，鼓励和支持他们促进中外经贸交流，助力国家科技创新和经济社会高质量发展，讲好中国故事，传播好中国声音，不断增进国际社会对我国的理解和支持。

发挥侨力服务党和国家工作大局。广大海外侨胞是实现中华民族伟大复兴的重要力量。鼓励他们深度参与我国改革开放和社会主义现代化建设，维护和促进祖国统一，共襄民族复兴伟业。一是鼓励和支持侨胞参与国家重大发展战略。积极引导海外侨胞在更广领域、更高层次参与“一带一路”建设高质量发展，促进我国与沿线国家政策沟通、设施联通、贸易畅通、资金融通和民心相通。充分发挥侨胞资金、技术、管理、商业网络和人才优势，鼓励他们回国（来华）创新创业，深度参与京津冀协同发展、长江三角洲区域一体化发展、粤港澳大湾区建设等国家重大发展战略。二是围绕国家突破“卡脖子”和“高精尖”科技做好引资引智工作。把引进海外侨胞中的高层次人才特别是高精尖人才摆到重要位置，健全体制机制，优化创业环境，更好地集聚海外侨胞和出国留学人员中的优秀人才、优质资本和创新成果，确保引得进、用得好、留得住，为建设现代化经济体系、实现更高水平对外开放、加快构建新发展格局作贡献。三是维护国家核心利益。引导海外侨胞在中华民族伟大复兴的旗帜感召下，坚守民族大义，关心和支持中国和平统一大业，坚决反对任何形式的分裂破坏行径，在全球范围内汇聚反“独”促统的强大力量。

探索“以侨为桥”开展民间外交、民间外宣新途径，大力推进民间华文教育提质增效。紧紧围绕党和国家对外工作大局，“以侨为桥”积极开展民间交流交往，鼓励海外侨胞推动中外各领域各层级交流合作，展示中华优秀文化，讲好中国故事，增进中外了解互信，营造于我国更为有利的国际环境。特别是对已经融入住在国主流社会的精英阶层侨胞，他们受教育程度高，熟悉当地政治规则、文化风俗，有一定的人脉和影响力，要鼓励他们为中外民间合作牵线搭桥，为增进两国人民友谊贡献力量。海外侨胞既是侨务外宣的受众，也是“中国故事”“中国声音”的海外传播者。要全面提升华文媒体国际传播效能，鼓励海外华文媒体走出华人圈，加强与住在国主流媒体的合作，以民间形式推动中国故事海外传播体系建设。采用贴近不同区域、不同国家、不同群体受众的精准传播方式，推进中国故事和中国声音的全球化表达、区域化表达、分众化表达，增强国际传播的亲和力和实效性。海外华文媒体要运用富有时代气息的语言、融媒体传播方式，报道海外侨胞关心的内容，进而通过他们讲好中国故事，传播好中国声音，彰显其独特优势。华文教育是中华民族在海外的“留根工程”。要切实做好华文教育的顶层设计、统筹协调和机制建设，打造以华文教材、华文教师、中华文化体验和网络华文教育为主要内容的华文教育服务体系。精心编写适合华裔青少年学习汉语和传承中华文化的教材及网络课程，加强师资培养培训，提升华文教师专业化水平和文化传播能力，面向海外华裔青少年组织学习汉语体验活动，增强他们的学习兴趣。继续引导华文学校提高正规办学意识，创新办学理念，保证办学质量，推动和引导华裔青少年学习中华语言文字，了解中华文化根脉，主动成为中国故事的讲述者和国际传播主体。同时，引导华文学校走进学区、走进原住民、走进社区，充分发挥在语言教育、社区服务、文化交流等方面的多重作用，服务更广泛的群体，进一步促进中外文化交流和民心相通。

提升海外统战工作的针对性和实效性。海外统战工作点多、线长、面广，涉及工作对象群体庞大、构成多元，面临的外部环境复杂多变，承担的使命任务艰巨繁重，需要进一步加强对海外统战工作的战略分析和理论政策研究，突出因地制宜、精准施策，提升海外统战工作的针对性和实效性。一是加强理论政策研究。海外统战工作有自身的独特性和规律性，要加强理论与实践研究，更好把握海外统战工作特点和发展规律。用好高等学校、科研院所、智库等研究力量，围绕海外统战工作的重点难点问题加强理论研究；加强海外侨情调查等基础性研究工作，运用大数据等新技术手段，提高分析研判的前瞻性针对性，提升海外统战工作的精准性科学性；鼓励地方根据本地资源特点和工作实际在政策实践方面先行先试，及时总结好经验好做法，形成典型经验向全国推广。二是因地制宜开展工作。侨胞遍布世界各地，不同国家和地区的政情、社情、侨情千差万别。要根据不同国家和地区、不同阶层、不同教育背景等带来的侨胞在价值观念、思维方式上的差异，坚持实事求是、因地制宜，处理好政策原则性和策略灵活性的关系，把握好尺度，掌握好火候，既要坚持原则不动摇，又要具体问题具体分析，做到因地、因时、因人、因事制宜，“一把钥匙开一把锁”，不搞简单化、“一刀切”。三是研究解决突出问题。积极推进华侨权益保护立法，完善华侨回国定居、涉侨教育、涉侨社会保险、外籍华人入出境便利等政策措施，不断健全依法维护侨益的政策法规体系。探索完善针对海外侨社生活困难侨胞群体的帮扶救助机制，推进“暖侨行动”常态化，帮助解决他们面临的各类困难。

第十一章
加强党外代表人士队伍建设

中国共产党历来高度重视党外代表人士队伍建设，始终从解决力量对比、影响事业成败的战略高度，把团结培养党外代表人士作为党和国家工作全局的重要方面。党的十八大以来，以习近平同志为核心的党中央着眼统筹中华民族伟大复兴战略全局和世界百年未有之大变局，不断巩固和发展最广泛的爱国统一战线，高度重视党外代表人士队伍建设，始终把团结培养使用党外代表人士作为党治国理政的重大政治优势，放在关系党和人民事业发展全局的重要位置，对加强和改进党外代表人士队伍建设进行了深入的理论探索、制度创新和实践创造，在发现、培养、使用、管理、监督党外代表人士方面作出了一系列重大决策、推出了一系列重大部署、实施了一系列重大举措，推动党外代表人士队伍建设工作取得许多历史性成就，发生格局性变化。

习近平总书记围绕党外代表人士队伍建设发表一系列重要论述，深刻回答了新时代为什么要培养使用党外代表人士、什么是新时代党外代表人士、怎样培养使用新时代党外代表人士等重大理论和实践问题，提出一系列新理念新观点新论断，构成了习近平总书记关于做好新时代党的统一战线工作重要思想的有机组成部分，为新时代加强和改进党外代表人士队伍建设提供了根本遵循，是做好新时代党外代表人士队伍建设工作的理论指导和行动指南。

第一节　加强党外代表人士队伍建设的战略意义

时代是思想之母。任何新的思想理论都是所在时代的产物，都是一定社会历史实践活动的结果。习近平总书记指出："我们要在迅速变化的时代中赢得主动，要在新的伟大斗争中赢得胜利，就要在坚持马克思主义基本原理的基础上，以更宽广的视野、更长远的眼光来思考和把握国家未来发展面临的一系列重大战略问题，在理论上不断拓展新视野、作出新概括。"①

中国特色社会主义进入新时代，中华民族迎来了从站起来、富起来到强起来的伟大飞跃。党的二十大擘画了全面建成社会主义现代化强国、以中国式现代化全面推进中华民族伟大复兴的宏伟蓝图，明确了新时代新征程党和国家事业发展的目标任务。党外代表人士是与中国共产党团结合作、作出较大贡献、有一定社会影响的人士。其标准是政治坚定、业绩突出、群众认同。党外代表人士队伍建设是统一战线工作的基础性、战略性任务，对于巩固和发展最广泛的爱国统一战线具有极为重要的决定性作用。面对世界百年未有之大变局的加速演变和国际环境不稳定性不确定性的明显上升，面对国内改革发展稳定任务的繁重和矛盾风险加剧的交织，党外代表人士在党和国家事业发展全局中的地位更加重要、肩负的任务更加重大、发挥的作用更加突出。

一、全面建设社会主义现代化国家的客观要求

全面建设社会主义现代化国家，承载着近代以来中国人民实现中华民族伟大复兴的夙愿和梦想，是实现中华民族伟大复兴的必经之路，也是全面建成小康社会后全党全国各族人民乘势而上开启的新阶段、踏上的新征程。党的二十大是在全党全国各族人民迈上全面建设社会主义现代化国家新征程、向第二个百年奋斗目标进军的关键时刻召开的一次十分重要的大会。这次大会的重要任务就是对全面建设社会主义现代化国家、实现中华民族伟大复兴进行战略规划。

① 《习近平谈治国理政》第二卷，外文出版社 2017 年版，第 62-63 页。

习近平总书记在党的二十大报告中指出:“全面建成社会主义现代化强国,总的战略安排是分两步走:从二〇二〇年到二〇三五年基本实现社会主义现代化;从二〇三五年到本世纪中叶把我国建成富强民主文明和谐美丽的社会主义现代化强国。”①

全面建设社会主义现代化国家,是一项伟大而艰巨的事业。惟其艰巨,所以伟大;惟其艰巨,更显荣光。当前,世界之变、时代之变、历史之变正以前所未有的方式展开。从国际环境来看,虽然世界格局“东升西降”的态势明显,世界百年未有之大变局加速演进,但逆全球化思潮抬头,形形色色的单边主义、保护主义、霸凌主义明显上升,世界经济复苏乏力,全球供应链的脆弱性显现,局部冲突和动荡频发,全球性问题加剧,世界进入新的动荡变革期。这些使我国面临着比以往更为严峻的国际环境,给我国的社会主义现代化国家建设带来不确定难预料的因素增多,需要解决的矛盾和问题比以往更加错综复杂。从国内情况来看,我们虽然披荆斩棘,走过了万水千山,但推进中国式现代化,全面建设社会主义现代化国家,必然会遇到各种可以预料和难以预料的风险挑战、艰难险阻甚至惊涛骇浪。我国发展不平衡不充分问题仍然突出,地区差距、城乡区域发展和收入分配差距仍然较大;广大人民群众在教育、医疗、就业、养老、住房、托育等方面面临不少急难愁盼问题;构建新发展格局,推进高质量发展还有许多卡点、瓶颈,教育、科技、人才的基础性、战略性支撑不足,科技自主创新能力还不强,实施创新驱动发展战略仍挑战巨大;发展的安全风险与挑战依然严峻,确保粮食、能源、产业链供应链可靠安全和防范金融风险还须解决许多重大问题;等等。

团结就是力量。在全面建成社会主义现代化强国、实现中华民族伟大复兴的新征程上,我们必须大力弘扬团结奋斗精神。习近平总书记在党的二十大报告中强调:“团结奋斗是中国人民创造历史伟业的必由之路。”②中国共产党诞生一百多年来,无论形势和任务如何变化,始终初心不改,始终依靠团结奋斗,团结一切可以团结的力量,调动一切可以利用的资源,为实现中华民族伟大复兴不懈奋斗。新民主主义革命时期,面对一盘散沙、积贫积弱的旧中国,面对中华民族生死存亡的危难局面,党团结带领人民投身革命洪流,浴血奋战、百折不挠,建立民主联合战线、工农民主统一战线、抗日民族统一战线、人民民主统一战线,不断

① 习近平:《高举中国特色社会主义伟大旗帜 为全面建设社会主义现代化国家而团结奋斗——在中国共产党第二十次全国代表大会上的报告》,人民出版社 2022 年版,第 24 页。

② 习近平:《高举中国特色社会主义伟大旗帜 为全面建设社会主义现代化国家而团结奋斗——在中国共产党第二十次全国代表大会上的报告》,人民出版社 2022 年版,第 70 页。

深化同党外代表人士的团结合作，取得新民主主义革命伟大胜利，实现了民族独立、人民解放，实现了中国从几千年封建专制政治向人民民主的伟大飞跃，为中华民族伟大复兴创造了根本社会条件。中华人民共和国成立后，面对错综复杂的国际环境和千疮百孔、百废待兴的国内困难局面，党领导建立和巩固了工人阶级领导的、以工农联盟为基础的人民民主专政的国家政权，加强同党外代表人士的广泛合作，保障党外人士有职有权，加强和扩大了广泛的统一战线，不断巩固全国人民的大团结，实现了中华民族有史以来最为广泛而深刻的社会变革，实现了一穷二白、人口众多的东方大国大步迈进社会主义社会的伟大飞跃，取得了在社会主义革命和建设中的独创性理论成果和巨大成就，为民族复兴奠定了根本政治前提和宝贵经验、理论准备、物质基础。改革开放以来，党团结带领人民解放思想、锐意进取，不断解放和发展社会生产力，使人民摆脱贫困、尽快富裕起来，为实现中华民族伟大复兴提供充满新的活力的体制保证和快速发展的物质条件。适应党的工作重心的转移，党外代表人士队伍建设力度不断加大，制度化、规范化不断发展，逐步形成了包括全体社会主义劳动者、社会主义事业的建设者、拥护社会主义的爱国者、拥护祖国统一的爱国者的广泛联盟。

党的十八大以来，以习近平同志为核心的党中央面对严峻复杂的国际环境和艰巨繁重的国内改革发展稳定任务，着眼新时代党和国家事业发展，在中华人民共和国成立特别是改革开放以来长期探索和实践基础上继续前进，不断实现理论和实践上的创新突破，成功推进和拓展了中国式现代化。党的二十大报告指出："中国共产党的中心任务就是团结带领全国各族人民全面建成社会主义现代化强国、实现第二个百年奋斗目标，以中国式现代化全面推进中华民族伟大复兴。"①中国式现代化是中国共产党和中国人民长期实践探索的成果，是一项伟大而艰巨的事业。新征程是充满光荣和梦想的远征。征程越是壮阔，目标越是远大，越需要全国各族人民的团结奋斗，广泛汇聚实现民族复兴的磅礴力量。加强党外代表人士队伍建设，努力寻求最大公约数、画出最大同心圆，形成包括全体社会主义劳动者、社会主义事业的建设者、拥护社会主义的爱国者、拥护祖国统一和致力于中华民族伟大复兴的爱国者的联盟，只有在党的领导下全国各族人民团结一心、众志成城，心往一处想、劲往一处使，敢于斗争、善于斗争，才能战胜前进道路上的一切困难挑战，谱写新时代中国特色社会主义新篇章，不断夺取

① 习近平：《高举中国特色社会主义伟大旗帜 为全面建设社会主义现代化国家而团结奋斗——在中国共产党第二十次全国代表大会上的报告》，人民出版社 2022 年版，第 21 页。

全面建设社会主义现代化国家新胜利。

新时代新征程，我们要牢牢把握团结奋斗的时代要求，紧紧围绕中心任务，坚持大团结大联合，凝聚起团结奋斗的强大力量，推动中国特色社会主义伟大事业不断胜利前进。统一战线因团结而生，靠团结而兴。统一战线是凝聚人心、汇聚力量的强大法宝。新征程上，我们要不断巩固和发展最广泛的爱国统一战线，担负起促进中华儿女大团结的历史责任，就必须实现更广泛的团结合作，需要全国上下共同努力，需要各党派团体和各界人士的齐心协力，必须团结和支持各方面力量汇聚民族复兴的磅礴伟力。习近平总书记指出，我们“搞统一战线是为了壮大共同奋斗的力量”[①]，“伟大的事业，决定了我们更加需要知识和知识分子，更加需要知识分子为国家富强、民族振兴、人民幸福多作贡献”[②]。而党外代表人士是我国人才资源的重要组成部分，是推动中国特色社会主义事业发展的重要力量，是实现民族复兴的重要依靠力量，在全面建设社会主义现代化国家、实现中华民族伟大复兴的新征程上具有不可替代的独特作用。特别是在科技和人才成为国力强盛最重要的战略资源、创新驱动发展成为第一动力的新发展阶段，加强党外代表人士队伍建设，让事业激励人才，让人才成就事业，让更多的党外人才脱颖而出，着力把党外人士集聚到党和人民的伟大奋斗中来，最大限度地团结一切可以团结的力量，形成共同致力于民族复兴的磅礴伟力，更好地为民族复兴凝聚人心、凝聚智慧、凝聚力量。

二、推进国家治理体系和治理能力现代化的内在要求

坚持和完善中国特色社会主义制度、推进国家治理体系和治理能力现代化，是关系党和国家事业兴旺发达、国家长治久安、人民幸福安康的重大问题。[③] 推进国家治理体系和治理能力现代化，作为中国式现代化的重要组成部分，是中国共产党人对实现什么样的治理形态和治理文明，怎样实现这样的治理形态和治理文明的重大理论和实践命题的科学回答。推进国家治理体系和治理能力现代化体现了中国共产党对共产党执政规律、社会主义建设规律和人类社会发展规

① 《习近平著作选读》第一卷，人民出版社 2023 年版，第 358 页。

② 《习近平：广大知识分子要主动担当积极作为 为国家富强民族振兴人民幸福多作贡献》，人民网，2017 年 3 月 4 日，http://politics.people.com.cn/n1/2017/0304/c1024-29123438.html。

③ 习近平：《坚持和完善中国特色社会主义制度推进国家治理体系和治理能力现代化》，《求是》2020 年第 1 期。

律的深刻认识，深化和发展了马克思主义国家理论、中国特色社会主义理论体系、中国式现代化的理论认识等理论体系，体现了党的执政理念的新变革和社会主义现代化国家建设的新要求。

中国特色社会主义制度和国家治理体系是在中国的社会土壤中生长起来的，是在中国共产党领导中国人民进行革命、建设、改革的长期实践中形成的，是马克思主义基本原理同中国具体实际相结合的产物，凝结着党和人民艰辛探索的智慧和心血，具有深刻的历史逻辑、理论逻辑、实践逻辑。长期以来，中华文明曾经占据着人类发展史上的领先地位，形成了一整套包括朝廷制度、郡县制度、土地制度、税赋制度、科举制度、监察制度、军事制度等各方面制度在内的国家制度和国家治理体系，为人类文明发展作出过重要贡献。近代以后，由于封建统治者腐朽无能，帝国主义列强入侵，中国逐步沦为半殖民地半封建社会，统治中国几千年的君主专制制度陷入全面危机。无数仁人志士为改变中国前途命运，挽救日益深重的政治危机和民族危机，不断探寻新的国家制度和国家治理体系，尝试了君主立宪制、议会制、多党制、总统制等各种制度模式，但都以失败告终。中国共产党的诞生才使中国人民和中华民族找到了实现民族独立、人民解放和国家富强、人民幸福的正确道路。中国共产党自成立以来，团结带领人民，坚持把马克思主义基本原理同中国具体实际相结合，赢得了中国革命胜利，并深刻总结国内外正反两方面经验，不断探索实践，不断改革创新，建立和完善社会主义制度，形成和发展党的领导和经济、政治、文化、社会、生态文明、军事、外事等各方面制度，加强和完善国家治理，取得历史性成就。①

“国家治理体系和治理能力是一个国家的制度和制度执行能力的集中体现。”②中华人民共和国成立七十多年来，我们党领导人民创造了世所罕见的经济快速发展奇迹和社会长期稳定奇迹，中华民族迎来了从站起来、富起来到强起来的伟大飞跃，根本在于中国特色社会主义制度和国家治理体系的特点和优势。中国特色社会主义制度和国家治理体系是坚持以马克思主义为指导、植根中国大地、具有深厚中华文化根基、深得人民拥护的制度和治理体系，是具有强大生命力和巨大优越性的制度和治理体系，是能够持续推动拥有超十四亿人口大国

① 《中共中央关于坚持和完善中国特色社会主义制度 推进国家治理体系和治理能力现代化若干重大问题的决定》，中国政府网，2019 年 11 月 5 日，http://www.gov.cn/zhengce/2019-11/05/content_5449023.htm。

② 《习近平强调：推进国家治理体系和治理能力现代化》，中国政府网，2014 年 2 月 17 日，https://www.gov.cn/xinwen/2014-02/17/content_2612860.htm。

进步和发展、确保拥有五千多年文明史的中华民族实现“两个一百年”奋斗目标进而实现伟大复兴的制度和治理体系。党的十九届四中全会通过的《中共中央关于坚持和完善中国特色社会主义制度 推进国家治理体系和治理能力现代化若干重大问题的决定》对我国国家制度和国家治理体系的显著优势作出了科学总结，突出强调了坚持党的集中统一领导、坚持人民当家作主、坚持全面依法治国、坚持调动各方面积极性等显著优势。这些显著优势也构成了我们坚定中国特色社会主义道路自信、理论自信、制度自信、文化自信的基本依据。

加强党外代表人士队伍建设是我国国家治理体系的内在要求，是体现国家治理能力优势的重要制度安排。中国共产党在长期的奋斗实践中，一直把团结培养党外代表人士作为党和国家工作全局的一个重要方面，作为党治国理政的重要政治优势，这是中国共产党团结带领人民、最广泛地集聚奋斗伟力、最大限度地凝聚人心的具体体现，是中国国家治理制度特征和优势的生动实践。各民主党派、各人民团体、各阶层群体、各民族中的代表人士作为中国特色社会主义制度的见证者、参与者、维护者和捍卫者，构成了国家治理的重要主体，在坚持中国共产党领导的根本原则下，依法实行民主选举、民主协商、民主决策、民主管理、民主监督，共同参与管理国家事务和社会事务，管理经济、文化、生态等各方面事务，形成了我国政治制度的鲜明特色和独特优势。广大党外代表人士以其政治坚定、代表性鲜明、社会影响广泛的特点，发挥社会主义协商民主的独特优势，反映统一战线各方面成员的具体诉求，扩大公民的有序政治参与，提高民主监督实效，对于展现国家制度和治理体系优势、促进经济社会发展、保持政治大局和谐稳定、维护国家安全具有不可替代的独特作用。加强党外代表人士队伍建设，坚定制度自信，彰显制度优势，提升制度效能，充分发挥他们在引领和示范所联系成员和群众致力于中华民族伟大复兴的共同事业，促进政治关系和谐中的作用，为推进国家治理体系和治理能力现代化贡献智慧和力量。

三、巩固和发展最广泛的爱国统一战线的基础工程

人心是最大的政治。统一战线始终是中国共产党凝聚人心、汇聚力量的重要法宝。建立最广泛的统一战线，历来是中国共产党战胜困难、夺取胜利的宝贵历史经验。近代以来，中国人民和中华民族弘扬伟大爱国主义精神，心聚在了一起、血流到了一起，共同书写了抵御外来侵略、推翻反动统治、建设人民国家、推进改革开放的英雄史诗。统一战线在中国共产党夺取革命、建设、改革事业胜利

的各个历史时期都发挥了非常重要的作用，过去是、现在是、今后仍然是党的事业取得胜利的重要法宝。

党外代表人士队伍建设是中国共产党巩固和发展最广泛爱国统一战线的基础工程。中国共产党始终从治国理政的战略高度，历来高度重视党外代表人士队伍建设，把团结培养党外代表人士作为党和国家工作全局的重要方面，着力推进党外代表人士队伍建设的科学化、规范化、制度化。各级党委把党外代表人士队伍建设提到重要议事日程，纳入干部和人才队伍建设的总体规划，党外代表人士队伍建设的科学化水平不断提升，一大批党外优秀人才不断涌现，在国家政治和社会生活中发挥着日益重要的作用。2005 年，中共中央下发的《关于进一步加强中国共产党领导的多党合作和政治协商制度建设的意见》提出，党外干部是国家干部队伍的重要组成部分，不断巩固中国共产党同党外人士的联盟。2006 年，中共中央发出的《关于巩固和壮大新世纪新阶段统一战线的意见》进一步明确了党外代表人士队伍建设的工作原则、总体要求和工作重点，强调要努力提高党外代表人士的综合素质，加强党外代表人士后备队伍建设，完善党外代表人士培养选拔任用工作机制。2010 年、2011 年中央统战部研究制定了《关于加强民主党派代表人士队伍建设的意见》《关于加强党外代表人士实践锻炼的意见》《关于开展党外代表人士综合评价工作的意见》《中央统战部与党外代表人士联谊交友实施意见》等 9 个专项文件，对统一战线各领域党外代表人士队伍建设及其相关工作提出了具体措施。2012 年 2 月，中共中央印发《关于加强新形势下党外代表人士队伍建设的意见》。这是第一次以中央名义下发的关于加强党外代表人士队伍建设的文件，加强党外代表人士队伍建设，为巩固和发展最广泛爱国统一战线、充分发挥统一战线的重要法宝作用奠定了坚实基础。

面对复杂严峻的国内外形势，新时代统一战线面临的形势更加复杂、肩负的任务更加繁重、发挥的作用更加重要，统一战线工作提质增效的要求也更加迫切，对统战工作各领域各方面的工作效能和工作效果提出了更高要求，需要推动统战工作从注重“做了什么”向“做出了什么效果”转变。习近平总书记指出，“说到底，统一战线是做人的工作”[①]。更具体地说，就是做党外代表人士的工作。党外代表人士的规模、质量和作用发挥程度直接关系着新时代统一战线工作的实际成效，影响着新时代统一战线的巩固和壮大。因此，加强党外代表人士队伍建设，搞好同党外代表人士的合作共事，不断增强他们的代表性，发挥他们对所

① 中共中央文献研究室编:《十八大以来重要文献选编》(中)，中央文献出版社 2016 年版，第 562 页。

联系群众的引领带动作用，就成为统一战线工作提质增效的关键所在。

党的十八大以来，尽管我国党外代表人士队伍建设取得了巨大成就、实现了统一战线工作的新突破，但是党外代表人士队伍建设领域依然存在一些比较突出的问题。当前，党外代表人士队伍虽然规模不小，但总体上“有群山、少高峰”，高层次党外人才储备不足。这种状况反映出党外代表人士队伍建设中存在着诸如人才队伍整体素质偏低、后备人才缺乏、代表性评价不科学、人才队伍结构性矛盾凸显、党外代表人士培养使用体制机制运转不畅等突出问题。党外代表人士队伍建设实践中存在的问题，既有部分领导干部思想认识不到位，理论政策水平低的原因，同时更深层次的原因是党外代表人士队伍建设理论滞后。只有适应时代要求的科学理论才能够正确地指导实践。正是在这一背景下，习近平总书记关于党外代表人士队伍建设的重要论述应运而生。习近平总书记对党外代表人士队伍建设的重要论述不仅具有强烈的问题意识、鲜明的问题导向，而且善于抓住事物主要矛盾和矛盾主要方面的科学方法，体现出唯实务实的思想品格和直面矛盾的政治勇气，对于现实具有强烈的针对性和指导性。

第二节　加强党外代表人士队伍建设的丰富内涵

加强党外代表人士队伍建设是新时代统一战线工作中具有基础性、战略性地位的重要工作。习近平总书记在2022年中央统战工作会议上强调指出，“必须加强党外代表人士队伍建设”，“着力培养一批同我们党亲密合作的党外代表人士”。[①] 建设一支数量充足、结构合理、素质优良、作用突出的党外代表人士队伍始终是统一战线巩固和发展的重要目标和关键举措。党的十八大以来，以习近平同志为核心的党中央胸怀实现民族复兴的历史宏愿，站在关系党治国理政兴衰成败的战略高度，统筹考虑国内外形势、统一战线发展进程和统战工作人才保障，科学回答如何解决民族复兴征程上的人心和力量问题，实现全体人民的大团结大联合，努力调动一切可以调动的积极因素等重大问题。习近平总书记关于党外代表人士队伍建设的重要论述着眼于新时代统一战线巩固和发展规律，

① 习近平：《完整、准确、全面贯彻落实关于做好新时代党的统一战线工作的重要思想》，《求是》2024年第2期。

传承中华民族尚贤爱才的优良传统和中华传统治国智慧“政无大小，以得人为重”的精髓，集中体现了中国共产党的政治品格、历史使命和责任担当，作出了系统的理论设计，具有严密完整的理论框架和内在逻辑，蕴含一种新的科学话语体系。

一、以“得人者兴，失人者崩”为本质要求

济济多士，乃成大业；人才蔚起，国运方兴。“得人者兴，失人者崩”出自司马迁《史记·商君列传》，意思是说，得到人心、获得人才就会兴旺，失掉人心、流失人才就会败亡。古往今来，人才都是富国之本、兴邦大计。习近平总书记指出，“人心向背、力量对比是决定党和人民事业成败的关键”①。建设社会主义现代化强国，形成共同致力民族复兴的强大力量，没有一支高素质的党外人才队伍，没有包括党外人才在内的广大人才创造力迸发、活力涌流，是不可能成功的。

为政之要，惟在得人。《孟子·离娄上》曰：“得天下有道，得其民，斯得天下矣。得其民有道，得其心，斯得民矣。得其心有道，所欲与之聚之，所恶勿施尔也。”中国历史上发生的人存政举、人亡政息的例子比比皆是，教训非常惨痛。1945 年，黄炎培与毛泽东在延安窑洞谈话时说：“我生六十多年，耳闻的不说，所亲眼看到的，真所谓‘其兴也浡焉’，‘其亡也忽焉’，一人，一家，一团体，一地方，乃至一国，……都没有能跳出这周期率的支配力。”②这段话道出了中国封建王朝人存政举、人亡政息的基本规律。中国历史上的兴盛时期大都由于前代统治者倒行逆施的严重后果，给后代统治集团以极大警醒，都非常善于从前人的失败中总结经验教训，“与民休息”、广揽人才、励精图治。然而，当明君逝去，盛世也很快沦为衰世，都未能避免“盛极而衰”的结局。这个中缘由皆有人存政举、人亡政息的原因。

当前，面对全面建设社会主义现代化国家、全面推进中华民族伟大复兴的时代课题，面对我国改革发展稳定任务之重、矛盾风险挑战之多、治国理政考验之大这一前所未有的复杂局面，加强党外代表人士队伍建设，努力锻造一大批与党合作、可堪大用、能担重任的栋梁之材，把各方面党外代表人士团结在党的周围，是增强党的阶级基础、扩大党的群众基础、巩固党的执政地位、提高党的执政本

---

① 中共中央文献研究室编：《十八大以来重要文献选编》（中），中央文献出版社 2016 年版，第 556 页。

② 中共中央文献研究室编：《毛泽东年谱（一八九三——一九四九）》中卷，中央文献出版社 2002 年版，第 609-610 页。

领的重要途径。要巩固和发展最广泛的爱国统一战线，没有一支与党亲密合作、可堪重用的党外代表人士队伍，没有可靠的人才支撑是不可能成功的。我们党领导革命、建设、改革取得成功靠的就是得人。毛泽东说过，所谓政治，就是把拥护我们的人搞得多多的，把反对我们的人搞得少少的。[①] 随着我国进入民族复兴的关键时期，对统一战线的发展更加紧迫，对人才的渴求更加强烈。因此，努力建设一支数量充足、结构合理、素质优良、作用突出的自觉接受中国共产党领导、坚定不移地走中国特色社会主义道路、具有较强代表性和参政议政能力的党外代表人士队伍是关系党执政兴国的重大战略问题，也是加强党外代表人士队伍建设的本质要求。

二、以“聚天下英才而用之”为核心理念

千秋基业，人才为先。“致天下之治者在人才。”一个政党、一个国家，能不能聚天下英才而用之，关系着政党和国家的前途命运。办好中国的事情，关键在党，关键在人，关键在人才。党的二十大报告强调：“培养造就大批德才兼备的高素质人才，是国家和民族长远发展大计。功以才成，业由才广。”[②]中国共产党在百年奋斗历程中始终重视培养人才、团结人才、引领人才，团结和支持各方面人才为党和人民事业建功立业。回望百年党史，从创建时的“小小红船”到当今的“巍巍巨轮”，从新民主主义革命到中国特色社会主义新时代，党领导的人才事业都发挥了极为重要的作用。无论是提出“政治路线确定之后，干部就是决定的因素”，倡导“尊重知识、尊重人才”，还是强调“人才是第一资源”，都体现了党求贤若渴、珍视人才的优良传统。党的十八大以来，以习近平同志为核心的党中央作出人才是实现民族振兴、赢得国际竞争主动的战略资源的重大判断，作出全方位培养、引进、使用人才的重大部署，推动新时代人才工作取得历史性成就、发生历史性变革。当今时代，人才是创新的第一资源，是衡量一个国家综合国力的重要指标，是我国在激烈的国际竞争中赢得主动的重要力量和显著优势。没有一支宏大的高素质人才队伍，全面建设社会主义现代化强国的奋斗目标和中华民族伟大复兴的中国梦就难以顺利实现。踏上新征程，全面建设社会主义现代化国家、全面推进中华民族伟大复兴，比历史上任何时期都更加渴求人才，更加需要

---

① 转引自《习近平谈治国理政》第三卷，外文出版社 2020 年版，第 296 页。

② 《习近平著作选读》第一卷，人民出版社 2023 年版，第 30 页。

聚天下英才而用之，共圆伟大复兴中国梦。

党外代表人士是我国人才资源的重要组成部分，是实现民族振兴、赢得国际竞争主动的重要战略资源。新时代十年，人才队伍快速壮大，我国人才资源总量已达2.2亿人，而其中相当一部分是党外人才。在新时代新征程中，必须从战略全局和长远发展的高度来认识和谋划党外代表人士队伍建设问题。以广阔的视野和世界眼光，大胆解放思想，坚决破除制约党外代表人士队伍建设的思想观念束缚，树立领跑意识，摒弃跟跑观念，大力开发利用国内外人才资源，坚持以观念创新引领党外代表人士队伍建设其他方面的创新，坚决破除人才吸收、培养、使用、评价、流动、激励等方面的陈规陋习和体制机制障碍，通过近悦远来、宜居宜业环境的营造来广泛吸引人才，不拘一格引育和使用人才，努力创设人才施展身手的平台和条件，积极创设人才创新创业的浓厚环境，有效调动人才干事创业的积极性、主动性和创造性。加强党外代表人士队伍建设，海纳百川引人才，多措并举育人才，优化环境留人才，把我国制度优势转化为人才优势，将“天下英才”由被动的“得”变成主动的“聚”，以识才的慧眼、爱才的诚意、用才的胆识、容才的雅量、聚才的良方，不断开创人人渴望成才、人人努力成才、人人皆可成才、人人尽展其才的新境界，不断巩固党外代表人士在聚才方面的示范带动作用，让更多的千里马竞相奔腾，为新时代统一战线巩固和发展提供坚实的组织保障和智力支撑。

三、以党外代表人士政治引领为根本原则

党外代表人士队伍建设强化政治引领是由党外代表人士的政治属性决定的。政治性是党外代表人士的根本。党外代表人士的政治身份赋予了其联系群众的代表性优势和示范带动作用。早在中华人民共和国成立初期，毛泽东在接见参加全国统一战线工作会议的代表时就形象地将其比喻为“一根头发”和“一把头发”的关系。毛泽东指出，“认为民主党派是一根头发拔去不拔去都一样的说法是不对的。从他们背后联系的人们看，就不是一根头发，而是一把头发，不可藐视”[①]。毛泽东强调，民主党派是联系小资产阶级和资产阶级的，政权中要有他们的代表才行。从整个的、长远的来看，政协、各届人民代表会有他们好还

① 中共中央统战部研究室编：《历次全国统战工作会议概况和文献》，档案出版社1988年版，第6页。

是没有他们好？没有他们，就是共产党的代表会议了，对内对外的影响都不好。如果认为没有他们参加，影响会更好，那么过去的政协和各届人民代表大会及我党的七届二中全会的决议就要全部推翻。统一战线就是要做好有代表性人物的工作，做好“一根头发”的工作，就可以影响、牵动“一把头发”了。强化政治引领关系着培养什么人、怎样培养人、为谁培养人这个根本问题。巩固中国共产党与党外人士的联盟，必须以政治坚定为前提，没有正确的政治立场、政治方向、政治原则和政治道路，作为联盟的统一战线，就失去了团结奋斗的共同基础。

中国特色社会主义进入新时代，社会结构的深刻变化和时代任务的艰巨繁重给统一战线工作带来了全方位、深层次的影响，对巩固和发展统一战线提出了新挑战、新要求和新课题。从党和国家治国理政的战略高度和巩固统一战线的政治全局，加强党外代表人士政治引领，着力在思想政治培养上下功夫，引导党外代表人士不断增进对中国特色社会主义的道路自信、理论自信、制度自信和文化自信，做政治上的“明白人”。2023 年 1 月，习近平同党外人士座谈并共迎新春时强调，“以更加奋发有为的精神状态履职尽责，在凝心聚力、服务大局上发挥更大作用”，“希望大家把学习贯彻中共二十大精神作为深化政治交接的重要内容，加强思想政治引领，引导广大成员和所联系群众增强‘四个意识’、坚定‘四个自信’、做到‘两个维护’，把思想和行动统一到中共二十大作出的重大决策部署上来。要巩固拓展中共党史学习教育成果，适时开展新一轮主题教育活动，不断增进对中国共产党领导和中国特色社会主义的政治认同、思想认同、理论认同、情感认同”。①

中国共产党领导和中国特色社会主义道路是历史和人民的必然选择，是中国各族人民在长期革命、建设、改革实践中形成的广泛政治共识，也是新时代党外代表人士政治标准的核心内容。党外代表人士只有把这种政治共识自觉转化为内在的坚定信念和外在的自觉行动，在重大问题上旗帜鲜明，在惊涛骇浪中立场坚定，始终同中国共产党团结合作，才能使统一战线的组织保障和人才支撑更加牢固、作用发挥更加明显，才能把党外代表人士个人理想融入国家发展伟业，同人民站立在一起、同人民奋斗在一起，在新时代中国特色社会主义伟大事业中再立新功，为全面建设社会主义现代化国家贡献智慧和力量。

党的二十大对党和国家未来发展目标进行了总体规划并作出战略部署，也

① 《习近平同党外人士座谈并共迎新春时强调 以更加奋发有为的精神状态履职尽责 在凝心聚力服务大局上发挥更大作用》，中国政府网，2023 年 1 月 16 日，https://www.gov.cn/xinwen/2023-01/16/content_5737275.htm。

对党外代表人士队伍建设提出了新的要求，为党外代表人士更好发挥作用提供了广阔空间，指明了前进方向。促进中华儿女大团结，是新时代爱国统一战线的历史责任。习近平总书记提出，党外代表人士“要不断提高政治判断力、政治领悟力、政治执行力，引导广大成员和所联系群众不断增进对中国共产党领导和中国特色社会主义的政治认同、思想认同、理论认同、情感认同，始终保持同中国共产党同心同德、团结奋斗的政治本色”①。新征程上，强化党外代表人士思想政治引领，广泛凝聚共识，不断画大同心圆，为实现党的二十大确立的宏伟目标，为全面推进中华民族伟大复兴凝聚起共同奋斗的磅礴伟力。首先，要增进一致性，打牢共同思想政治基础。党的领导是中国特色社会主义最本质的特征和最大优势，也是统一战线团结合作的底线和圆心。党外代表人士必须坚守坚持中国共产党领导这个根本原则，坚持正确政治方向，深刻领悟“两个确立”的决定性意义，增强“四个意识”、坚定“四个自信”、做到“两个维护”，始终与中国共产党想在一起、站在一起、干在一起。其次，要扩大团结面，发挥广泛代表性作用。党外代表人士作为中国特色社会主义的重要力量，既是统战工作的基本对象，又是统战工作的重要力量，要积极密切联系所代表成员及所联系群众，根据各自特点有针对性地做好党外知识分子、新的社会阶层人士、民族宗教领域等的思想政治引领工作，增进社会各阶层和不同利益群体的和谐，汇聚起共克时艰、团结奋斗的强大合力。最后，要展现新担当，把凝聚的共识和激发的力量转化为履行职能的具体行动。党的二十大报告提出：“从现在起，中国共产党的中心任务就是团结带领全国各族人民全面建成社会主义现代化强国、实现第二个百年奋斗目标，以中国式现代化全面推进中华民族伟大复兴。”②深入推进中国式现代化就是当前和今后较长时期的最大政治。党外代表人士履职尽责就是要紧紧围绕这个中心任务深入调查研究，积极建言资政，充分政治协商，提高民主监督实效，团结引导广大人民投身中国式现代化的伟大实践，为推动高质量发展、增进民生福祉、推动绿色发展、加快建设科技强国、实现高水平科技自立自强等现代化任务贡献智慧和力量。

四、以党外代表人士发现储备为首要前提

发现储备党外代表人士是加强党外代表人士队伍建设的固本之举，是稳定

① 《习近平同党外人士共迎新春》，《人民日报》2021 年 2 月 2 日，第 1 版。

② 习近平：《高举中国特色社会主义伟大旗帜 为全面建设社会主义现代化国家而团结奋斗——在中国共产党第二十次全国代表大会上的报告》，人民出版社 2022 年版，第 21 页。

党外代表人士规模和质量的“先手棋”。发现和储备人才是选人用人的第一道关口，广泛发现和储备党外人士，是保证统一战线和多党合作事业持续发展的必然要求。党外代表人士是统一战线和多党合作的骨干力量，是中国特色社会主义的见证者和参与者，能否广泛发现和大量储备党外人士，关系着党与党外人士的合作共事和持续发展，是进一步展现我国制度优势和提高制度竞争力的现实需要，是关系把各方面优秀人才集聚到党和人民事业中来的国之大者。

习近平总书记指出，“为政之要，惟在得人”，“政无大小，以得人为重”。长期以来，由于多种因素制约，党外代表人士后备人才源头不足、发现视野不宽、识人方法局限，造成党外人才难以发现、总量储备不足，严重制约统一战线的巩固和发展，严重影响党同党外人士合作共事的水平。主要表现在，一些地方和单位对党外代表人士队伍建设在思想认识上存在偏差。一方面，有些部门和领导存在“党内人才储备充足，不需要到党外发现寻找”，“党外代表人士安排仅是政治需要，工作很难抓好，有一些符合条件的党外人士就够了，多了也不需要，也安排不了，没必要费时费力去做”等认识误区，导致实际工作中对发现储备党外代表人士工作重要性认识不足，把这项工作看成一项可有可无、可为可不为的工作，缺乏内在动力；另一方面，一些党外代表人士也对留在党外意愿不高，认为只有加入中国共产党才能真正体现自身价值，个人作为党外代表人士的意愿和要求并不强烈，给党外代表人士发现储备带来挑战。同时，实践中党外代表人士的发现储备也存在多头管理、职责不清、相互脱节的状况。表面上党外人士的发现储备工作由统战部门负责，但选拔、使用党外代表人士是组织部门的事，部门之间没有形成良性互动的科学机制，很大程度上也影响了党外代表人士的发展。

提高党外代表人士队伍建设质量，以备长远。首先，要开阔选人视野，发现人才如获至宝，重视发挥高等学校、科研院所的重要源头和重要基地作用，积极从新的社会阶层人士、归国留学人员中有针对性地发现党外代表人士，主动从基层中发掘有潜力和可塑性强的年轻人才，集中储备一批后备党外人才，保证党外代表人士队伍后继有人。其次，为增加党外代表人士储备，积极涵养水源，要有意识地把一部分优秀人才留在党外。把一部分优秀人才留在党外，是党外代表人士队伍建设的重要经验，也是一项长期的、经常性的工作，对于合理配置政治资源、提升党外代表人士队伍建设质量意义重大。最后，要打破体制界限，健全组织部门、统战部门协作配合机制，坚持党内推荐与党外推荐相结合，组织推荐与个人推荐、定期推荐与日常推荐有机结合，举荐人才不拘一格，最广泛地集聚创新创业人才，健全完善党外代表人士的发现、储备和推荐机制，为培养一批同我们党亲密合作、可堪重用的党外代表人士拓展渠道。

五、以党外代表人士科学使用为重点任务

“贤者之有才，用之而后见。”科学使用是发现储备党外代表人士的主要目的，也是检验党外代表人士队伍建设成效的重要标准。对党外代表人士的安排使用，是坚持中国特色社会主义政治发展道路的政治安排，是发展全过程人民民主的本质要求。习近平总书记指出：“我们走的是一条中国特色社会主义政治发展道路，人民民主是一种全过程的民主。”①选拔党外代表人士担任各级领导职务，是我们党的一贯政策，也是人民当家作主民主制度优势的重要体现。“能用众力，则无敌于天下；能用众智，则无畏于圣人。”科学使用党外代表人士，不只是一般的人事安排，更是坚持和完善我国基本政治制度的必然要求，是加强国家政权建设的必然要求，是巩固党的执政基础的必然要求。

党的十八大以来，以习近平同志为核心的党中央高度重视党外代表人士的安排使用，并就用好党外代表人士作出一系列制度安排，将党外代表人士队伍建设纳入干部和人才队伍建设总体规划，将党外干部使用和党外干部标准统筹考虑，既加大对在人大、政府、政协、法院和检察院、高等学校、社会团体等方面党外干部的使用力度，又强调完善党外干部考核评价机制，坚持德才兼备、以德为先、任人唯贤的使用原则，加强对党外代表人士安排使用质量标准的严格要求；坚持事业为上，突出强调人事相宜，既防止备而不用，又防止为用而用。

要破除党外没有人才、不能安排，没有职位、不好安排的思想观念。同舟共济，首先要请君上船，“旁边看”总不如“一起干”。要认真贯彻党外代表人士安排使用的政策要求，拿出一些岗位甚至是重要岗位使用党外干部，促进党外干部的成长。健全工作机制，加大工作力度，选拔和推荐更多优秀党外人士担任各级国家机关领导职务。只要素质过硬、符合要求，党外干部同样能干“主官”、当正职。选配优秀党外干部担任实职，既是对党外人士信任的体现，也是推进国家治理现代化的需要。要进一步完善党外干部使用机制，加大党外正职的安排力度，从中央和省级部门、单位及高等学校、科研院所等选配一批综合素质好、有发展潜力的党外人士担任正职，为培养有影响、有威望的高层次党外代表人士创造条件。

---

① 《习近平：中国的民主是一种全过程的民主》，中国政府网，2019 年 11 月 3 日，https://www.gov.cn/xinwen/2019-11/03/content_5448083.htm。

要提高党外代表人士在各级人大中的占有比例，落实《中国共产党统一战线工作条例》中党外代表人士在各级人大代表、人大常委会委员和人大专门委员会主任委员、副主任委员及委员中应当占有适当比例的规定。保障党外代表人士在各级政府及其工作部门中的适当比例，积极配备在行政执法监督、与群众利益密切相关、紧密联系知识分子和专业技术性强的部门重点使用安排。加大党外人士在各级政协中的使用比例。党外代表人士在各级政协中应当占有较大比例，确保政协委员中党外人士比例不少于60%，政协常委中党外人士比例不少于65%。同时，要在各级人民法院、人民检察院、高等学校、人民团体、科研院所、国有企业等领导班子中安排党外干部。当然，安排使用党外干部，要符合干部人事制度改革总体方向和要求，不能降格以求、为用而用。

六、以党外代表人士培养锻炼为关键环节

绳短不能汲深井，浅水难以负大舟。新时代党外代表人士要承担职责、胜任工作，需要具备多方面的本领。人才成长既靠个人努力，也靠组织培养。只有把党外代表人士培养锻炼工作做扎实了，选拔使用高层次党外代表人士才能水到渠成，更多的优秀党外干部才能脱颖而出。

党外干部也是党的干部，党外人才也是党的人才，也必须遵循干部和人才成长的普遍规律。关键要在思想政治培养上下功夫。要把坚定理想信念、增进政治认同贯穿始终，打牢中国特色社会主义的共同思想政治基础。筑牢理想信念根基，必先知之而后信之，信之而后行之。坚定理想信念不是一阵子而是一辈子的事，要常修常炼、常悟常进，将自己的人生理想融入党和人民的伟大事业，无论顺境还是逆境都坚贞不渝，经得起大浪淘沙的考验，不断践行和淬炼自己的理想信念。同时，提升党外代表人士的能力素质也是非常重要的。党的十八大以来，习近平同志对党外代表人士的能力提高提出明确要求，强调要提高党外人士的政治把握能力、参政议政能力、组织领导能力、合作共事能力和解决自身问题能力。党外人士的能力不是自动生成的。党外人士的领导能力都是经过不同层级、不同岗位、不同职务历练而成的，这是干部成长的规律，党内党外概莫能外。

要坚持理论培训和实践锻炼相结合，通过实践锻炼丰富经历阅历、提升能力素质。要注重在实践中学真知、悟真谛，在斗争中经风雨、见世面，加强磨炼、增长本领。党外代表人士培养是中国共产党的一贯政策，培养更多党外人才是补充党和国家人才队伍的重要举措，是党外人才投身于中国特色社会主义事业的

有效渠道。党外代表人士培养要坚持以政治培训为主。坚持以政治培训为主，是党外代表人士培训的重要原则，是强化党外代表人士理论培训的基本要求。《社会主义学院工作条例》对党外代表人士政治培训的目标明确指出，“确保统一战线各领域代表人士深刻理解习近平新时代中国特色社会主义思想，自觉接受中国共产党的领导，牢固树立‘四个意识’，坚定‘四个自信’；增强爱国主义精神，自觉维护祖国统一、民族团结、社会稳定；了解和熟悉党的统一战线理论和方针政策，增强政治把握能力、参政议政能力、组织领导能力、合作共事能力和解决自身问题能力”。同时，要加大实践锻炼力度，将党外干部纳入党政领导干部交流总体安排，推动考察调研、社会服务、挂职锻炼等实践锻炼形式进一步制度化和规范化，探索建立多层次、多领域、多形式的党外代表人士实践锻炼基地，形成多种方式有机结合、互为补充的党外代表人士实践锻炼格局，使他们在投身中国特色社会主义事业伟大实践中，在共同致力于中华民族伟大复兴的逐梦征程中积累经验，增长才干，提高综合素质能力。

第三节 加强党外代表人士队伍建设的实践要求

长期以来，各级党委把党外代表人士队伍建设摆到重要议事日程，纳入干部和人才队伍建设的总体规划，把握成长规律，完善政策举措，健全体制机制，强化教育培训，注重发挥作用，党外代表人士队伍建设的科学化水平不断提升，一大批党外优秀人才不断涌现，在国家政治和社会生活中发挥着日益重要的作用。

习近平总书记关于党外代表人士队伍建设的重要论述贯穿着坚定的理想信念、敏锐的战略眼光、强烈的问题导向和宏大的全局视野，始终坚持马克思主义立场观点方法，坚持发扬党的统一战线战略优势，坚持从新时代统一战线工作实际出发，根据客观形势发展，围绕培养一批亲密合作、可堪重用的党外人士目标，打牢统一战线巩固和发展的组织保障和人才支撑，提出了一系列新的科学论断和观点，以新的视野、新的认识赋予其新的时代内涵，为统一战线基础工程建设作出了重大原创性贡献，为新时代新征程加强党外代表人士队伍建设指明了方向，为新时代做好党外代表人士队伍建设工作提供了根本遵循。

一、赓续党外代表人士队伍建设的优良传统

加强党外代表人士队伍建设，培养使用党外代表人士，充分发挥他们在党和国家事业发展中的积极作用，是我们党长期坚持的一项基本方针。

中国共产党在长期重视党外代表人士队伍建设的过程中，积累了广泛团结凝聚党外代表人士、搞好党外代表人士队伍建设的有益经验，形成了许多加强党外代表人士队伍建设的优良传统。以毛泽东同志为代表的中国共产党第一代中央领导集体，从中国革命成败的战略高度，把做好党外代表人士工作摆在决定力量对比、关系革命前途的重要位置，团结和争取了一大批党外代表人士，建立起了广泛的统一战线，为新中国建立、社会主义制度确立和社会主义建设发展提供了坚实的力量支持和人才支持。改革开放以来，以邓小平同志为核心的中国共产党第二代中央领导集体，立足改革开放和社会主义现代化建设大局，充分调动一切积极因素，团结一切有利力量，鲜明提出“钱要用起来，人要用起来”的著名论断，广泛集智聚力、广泛吸引人才，充分发挥党外代表人士的智力和资金优势，为推动改革开放发展和小康社会建设发挥了不可替代的作用。以江泽民同志为核心的中国共产党第三代中央领导集体，在纷繁复杂的国际国内条件下，面对来自经济、政治和自然界等方面的严峻挑战，牢牢把握大团结、大联合的主题，把党外代表人士队伍建设提到事关巩固党的执政地位、事关抵御国际敌对势力西化分化图谋、事关全面建成小康社会战略目标的高度，强调要努力培养一大批拥护共产党领导、有较强参政议政能力、较高专业知识水平、较大影响的党外代表人士队伍，推动形成了党外代表人士新老交替、薪火相传的良好局面。新世纪新阶段，以胡锦涛同志为总书记的中共中央高度重视党外代表人士队伍建设，强调这直接关系到党与党外人士合作的水平，关系到中国共产党领导的多党合作和政治协商制度的坚持和完善，关系到统一战线的持续发展，提出要建设一支素质优良、结构合理、数量充足的党外代表人士队伍，努力造就一支具有广泛代表性和较强参政议政能力、与党长期亲密合作、德才兼备、坚定不移走中国特色社会主义道路的党外代表人士队伍，为巩固和壮大新世纪新阶段的统一战线，为夺取全面建设小康社会新胜利服务。

党的十八大以来，以习近平同志为核心的中共中央从党的奋斗历史中汲取智慧和力量，始终把团结培养党外代表人士作为党和国家工作全局的重要方面，作为党治国理政的政治优势，围绕党外代表人士队伍建设，作出一系列重要指

示，提出一系列关键命题。新时代，中共中央从着眼于坚持和发挥我国社会主义政治制度的特点和优势，立足巩固党的执政基础和扩大党的群众基础，推动新形势下统一战线事业不断向前发展的战略高度加强党外代表人士队伍建设，强调要加大党外代表人士培养、选拔、使用工作力度，努力培养造就一支自觉接受中国共产党领导、坚定不移地走中国特色社会主义道路、具有较强代表性和参政议政能力的党外代表人士队伍。新征程上，坚持大团结大联合，汇聚起实现民族复兴的磅礴力量更加需要加强党外代表人士队伍建设，集聚各方面的优秀人才，广泛凝聚共识，形成海内外全体中华儿女心往一处想、劲往一处使的生动局面。

二、把握新时代党外代表人士的成长规律

加强党外代表人士队伍建设，需要研究和把握党外代表人士的成长规律。运用党外代表人士成长规律，研究新情况，找准着力点和突破口，找到新时代党外代表人士队伍建设的有效路径，使工作更加有的放矢、富有成效。

从根本上讲，党外代表人士的成长不是自然而然的粗放过程，而是具有自身的特有规律。这种规律，既遵循人才成长的一般规律，又具有党外代表人士自身的突出特点。首先，要深刻把握党外代表人士的根本属性。党外代表人士区别于一般的党外人士的根本在于他们代表性鲜明，能够起到示范、团结和引领作用。党外代表人士的这种代表性具有特定的内涵，通常是政治性、专业性、群众性的有机统一，即政治上坚定、专业上突出、群众中有威信。其中，政治性是根本，专业性是前提，群众性是基础。明确党外代表人士代表性的内涵和外延，有利于把握党外代表人士的标准，制定科学的综合评价体系，切实做到选拔时注重代表性，培养时提升代表性，使用时发挥代表性，确保党外代表人士实至名归、堪当其任。其次，要准确把握党外代表人士的时代特点。不同历史时期的党外代表人士具有不同的时代特征。当前，党外代表人士队伍的主体大多成长于改革开放环境中。作为改革开放的亲历者、参与者、实践者，他们既有较高的政治认同，又有较强的民主意识；既有较强的创新进取精神，又注重主观能动作用的实现；既眼界开阔、思维活跃，又具有多样的价值取向。要科学分析和准确把握党外代表人士成长的时代背景、社会环境，充分认识其基本特点，有针对性地引导他们全面发展、健康成长。最后，要深入研究党外代表人士的成长路径。注重加强组织培养，是党外代表人士成长的必然要求。党外代表人士成长需要及时把他们纳入视野、跟踪培养、给予安排，为他们施展才能、健康成长搭建平台、提供

舞台。要高度重视专业能力的基础作用，在安排使用中注意发挥专业特长，在更大范围、更广阔领域发挥代表性作用。同时，注重发挥集群效应。既要培养与党亲密合作、具有较大影响、经得起风浪考验的社会活动家，又要在不同领域、不同群体、不同方面、不同层次形成具有引领作用的团队，发挥整体带动效应。特别是在高校等党外知识分子、民主党派成员相对集中的地方，打造党外代表人士的集散地，为统一战线不断发展壮大提供重要的组织保证和干部保证。

三、创新党外代表人士队伍建设的方式方法

加强党外代表人士队伍建设是一项政治性、政策性很强的工作，需要开阔选拔视野，创新培养模式，拓宽安排渠道，健全管理机制，在把握工作规律基础上领会具体要求，在突破制约因素前提下确保各环节扎实有效、各个层面相互促进。这既要始终坚持党管干部、党管人才的政治原则，又要把握好落实统一战线的方针政策，坚持德才兼备、以德为先用人标准，以不断增强党外代表人士代表性为重点，以广交深交党外朋友为基础，以加强理论培训和实践锻炼为途径，以提高素质、发挥作用为目标，进一步拓宽视野、整合资源、健全机制、创新方法，着力做好发现、培养、使用、管理工作，确保党外代表人士队伍建设的正确政治方向，保证党外代表人士队伍建设的基本要求。

首先，坚持党管人才与发扬民主相统一。党外代表人士队伍建设，必须坚持党的干部路线，贯彻党的人才工作方针政策，严格选拔任用的标准和程序，使党外干部和人才成为共同推进中国式现代化的重要力量。要坚持重大人事安排由党委研究决定，同时加强与党外代表人士所属党派团体、所在工作单位、所联系群众的沟通，通过民主推荐、民主评议和民主协商，增强选人用人公信度。将坚持重要决策部署党委统一安排和充分调动各有关方面积极性统一起来，形成共同推进、规范有序的工作局面。其次，坚持培养为重与以用为本相促进。党外代表人士队伍建设必须坚持育用结合，使他们能够学其所需、展其所能。坚持把教育培养作为基础环节，贯穿于党外代表人士队伍建设的全过程，为安排使用做好充足的政治素质和能力准备。坚持把作用发挥作为教育培养的目标，坚持“干什么学什么、缺什么补什么”的原则，有针对性地加强政治培训和岗位锻炼。坚持在使用中培养，通过多渠道、多层次、多岗位的社会实践历练，帮助党外代表人士不断增强政治把握能力、参政议政能力、组织领导能力、合作共事能力和解决自身问题能力。再次，坚持严格要求与热情关心兼顾。坚持把政治立场和政治表

现作为第一标准，综合考察业务水平、实践能力和群众公认度，严格把关、确保质量。更加注重思想政治教育引导，针对社会热点问题加强思想交流和政治引导，确保在大是大非问题上保持清醒头脑和政治敏锐性。同时要热情关心党外代表人士成长，坚持尊重人、理解人、关心人、成就人，对发展潜力较大、实践历练有待增强的，要提供台阶，锻炼能力；对工作生活中遇到困难和问题的，要积极帮助排忧解难，为他们发挥作用、全面发展创造良好环境。最后，坚持统筹推进与突出重点相结合。党外代表人士队伍建设分布领域广、具体差异大、涉及方面多、时间跨度长，必须坚持以系统思维统筹谋划各个环节，以重点突破带动整体推进。要立足当前、着眼长远，统筹考虑党外代表人士的数量和比例，形成总量适应、分类选备的合理梯次结构。同时着力打造一批懂专业、善管理、会领导的高层次复合型人才，统筹推进"六支队伍"建设，特别是支持协助各民主党派、工商联和统战团体加强对各级组织负责人的培养，加强后备人才发现和储备，实现人尽其才、人才辈出。

四、搞好中国共产党同党外代表人士的合作共事

搞好中国共产党与党外代表人士的合作共事是我党的一贯政策。这既是关系党和国家事业发展的长远大计，也是加强党外代表人士队伍建设的实践要求。坚持中国共产党与党外代表人士的合作共事，有利于发展全过程人民民主，扩大人民有序政治参与，充分体现人民意志、保障人民权益、激发人民创造活力。

搞好中国共产党同党外代表人士的合作共事，要切实尊重和保障党外人士的民主权利。首先是坚持民主集中制原则。党外干部与党员干部一样，都是国家干部队伍的重要组成部分，都要严格执行民主集中制，既积极参与集体领导，又支持他们按照分工独立负责地做好工作。党外干部只有在其位、主其事，才能担其责、尽其力，做到有位有为。其次要强化权力运行的制约和监督。党外人士"能够对于我们党提供一种单靠党员所不容易提供的监督，能够发现我们工作中的一些我们所没有发现的错误和缺点，能够对于我们的工作作出有益的帮助"[①]。事实证明，安排党外干部在国家政权机关担任领导职务，与党内干部同在一个班子合作共事，对于党员领导干部严以修身、严以用权、严以律己也是一种有效的监督、有力的鞭策。同时更为重要的是要照顾同盟者的政治利益，保证

① 《邓小平文选》第一卷，人民出版社 1994 年版，第 225 页。

党外干部有职有权有责，做到政治上充分信任、工作上大力支持。长期以来，党外干部之所以在国家政治、经济和社会生活中能够发挥重要作用，一个重要因素就是赋予了党外干部分管工作中的应有权力。党外干部享有这些权力，就能更好地履行参政议政、民主监督职能，进而有效地参与到管理国家政治和社会事务中来。

搞好中国共产党同党外代表人士的合作共事，要发挥制度保障作用。要坚持和完善中国共产党领导的多党合作和政治协商制度，支持和保障各民主党派、无党派人士积极参与政协协商活动，在协商中推进合作共事，在合作中实现党的领导，不断巩固中国共产党和党外人士的政治联盟。首先要充分发挥党外人士在人大、政协中的作用。党外人士在各级人大代表、人大常委会委员和人大专门委员会委员中应占有适当比例，各级人大领导班子成员中应有适当数量的党外干部，并保证他们行使宪法、法律赋予的职责，充分发挥他们的作用。其次要做好党外人士在政府和司法机关的举荐和任用工作。要把党外干部的培养选拔任用纳入各级政府和司法机关领导班子建设总体规划，统一管理，并逐步建立健全这方面的制度。地方各级政府和司法机关领导班子要配备党外干部。对党外干部应当充分信任，放手使用，热情支持。要注意发挥党外干部的专长，扬长避短，力求做到人尽其才，才尽其用。最后要真心实意和党外人士交朋友。党员领导干部要同党外人士多接触，多交往，通过个别谈心、小型座谈、登门拜访等多种形式，沟通感情，交流思想，增进相互了解和信任。在同党外人士交往中，要平等相待，坦诚相见。鼓励党外人士反映真实情况，讲真心话，勇于坚持正确的意见。要善于听取不同意见，听得进逆耳之言，择善而从，深交诤友，努力培养一大批拥护共产党领导、有较强参政议政能力、有较高专业知识水平和较大影响的党外代表人士队伍。

第十二章
把握做好统战工作的规律

习近平总书记在党的二十大报告中指出,“团结奋斗是中国人民创造历史伟业的必由之路”,“这是我们在长期实践中得出的至关紧要的规律性认识,必须倍加珍惜、始终坚持”①。以大团结大联合为永恒主题的统一战线是一门科学,有其自身存在发展的特点和规律,要巩固发展统一战线、充分发挥其凝心聚力的重要法宝作用,就要研究把握统一战线的工作规律。习近平总书记在中央统战工作会议上强调,“做好新形势下统战工作,必须掌握规律、坚持原则、讲究方法”②。习近平总书记关于做好新时代党的统一战线工作重要思想“十二个必须”之一,就是“必须把握做好统战工作的规律”③。因此,要充分发挥统一战线凝聚人心、汇聚力量的强大法宝作用,做到围绕中心、服务大局,坚持守正创新,把握做好统战工作的规律。

规律是事物本身固有的、内在的必然联系。做好统战工作就要发现规律、认识规律、遵循规律,统一战线百年奋斗积累了弥足珍贵的历史经验,为做好统战工作提供了科学的规律认识。统战

① 《习近平著作选读》第一卷,人民出版社 2023 年版,第 57 页。
② 《习近平著作选读》第一卷,人民出版社 2023 年版,第 357 页。
③ 《习近平著作选读》第二卷,人民出版社 2023 年版,第 608 页。

工作是党的特殊的群众工作，有其自身的内在规定性。做好新时代统战工作，必须坚持中国共产党的领导，高举爱国主义、社会主义旗帜，围绕中心、服务大局，坚持大团结大联合，正确处理一致性和多样性的关系，尊重、维护和照顾同盟者利益，广交、深交党外朋友，坚持大统战工作格局，这些规律原则需要在实际工作中认真研究，深刻把握。做好统战工作必须坚持的规律原则，是开展统战工作的基本遵循和根本指针，在统战工作实践中贯彻落实好，有其科学的方法和路径，就是要正确把握固守圆心和扩大共识、潜绩和显绩、原则性和灵活性、团结和斗争四者之间的关系，有效推进统战工作高质量发展。

第一节　统一战线是一门科学

统一战线作为党的总路线总政策的重要组成部分，有着其发生、发展和变化的客观规律。我们党在领导中国革命、建设、改革的长期实践中，始终坚持马克思主义关于统一战线的基本原理同中国具体实际相结合，牢牢把握大团结大联合的主题，紧紧围绕党和国家中心任务，不断促进政党关系、民族关系、宗教关系、阶层关系、海内外同胞关系和谐，形成了一整套关于政党、民族、宗教、知识分子和新的社会阶层人士、非公有制经济、港澳台侨等诸多领域科学的、具有中国特色的统一战线理论、方针和政策。党的十八大以后，以习近平同志为主要代表的中国共产党人顺应时代发展，科学回答了新时代为什么需要统一战线、需要什么样的统一战线、怎样巩固发展统一战线等重大问题，形成了习近平总书记关于做好新时代党的统一战线工作的重要思想。

一、关于统一战线的相关理论

统一战线有广义、狭义之分。就广义而言，统一战线是指不同的社会政治力量在一定的历史条件下，为了实现一定的共同目标而建立的政治联盟或联合体。就狭义而言，统一战线专指无产阶级及其政党为了完成自己的历史使命，实现各个时期特定的战略目标和任务，团结本阶级各个阶层和政治派别，并同其他阶级、阶层、政党及一切可能团结的力量，在一定的共同目标下结成的政治联盟。这个统一战线有三个显著特点：一是无产阶级及其政党是统一战线的组织者和领导者；二是统一战线具有广泛的群众基础；三是统一战线是无产阶级政党的长期战略。

马克思、恩格斯在科学总结无产阶级革命斗争经验、批判地继承人类优秀文化思想成果的基础上，创立了科学社会主义。关于统一战线的思想观点，是科学社会主义的组成部分。无产阶级只有解放全人类，才能最后解放自己，这是无产阶级统一战线的根本指导思想。无产阶级必须加强自身的团结统一，要有国家内无产阶级自身的团结统一，以及各国无产阶级之间的国际联合。

列宁丰富和发展了马克思主义的统一战线思想，提出无产阶级要尽最大的努力联合同盟军，建立党与非党的联盟，共产党与民主政党联合，掌握统一战线的领导权和建立工农联盟，全世界无产者和被压迫民族联合起来，才能战胜帝国主义，才能使无产阶级和被压迫民族得到解放。

毛泽东在长期领导中国革命和建设事业中，把马列主义的统一战线原理与中国实际相结合，形成了一整套具有中国特色的统一战线理论和方针政策。强调统一战线是中国革命和建设的一大法宝，必须坚持党对统一战线的领导权，区分中国资产阶级为官僚资产阶级和民族资产阶级两个不同部分，实现又联合又斗争的基本策略原则，坚持原则性和灵活性相结合，实行中国共产党领导的多党合作和政治协商制度，坚持民族平等与民族团结政策，坚持民族区域自治制度，坚持宗教信仰自由政策。

邓小平为适应我国阶级关系的根本变化以及党和国家工作中心的战略转移，全面阐述了改革开放新时期统一战线的一系列重大理论政策问题，形成了邓小平新时期统一战线理论。其指出我国新时期的统一战线不再是过去意义上的阶级联盟，已发展成为工人阶级领导的、工农联盟为基础的全体社会主义劳动者、拥护社会主义的爱国者和拥护祖国统一的爱国者联盟，是最广泛的爱国统一战线。在社会主义现代化建设新时期，统一战线仍然是一个重要法宝，不是可以削弱，而是应该加强；不是可以缩小，而是应该扩大。新时期统一战线的任务是调动一切积极因素，努力化消极因素为积极因素，团结一切可以团结的力量，同心同德，群策群力，维护和发展安定团结的政治局面，为建设社会主义现代化强国而奋斗，为完成祖国和平统一大业而共同努力。

江泽民对统一战线基本理论和各领域方针政策提出一系列新观点新论述，把统一战线理论建设推向一个新的发展阶段。强调统一战线是我们党夺取革命、建设和改革事业胜利的重要法宝，也是执政兴国的重要法宝，是我们党必须长期坚持的一项战略方针和一个政治优势，在新世纪我们党的事业中具有重要的战略地位和作用。实现最广泛的大团结，既是统一战线的安身立命之本，也是统一战线永恒不变的主题。中国共产党领导的多党合作和政治协商制度是符合中国国情的一项基本政治制度，中国政局要稳定，就必须稳定多党合作的政治格局。加强民族团结、促进各民族共同发展和共同繁荣是整个社会主义初级阶段民族工作的行动纲领。巩固党同宗教界的爱国统一战线。非公有制经济是社会主义市场经济的重要组成部分，非公有制经济人士是中国特色社会主义事业建设者。尊重劳动、尊重知识、尊重人才、尊重创造是党和国家的一项重大方针。

港澳台工作和海外统战工作是我国统一战线一个特殊重要的方面，要在爱国主义旗帜下实现中华民族的大团结，坚定不移地实行“一国两制”方针，发展壮大爱国爱港爱澳力量，保持香港、澳门的长期稳定、繁荣和发展。

进入新世纪后，胡锦涛着眼于党和国家事业发展的新任务新要求，深入分析和回答了统一战线贯彻落实科学发展观的重大理论和实践问题，成为新世纪新阶段统一战线发展壮大的行动指南。指出新世纪新阶段统一战线已经发展成为全体社会主义劳动者、社会主义事业的建设者、拥护社会主义的爱国者和拥护祖国统一的爱国者的最广泛的联盟。政党关系、民族关系、宗教关系、阶层关系、海内外同胞关系，是政治和社会领域涉及党和国家工作全局的重大关系，是统一战线需要全面把握和正确处理的重大关系。巩固发展我国社会主义政党关系，实现我国政党关系长期和谐，根本在于坚持走中国特色社会主义政治发展道路，关键在于坚持和完善中国共产党领导的多党合作和政治协商制度。社会主义民族关系的本质特征是平等、团结、互助、和谐。宗教关系坚持政治上团结合作、信仰上互相尊重。新的社会阶层人士作为中国特色社会主义事业的建设者，在推动经济社会发展、全面建设小康社会中发挥着重要作用。保持香港、澳门长期繁荣稳定是中国共产党在新形势下治国理政的崭新课题。把“政治坚定、业绩突出、群众认同”作为衡量党外代表人士的基本标准。中国人民政治协商会议是中国人民爱国统一战线的组织，是中国共产党领导的多党合作和政治协商的重要机构，是我国政治生活中发扬社会主义民主的重要形式。

党的十八大以来，习近平总书记科学回答了新时代需要不需要统一战线、需要什么样的统一战线、怎样发挥新时代统一战线法宝作用、怎样建设新时代统一战线的重大问题，形成了习近平总书记关于做好新时代党的统一战线工作的重要思想。习近平总书记强调，人心向背、力量对比是决定党和人民事业成败的关键，是最大的政治，正确处理一致性和多样性关系是统战工作的基本方针，全面加强党对统战工作领导，中国共产党领导的多党合作和政治协商制度，是中国共产党、中国人民和各民主党派、无党派人士的伟大政治改造，是从中国土壤中生长出来的新型政党制度，坚持走中国特色解决民族问题的正确道路，坚持我国宗教中国化方向，坚定推进党的治藏方略，坚决维护新疆社会稳定和长治久安，党外知识分子工作是统一战线基础性、战略性工作，促进非公有制经济健康发展和非公有制经济人士健康成长，把争取人心作为港澳台统战工作的出发点和落脚点，凝聚侨心侨力同圆共享中国梦是新时代侨务工作的主题，加强党外代表人士培养使用。

二、统一战线科学性的相关论述

统一战线是一门科学这一命题，是毛泽东最早明确提出来的。1945 年，毛泽东在《在中国共产党第七次全国代表大会上的结论》中强调："全党要注意同党外人士的合作，并且要加强这个合作，使我们能联合更多的人，联合得更好。统一战线是一门专门科学，我们党内有很多人还没有学会，很多人不善于同党外人士合作，我们要学会这一门科学。"[①]毛泽东在向党的干部提出要学会统一战线这门科学时，我国尚处于新民主主义革命时期的战争环境，他是将之作为一项重要的思想政策问题来要求的，要求全党重视同党外人士合作的问题。那时的历史环境决定了人们还不可能从一门科学的角度对统一战线开展理论研究。中华人民共和国成立后，我们国家忙于恢复经济，建立社会主义制度，全面开展社会主义建设，再加上探索社会主义道路的艰辛曲折，也没有把统一战线这门科学的研究提到议事日程。

党的十一届三中全会后，党和国家进入了一个新的历史发展阶段，统一战线也进入了新的发展阶段。新时期统战工作实践需要统战理论给予科学指导，因此加强统一战线科学问题的研究被重新提上议事日程。1979 年 3 月 16 日，李维汉在中央统战部召开的统战系统干部大会上重申"统一战线是一门科学"的论断，第一次明确了要从科学的角度来研究统一战线的任务。他指出："统战工作，包括民族、宗教工作是一门科学，有它的理论，有它的规律。"[②]他号召要认真总结经验，找出统战工作的规律，有所发现，有所创造，有所前进。1983 年 4 月，中央统战部召开新中国成立以来第一次统战理论座谈会，李维汉进一步阐明了统一战线是一门科学，总结了具有中国特色的统一战线的基本规律，并要求从事统战工作的同志既要实践又要学习，要总结正反两方面的经验并上升到理论。中共中央办公厅于 1983 年 7 月 23 日转发了中央统战部《关于统一战线理论座谈会和开展统一战线理论研究的设想的报告》。此报告重新提出和肯定统一战线是一门科学，统一战线的根本问题是无产阶级解放运动中的自身统一和同盟军的问题，使统一战线理论研究进入了一个生气勃勃的春天。

1985 年，中央统战部召开了第一次全国统战理论工作会议。习仲勋在会上

---

① 《毛泽东文集》第三卷，人民出版社 1996 年版，第 415 页。

② 《李维汉选集》，人民出版社 1987 年版，第 568 页。

作了重要讲话，提出统一战线仍然是一大法宝，统一战线理论是一门科学，为了把这门科学推向前进，一方面要将我们党丰富的历史经验提高到理论上去总结，以资借鉴；另一方面要对新时期统一战线出现的大量新情况、新问题、新经验深入进行调查研究和理论探讨，并用以指导工作。会后，中央统战部《关于全国统一战线理论工作会议的情况报告》中提出，“统一战线理论是一门科学，是科学社会主义的重要组成部分”①。这次会议成立了中国统一战线理论研究会，对统一战线这门科学的若干问题和进一步开展统战理论研究的原则及方法提出了意见。

1994 年，第三次全国统战理论工作会议提出构建统一战线学理论体系的问题。会议指出，统一战线作为一门科学，必然有自己的概念、范畴、原理及其相互联系构筑起来的理论体系，这是统战理论研究的基础建设。没有这个基础建设，统一战线科学的大厦就很难建立起来，或者即使建立起来了也不稳固。要加强统一战线学的学科建设，努力构建统一战线学的理论体系。在这之后，统一战线理论研究在统战系统中蔚然成风，许多社会主义学院、中共党校、高等院校和一些社会科学研究部门把统一战线理论作为教学科研的重要内容，关于统一战线理论的各种专著随之纷纷问世。

2000 年，“统一战线是一门科学”这一提法被写入中共中央文件。《中共中央关于加强统一战线工作的决定》指出，统一战线是一门科学。要深入调查研究统战工作中出现的新情况、新问题，不断完善发展统一战线理论政策，指导和推动统战工作的开展。这对于推动统一战线这门科学的丰富、发展、完善和成熟产生了重要影响。

2022 年，中央统战工作会议指出，统战工作作为一门科学，具有很强的政策性，针对统战工作中的各种关系、各种问题，很多需要靠政策进行调节，作为党的特殊的群众工作，讲求很强的工作艺术，要有特殊的方式方法，并对党的十八大以来习近平总书记关于加强和改进统战工作提出的一系列新理念新思想新战略进行了“十二个必须”的概括。

三、新时代统一战线的科学理论体系

基于新时代统战工作新思考与新创造，中国共产党进一步推进统战工作的

① 中共中央统一战线工作部、中共中央文献研究室编：《新时期统一战线文献选编》，中共中央党校出版社 1985 年版，第 507 页。

理论创新,形成了习近平总书记关于做好新时代党的统一战线工作的重要思想,把统战工作真正变成科学。"十二个必须"是一个逻辑严密、内在统一、系统完备的科学理论体系,由完整的概念、范畴、命题、规律、逻辑组成,科学揭示了统一战线中的重大关系和统战工作的固有规律,既是对统战工作的真理性认识,又是对统战工作的规律性把握,阐明了新时代统战工作的根本性要求、全局性任务、时代性课题,支撑起新时代党的统一战线工作理论的"四梁八柱",为做好新时代统战工作提供了根本遵循,必须完整、准确、全面理解把握和贯彻落实。[①]

毛泽东早在1945年就提出统一战线是一门专门科学,但囿于当时的历史条件,没有进一步把党做好统战工作的思想进行系统化和理论化。习近平总书记在此基础上提出"统战工作是一门科学"的论断,认为统战工作是百科全书,博大精深,是一门很深的学问,"没有很强的业务水平和工作能力是做不好的"[②]。这表明中国共产党对统战工作客观规律的认识进一步深化,也意味着科学化的确已经成为新时代统战工作所面临的重要课题。

科学是对规律的认识,统战工作成为一门科学,不仅意味着党的百年统战工作实践已经抽象化为包含着知识体系与规律体系的科学理论,而且也意味着这一科学理论在反过来指导当下和未来的统战工作实践时,认识规律、遵循规律必然是其中的重要内容。习近平总书记关于做好新时代党的统一战线工作的重要思想的一个非常重要的内容,就是"必须把握做好统战工作的规律"。

因此,深化对做好统战工作的规律性认识,形成统战工作的科学理论体系,是以科学理论指导统战工作实践的必然结果,是全面贯彻落实习近平总书记关于做好新时代党的统一战线工作的重要思想的必然要求。

第二节　做好统战工作必须坚持的原则

对统一战线规律的发现和认识是一个不断持续的过程,只要统一战线实践发展没有穷尽,对统一战线工作规律的认识也就没有穷尽。党的统一战线建立百年来,党的历代领导人围绕如何建立统一战线、建立什么样的统一战线、如何

① 《中央统战工作会议精神学习问答》,人民出版社2022年版,第48页。

② 中共中央文献研究室编:《习近平关于社会主义政治建设论述摘编》,中央文献出版社2017年版,第139页。

发挥统一战线凝心聚力的重要法宝作用等重大理论和实践问题进行了持续研究和不懈探索，形成了毛泽东统一战线思想、邓小平新时期统一战线理论、江泽民关于统一战线的重要论述、胡锦涛关于统一战线的重要论述、习近平总书记关于做好新时代党的统一战线工作的重要思想，为统一战线的建立、巩固和发展提供了科学的理论指导，使统一战线成为“中国共产党凝聚人心、汇聚力量的政治优势和战略方针”“夺取革命、建设、改革事业胜利的重要法宝”“增强党的阶级基础、扩大党的群众基础、巩固党的执政地位的重要法宝”“全面建设社会主义现代化国家、实现中华民族伟大复兴的重要法宝”①。

一、坚持中国共产党的领导

坚持党的领导是巩固和发展统一战线的根本保证。习近平总书记指出，做好新形势下统战工作，“最根本的是要坚持党的领导”②。习近平总书记在2022年中央统战工作会议上提出“十二个必须”中，“必须加强党对统战工作的全面领导”是其中的关键一条。党政军民学，东西南北中，党是领导一切的。坚持党对统一战线工作的领导，是由中国共产党的执政地位所决定的，符合统一战线工作规律，也得益于党对一百年来统一战线工作经验教训的深刻总结。从党的百年统战史来看，中国共产党的领导和马克思主义思想的指导是做好统战工作的根本前提。如果失去了这个根本前提，就要栽跟头，就要重犯“左”的或右的错误。在统一战线工作中加强党的领导，首先，必须以习近平新时代中国特色社会主义思想为根本遵循，学深悟透习近平总书记关于做好新时代党的统一战线工作的重要思想；其次，要建立健全党委统一领导、统战部牵头协调、有关方面各负其责的大统战工作格局；再次，要大力培养统战干部，不断提高统战工作干部素质；最后，要勇于自我革命，展现党的强大自我纠错能力。

二、坚持高举爱国主义、社会主义旗帜

旗帜决定纲领，旗帜引导方向，旗帜凝聚力量。高举爱国主义和社会主义两面旗帜，一直是新时代统一战线的显著标志。爱国主义从来就是动员和鼓舞中

---

① 《中国共产党统一战线工作条例》，华文出版社2021年版，第5页。

② 《习近平谈治国理政》第二卷，外文出版社2017年版，第303页。

华儿女团结奋斗的一面旗帜，是各族人民共同的精神支柱，也是统一战线的一面光辉旗帜。社会主义是中国人民的历史选择，是中华民族走向伟大复兴的必由之路，也是统一战线的根本性质。

高举爱国主义、社会主义两面旗帜，既有深刻的历史继承性，又有鲜明的时代必然性，是我们党把统一战线的原则性和灵活性有机结合的成功范例。2012 年 11 月 29 日，习近平总书记在参观《复兴之路》展览时说道："现在，大家都在讨论中国梦，我以为，实现中华民族伟大复兴，就是中华民族近代以来最伟大的梦想。"①实现中华民族伟大复兴的中国梦，反映了中华儿女的共同利益、共同期盼、共同愿景，是新的历史条件下统一战线团结海内外同胞的最大公约数。在这两面旗帜下，中国共产党领导的统一战线已发展成为一个十分广泛的联盟，包括全体社会主义劳动者、社会主义事业的建设者、拥护社会主义的爱国者、拥护祖国统一和致力于中华民族伟大复兴的爱国者的联盟。在爱国主义和社会主义两面旗帜下，最广泛的统一战线联盟构成新时代爱国统一战线的主体，充分体现了整个中华民族的大团结大联合。

当前，统一战线高举爱国主义、社会主义两面旗帜，就要突出中国梦的引领作用，进一步拓展统战工作的广度和深度，进一步夯实我们党与党外人士团结奋斗的共同思想政治基础，使广大成员认识到只有坚持中国道路、弘扬中国精神、凝聚中国力量，才能在追梦和圆梦中构建起利益共同体、事业共同体、命运共同体，从而为建设中国特色社会主义、推进祖国统一、实现中华民族伟大复兴提供强大的力量支持。

三、坚持围绕中心、服务大局

统一战线作为党夺取革命、建设和改革事业胜利的重要法宝，始终是为实现党的总目标总任务服务的，坚持围绕中心、服务大局，就是统一战线服务党的目标任务的集中体现和内在要求。

统一战线在不同的历史时期担负着不同的任务，具有不同的内容，但其作用发挥始终是与党的中心任务和工作大局联系在一起的。新民主主义革命时期，中国共产党相继建立了国民革命联合战线、工农民主统一战线、抗日民族统一战线、人民民主统一战线，它们都是围绕推翻"三座大山"的目标任务而展开、为实

① 《习近平著作选读》第一卷，人民出版社 2023 年版，第 63 页。

现民族独立和人民解放而斗争的。中华人民共和国成立后，人民民主统一战线团结各阶级、各政党、各民族、各团体和各方面成员，巩固人民政权、支援抗美援朝、参与土地改革、恢复国民经济、助力对资本主义工商业的社会主义改造，都是为了实现从新民主主义向社会主义转变、在中国建立社会主义制度、推进社会主义事业。改革开放后，爱国统一战线围绕探索中国建设社会主义的正确道路，解放和发展社会生产力，使人民摆脱贫困、尽快富裕起来充分彰显特色优势。在中国特色社会主义新时代，爱国统一战线为夺取中国特色社会主义新胜利、朝着实现中华民族伟大复兴的宏伟目标继续前进，广泛凝聚人心、智慧和力量。党的工作重心在哪里，统一战线职能作用就发挥到哪里；党的事业推进到哪里，统一战线工作就跟进到哪里，这是统一战线围绕中心、服务大局的内在要求和具体体现。

历史实践证明，围绕中心、服务大局，是统一战线的优良传统，也是履行职能、发挥作用、体现价值的要旨。离开党的工作中心和大局，统一战线作用发挥就成为无源之水和无本之木，凝聚人心、汇聚力量就失去了目标和方向。新的百年奋斗中，只有紧密围绕党的工作中心和大局，统一战线才能在把我国建成社会主义现代化强国、实现中华民族伟大复兴的舞台上，不断演出威武雄壮、光彩夺目的大剧。

四、坚持大团结大联合

团结就是力量，大团结大联合是统一战线的永恒主题。习近平总书记指出："统战工作的本质要求是大团结大联合，解决的就是人心和力量问题。这是我们党治国理政必须花大心思、下大力气解决好的重大战略问题。"①

统一战线因团结而生，靠团结而兴。纵观百年党史，在革命、建设、改革的各个历史时期，中国共产党领导的统一战线的性质、目标、任务各有不同，但最大限度地团结和联合中国社会各阶级、阶层、党派、群体，形成浩浩荡荡的革命、建设和改革大军，是我们党领导人民实现民族解放和民族振兴的基本战略和重大原则，统一战线坚持大团结大联合的主题始终没有改变。这是统一战线的安身立命之本，是统一战线一切工作的出发点和落脚点，也是检验统战工作成效的基本依据。一是实现大团结大联合要求团结的面要宽。新时代爱国统一战线由过去

① 中共中央文献研究室编：《十八大以来重要文献选编》(中)，中央文献出版社2016年版，第556页。

的阶级联盟发展为"四者"政治联盟，涵盖了各党派、各团体、各阶层、各民族以及港澳台同胞和海外侨胞，统一战线由大陆范围内扩展到大陆范围外，随着时代的发展，统一战线的团结面在不断拓展。二是实现大团结大联合要求团结的人要多。把支持我们的人搞得多多的，把反对我们的人搞得少少的，中国共产党正是依靠这一点，建立了广泛的同盟军。在爱国主义、社会主义旗帜下，只要有利于建设社会主义现代化国家、实现中华民族伟大复兴，不论什么阶层、什么党派、什么团体、什么人，都要加强同他们的联系，把一切可以团结的人团结起来。三是实现大团结大联合要求团结的程度要深。统战工作做得好不好，不仅要看交到的朋友够不够多，还要看交到的朋友够不够铁。要扎扎实实、以心换心、深交朋友，通过关键时刻能否发挥作用考验交友的成色，通过能否共同攻克艰难困苦，检验团结的真诚度。

五、坚持正确处理一致性和多样性关系

坚持一致性和多样性统一是巩固和发展统一战线的内在要求，奠定了统一战线建立、发展和巩固的重要基础，决定了统战工作的全部内容，是统一战线理论创新和实践发展的重要基石。习近平总书记指出："在尊重多样性中寻求一致性，找到最大公约数、画出最大同心圆。"①百年来，统一战线不断扩大工作对象，充分发挥统战成员的作用，共同为社会主义建设而奋斗。同时，与否认党的领导、危害国家和人民利益的行为进行坚决斗争。新时代爱国统一战线是全面建设社会主义现代化国家、实现中华民族伟大复兴的重要法宝，有着共同的奋斗目标，但在阶级阶层、价值观念及组织方式等方面仍存在差异。做好新时代统战工作，需要正确处理一致性与多样性关系，需要在坚守一致性这一"圆心"的前提下，最大化地延长多样性的"半径"，积极调动一切积极因素，最大限度地求同存异、兼收并蓄，汇聚起强国建设、民族复兴的强大力量。

正确处理一致性和多样性关系，关键是要坚持求同存异，不断巩固已有共识、推动形成新的共识，充分发扬民主，尊重包容差异，做到增进一致而不强求一律、尊重差异而不扩大分歧、包容多样而不弱化主导，找到最大公约数、画出最大同心圆，实现最广泛的大团结大联合。坚持一致性和多样性统一，必须着力增进一致性，把巩固共同思想政治基础作为着力点，始终突出坚持中国共产党的领

① 《习近平著作选读》第二卷，人民出版社 2023 年版，第 608 页。

导，坚持和发展中国特色社会主义、实现中华民族伟大复兴这个时代主旋律，把政治底线这个圆心守住；必须尊重包容多样性，找到最大公约数、画出最大同心圆，同时对危害中国共产党领导、危害我国社会主义政权、危害国家制度和法治、损害最广大人民根本利益的问题，必须旗帜鲜明地反对。坚持一致性和多样性统一，重点是要正确处理政党关系、民族关系、宗教关系、阶层关系和海内外同胞关系。在多党合作领域，要处理好坚持党的领导和发挥民主党派作用的关系；在民族工作领域，要处理好铸牢中华民族共同体意识和尊重民族差异的关系；在宗教工作领域，要处理好政治上团结合作和信仰上互相尊重的关系；在阶层关系领域，要处理好实现共同的根本利益和兼顾不同阶层具体利益的关系；在港澳台和海外统战工作领域，要处理好增进实现中华民族伟大复兴目标的共同性和包容制度差异的多样性的关系。

六、坚持尊重、维护和照顾同盟者利益

尊重、维护和照顾同盟者利益是巩固和壮大统一战线的重要原则，也是坚持以人为本、实现党的领导的重要条件。尊重、维护和照顾同盟者利益，主要包括经济利益、政治利益和精神利益。经济利益，主要是同盟者生产生活和工作中的物质利益；政治利益，主要是同盟者进行制度化的有序政治参与；精神利益，主要是对同盟者的进步和贡献进行肯定和表彰。作为统一战线的领导核心，中国共产党要带领同盟者实现共同目标和共同利益，就要帮助他们实现其自身利益，否则统一战线就不能巩固，更不能发展。

坚持尊重、维护和照顾同盟者利益原则，要正确处理好以下三对关系。一是共同利益与自身利益的关系。统一战线成员既有一致的、根本的共同利益，也有具体的、特殊的自身利益。二者既是统一的，又是矛盾的。要教育引导统一战线成员为共同利益奋斗，同时要帮助他们解决工作生活中的困难和问题。二是长远利益和现实利益的关系。长远利益带有根本性，现实利益带有激励性。长远利益是由一个个、一步步现实利益所构成的，没有现实利益的实现，人们就会失去为长远利益而奋斗的动力。巩固统一战线的团结，必须重视并使统一战线广大成员获得看得见、摸得着的现实利益。制定每一项涉及人民群众长远利益的政策时，都要充分考虑社会各界的现实利益要求，维护他们的合法权益。三是经济利益和政治利益的关系。经济是基础，政治是经济的集中体现，两者既互相区别，又紧密联系。在尊重、维护和照顾同盟者利益中，经济利益和政治利益要统

筹考虑，相得益彰。统战工作既要改善民主党派的工作条件，促进少数民族和民族地区的经济发展，为非公有制企业提供良好发展环境等，又要通过合法程序在人大、政府、政协、司法部门和有关团体对其代表人士进行推荐使用，充分发挥参政议政作用。

七、坚持广交深交党外朋友

统一战线的主体是人，发挥作用的也是人。广交深交党外朋友，是统一战线实现大团结大联合的基本方式，也是开展思想政治工作、进行教育引导的重要途径。统一战线要实现最广泛的团结和联合，只能从与代表性人物联谊交友着手，通过代表人士联系和团结各方面社会成员，为实现党的目标任务而团结奋斗。

广交深交党外朋友，必须把握正确的原则。一要坚持原则性。同党外人士交朋友，不是交个人朋友，建立私人关系，而是为党交朋友，巩固发展党同党外人士的联盟。二要注重平等性。党内干部与党外人士是平等关系，不能居高临下、盛气凌人，而要谦虚诚恳、平等待人，“欲交天下士，未面已虚襟”。三要体现包容性。坚持求大同、存小异，不能用共产党员、先进分子的标准要求党外人士，要充分尊重党外人士在思想认识、价值取向、风俗习惯、宗教信仰等方面的差异。四要保持连续性。不能急功近利、立竿见影，而要切实克服“见个面、吃个饭、换了片、断了线”的问题，着眼长远、持之以恒，不断增进感情、升华友谊，使广大党外朋友始终与中国共产党风雨同舟、荣辱与共。

历史实践证明，党外代表人士是联系各方面社会成员、实现最广泛团结的桥梁纽带，交的朋友多不多、够不够铁，是衡量统一战线工作成效的一个基本标准。新的征程上，只有坚持广交深交党外朋友，党的政治主张才能得到越来越多的人的支持，党的政策决策才能凝聚越来越多的智慧，党的事业发展道路才能越走越宽广。

八、坚持大统战工作格局

构建大统战工作格局是巩固和发展统一战线的体制保障。大统战工作格局既是一种统战理念，也是一种工作方式。大统战工作格局不仅要着眼于服务党和国家工作大局，还要将统战工作放到战略高度上去认识和谋划。坚持大统战工作格局，是基于对统一战线性质和特点的深刻把握，是发挥统一战线凝心聚力优势和作用的重要保证，是加强党对统一战线全面领导的必然要求。

构建大统战工作格局，一是在领导力量上，必须毫不动摇地坚持党对统一战线的全面领导，把党的领导体现在统一战线各领域各方面，不断增强党的政治领导力、思想引领力、群众组织力、社会号召力，确保统一战线始终坚持正确政治方向。二是在工作对象上，着眼不断巩固和发展新时代爱国统一战线，扎实做好统一战线各方面成员的团结引导工作，谋求最大公约数，画出最大同心圆，把他们的积极性主动性充分调动和激发出来。三是在工作主体上，必须树立“一盘棋”意识，统战部门要着眼全局研究统一战线重大问题，发挥好参谋、组织、协调、督促等重要作用；党政部门、人民团体、社会组织等有关方面要增强统战意识，齐抓共管，增强工作合力，形成全党上下一起动手、有关方面协同联动的工作局面。四是在工作机制上，必须进一步建立健全统一战线各领域的政策体系和制度体系，提升各项工作的制度化规范化程序化水平，把大统战工作格局落到实处，把大统战工作效应发挥出来，为坚持和完善中国特色社会主义制度、推进国家治理体系和治理能力现代化作出积极贡献。

第三节　做好统战工作需要把握的重大关系

习近平总书记强调促进中华儿女大团结是新时代爱国统一战线的历史责任，做好这项工作必须把握好“固守圆心和扩大共识的关系”“潜绩和显绩的关系”“原则性和灵活性的关系”“团结和斗争的关系”四个方面关系。这是习近平总书记运用马克思主义立场、观点、方法分析新时代统一战线和统战工作作出的重大判断和重大结论，是对做好新时代统战工作规律的科学揭示。

一、正确把握固守圆心和扩大共识的关系

习近平总书记在中央统战工作会议上指出：“要把握好固守圆心和扩大共识的关系，不断增进共识，真正把不同党派、不同民族、不同阶层、不同群体、不同信仰以及生活在不同社会制度下的全体中华儿女都团结起来。”[①]深入学习贯彻习近平总书记关于做好新时代党的统一战线工作的重要思想，要正确处理固守圆

① 《习近平著作选读》第二卷，人民出版社2023年版，第609页。

心和扩大共识的关系，团结一切可以团结的力量，调动一切可以调动的积极因素，不断发展壮大新时代爱国统一战线，为全面建成社会主义现代化强国、实现中华民族伟大复兴汇聚磅礴伟力。

（一）固守圆心、扩大共识的基本内涵

固守圆心，首要的是明确圆心。习近平总书记指出："只要我们把政治底线这个圆心固守住，包容的多样性半径越长，画出的同心圆就越大。""对危害中国共产党领导、危害我国社会主义政权、危害国家制度和法治、损害最广大人民根本利益的问题，必须旗帜鲜明反对，不能让其以多样性的名义大行其道。这是政治底线，不能动摇。"①"团结要有圆心，固守圆心才能万众一心。"同心圆画得再大也只有一个圆心，这个圆心就是坚持中国共产党的领导。这是历史的选择、人民的选择。新时代需要固守圆心，把坚持中国共产党的领导作为统一战线工作的首要原则。

扩大共识，首先要明晰共识。团结统一的中华民族是海内外中华儿女共同的根，博大精深的中华文化是海内外中华儿女共同的魂，实现中华民族伟大复兴是海内外中华儿女共同的梦。习近平总书记指出："要把大家团结起来，思想引领、凝聚共识就必不可少。"②立足新时代爱国统一战线的历史方位，一方面，要不断巩固共同思想政治基础，包括巩固已有共识、推动形成新的共识。这是基础和前提。另一方面，要充分发扬民主，尊重和包容差异，把更多人团结在中国共产党周围，把更多力量汇聚到共襄复兴伟业的历史进程之中。这样做有利于加强党的领导，而不是妨碍和削弱党的领导，有利于加强人民内部的团结，而不是损害和破坏团结。

（二）在坚持和加强党的领导中固守圆心

固守圆心就要加强党对统战工作的全面领导，充分发挥党的全面领导作用。统一战线是党领导的统一战线。在统战工作中，实行的政策、采取的措施都要有利于坚持和巩固党的领导地位和执政地位。必须坚持以习近平新时代中国特色社会主义思想为指导，坚持中国共产党领导，构建党委统一领导、统战部门牵头协调、有关方面各负其责的大统战工作格局，不断增强党的政治领导力、思想引

---

① 《习近平谈治国理政》第二卷，外文出版社 2017 年版，第 304 页。

② 《习近平谈治国理政》第三卷，外文出版社 2020 年版，第 296 页。

领力、群众组织力、社会号召力，强化党在同心圆中居于圆心的地位和作用，巩固统一战线"众星捧月"的良好局面。在坚持党的领导的同时，尊重、维护、照顾同盟者的利益，帮助党外人士排忧解难。统一战线的同心圆只有一个圆心，我们要维持同心圆的稳定，也只能有一个不变的圆心，这个圆心就是中国共产党。尽管对统一战线同心圆圆心的最初表述是坚持党的领导、坚持爱国主义和中国特色社会主义这些基本的政治认同，但历史已经证明，在中国，爱党、爱国和爱社会主义是三位一体、密不可分的。因此，只要固守坚持党的领导这个圆心，就能铸牢大团结大联合的根基，否则统一战线的多样性就失去了凝聚在一起的主心骨，失去了前进的方向与存在的价值。

（三）通过寻求最大公约数以扩大共识

扩大共识就要寻找最大公约数，在恪守政治底线基础上拉长多样性半径。加强思想政治引领，促进海内外中华儿女团结奋斗，必须牢牢把握新时代爱国统一战线的历史责任，围绕新时代新征程党的中心任务凝心聚力，以坚持和发展中国特色社会主义、实现中华民族伟大复兴的中国梦为引领，铸牢中华民族共同体意识，坚持有事好商量、众人的事情由众人商量，找到全社会意愿和要求的最大公约数，不断巩固和发展各民族大团结、全国人民大团结、全体中华儿女大团结，凝聚一往无前的力量，形成海内外全体中华儿女心往一处想、劲往一处使的生动局面。中国社会一体多元的特征、"和而不同"的价值追求，是统一战线存在和发展的现实基础。统一战线事业的发展、中华儿女大团结的实现，需要不断凝聚共识来巩固一致性，也需要不断扩大共识来丰富多样性。这是统战工作实现大团结大联合本质要求的基础，也是党实现对统一战线领导权的条件。只有不断凝聚和扩大共识，才能减少各项事业发展进步的阻力，彰显统一战线的法宝作用。这就要求统战工作高度重视"寻求最大公约数"问题，在对多元利益与多元价值引领的过程中，不断巩固已有共识，推动形成新的共识，使统一战线能够包容的多样性更丰富、能够团结的面更大，进而为党和国家事业争取到更多同盟者。新时代的统战工作只有找到"全社会意愿和要求的最大公约数"，使公约数的公约部分"最大"，才能保证同心圆的重叠部分"最大"，"最大同心圆"才能成为可能。

（四）坚持固守圆心与扩大共识辩证统一，画出最大同心圆

党的十九届六中全会通过的《中共中央关于党的百年奋斗重大成就和历史经验的决议》中明确指出："党完善大统战工作格局，努力寻求最大公约数、画出

最大同心圆，汇聚实现中华民族伟大复兴的磅礴力量。”遵循做好新时代统战工作的规律，首先要坚持固守圆心和扩大共识的辩证统一，既坚持一致性，又包容多样性，寻求最大公约数，画出最大同心圆。习近平总书记指出：“什么是同心圆？就是在党的领导下，动员全国各族人民，调动各方面积极性，共同为实现中华民族伟大复兴的中国梦而奋斗。”①同心圆是由圆心和半径共同构成的，圆心确定圆的位置，半径决定圆的大小，因而要画出统一战线最大同心圆，固守圆心是根本，扩大共识是关键。

正确把握固守圆心和扩大共识的关系，实现包容多样而不弱化主导、增进一致而不强求一律、尊重差异而不扩大分歧，扩大团结范围，形成更大的同心圆，需要掌握科学的工作方法。一是要加强思想政治引领，“要及时了解统一战线内部思想动态，把在一些敏感点、风险点、关切点上强化思想政治引领同经常性思想政治工作结合起来，求同存异、聚同化异，推动各党派团体和各族各界人士实现思想上的共同进步”②。二是要坚持群众路线，统战工作是一项特殊的群众工作，不断创新思路理念、政策举措、方法手段，增强各阶层各群体对党的向心力，为实现党对统一战线的领导夯实基础，把更多的统战成员团结在党的周围。三是要坚持守正创新，坚持科学的理论指导，准确把握社会结构的变化，敏锐发现新的阶层和新的群体，在有效引导社会政治力量分化整合中做到团结大多数。尤其是在互联网技术快速发展极大拓展了统战工作的对象与范围的情况下，我们更需要转变思维方式和工作方法，通过走好网络群众路线，通过有效的思想政治引领将数量巨大、分布广泛、结构多元的新阶层、新群体凝聚团结在党的周围，从而稳固统一战线同心圆的“圆心”，拉长统一战线的多样性半径，扩大统战工作的团结面。

二、正确把握潜绩和显绩的关系

习近平总书记在中央统战工作会议中指出：“要把握好潜绩和显绩的关系，坚持正确政绩观，推动党的统战事业行稳致远。”③统战工作主要是做人心的工作，有看得见的“显绩”，但更多的是打基础利长远的“潜绩”，既需要只争朝夕、把握当下，脚踏实地、步步为营，解决好“等不得”的问题，又需要持之以恒、久久为

---

① 《习近平著作选读》第一卷，人民出版社 2023 年版，第 471 页。

② 《习近平谈治国理政》第三卷，外文出版社 2020 年版，第 297 页。

③ 《习近平著作选读》第二卷，人民出版社 2023 年版，第 609 页。

功，处理好“急不得”的问题，不断砥砺“功成不必在我”的境界和“功成必定有我”的担当。

（一）潜绩和显绩的基本内涵

“潜绩”重点指向人心的争取，指团结人、争取人的工作。这是看不见摸不着，没有具体的量化指标来衡量，不能马上有结果的工作，也是不能在短时间内能完成的工作。需要我们以坚强的党性和高度的责任感来推动，因而是统战工作的“潜功”，取得的成绩就是“潜绩”。正如习近平总书记所指出，“交朋友的面要广，朋友越多越好，特别是要交一些能说心里话的挚友诤友。想交到这样的朋友，不能做快餐，而是要做佛跳墙这样的功夫菜”①。

“显绩”重点指向当前统一战线各个领域的各项日常工作和具体工作，主要是组织统一战线全体成员围绕党的目标任务而奋斗，在建设社会主义现代化国家中彰显统一战线的力量，也包括统一战线领域各种风险隐患的防范与化解问题。这些都是要尽快解决的“等不得”的问题，是统一战线的“显功”，做好了就成为“显绩”。

“潜绩”与“显绩”相辅相成，“潜绩”是“显绩”的基础，“显绩”是“潜绩”的结果。无论是显绩还是潜绩，政绩都是为党为民的。统战工作是慢功夫、良心活，需要树立正确的政绩观，从党的事业和人民利益出发考虑工作、谋划工作，增强党的事业至上、人民利益至上的使命感，以正确的政绩观“谋事”。

（二）注重潜绩，做好事利长远

做好统战工作要注重潜绩。统一战线是做人的工作，尤其是做人的思想政治工作，要着眼于人的思想、观点、立场等问题做文章，需要艰巨、复杂而又细致的工作，久久为功、绵绵发力。习近平总书记在参加十三届全国人大一次会议山东代表团审议时的讲话中指出，“要做为后人作铺垫、打基础、利长远的好事，既要做显功，也要做潜功，不计较个人功名，追求人民群众的好口碑、历史沉淀之后真正的评价”②。对长期任务，要保持战略定力和耐心，坚持一张蓝图绘到底，滴水穿石，久久为功，强化精准思维，做到谋划时统揽大局、操作中细致精当，以绣花功夫把工作做扎实、做到位。

---

① 《习近平谈治国理政》第二卷，外文出版社 2017 年版，第 305 页。

② 《习近平李克强王沪宁赵乐际韩正分别参加全国人大会议一些代表团审议》，中国共产党新闻网，2018 年 3 月 9 日，http://jhsjk.people.cn/article/29857100。

如果因为“显绩”不充分而放弃争取人心，实际上也就放弃了统一战线，长期来看肯定会出问题，这决定了统战工作要把“潜绩”放在非常显著的位置。如果不能润物细无声地长期坚持，解决好争取人心的问题，筑牢“潜绩”之基，长久下去统战工作将无“绩”可显，很难应对新时代的各种挑战与风险。因此，我们要对新时代统战工作的科学性、复杂性、重要性有充分的认识，不仅要完成当下的各种显性工作任务，把“显绩”做实做细，更要以“功成不必在我”的精神境界、以“功成必定有我”的责任担当，围绕“人心”问题长期耕耘，把“潜绩”筑牢。

（三）突出显绩，做实事求实效

突出显绩，就是“要做让老百姓看得见、摸得着、得实惠的实事”[①]，业绩都是干出来的，真干才能真出业绩、出真业绩。“功成不必在我并不是消极、怠政、不作为，而是要牢固树立正确政绩观”，“面对新形势新任务，党员干部一定要真抓实干，务实功、出实招、求实效，善作善成，坚决杜绝口号式、表态式、包装式落实的做法。对当务之急，要立说立行、紧抓快办，不能慢慢吞吞、拖拖拉拉”[②]。为官一任，造福一方。干部任职有期限，但党和人民的事业是无限的，全心全意为人民服务是没有止境的。要在任期内更好造福人民，领导干部要坚持系统思维，正确处理“大我”和“小我”的关系，正确处理长远利益、整体利益和短期利益、局部利益的关系。保持一张蓝图绘到底的定力，要求领导干部发扬钉钉子精神，稳扎稳打向前走，过了一山再登一峰，跨过一沟再越一壑。习近平总书记在改进党的作风问题上指出，党员干部要“扑下身子干实事、谋实招、求实效”[③]。对于统战干部而言，要广交深交党外朋友，及时排忧解难，突出显绩。中国共产党得到广大党外朋友的信赖，相互之间的友谊不断加深，很重要的一个方面，就是始终对党外朋友关心照顾，热情为他们排忧解难。在广交深交党外朋友过程中，把做好思想政治工作同为党外人士排忧解难结合起来，满腔热情为党外人士服务。即在政治上、思想上帮助他们、团结他们的同时，主动解决他们在工作、生活方面的困难，使他们感受到中国共产党的关怀和朋友的温暖。

---

① 《习近平李克强王沪宁赵乐际韩正分别参加全国人大会议一些代表团审议》，中国共产党新闻网，2018 年 3 月 9 日，http://jhsjk.people.cn/article/29857100。

② 《习近平在中央党校（国家行政学院）中青年干部培训班开班式上发表重要讲话强调 筑牢理想信念根基树立践行正确政绩观 在新时代新征程上留下无悔的奋斗足迹》，中国共产党新闻网，2022 年 3 月 1 日，http://jhsjk.people.cn/article/32362715。

③ 《习近平著作选读》第一卷，人民出版社 2023 年版，第 56 页。

（四）把握潜绩与显绩的有机统一，树立正确的政绩观

人心是最大的政治，统一战线是凝聚人心、汇聚力量的强大法宝，遵循做好新时代统战工作的基本规律，把握好“潜绩”与“显绩”有机统一的关系，树立正确的政绩观，才能最大限度争取人心，解决当下必须解决的问题，推动党的统战事业行稳致远。

做好新时代的统战工作，既要抓“显绩”，也要抓“潜绩”，不能顾此失彼。“显绩”固然重要，“潜绩”更为可贵，要两手一起抓，互为补充。从具体的工作对象来看，“潜绩”是“显绩”的前提，如果不能做好团结的工作，不能加强对统一战线成员的教育和引导，不能凝聚人心和力量，就很难实现革命、建设、改革的目标，“显绩”就成为镜花水月。“显绩”是“潜绩”的体现，因为我们不是为了团结而团结，“潜绩”最终要落实在、体现在党和人民各项事业的进步与发展之中。对此，我们要有清醒的认识，并做好科学谋划。

处理好“潜绩”与“显绩”的关系，不仅要双管齐下，更要以高度的政治责任感，从巩固党的执政基础和推动人类进步事业的角度理解统战工作的价值。统战工作是“潜绩”与“显绩”相统一的工作，既需要脚踏实地、步步为营，尽快解决“等不得”的问题，也需要持之以恒、久久为功，耐心处理“急不得”的问题。将党的事业和人民福祉作为统战工作的价值评判标准，切实担负起促进全体中华儿女大团结的历史责任。

三、正确把握原则性和灵活性的关系

习近平总书记指出：“要把握好原则性和灵活性的关系，善于把方针政策的原则性和对策举措的灵活性结合起来，既站稳政治立场、坚守政治底线，又具体问题具体分析，注重工作方式方法。”[①]可见，统战工作既不能用原则性来束缚、限制灵活性，也不能用灵活性来否认、破坏原则性，必须把握好尺度。

（一）原则性和灵活性的基本内涵

原则性是统一战线的基石。没有原则性，统一战线就没有方向与灵魂。统一战线的原则性，就是统一战线中的不同社会政治力量，都必须心怀“国之大

① 《习近平著作选读》第二卷，人民出版社2023年版，第609页。

者”，都必须有始终站稳的基本立场、维护的根本利益、坚持的战略目标，都必须坚守政治底线、坚持党的纲领路线和方针政策，都必须坚持党的领导、坚持爱国主义和中国特色社会主义。这是原则和底线，坚决不能动摇，坚决要牢牢守住。

灵活性是统一战线的生命。没有灵活性，统一战线就没有生机与活力。统一战线的灵活性，就是统一战线中的不同社会政治力量，在坚持服从和服务于原则性的前提下，具体问题具体分析，注重工作方式方法，为原则性的实现“审时度势”地采取及时和恰当的对策举措。在对策举措上，对策举措的灵活性同方针政策的原则性有机结合，坚持实事求是的正确思想路线和具体问题具体分析的科学工作方法，充分尊重和包容统战工作多样性，善于求同存异、聚同化异，注重讲求工作艺术和方法来团结人、争取人，找到最大公约数。

原则性是第一位的，它决定了灵活性的范围与限度，是统战工作的灵魂。灵活性服从并服务于原则性，但灵活性不是可有可无的，原则性也要灵活地执行，这是统战工作生命力之所在。

（二）坚持方针政策的原则性

坚持原则性是立场，是保持无产阶级政党性质宗旨的本质要求。统战工作的政治性、政策性很强，必须坚持原则、守住底线。统一战线涉及领域广泛，敏感问题、复杂问题众多，稍有不慎就会出问题，甚至出大问题。因此，在实际工作中，必须严格执行党的路线方针政策，同党中央保持高度一致，与党中央新精神新部署新要求对标对表，定准航向、纠正偏差，以实际行动坚定捍卫“两个确立”、坚决做到“两个维护”。遇到原则性问题要旗帜鲜明，在事关道路、制度、旗帜、方向等大是大非问题上要始终立场坚定、态度鲜明，敢于进行必要的思想交锋。统战工作决不能拿原则做交易，对策举措的灵活性不能超出原则性的界限；否则，不仅不能发展统一战线，反而会涣散统一战线。

（三）把握对策举措的灵活性

坚持灵活性是方法，是保持统战工作生机活力的保证，没有灵活性也就不能团结最大多数的同盟者。统战工作的策略性、艺术性也很强，必须审时度势、灵活施策。各地区各部门统战工作情况不尽相同，面临的问题也不一样，工作重点自然也会不同。此外，统战工作中有一些涉及复杂敏感问题的难点，不能靠行政命令，不能靠纪律约束，而要靠精准把握政策，分辨哪些是必须坚持的重大政治原则，哪些是可以包容的多元多样观念。这就要求我们既要善于用政治眼光、从全局高度分析处理问题，也要从实际出发，因地因时制宜、科学精准施策，创造性地把党中央决策部署落到实处。要熟悉统战工作的方式方法、注重政治性、体现团结性、掌握艺术性，善于求同存异，晓之以理、动之以情，学会做好统战工作的真功夫。

（四）注重原则性与灵活性的相辅相成，提高统战工作的艺术性

统一战线是战略和策略的高度统一，讲究策略是开展统战工作的基本要求。讲究策略，关键是把原则性与灵活性相结合。

原则坚定、策略灵活，是实事求是的表现，是最实际、最生动的马克思主义。做好新时代的统战工作，必须坚持原则，这是确定无疑的。但是，统战工作是党的特殊群众工作，具有政治性，也具有很强的策略性，必须讲究艺术。

只讲灵活性不讲原则性固然不对，只讲原则性不讲灵活性同样是错误的。既讲原则性又讲包容性才是辩证的态度，过犹不及。一方面，我们要对各种社会力量有科学的区分，对积极力量、消极力量、敌对力量都要有所认识和了解，做到因人施策；另一方面，对待具体的问题，要坚持大事讲原则，小事讲方法，要注意在适当的时机、适当的地点、适当的人物、适当的事件上，原则性与灵活性是可以相互转化的。关键是要有辩证思维，善于抓主要矛盾和矛盾的主要方面。需要注意的是，无论是因人施策，还是因事施策，无论什么样的灵活性，都是原则所允许的范围内的灵活性，都是有限度和范围的——这个“度”、这个“临界点”就是原则和底线。

统一战线既要讲原则性，又要讲灵活性，不能用原则性来限制、束缚灵活性，也不能用灵活性来破坏原则性，原则性和灵活性两者都需要。统一战线要把握好原则性和灵活性的关系，解决好马克思主义这个基本战略策略问题。

四、正确把握团结和斗争的关系

党的十八大以来，统战工作面临着新的形势和挑战。审视国内，统一战线内部结构复杂性前所未有，改革发展稳定任务之重前所未有，矛盾风险挑战之多前所未有，多元思想文化交流交融交锋前所未有；放眼国际，当今世界正经历百年未有之大变局，不确定不稳定因素显著增多，统战工作越来越成为国际斗争的一个重要方面。因此，新时代的统战工作依然需要把团结和斗争统一起来，要在团结中敢于斗争，在斗争中争取团结；既善于团结，又善于斗争，处理好团结和斗争

的辩证关系。

（一）团结和斗争的基本内涵

所谓团结，就是团结跟自己意见有分歧的，看不起自己的，不尊重自己的，跟自己闹过别扭的，跟自己作过斗争的，自己在他面前吃过亏的那一部分人。团结就是力量，团结才能胜利，团结是统战工作的出发点和落脚点。习近平总书记这样告诫全党："要用好统一战线这个法宝，团结大多数，搞好大联合，不要四面出击，不搞关门主义。"[①]党的二十大更是把团结之意贯穿始终，重申"团结奋斗是中国人民创造历史伟业的必由之路"[②]。统战工作就是做团结的工作，要切实形成全体中华儿女大团结的良好局面，必须高度重视团结的重要性。尤其是在新的历史方位之下，统战工作不仅要进一步巩固基本力量，还要适应社会结构的变化，开辟新的团结领域，团结新生力量，不断扩大团结的范围。这就要求我们充分认识到，在团结和斗争这对矛盾中，斗争只是手段，团结才是目的。我们不能离开团结讲斗争，不能人为扩大分歧和增加对立，不能无限扩大斗争范围和加大斗争力度。

斗争是一门艺术，要善于斗争。在各种重大斗争中，我们要坚持增强忧患意识和保持战略定力相统一、坚持战略判断和战术决断相统一、坚持斗争过程和斗争实效相统一。要注重策略方法，讲求斗争艺术。要抓住主要矛盾、抓矛盾的主要方面，坚持有理有利有节，合理选择斗争方式、把握斗争火候，在原则问题上寸步不让，在策略问题上灵活机动。[③] 要团结一切可以团结的力量，调动一切积极因素，在斗争中争取团结，在斗争中谋求合作，在斗争中争取共赢。[④] 根据形势需要，把握时、度、效，及时调整斗争策略。

（二）统战工作目标在于团结

大团结大联合是统战工作的本质要求，团结是为了汇聚伟力，在不同的历史时期，统战工作都是以大团结、真团结为目标，以维护最广大人民群众的根本利益为根本，形成牢不可破的真团结。一是要以共同奋斗目标为指引。在全面建

① 《新发展阶段贯彻新发展理念必然要求构建新发展格局》，《求是》2022 年第 17 期。

② 习近平：《高举中国特色社会主义伟大旗帜 为全面建设社会主义现代化国家而团结奋斗——在中国共产党第二十次全国代表大会上的报告》，人民出版社 2022 年版，第 70 页。

③ 《习近平谈治国理政》第三卷，外文出版社 2020 年版，第 227 页。

④ 《习近平谈治国理政》第三卷，外文出版社 2020 年版，第 227 页。

成小康社会的基础上，乘势而上开启全面建设社会主义现代化国家新征程，实现中华民族伟大复兴中国梦的宏伟目标，是新时代中国的伟大实践，也是海内外中华儿女的共同梦想。二是要以根本原则要求为约束。坚持中国共产党的领导始终是统一战线事业发展的“定海神针”，也是赢得人心、凝聚力量的“核心密码”。我们说要“固守圆心”，这个圆心就是中国共产党。三是要以广泛思想根基为支撑。爱国主义所折射的赤子般对民族的大忠、对国家的大爱、对民众的大拯救，所蕴含的救亡图存的强烈忧患、安邦兴国的伟大理想、济世救民的社会责任，所体现的对民族命运的拳拳之心、对故土山河的兹兹之念、对国家富强的殷殷之望，是爱国统一战线最内在的力量源泉。四是要以深厚历史文化为纽带。习近平总书记指出：“文化认同是最深层次的认同，是民族团结之根、民族和睦之魂。文化认同问题解决了，对伟大祖国、对中华民族、对中国特色社会主义道路的认同才能巩固。”[①]团结一切因素，汇聚一切力量，同国内外损害国家主权、安全、发展利益的行为，同阻碍中华民族伟大复兴的势力作坚决斗争，为全面建成社会主义现代化强国、实现中华民族伟大复兴汇聚磅礴伟力。

（三）统战工作方法讲究斗争

统战工作要弘扬斗争精神，做到以斗争促进团结。由于“统一战线追求的团结，是广泛的团结，也是坚强的团结，是沿着正确政治方向、向着共同目标前进的团结”[②]，这决定了斗争不可避免。尤其是面对错综复杂的国内国际环境，新时代的统战工作已经站在国家安全第一线，我们要敢于斗争才能胜利。当前我国发展面临的诸多重大风险都与统战工作密切相关，做好新时代的统战工作，必须在追求团结的前提下敢于斗争，尤其是与损害国家主权、安全、发展利益的言论与行为进行坚决的斗争，同任何阻碍中华民族伟大复兴的势力和团体进行坚决斗争，才能达成“沿着正确政治方向、向着共同目标前进的团结”[③]。基于团结的目的，对别人的缺点或错误提出批评意见，发扬斗争精神要从团结的愿望出发，团结意见正确的同志一起指出犯错误的党员同志的问题并给出相应的建议，真正帮助犯错误的同志彻底改正错误获得进步。

要在掌握事实的基础上进行有理有据的批评，不能胡乱批评，更不能上纲上线、乱扣帽子、搞无情打击。要讲究适当的场合，对原则性的错误，要在正式场合

① 《习近平著作选读》第一卷，人民出版社2023年版，第285页。
② 《习近平同党外人士共迎新春　俞正声张高丽出席》，《人民日报》2015年2月13日，第1版。
③ 《习近平同党外人士共迎新春　俞正声张高丽出席》，《人民日报》2015年2月13日，第1版。

严正指出，对于一般小问题，可以进行个别谈心交流。要因人而异地进行批评，对性格内向的同志，采取委婉的方式和方法；对性格固执的同志，则要直截了当明确指出。

（四）把握团结与斗争的对立统一，形成牢不可破的真团结

团结与斗争是统一战线的一对基本范畴，两者既对立又统一，斗争是团结的手段，团结是斗争的目标。党的十八大以来，习近平总书记强调，“懂团结是真聪明，会团结是真本领”①；“共产党人的斗争是有方向、有立场、有原则的”②。这些重要论述对团结和斗争的重要性和立场方法作出了深刻阐释。同时，习近平总书记在2022年召开的中央统战工作会议上强调，要把握好团结和斗争的关系，又要善于斗争、增强斗争本领，努力形成牢不可破的真团结。③ 这些重要论述对于指导我们科学把握团结和斗争的关系提供了根本遵循。

把握好团结与斗争的关系，要求提高斗争的艺术，掌握团结的规律。尤其需要注意以下四个方面。第一，共产党人的斗争是有方向、有立场、有原则的。善于斗争，首先需要把握住斗争的正确方向，坚持中国共产党领导和社会主义制度不动摇。第二，共产党人的斗争，从来都是奔着矛盾问题、风险挑战去的，新时代的统战工作要明确斗争的内容。当然，敢于斗争不是要回到“以阶级斗争为纲”的时代，而是与一切阻碍中华民族伟大复兴的风险与挑战进行坚决斗争。第三，斗争要选择恰当的方法，尤其要用好“团结——批评——团结”的公式，从团结的愿望出发，经过批评和自我批评，在新的基础上达到新的团结。这是我们解决人民内部矛盾，包括统一战线内部矛盾的方法。新时代的统战工作也要善于通过民主协商的方式来解决统一战线的内部矛盾。第四，要善于运用统战工作的历史经验，比如团结协作、体谅包容、求同存异、教育引导、联谊交友等，增强团结的艺术，做到懂团结、会团结。尤其需要注意凝聚共识对于加强团结的基础性意义，善于用共同的奋斗目标、共同历史文化传承、共同的价值追求夯实“真团结”的思想政治基础。因此，我们不仅要团结和自己观点一致的人，还要善于团结那些与自己观点不一致的人，尤其是要注意做好有个性知识分子的工作。

---

① 习近平：《之江新语》，浙江人民出版社2007年版，第21页。

② 《习近平谈治国理政》第三卷，外文出版社2020年版，第226页。

③ 《习近平著作选读》第二卷，人民出版社2023年版，第609页。

第十三章
加强党对统战工作的全面领导

习近平总书记深刻指出，加强新时代统一战线工作，根本在于坚持党的领导。党的十八大以来，以习近平同志为核心的党中央统筹中华民族伟大复兴战略全局和世界百年未有之大变局，从治国理政的战略高度对统战工作作出全面部署，统一战线呈现出团结、奋进、开拓、活跃的良好局面。新时代统战工作取得历史性成就，根本在于以习近平同志为核心的党中央掌舵领航，在于习近平总书记关于做好新时代党的统一战线工作的重要思想的科学指引。

毛泽东同志在《目前形势和我们的任务》报告中指出："中国新民主主义的革命要胜利，没有一个包括全民族绝大多数人口的最广泛的统一战线，是不可能的。不但如此，这个统一战线还必须是在中国共产党的坚强的领导之下。没有中国共产党的坚强的领导，任何革命统一战线也是不能胜利的。"①历史和现实反复证明，中国共产党始终代表最广大人民的根本利益，没有任何自己特殊的利益，从来不代表任何利益集团、任何权势团体、任何特权阶层的利益；只有坚持中国共产党的领导，统一战线才能始终沿着正确政治方向前进，才能焕发出强大凝聚力和向心力，向着共同目标团结奋斗。

① 《毛泽东选集》第四卷，人民出版社 1991 年版，第 1257 页。

新时代新征程上，党的领导越有力，党的旗帜越鲜明，就越能巩固和壮大爱国统一战线，有效汇聚海内外中华儿女的智慧力量，形成真正的、广泛的、紧密的大团结大联合。要毫不动摇地坚持党的领导，深刻领悟“两个确立”的决定性意义，增强“四个意识”、坚定“四个自信”、做到“两个维护”，确保统战工作中实行的政策、采取的措施都有利于坚持和巩固党的领导地位和执政地位。

第一节　加强党对统战工作的全面领导的科学内涵

面对新目标、新任务和新征程，要切实加强党对统战工作的全面领导，首先必须深刻把握加强党对统战工作的全面领导的科学内涵。统一战线发展离不开党的领导，这个道理大家都明白。但对党的领导的内涵，很多人并不了解。系统阐述党的领导的内涵，对坚持和完善党对统一战线的领导和促进统一战线的发展都具有重要意义。

一、根本保证是坚持党的领导

统一战线是中国共产党领导的统一战线。统一战线历来是我们党的总路线总政策的重要组成部分，历来服务于党在各个时期的中心任务。党的性质宗旨、初心使命、信仰信念、政策主张决定统一战线的性质、主题、范围、任务和组织形式。从成立之日起，中国共产党就始终代表最广大人民群众的根本利益，与人民休戚与共、生死相依，没有任何自己特殊的利益，从来不代表任何利益集团、任何权势团体、任何特权阶层的利益。我们党也因此成为中国人民和中华民族的主心骨，成为国家富强、民族复兴的坚强领导核心，并能始终赢得广大统一战线成员的支持和拥护。党之所以有力量，根本原因在于党在不同历史时期始终把统一战线和统战工作摆在全党工作的重要位置。中国共产党的领导是统一战线最鲜明的特征，坚持党的领导是统一战线最根本、最核心的问题。

第一，党的领导是做好统战工作的根本政治保证。统一战线是不同社会政治力量为了共同的目标而组成的政治联盟，而不同社会政治力量具有不同的利益诉求、价值观念和行为方式。统一战线内部构成的复杂性和差异性将不断影响和削弱统一战线赖以存在的共同基础。只有加强党对统一战线工作的领导，确保党在统一战线工作中总揽全局、协调各方，才能有效克服不同社会政治力量为了维护和争取自己的利益固执己见、排斥异己的弊端，从而更好维护广大统一战线成员的根本利益。党的领导有力，党的旗帜鲜明，统一战线才能始终沿着正确政治方向前进，才能焕发出强大的凝聚力、创造力和战斗力。

第二，党的领导是增进统一战线团结的核心。影响统一战线巩固与发展的因素有很多，但最根本的是作为统一战线领导核心的执政党所具有的领导能力和人民拥护的优势。党的十一届三中全会以来，中国共产党面对错综复杂的形势和艰巨的任务，在领导全国人民进行社会主义现代化建设中所表现出来的驾驭全局的领导能力、高瞻远瞩的战略眼光、开拓创新的理论勇气，赢得了广大统一战线成员的衷心拥护和信赖，坚定了中国特色社会主义的道路自信、制度自信和理论自信，极大地增强了执政党对统一战线的号召力、凝聚力。长期以来，中国共产党同各民主党派风雨同舟、共同奋斗，一道前进，一道经受考验，形成了通力合作、团结和谐的新型政党关系。中国共产党是中国特色社会主义事业的坚强领导核心，各民主党派、无党派人士自觉接受中国共产党的领导，拥护中国共产党的领导地位和执政地位。[①] 统一战线具有人才荟萃、智力密集、联系广泛等优势，要引领和支持广大统一战线成员心怀"国之大者"、责之重者，把统一战线所长与中心大局所需结合起来，最大限度地把各方面的智慧和力量凝聚起来，为服务国家经济社会发展、改革发展稳定积极献计出力。各民主党派按照中国特色社会主义参政党的要求，不断加强自身建设，努力提升履职水平，在国家政治生活中发挥更加重要的作用。

第三，党的领导可以给统一战线成员参政议政、民主监督提供制度保障，帮助民主党派加强自身建设。中国共产党领导的多党合作和政治协商制度以及民族区域自治制度，"一个参加，三个参与"制度化，为统一战线成员参政议政、民主监督提供了制度的保障。制度具有根本性、全局性、长期性和稳定性。当我们把中国共产党领导的多党合作和政治协商制度以及民族区域自治制度提高到制度的层面建设时，广大统一战线成员参政议政的权利会得到制度保障，成为我国社会主义民主政治的重要特点和政治优势并在社会主义现代化建设中得到充分的展现。《中国共产党统一战线工作条例》的颁布和实施，对于充分发挥统一战线的重要法宝作用，最大限度地凝聚人心、汇聚力量，不断开创新时代统一战线工作新局面具有重要意义。习近平总书记在中央统战工作会议上的重要讲话体现了中国共产党统一战线理论的创新，标志着统战工作制度化方面有了新进展。随着中国共产党领导的多党合作和政治协商制度理论的更加成熟，政策更加完善，机制更加健全，运作更加规范，我国的统一战线必将有更大的发展。

第四，党的领导能够统一认识克服偏见，让人们更加了解统一战线。《中国

① 中华人民共和国国务院新闻办公室:《中国新型政党制度》，人民出版社 2021 年版，第 15 页。

共产党统一战线工作条例》总则中指出:“统一战线是中国共产党凝聚人心、汇聚力量的政治优势和战略方针,是夺取革命、建设、改革事业胜利的重要法宝,是增强党的阶级基础、扩大党的群众基础、巩固党的执政地位的重要法宝,是全面建设社会主义现代化国家、实现中华民族伟大复兴的重要法宝。”①习近平总书记强调:“统战工作的本质要求是大团结大联合,解决的就是人心和力量问题。这是我们党治国理政必须花大心思、下大气力解决好的重大战略问题。”②他指出:“在革命、建设、改革各个历史时期,我们党始终把统一战线和统战工作摆在全党工作的重要位置,努力团结一切可以团结的力量、调动一切可以调动的积极因素,为党和人民事业不断发展营造了十分有利的条件。现在,我们党所处的历史方位、所面临的内外形势、所肩负的使命任务发生了重大变化。越是变化大,越是要把统一战线发展好、把统战工作开展好。”③他对党内存在的一些不重视统一战线、不会做统战工作的错误观点和做法进行了批评。

第五,党的领导能够帮助民主党派发展。李维汉在 1951 年 1 月 16 日第二次全国统战工作会议上的开幕词中重点讲到了民主党派的发展问题。他认为,“民主党派工作一年来有成绩,主要是他们内部进行了整顿,政治上同我们更加一致了。但民主党派的组织人数同他们政治上的地位很不相称。民主党派能不能发展起来,这同共产党的关系很大。不要他们大起来,这不要我们共产党作决定,过去我们没有作过决定不让他们大起来,他们还是很小。但是要让他们大起来,就需要我们共产党作决定,否则他们还是大不起来,因为在它旁边有一个在政治上占压倒优势和极高威信的共产党,人们不了解民主党派,要听听共产党的意见,否则,人们不会自动参加民主党派的。因此,即使民主党派都开了会,作了发展计划,如果我们不帮助,不支持他们,还是发展不起来,所以我们要讨论如何帮助民主党派发展组织问题”④。这次统战工作会议拟定了《1951 年协助各民主党派发展党员的建议》,就帮助民主党派发展提出了“吸收各民主党派参加各种的人民革命运动,使他们能在运动中发展成员”等具体措施。《中共中央关于进一步加强中国共产党领导的多党合作和政治协商制度建设的意见》提出,党委要把支持民主党派加强自身建设作为一项重要政治责任。支持民主党派根据各自

① 《中国共产党统一战线工作条例》,华文出版社 2021 年版,第 5 页。

② 《习近平著作选读》第一卷,人民出版社 2023 年版,第 351 页。

③ 《习近平著作选读》第一卷,人民出版社 2023 年版,第 351-352 页。

④ 中共中央统战部研究室编:《历次全国统战工作会议概况和文献》,档案出版社 1988 年版,第 39 页。

章程规定的参政党建设目标，按照坚持中国共产党的领导、发扬社会主义民主、体现政治联盟特点、体现进步性和广泛性相统一的原则，以思想建设为核心，以组织建设为基础，以制度建设为保障，把自身建设提高到新的水平。《中国共产党统一战线工作条例》规定，各级党委应当支持民主党派加强思想政治建设、组织建设、履职能力建设、作风建设、制度建设，支持无党派人士加强自身建设。帮助民主党派解决机构、编制、经费、办公场所、干部交流和挂职锻炼等方面的问题。为无党派人士履行职责提供必要保障。[①] 有了这样一些规定，我国民主党派的发展就有了制度保障。

二、核心要义是加强政治领导

弄清党领导统一战线的内涵和实质，是正确理解和坚持党对统一战线领导的理论源头和关键所在。在统一战线内部，代表不同阶级、阶层和群体的各种思想总要表现出来，并且力图去施加影响，如果不注重从思想政治上进行引导，就会降低领导水平，甚至在实际上放弃党的领导作用。2015 年，习近平总书记在中央统战工作会议上明确指出了党的领导的科学内涵，即"党对统一战线的领导主要是政治领导，即政治原则、政治方向、重大方针政策的领导，主要体现为党委领导而不是部门领导、集体领导而不是个人领导"[②]。这一阐述明确了党的领导的主要内容和方式，是统一战线领导问题的理论创新，也揭示出党领导统一战线的实质。

第一，从范围来看，党的领导体现了全面性。统一战线是政治联盟，工作点多线长面广。党对统一战线的政治领导，即政治原则、政治方向、重大方针政策的领导，首先意味着党对统一战线的领导范围涵盖面很广。横向看，它涵盖了统一战线的思想理论建设、作风建设等各个方面；纵向看，它贯穿于统一战线发展过程中的每一个具体环节和全过程。只有这样，才能够保证统一战线始终坚持正确的方向。《中国共产党统一战线工作条例》提出了在党的领导下做好各领域具体统战工作的新要求，党的领导内容更加具体。主要内容包括：组织领导和职责，民主党派和无党派人士工作，党外知识分子工作，民族工作，宗教工作，非公有制经济领域统一战线工作，新的社会阶层人士统一战线工作，港澳台统一战线

① 《中国共产党统一战线工作条例》，华文出版社 2021 年版，第 18 页。

② 《习近平著作选读》第一卷，人民出版社 2023 年版，第 357 页。

工作，海外统一战线工作和侨务工作，党外代表人士队伍建设，统战部门自身建设，保障和监督。党对统一战线的领导范围广泛，涉及统一战线发展全过程，并始终贯穿于统一战线各个领域。

第二，从领导主体来看，党的领导是党委（党组）领导。习近平总书记在2015年中央统战工作会议上强调，要坚持党委统一领导、统战部牵头协调、有关方面各负其责的大统战工作格局，形成工作合力。[①] 党的十九届四中、五中全会又反复强调“坚持大统战工作格局”这个命题。在2022年中央统战工作会议上，习近平总书记继续提出“构建党委统一领导、统战部门牵头协调、有关方面各负其责的大统战工作格局”[②]。党委（党组）而非某个部门，是基于统战部门侧重于发挥其参谋、组织协调、具体执行的职能和作用；集体而非个人，是源于只有加强密切协作，各部门各负其责，才能共同推进统战工作。《中国共产党统一战线工作条例》进一步明确了党领导统一战线的主体是党委。《中国共产党统一战线工作条例》第七条规定了党中央成立统一战线工作领导小组。中央统一战线工作领导小组在中央政治局及其常委会领导下开展工作，对学习贯彻落实党中央关于统一战线工作的重大理论方针政策和涉及统一战线工作的法律法规进行研究部署、协调指导和督促检查，研究统一战线重大问题，向党中央提出建议。同时，第八条规定了地方党委对本地区统一战线工作负主体责任，开展统战工作的主要职责。第九条规定，统战部是党委主管统一战线工作的职能部门，是党委在统一战线工作方面的参谋机构、组织协调机构、具体执行机构、督促检查机构，承担了解情况、掌握政策、协调关系、安排人事、增进共识、加强团结等职责[③]。

第三，从实现途径来看，党的领导体现了引领性和模范性。1940年3月，在阐述抗日民族统一战线政权的几个问题时，毛泽东对领导权有个解释：“所谓领导权，不是要一天到晚当作口号去高喊，也不是盛气凌人地要人家服从我们，而是以党的正确政策和自己的模范工作，说服和教育党外人士，使他们愿意接受我们的建议。”[④]可见党的领导不是单纯地行使权力，而是要做好“向导”，通过“带路”和“引导”的方式把人民群众的愿望真正变为现实。党的领导主要是政治领导，是依靠正确的路线、方针、政策和思想政治工作来进行领导，而不是口号式、

---

① 习近平：《巩固发展最广泛的爱国统一战线 为实现中国梦提供广泛力量支持》，《人民日报》2015年5月21日，第1版。

② 《习近平在中央统战工作会议上强调 促进海内外中华儿女团结奋斗 为中华民族伟大复兴汇聚伟力》，《人民日报》2022年7月31日，第1版。

③ 《中国共产党统一战线工作条例》，华文出版社2021年版，第9-11页。

④ 《毛泽东选集》第二卷，人民出版社1991年版，第742页。

命令式的领导，也不是以更多的共产党员人数实行包办代替式的领导，而是通过共产党员发挥先锋模范作用来实现。“共产党员的先锋作用和模范作用是十分重要的。共产党员在八路军和新四军中，应该成为英勇作战的模范，执行命令的模范，遵守纪律的模范，政治工作的模范和内部团结统一的模范。”①从党领导统一战线发展历史观察，党的模范作用主要表现在：在统一战线工作的前期调研时，在深入分析国内外形势，制定指导思想方面，党起着带头作用；有了对各种情况的了解，制定了指导思想后，在综合分析情况，制定具体统战政策方面，党起着主导作用；在协调各同盟者之间的利益，发挥统一战线特长，配合完成党的总任务方面，党发挥着关键作用。总之，在实现党的领导的途径中，党扮演着不同的角色，起到了决定性的作用，这个作用是以中共党员的模范作用表现出来的。

在实际工作中，要努力克服两种倾向：一是不重视思想政治引导，对党外人士的政治思想不关注，对无底线的言论开绿灯，对错误的思想政治观点不敢或不会批评；二是思想政治引导方法简单粗暴，不善于运用谈心说理、循循善诱的方法阐明重大问题的原则立场，对党外人士居高临下、盛气凌人，要党外人士绝对服从自己。党领导统一战线不靠组织服从和行政命令，更不去强迫和压服，而是寓领导于民主协商之中，通过平等协商讨论，充分沟通交流，使他们了解、理解、赞同和执行党的政治主张。中国共产党通过加强思想政治引导，不断巩固统一战线团结奋斗的思想政治基础，始终保持坚定正确的政治方向。

三、基本前提是实现广泛团结

领导建立在被领导者存在的基础上。毛泽东在1956年中共八大预备会议讲话中强调：“党是一个核心，它必须要有群众。”②领导不是“空军司令”或“无兵司令”，必须进行广泛团结，组织浩浩荡荡、千千万万的革命和建设队伍。如何团结被领导者？周恩来在总结共产党与国民党争取统一战线领导权的经验中指出：“双方进行争取和领导的方法是不同的。国民党是采取压迫的方法，不但压迫工农，也压迫小资产阶级、自由资产阶级。我们的方法是同一切可以争取的力量合作。”③

实现广泛团结，必须坚决反对关门主义、搞“清一色”。决不能害怕与党外人

① 《毛泽东选集》第二卷，人民出版社1991年版，第522页。

② 《毛泽东文集》第七卷，人民出版社1999年版，第88页。

③ 《周恩来选集》上卷，人民出版社1980年版，第217页。

士接触，把自己束缚在狭小范围内清谈空喊，而要敞开胸怀、主动工作，最大限度地团结党外绝大多数的人民大众。抗日民族统一战线就是包括各党各界各军、工农兵学商一切爱国同胞的统一战线，赞成抗日的大资产阶级、地主阶级分子也成为统一战线成员。抗战胜利后建立的人民民主统一战线，包括工人、农民、城市小资产阶级、民族资产阶级、开明绅士、其他爱国分子、少数民族和海外华侨，不仅同抗日民族统一战线规模一样广大，而且有更加深刻的基础。中华人民共和国成立后，毛泽东提出："一切善意地向我们提意见的民主人士，我们都要团结。像卫立煌、翁文灏这样的有爱国心的国民党军政人员，我们应当继续调动他们的积极性。"①周恩来强调，就是对一小部分坚持资产阶级立场的知识分子，只要他们不进行反党反社会主义活动，我们在政治上还是把他们算在联盟之内，对他们进行教育。1955年，中共中央发布关于统一战线工作的指示，对党与非党关系上存在的严重关门主义倾向、在政权机关搞"清一色"等进行了批评和纠正。改革开放新时期，邓小平明确提出，统一战线宜宽不宜窄，"只要不是反党反社会主义的，也要团结教育，发挥他们的专长，尊重他们的劳动，关心和热情帮助他们进步"②。中国共产党建立了由全体社会主义劳动者、社会主义事业的建设者、拥护社会主义的爱国者和拥护祖国统一的爱国者组成的统一战线，形成了大陆范围内以社会主义为政治基础的团结全体劳动者和爱国者、大陆范围外以爱国主义为政治基础的团结拥护祖国统一的港澳台同胞和海外侨胞的两个范围的联盟。在中国特色社会主义新时代，爱国统一战线发展为全体社会主义劳动者、社会主义事业建设者、拥护社会主义的爱国者、拥护祖国统一和致力于中华民族伟大复兴的爱国者的更加广泛的联盟，形成了海内外中华儿女空前的大团结。

实现广泛团结，必须不断巩固发展共同奋斗的政治基础。统一战线的团结和联合建立在共同的政治基础之上。没有共同的政治基础，统一战线就是一盘散沙。奋斗目标是政治基础的集中体现。有了共同奋斗目标，团结联合才有恒久动力、前进方向；围绕共同目标奋斗，不同社会成员才能超越分歧、同心协力。新民主主义革命时期，在推翻"三座大山"的奋斗目标下，工人阶级、农民阶级、城市小资产阶级、民族资产阶级团结奋斗。中华人民共和国成立后，各阶级、各党派、各人民团体、各族各界人士，为建立社会主义制度协力并进。改革开放新时期，统一战线中的劳动者、建设者、爱国者，共同致力于坚持

① 中共中央文献研究室编：《建国以来重要文献选编》第8册，中央文献出版社2011年版，第217页。
② 《邓小平文选》第二卷，人民出版社1994年版，第93页。

和发展中国特色社会主义。新时代围绕实现中华民族伟大复兴中国梦，统一战线凝聚了海内外中华儿女的磅礴力量。政治原则是政治基础的内在要求，如果不能形成一致，就会导致统一战线的破裂；如果广泛联合不讲原则，对不合理的过分要求一概承认，对错误的东西不能坚决抵制，就会涣散统一战线，团结联合就会变成苟合与貌合。第二次国共合作中，虽然摩擦不断，国民党顽固派掀起了三次反共高潮，但由于坚持抗日这个政治原则不动摇，仍然保持了举国上下一致抗日的局面。抗战胜利后，由于在和平建国上发生原则分歧，国共合作破裂，内战发生。中华人民共和国成立后，毛泽东明确指出，《共同纲领》是统一战线的政治基础，是调整各方面关系的准则。改革开放后，邓小平明确提出坚持四项基本原则，并把它作为统一战线和多党合作的政治基础。2005年中共中央制定《关于进一步加强中国共产党领导的多党合作和政治协商制度建设的意见》，概括了多党合作六条政治准则，作为共同遵守的政治规范。习近平总书记强调，团结是有原则有底线的，“对危害中国共产党领导、危害我国社会主义政权、危害国家制度和法治、损害最广大人民根本利益的问题，必须旗帜鲜明反对，不能让其以多样性的名义大行其道”①。政治基础的巩固发展，保障了统一战线的团结联合持续发展、牢不可破。

实现广泛团结，必须搞好与党外人士的合作共事。与党外人士合作共事是实现广泛团结的基本方式，也是进行领导的必要条件。1942年，毛泽东为中共中央起草的《关于共产党员与党外人员的关系》指出：“国事是国家的公事，并非一党一派的私事。共产党的唯一任务，就在团结全体人民，奋不顾身地向前战斗，推翻民族敌人，为民族与人民谋利益，绝无任何私利可言。而共产党员自始至终都只是人民中的极少数，没有绝大多数人民了解我党主张，真心实意地愿与我党合作，我党主张便无从实现。”②中共中央发出的《中央关于对苏北名绅进行统战工作的指示》要求：“除派政治得力社会经验丰富与他们能谈得融洽的代表经常与他们进行联络争取工作外，必须在民意机关政权执行机关教育机关财政经济机关的实际工作中，采取与他们合作的政策，并吸收他们或他们的代表参加这些部门的实际工作。”③中华人民共和国成立前夕，毛泽东在党的七届二中全会上强调：“我党同党外民主人士长期合作的政策，必须在全党思想上和工作上确定下来。我们必须把党外大多数民主人士看成和自己的干部一样，同他们诚

① 《习近平著作选读》第一卷，人民出版社2023年版，第358页。

② 《毛泽东文集》第二卷，人民出版社1993年版，第395页。

③ 中央档案馆编：《中共中央文件选集》第十二册，中共中央党校出版社1991年版，第501页。

恳地坦白地商量和解决那些必须商量和解决的问题，给他们工作做，使他们在工作岗位上有职有权，使他们在工作上做出成绩来。”[①]周恩来强调：“团结广大人民群众一道前进的问题，对党来说，就是党与非党人士合作的问题。”[②]中华人民共和国成立后，毛泽东在分别听取全国统战工作会议的汇报时，针对党内存在的轻视和排斥民主党派和无党派人士的错误思想，进一步阐明了民主党派的重要地位和作用。他对中央统战部负责同志说：“对民主党派及非党人物不重视，是一种社会现象，不仅党内有，党外也有。要向大家说清楚，从长远和整体看，必须要民主党派……认为民主党派是‘一根头发的功劳’，一根头发拔去不拔去都一样的说法是不对的。从他们背后联系的人们看，就不是一根头发，而是一把头发，不可藐视。要团结他们……要给事做，尊重他们。当做自己的干部一样，手掌手背都是肉，不能有厚薄。对他们要平等，不能莲花出水有高低。”[③]中国共产党与党外人士合作共事在人大、政府、政协、司法机关、高校、科研院所、国有企事业单位等广泛开展起来。共产党与各民主党派和无党派人士进行政党协商，在重大问题、重要政策、决策部署等方面凝聚共识，在执政党治国理政、攻坚克难中同心协力。在县以上国家权力机关、行政机关和司法监察机关中担任领导职务的党外人士，同中共党员领导干部互相支持配合、协同开展工作、共同履行职能，既实现了中共党组的核心领导作用，又发挥了党外干部的优势作用。人民政协中的各党派、各团体、各族各界的党外代表人士，通过多种方式履行政治协商、民主监督和参政议政职能，为实现共同目标凝心聚力。正如习仲勋指出的：“无产阶级及共产党的领导地位，是经过发挥自己的领导作用来实现的，这就是要承认各民族、各民主阶级、各民主党派在政权中大家有份，善于在和大家合作共事中提出代表全体人民利益的正确主张，获得大家的真诚拥护，而将大家团结在自己的周围。”[④]以上说明，团结是领导的前提，无团结就无以领导。只有通过团结和联合，建立联盟和队伍，中国共产党才能保持与广大人民群众的血肉联系，率领这支队伍、运用这个力量，把党和人民的事业不断推向前进。

---

① 《毛泽东选集》第四卷，人民出版社 1991 年版，第 1437 页。

② 《周恩来选集》上卷，人民出版社 1980 年版，第 326 页。

③ 中共中央统战部研究室编：《历次全国统战工作会议概况和文献》，档案出版社 1988 年版，第 6 页。

④ 中共中央统战部、中共中央文献研究室编：《习仲勋论统一战线》，中央文献出版社 2013 年版，第 55 页。

第二节　加强党对统一战线工作全面领导的逻辑必然

习近平总书记指出:“中国共产党是中国特色社会主义事业的领导核心,处在总揽全局、协调各方的地位。”①统一战线历来是党的总方针总政策的重要组成部分。加强党对统一战线工作的全面领导,牢牢把握党对统一战线的领导权,是统一战线理论发展的必然要求,是统一战线发挥作用的必然要求,更是新时代党治国理政的必然要求。

一、从理论传承来看,是统一战线理论发展的必然要求

指导思想是统一战线的灵魂,决定着统一战线的性质、方向和使命。统一战线是党的总路线总政策的重要组成部分,是为实现党的目标任务服务的,只有在党的科学理论的指引下,才能发挥凝心聚力的法宝作用。

(一) 马克思恩格斯列宁对统一战线领导权的理论阐释

在马克思、恩格斯的经典阐释中,“统一战线”被正式定义为“政治联盟”。作为马克思主义的基本战略问题之一,马克思、恩格斯和列宁在践行无产阶级统一战线的基础上,都对统一战线的领导权进行了系统的理论阐释。

马克思、恩格斯是无产阶级统一战线思想的创始者,《马克思恩格斯全集》中六次提到了“统一战线”。《共产党宣言》中指出“各文明国家的联合的行动,是无产阶级获得解放的首要条件之一”②,强调无产阶级必须以联合行动促进解放。为达此目的,光靠无产阶级单打独斗是行不通的,必须联合民主党派、农民阶级、小资产阶级、知识分子等最广泛的力量,才能发展壮大革命队伍,赢得革命斗争,进而共同建设新政权。这一论断为建立无产阶级统一战线学说奠定了基础。马克思、恩格斯又相继创立了联合工人阶级斗争的第一国际、第二国际等具有统战性质的组织。

① 习近平:《中国共产党领导是中国特色社会主义最本质的特征》,《求是》2020 年第 14 期。
② 《马克思恩格斯选集》第一卷,人民出版社 2012 年版,第 419 页。

人类历史上，作为政治联盟的统一战线数不胜数，而无产阶级政党领导的统一战线代表了最广泛人民群众的利益，目的是解放全人类，有着理论的科学性和行动的坚定性，推动着历史向前发展，因此，无产阶级的统一战线是先进的、积极的、正面的。为了保持先进性，马克思、恩格斯反对无产阶级在联合同盟者的过程中一味退让的做法，强调："共产党人是各国工人政党中最坚决的、始终起推动作用的部分……胜过其余无产阶级群众的地方在于他们了解无产阶级运动的条件、进程和一般结果。"[①]他认为共产党人失去自身在思想、政治、组织上的独立性时，也就失去了先进性。因此，联合要以共产党人保持独立性为前提和底线，在联合其他民主党派同盟者时，"必须以党的无产阶级性质不致因此发生问题为前提"[②]。在联合小资产阶级同盟者时，"并不因此放弃对那些从革命的传统中承袭下来的空谈和幻想采取批判态度的权利"[③]。只有保持独立的统战思想、统战目的、统战纲领、统战原则和批评同盟者的权利，才能掌握统一战线的领导权，保持其先进性。

关于统一战线的领导权问题，列宁深刻总结了匈牙利共产党的失败教训。曾经有着强大组织力和战斗力的匈牙利共产党，选择了与匈牙利社会民主党机械合并，将统一战线的领导权拱手相让，最终导致自己从思想到组织都完全失去独立性，在英法等国的武装力量干涉面前，连和背叛的同盟者划清界限的基本能力都没有。匈牙利共产党的失败有很多原因，主动放弃统一战线的领导权是其中最直接的因素。

在强调无产阶级对统一战线领导权的同时，列宁也阐释了对同盟者的妥协策略。当时，苏维埃政权的诞生，标志着世界社会主义运动取得了重大胜利，然而，在取得胜利的同时，共产主义阵营的内部出现了以考茨基等人为代表的右倾机会主义者和以布哈林等人为代表的"左"倾机会主义者。前者常被称为修正主义者，完全丧失了统一战线的原则，主张放弃对统一战线的领导权，与资产阶级同流合污；后者则走向另外一个极端，提出要完全退出资产阶级的议会，拒绝一切外界力量。强大的敌人尚在合力绞杀初生的苏维埃政权，"左"倾机会主义者却主动放弃甚至排斥同盟者，追求所谓马克思主义"绝对的纯洁性"，不懂得辩证看待领导统一战线和照顾同盟者利益之间的关系。对此，列宁在《论妥协》《共产主义运动中的"左派"幼稚病》等著作中强调，共产党人要善于运用为了前进而后

---

① 《马克思恩格斯选集》第一卷，人民出版社 2012 年版，第 413 页。
② 《马克思恩格斯选集》第四卷，人民出版社 1995 年版，第 686 页。
③ 《马克思恩格斯选集》第一卷，人民出版社 2012 年版，第 434 页。

退的革命性妥协,统一战线的艺术就是善于发现、利用、扩大敌人内部的矛盾,有迂回有进攻,有包围有分化,有争取有放弃,有斗争有团结。机械地反对任何妥协,是"左派"幼稚病的表现。无产阶级革命导师的统战理论和实践,特别是关于统一战线领导权的阐释,启发了早期中国共产党人对统一战线的设想。20 世纪早期,"United Front"一词传入中国,在中国共产党的早期文献中被译为"联合战线"或"联合阵线",直到 20 世纪 20 年代后期才普遍译为"统一战线"。尽管有马克思主义统战理论的指导,中国共产党将这门"法宝"发扬光大却是在百年来的统战实践中逐渐实现的。

(二)中国共产党在统战实践中不断发展统一战线科学理论

在幼年时期,由于未能将马克思主义基本原理与中国实践相结合,中国共产党把马克思主义教条化,把共产国际决议和苏联经验神圣化,在大革命时期犯了右倾机会主义错误,国共合作"只讲联合,不讲斗争",对国民党右派一味妥协退让,甚至主动迎合,把工农运动中出现的过激倾向夸大为主要危险,甚至在上海工人第三次武装起义过程中,陈独秀遵照共产国际和联共(布)的指示致信上海区委,要求"表面上要缓和反蒋",最终蒋介石背叛革命,第一次国共合作破裂,大革命运动失败。在十年土地革命中犯了"左"倾关门主义错误,对资产阶级"只讲斗争,不讲联合",把城市小资产阶级和民族资产阶级当作最危险的敌人,把邓演达、谭平山组织的"第三党"看作"统治阶级的奸细",一概排斥。认为知识分子与机会主义必然联系,鄂豫皖中央分局甚至发出"把知识分子从党内洗刷出去"的指示。毛泽东在《论反对日本帝国主义的策略》中生动地刻画了这种关门主义的荒谬逻辑:"革命的力量是要纯粹又纯粹,革命的道路是要笔直又笔直。圣经上载了的才是对的。民族资产阶级是全部永世反革命了。对于富农,是一步也退让不得。对于黄色工会,只有同它拼命。如果同蔡廷锴握手的话,那必须在握手的瞬间骂他一句反革命。哪有猫儿不吃油,哪有军阀不是反革命?知识分子只有三天的革命性,招收他们是危险的。"[①]这些错误使中国共产党陷入孤立无援、孤军奋战的境地,最终导致第五次反"围剿"失败,革命根据地丧失,红军被迫进行长征。

马克思主义中国化的重要成果毛泽东思想创立,并被党的七大明确为党的指导思想后,情况完全改观。在毛泽东思想这一科学理论指导下,抗日民族统一

① 《毛泽东选集》第一卷,人民出版社 1991 年版,第 154-155 页。

战线制定了正确的方针政策和战略策略，发展进步势力，争取中间势力，孤立顽固势力，在抗日的旗帜下实现了最广泛的团结；坚持以斗争求团结，与国民党顽固派进行了有理有利有节的斗争，既维护了共同抗战的大局，又发展壮大了革命力量。中国共产党成为民族抗战的中流砥柱，中国人民取得了近代以来反对帝国主义侵略的第一次完全胜利。人民民主统一战线在人民解放战争、社会主义革命和建设时期不断发展壮大，为推翻“三座大山”、建立新中国、实现从新民主主义向社会主义转变作出了历史性贡献。1957 年后，党的指导思想出现“左”的偏差，统一战线也出现了曲折和挫折。

改革开放和社会主义现代化建设新时期，中国共产党创立了马克思主义中国化新的重要成果邓小平理论，形成了“三个代表”重要思想、科学发展观。在这些科学理论指导下，爱国统一战线适应阶级关系的根本变化，建立了全体社会主义劳动者、社会主义事业的建设者、拥护社会主义的爱国者和拥护祖国统一的爱国者的广泛联盟，根据党和国家工作重点的战略转移，努力贯彻“一个中心、两个基本点”的基本路线，积极为深化改革、加快发展、维护稳定、促进和谐、和平统一服务，在我国实现从生产力相对落后的状况到经济总量跃居世界第二的历史性突破，实现人民生活从温饱不足到总体小康、奔向全面小康的历史性跨越，推进中华民族从站起来到富起来的伟大飞跃中充分彰显了优势和作用。

中国特色社会主义进入新时代，中国共产党创立了马克思主义中国化的最新成果习近平新时代中国特色社会主义思想。爱国统一战线以这一科学思想为指导，深入学习贯彻习近平总书记关于做好新时代党的统一战线工作的重要思想，立足新的历史方位，找到最大公约数，画出最大同心圆，适应我国社会主要矛盾的转化，紧紧围绕“五位一体”总体布局和“四个全面”战略布局，贯彻新理念，构建新格局，实现新发展，全面促进政党关系、民族关系、宗教关系、阶层关系、海内外同胞关系的和谐，最广泛团结海内外中华儿女，为坚持和发展中国特色社会主义，全面建设社会主义现代化国家，中华民族迎来从站起来、富起来到强起来的伟大飞跃，实现中华民族伟大复兴，最广泛地凝聚人心、共识、智慧和力量。

历史实践证明，科学理论是统一战线的灵魂和指针，是巩固发展统一战线的强大精神力量。新的百年奋斗中，只有坚持科学理论指导，坚持理论创新与实践发展相结合，不断形成正确的方向路径、方针政策和战略策略，才能产生强大的精神动力，使统一战线凝心聚力的作用充分发挥出来。

二、从历史经验来看，是统一战线发挥作用的必然要求

毛泽东指出："没有中国共产党的坚强的领导，任何革命统一战线也是不能胜利的。"[①]中国共产党领导是中国特色社会主义最本质的特征，是中国特色社会主义制度的最大优势，是党和国家的根本所在、命脉所在，是全国各族人民的利益所系、命运所系。回顾中国共产党自成立以来的百年奋斗历程，党始终把统一战线摆在重要位置，不断巩固和发展最广泛的统一战线。统一战线工作的历史实践表明，党什么时候正确执行了统一战线，革命就获得胜利，事业就兴旺发达；相反，什么时候抛弃了统一战线，或者统战工作遭到破坏，革命就会遭受挫折，甚至失败。中国共产党对统一战线实行坚强正确的领导，是统一战线的根本特点，也是统一战线发挥重要法宝作用的根本保证。

党对统一战线的领导首先是要获得领导权，否则领导就无从谈起。要争取领导权，必然要先认识到应该争取领导权，其次是如何争取领导权，最终实现党对统一战线的领导。

关于党对统一战线的领导权，早期中国共产党人的认识有一个初步深化的过程，到党的四大基本达成共识。毛泽东有个结论，中国新民主主义的革命要胜利，没有一个包括全民族绝大多数人口的最广泛的统一战线是不可能的。不但如此，这个统一战线还必须是在中国共产党的坚强的领导之下。没有中国共产党的坚强的领导，任何革命统一战线也是不能胜利的。有了这样的认识，中国共产党也较早地开始了争取领导权的实践。虽然大革命时期反帝反封建的统一战线因年轻的中国共产党不懂得坚持党的领导的重要性，放弃了对统一战线的领导权而最终破裂，但在第一次国共合作统一战线中同国民党合作时，党就开始了争取领导权的努力，并且在局部也获得了一些领导权，为此后不同历史时期巩固党的领导奠定了一定的基础。

土地革命战争时期，中国共产党对中间阶级的两面性和反动势力的内部矛盾缺乏正确的估计，一方面承认小资产阶级的革命作用，另一方面又强调中国革命的动力"现在只是中国底层无产阶级和农民"，把城市小资产阶级排除在革命动力之外；一方面正确认定中国革命的性质是资产阶级民主革命，另一方面又错误地认为民族资产阶级是最危险的敌人；对其他党派也不加区别地视为敌人，把

① 《毛泽东选集》第四卷，人民出版社1991年版，第1257页。

邓演达、谭平山组织的“第三党”等看作“统治阶级的奸细”。这表明当时党对中国社会的阶级关系缺乏正确认识，不懂得领导是以被领导者存在为前提、没有被领导者就没有领导的道理，在统一战线问题上“没有把策略观点着重放在争取中间阶级上”[①]，把他们全部排除在统一战线之外，主张集中火力反对中间派别，极大地削弱了革命的力量，使中国共产党成为“空军司令”“无兵司令”，从“左”的方面断送了领导权，使工农民主统一战线策略在实践中备受挫折，使党和革命受到严重损害，最终导致中央苏区和南方根据地全部丧失和土地革命战争的失败。这一错误直到1935年12月瓦窑堡会议以后才得以纠正。第五次反“围剿”失利后，中央苏区和南方根据地全部丧失，中央和中央红军被迫进行长征。后来毛泽东多次总结瑞金时代的“左”倾错误，指出：“瑞金时代是最纯洁、最清一色的了，但那时我们的事特别困难，结果是失败了。所以真理不在乎是不是清一色。”[②]

抗日民族统一战线中，以毛泽东为主要代表的中国共产党人尖锐提出谁吸引谁、谁领导谁的问题，深刻认识并坚持党对统一战线的领导权。为了总结抗战以来的经验教训，批评和制止王明的右倾投降主义错误，争取和巩固党在抗日民族统一战线中的领导权，1938年9月29日至11月6日，党中央在延安召开了中国共产党第六届中央委员会扩大的第六次全体会议。会上，毛泽东作了《论新阶段》的政治报告。毛泽东在报告中指出，统一战线中有联合有斗争，“一切经过统一战线”的提法是错误的，不适合中国国情，要坚持党的独立性。毛泽东明确指出了共产党必须担当起领导抗日战争的重大历史责任。全会批准了毛泽东为首的中央政治局的路线，通过了《政治决议案》，批判了王明为代表的在统一战线中只讲联合、不讲斗争的右倾投降主义错误，强调了在抗日民族统一战线中必须坚持独立自主原则。党的六届六中全会后，党基本上克服了王明右倾投降主义的错误，为实现党对抗日民族统一战线的领导权奠定了基础。

中华人民共和国成立以后，坚持党的领导仍然是统一战线的核心问题。社会主义制度建立后，正确处理人民内部矛盾成为国家政治生活的主题。由于世界上存在两种社会制度和意识形态，国内阶级斗争在一定范围内存在，我国社会仍然存在与中国共产党争夺领导权的斗争。第一次全国统战工作会议提出，把统一战线政策及其正确执行的原则，在党内进行广泛深入的宣传教育，克服关门主义、迁就主义和敷衍主义倾向，使党的统一战线政策思想从上而下切实贯彻到

---

① 《周恩来选集》上卷，人民出版社1980年版，第186页。

② 《建国以来毛泽东文稿》第四册，中央文献出版社1990年版，第635页。

全党组织特别是全党干部中去，仍是当前重要的步骤。但这要依靠各级党委来做，才能收到应有的效果。同时，各级党委还要尽可能抽调一批政治上比较强的干部，去加强统一战线工作部门的工作，并使之在党委统一领导下，主动地同党与非党的各个有关方面取得经常的密切联系与配合，以完成自己的职务。统一战线工作部门的主要职务，是了解情况，掌握政策，安排人事，调整关系。① 第二次全国统战工作会议强调，要加强党对统一战线工作的领导。有统战部的地方可以建立经常的统战工作汇报会，邀请各部委的党组参加。由统战委员会负责领导，统战部部长和副部长列席或参加党委会议和政府党组，统战干部参加协商委员会的工作。此后的历次统战工作会议都从不同的角度强调加强党对统一战线的领导。

改革开放初期，搞资产阶级自由化的人，公然跳出来丑化和否定中国共产党领导。中国特色社会主义新时代，一些人鼓吹"宪政""普世价值""与国际接轨"，提出"党大还是法大"的伪命题，其实质仍然是反对中国共产党领导。中国共产党通过加强思想教育和政治引导，旗帜鲜明地坚持四项基本原则，反对资产阶级自由化，开展具有许多新的历史特点的伟大斗争，牢牢把握党对统一战线的领导权，中国特色社会主义事业不断深入推进。

党的十八大以来，以习近平同志为核心的党中央高度重视统一战线和统战工作，多次召开中央统战工作会议、中央民族工作会议、全国宗教工作会议、中央新疆工作座谈会、中央西藏工作座谈会等统战领域重要会议；党中央印发《中国共产党统一战线工作条例》《社会主义学院工作条例》《中国共产党政治协商工作条例》，以党中央或中央办公厅名义制定民主党派、民营经济、党外知识分子、民族宗教、海外统战等方面重要文件，统一战线党内法规"立柱架梁"工作持续推进，从顶层设计上对统一战线各领域工作进行了全面部署，为加强党对统战工作的全面领导，着力提高统一战线工作科学化规范化制度化水平，提供了根本遵循。

历史实践证明，中国共产党领导是关系统一战线兴衰成败的根本问题，坚持中国共产党领导，统一战线才有正确的方向、蓬勃的生机和光明的前途；放弃或削弱中国共产党领导，统一战线就会遭受挫折和失败，党的事业就会遭到严重损失。新的百年奋斗中，统一战线致力坚持和发展中国特色社会主义，为建设社会

---

① 中共中央统战部研究室编:《历次全国统战工作会议概况和文献》，档案出版社 1988 年版，第 19 页。

主义现代化强国，实现中华民族伟大复兴凝聚磅礴力量，“必须掌握规律、坚持原则、讲究方法，最根本的是要坚持党的领导”①。

三、从现实需要来看，是新时代党治国理政的必然要求

新时代，随着党的中心任务和世情国情的发展变化，统一战线肩负着更重要的使命和任务。在新的形势下加强党对统一战线的全面领导，需要牢牢把握形势变化，遵循其实践逻辑。

坚持党的领导为全面推进和繁荣发展新时代中国特色社会主义提供了根本遵循。中国特色社会主义是中国共产党探索社会主义道路的伟大成果，它既不是马克思、恩格斯规定设置好的社会主义模板，也不是苏联社会主义的再版，更不是西方资本主义的翻版，而是中国共产党领导中国人民在积极探索和推动社会主义事业过程中形成的一种具有中国特色、顺应中国发展的社会主义。习近平总书记反复强调中国共产党的领导是中国特色社会主义的最本质特征，是中国特色社会主义制度的最大优势，明确了中国特色社会主义与党的领导二者之间的关系。一方面，中国特色社会主义是一代代中国共产党人和中国人民的实践成就和智慧结晶。中国是一个拥有悠久历史、广袤土地、众多人口的大国，在发展道路上正昂首阔步，绝不能发生方向性的错误。只有坚持中国共产党的领导地位、坚持马克思主义的指导思想、坚持社会主义的发展方向，才能为中国人民创造幸福美满的光明前景。另一方面，中国特色社会主义关乎 14 亿多中国人民的生产与生活发展，涉及经济、政治、文化、社会、生态文明等各方面建设，只有中国共产党才能统领最广泛的社会力量、凝聚最坚定的社会共识，才能领导中国人民坚持和发展中国特色社会主义。

新时代中国特色社会主义的前进道路不是一帆风顺的，需要中国共产党人带领全体中国人民披荆斩棘、攻坚克难。历史已经证明，中国共产党领导中国人民开创了中国特色社会主义，扭转了中国贫困落后的历史面貌，迎来了从站起来、富起来到强起来的伟大飞跃。只有中国特色社会主义才能发展中国，而究其根本，只有中国共产党才能领导中国特色社会主义。

从我国面临的内外形势看，世界百年未有之大变局加速演进，统一战线在维护国家主权、安全、发展利益上的作用更加重要。当今世界正经历百年未有之大

① 《习近平著作选读》第一卷，人民出版社 2023 年版，第 357 页。

变局，国际社会进入新的动荡变革期，国际形势的不稳定性不确定性明显增加，大国博弈持续升温，经济全球化遭遇逆流。在这场世界之变、时代之变、历史之变中，既要看到“东升西降”的态势正在加速演进，也要看到“西强东弱”的格局尚未完全改变。特别是美国为了长期维持其霸权地位，公开宣称以我国为主要战略对手，围堵打压变本加厉，颠覆渗透有增无减，严重威胁我国主权、安全、发展利益。中华民族伟大复兴前景光明但前路艰险，新矛盾和老问题叠加碰撞，各种可以预见和难以预见的风险因素明显增多。在“两个大局”相互交织、相互激荡、相互影响的背景下，统战工作面临形势的复杂性、严峻性前所未有，统战工作防范化解风险、维护国家安全的责任之重前所未有。在这种形势下，统战工作面临着抵御渗透、防范化解风险、维护国家安全的艰巨任务，凝聚人心、汇聚力量的工作更为紧迫、更为重要。这就需要正确分析把握国际形势的深刻复杂变化，用好团结和斗争的两手，团结一切可以团结的力量，努力化消极因素为积极因素，为战胜各种艰难险阻、应对各种风险挑战作出更大贡献。

从党担负的使命任务看，全面建设社会主义现代化国家、实现中华民族伟大复兴，统一战线在围绕中心、服务大局上的作用更加重要。当前，我国已经迈上全面建设社会主义现代化国家、向第二个百年奋斗目标进军的新征程，发展面临新的战略机遇、新的战略任务、新的战略阶段、新的战略要求、新的战略环境，需要应对的风险和挑战、需要解决的矛盾和问题比以往更加错综复杂，必须发挥统一战线的优势作用，最大限度地把各方面智慧和力量凝聚起来。一是在服务经济社会发展方面。统一战线聚集了各领域的专家大家、领军人才，必须发挥人才荟萃、智力密集的独特优势，把这一群体的创业热情、创新勇气、创造活力有效激发出来，为全面建设社会主义现代化国家提供坚强人才保证和智力支持。二是在推进国家治理现代化方面。统一战线是国家治理体系的重要组成部分，中国新型政党制度、民族区域自治制度等是国家治理体系的重要制度支撑。同时，统一战线也是国家治理的重要方式，统战理念、统战方法、统战艺术体现了现代国家治理的中国特色。这些都决定了统一战线在推进国家治理体系和治理能力现代化方面能够发挥不可替代的作用。三是在维护社会和谐稳定方面。统一战线是重要的社会“解压阀”，是我们党加强思想政治引领、团结争取群众、增强对社会的组织力动员力的重要途径，在凝聚共识、协调关系、化解矛盾、理顺情绪等方面具有独特优势，能够通过沟通协商、教育引导、照顾利益等方式，发挥凝聚人心、稳固人心的作用，促进整个社会和谐稳定。不断增进人民群众对伟大祖国、中华民族、中华文化、中国共产党、中国特色社会主义的认同，铸牢中华民族共同体意识，进一步提升全社会凝聚力、向心力。

从社会的发展变化看，我国社会结构发生深刻变化，统一战线在增强党的阶级基础、扩大党的群众基础上的作用更加重要。进入新时代，随着我国经济社会结构深刻调整，统一战线内部构成更加复杂。统一战线广大成员是党的阶级基础和群众基础的重要组成部分，统一战线巩固了，党的执政基础才能更加巩固。原有群体和阶层自身不断发展变化，新群体新阶层不断从中分化出来，人们在身份、体制、职业、地域等方面的界限不断被打破，统一战线内部利益主体多元化、需求多样化等趋势进一步强化，统战工作协调关系、化解矛盾、维护稳定的责任之重前所未有。

总之，新时代统一战线凝聚人心、汇聚力量的任务更加繁重艰巨，要做好新形势下的统战工作，就要像习近平总书记指出的那样，“必须掌握规律、坚持原则、讲究方法，最根本的是要坚持党的领导”①。

第三节　加强党对统战工作全面领导的实践要求

新时代统战工作取得历史性成就，根本在于以习近平同志为核心的党中央掌舵领航，在于习近平总书记关于做好新时代党的统一战线工作的重要思想的科学指引，在于始终坚持党对统战工作的全面领导。为了进一步加强党的全面领导，系统推进党的统一战线工作，要在实际工作中下功夫。

一、完善大统战工作格局

习近平总书记指出，加强新时代统一战线工作，根本在于坚持党的领导，形成全党上下一齐动手、有关方面协同联动的工作局面。② 统一战线是党领导的统一战线，坚持党对统战工作的全面领导，是做好新时代统战工作的根本政治保证。要把党的领导贯穿统战工作全过程，确保统战工作始终沿着正确政治方向前进。要按照全党重视、大家共同来做的总要求，压实主体责任，完善体制机制，

① 《习近平著作选读》第一卷，人民出版社2023年版，第357页。

② 《习近平在中央统战工作会议上强调 促进海内外中华儿女团结奋斗 为中华民族伟大复兴汇聚伟力》，《人民日报》2022年7月31日，第1版。

深化大统战工作格局。

统一战线是一个政治共同体，工作范围包括政党、民族、宗教、阶层、海内外同胞等方方面面，具有很强的政治性、政策性、群众性。要充分发挥统一战线的功能作用，必须建立健全党总揽全局、协调各方的体制机制，组织动员全党全社会共同来做，形成大统战工作格局。《中国共产党统一战线工作条例》明确把坚持大统战工作格局作为统一战线工作的原则。坚持大统战工作格局，是基于对统一战线性质和特点的深刻把握，是发挥统一战线凝心聚力优势和作用的重要保证，是加强党对统一战线全面领导的必然要求，其目标是要提升统战工作整体效能、巩固和发展最广泛的爱国统一战线。

当今世界正经历百年未有之大变局，我国社会主要矛盾发生深刻变化，统一战线所处的历史方位、肩负的使命任务也在发生重大变化，特别是在所有制形式更加多样、社会阶层更加多样、社会思想观念更加多样的新形势下，构建大统战工作格局的内涵更加丰富，主要体现为：在领导力量上，必须毫不动摇地坚持党对统一战线的全面领导，把统一战线各方面成员团结凝聚在党的周围，把党的领导体现在统一战线各领域各方面，坚决执行党中央关于统一战线工作的重大决策部署，不断增强党的政治领导力、思想引领力、群众组织力、社会号召力，确保统一战线工作始终坚持正确政治方向。在工作对象上，新时代统一战线的社会基础更加广泛、工作领域更加宽广、工作内容更加丰富，已经发展成为全体社会主义劳动者、社会主义事业的建设者、拥护社会主义的爱国者、拥护祖国统一和致力于中华民族伟大复兴的爱国者的联盟。在当前国内外形势复杂多变的背景下，要不断巩固和发展壮大最广泛的爱国统一战线，就需要扎实做好统一战线各方面成员的团结引导工作，着力谋求最大公约数、画出最大同心圆，把他们的积极性主动性充分调动和激发出来，促进政党关系、民族关系、宗教关系、阶层关系、海内外同胞关系和谐，坚持同心同德、同向同行，共创民族复兴的时代伟业。在工作主体上，统战工作涉及工作部门多、领域广，仅仅依靠统战部门是很难做好的，必须加强顶层设计和统筹谋划，把党政、群团、社会组织等方方面面的资源力量充分调动起来，形成强大的工作合力。树立“一盘棋”意识，统战部门要着眼全局研究统一战线重大问题，发挥好参谋、组织、协调、督促等重要作用；党政部门、人民团体、社会组织等有关方面要增强统战意识，齐抓共管，增强工作合力，形成全党上下一齐动手、有关方面协同联动的工作局面。在工作机制上，《中国共产党统一战线工作条例》对构建党委统一领导、统战部门牵头协调、有关方面各负其责的大统战工作格局作出了明确规定。各级党委必须加强组织领导、落实主体责任，充分发挥党委统一战线工作领导小组的作用，积极加强统一战线工作领导小组与民族、宗教、侨务、民营经济、新的社会阶层人士等工作机制的衔接，形成“领导小组议大事、各领域工作机制抓日常”的格局。各级统战部门要增强合作意识、大局观念，主动加强与统战系统各部门的协作，注重与统一战线工作领导小组成员单位的配合，切实做到信息互通、资源共享、密切协作。习近平总书记指出：“统战工作是全党的工作，必须全党重视，大家共同来做。”[①]我们必须坚决贯彻落实党中央要求，牢固树立“一盘棋”意识，进一步建立健全统一战线各领域的政策体系和制度体系，提升各项工作的制度化规范化程序化水平，把大统战工作格局落到实处，把大统战工作效应发挥出来，切实把大统战工作格局构建好、把大统战工作格局作用发挥好，广泛团结海内外全体中华儿女，为坚持和完善中国特色社会主义制度、推进国家治理体系和治理能力现代化作出积极贡献。

二、压实各级党委(党组)的主体责任

习近平总书记要求，统战工作是各级党委必须做好的分内事、必须种好的责任田[②]。各级党委(党组)要加强对统战工作的监督检查，将统战工作落实情况纳入领导班子、领导干部目标管理和考核体系，纳入巡视巡察、监督执纪问责范围。各级党委(党组)主要负责人是本地区本部门本单位统战工作第一责任人。党委(党组)领导班子成员要带头学习宣传贯彻统战理论方针政策和法律法规，带头学习党领导统一战线工作的历史传统和宝贵经验，带头参加统一战线重要活动，带头广交深交党外朋友。

地方党委对本地区统战工作负主体责任，主要有七项重点任务：一是贯彻落实党中央以及上级党委关于统战工作的决策部署和工作要求，指导和督促检查下级党组织做好统战工作，重视加强基层统战工作；二是定期研究统一战线重大问题、部署重要工作，每年向党中央或者上一级党委报告统战工作情况；三是按照权限制定统战工作相关党内法规、规范性文件和重要政策，推动制定统战工作相关地方性法规，并组织实施；四是组织开展统一战线理论方针政策的学习、研究、宣传和教育，把统一战线理论方针政策纳入党委理论学习中心组学习内容和

---

① 《习近平在中央统战工作会议上强调 促进海内外中华儿女团结奋斗 为中华民族伟大复兴汇聚伟力》，《人民日报》2022 年 7 月 31 日，第 1 版。

② 《论坚持党对一切工作的领导》，中央文献出版社 2019 年版，第 95 页。

党校（行政学院）、干部学院、社会主义学院教学内容，把统一战线工作纳入宣传工作计划，把统一战线知识纳入国民教育内容；五是落实党中央关于统一战线工作部门和统战干部队伍建设的要求，选优配强统战系统领导班子和主要负责人，加强统战干部、人才队伍建设；六是领导同级人大、政府、政协、监察委员会、法院、检察院和有关人民团体、企事业单位等做好本部门本单位本领域统一战线工作；七是发现、培养、使用、管理党外代表人士，健全领导干部与党外代表人士联谊交友制度。这七项任务是针对地方党委的，其他部门、单位的党委（党组）要参照履行相应职责。

三、发挥统战部的职能作用

建立健全统一战线工作部门是巩固发展大统战工作格局的基础。《中国共产党统一战线工作条例》规定，党中央以及地方党委设置统战部。

统战部是党委主管统一战线工作的职能部门，是党委在统一战线工作方面的参谋机构、组织协调机构、具体执行机构、督促检查机构。《中国共产党统一战线工作条例》对各级统战部门的职责进行了归纳、梳理和完善，使统战部门的职责任务更加全面、清晰。在实际工作中统战部要发挥参谋、组织、协调、督促的作用，加强同其他部门和方面的联系沟通和协调配合，形成统战工作合力。

重视党委统战部部长的选配。党委常委担任统战部部长，是巩固发展大统战工作格局的关键。《中国共产党统一战线工作条例》对党委常委担任统战部部长作出了明确规定。省、市两级党委统战部部长一般由同级党委常委担任，县级党委统战部部长由同级党委常委担任或者兼任，分管日常工作的副部长按照同级党委部门正职领导干部配备。民族、宗教工作部门主要负责人具备条件的，可以担任同级党委统战部副部长。工商联党组书记由同级党委统战部副部长担任。高等学校党委统战部部长担任党委常委或者不设常委会的党委委员。

加强统战工作平台载体建设。统战工作点多线长面广，党政部门、人民团体、高等学校、科研院所、国有企业、社会组织等都在统战工作中承担着不同的职责和任务。各部门各单位要增强统战意识，齐抓共管，形成强大合力。统战工作领导小组成员单位位于大统战工作格局的第一方阵，要充分发挥带头作用；各有关方面要厘清本部门本单位贯彻落实党中央有关方针政策和法律法规的职责所在，找准统战工作和本领域工作的结合点，开展有关工作时充分考虑统战因素、认真执行统战政策，做到统战工作和业务工作有机融合、一体推进。

四、加强基层统战工作

基层统战工作主要是以县(市)及企事业单位统一战线工作为主,包括乡镇、街道、机关、学校、国有企业、非公有制企业、科研院所和医疗卫生等单位的统一战线工作。新时代统战工作对象大量在基层,政策落实主要靠基层。加强党的领导、完善大统战工作格局,要把基层统战工作摆在更加突出的位置,畅通贯彻落实党中央决策部署的“最后一公里”。

加强基层统战工作,一是要解决思想认识问题。采取有力措施,切实纠正一些地方对基层统战工作重视不够现象,下大力解决基层统战工作边缘化、空心化等问题。二是要解决力量薄弱问题。贯彻落实《中国共产党统一战线工作条例》和党中央有关文件规定,乡(镇、街道)党组织应当有人员负责统一战线工作,其中统一战线工作任务重的明确专人负责;统战工作任务重的高等学校、科研院所党委设置统战工作机构,其他高等学校、科研院所党委应当明确相应机构负责统战工作;统战工作任务重的大型国有企业和其他单位党委(党组)也要明确机构和人员负责统战工作。加大对基层统战工作的支持力度,帮助解决办公场所、经费保障等方面的实际困难,为开展工作创造有利条件。三是要将统战工作纳入基层党建和社会治理体系。进一步明确基层党组织的政治功能和统战职责,发挥基层党组织战斗堡垒作用,通过党建引领,更好地落实统战政策、凝聚人心力量。乡村、社区、园区、高等学校、国有企业、科研院所、社会组织统战工作职责任务各有不同,要针对其不同特点加强分类指导,因地制宜、突出重点,提升基层统战工作制度化规范化水平。

新时代统战工作对象大量在基层,政策落实主要靠基层。工商联、侨联、欧美同学会(中国留学人员联谊会)、党外知识分子联谊会、新的社会阶层人士联谊会等组织,是党联系统一战线成员的桥梁纽带、开展统战工作的重要抓手。要更好发挥相关组织团结引导、服务发展的重要作用,推动统战工作嵌入街区、园区、楼宇、商圈,扩大基层统战工作覆盖面。

五、强化统战干部队伍建设

统战干部是党做好统一战线工作的主体力量,是党的干部队伍的重要组成部分。统战干部的工作能力和思想作风,直接影响党的统一战线方针政策的贯彻执行。要强化政治训练和业务培训，着力提升统战干部的政治判断力、政治领悟力、政治执行力，培养过硬的理论政策水平和业务能力，建设一支具有坚强党性、过硬能力、丰富学识、优良作风的高素质统战干部队伍。[①]

一是锤炼坚强党性。要着力提升统战干部的政治鉴别力和政治定力，努力使统战干部经受严格的思想淬炼、政治历练、实践锻炼，增强党性修养，锤炼忠诚干净担当的政治品格。二是拥有过硬能力。要激励统战干部掌握党的统战理论政策，熟悉统战工作各领域工作内容，熟练运用统战工作方式方法，成为统战工作的行家里手。三是涵养丰富学识。统战成员来自各行各业，其中不乏专家、学者、艺术家，大多数是行业精英。统战干部要在充分了解统战工作对象的高知化、广域化的基础上，广泛涉猎各行业的基本知识，丰富学识，做到与党外人士交流谈心、联谊交友、有话可说，能聊一些党外人士关心的话题，解决一些党外人士关心的问题。只有这样，才能有效地做好统战工作、结交更多诤友挚友。四是培养优良作风。要强化政治训练和业务培训，督促统战干部改进工作作风，严守政治纪律和政治规矩，在与党外人士交流交往中，始终保持亲清关系，对党外人士待之以诚、动之以情、晓之以理、助之以实，做到诚恳谦和、平等待人、廉洁奉公，树立统战部门和统战干部的良好形象。

① 尤权：《新时代统一战线事业发展的根本指针——深入学习贯彻习近平总书记在中央统战工作会议上的重要讲话精神》，《求是》2022 年第 17 期。

后记

统一战线是马克思主义的一个基本战略和策略问题，也是中国共产党凝聚人心、汇聚力量的强大法宝。习近平总书记关于做好新时代党的统一战线工作的重要思想，是党的统一战线百年发展史的智慧结晶，是马克思主义统一战线理论中国化时代化的最新成果，是新时代统一战线事业发展的根本指针。

为帮助党政干部和统一战线成员学习领会习近平总书记关于做好新时代党的统一战线工作的重要思想，中共江苏省委统战部副部长，省社会主义学院党组书记、副院长刘步健提出要加强理论阐释，为统一战线人才教育培养提供理论支撑。学院党组认真研究，由院党组成员、副院长陈锋（前期）、朱杰（后期）牵头组织，任世红教授具体负责，组成专著写作组，通过整合本院研究力量，撰写《新时代爱国统一战线新论》辅导读本，以期为全省统一战线人才教育培训提供教学参考。在专著撰写过程中，学院党组对选题论证、专题研讨和出版发行等事项多次进行研究，撰写委员会成员提出了宝贵意见和建议，内蒙古社会主义学院给予了大力支持。为提高专著质量，特邀中央统战部、中央社会主义学院等有关领导专家对书稿进行审核把关，并根据专家意见进行修改完善。历经两年多的不懈努力，最终形成这本《新时代爱国统一战线新论》专著。

本专著各章节分别由以下同志撰写：第一章任世红，第二章陈克文，第三章宋好，第四章吉强，第五章王天海，第六章白竺冉（内蒙古社会主义学院），第七章赵晓锋，第八章郭晓东，第九章蒋建忠，第十章潘庆磊，第十一章鲍跃华，第十二章李明，第十三章徐晓婷。张献生、孙信等专家对书稿提出了宝贵修改意见。孙信还应邀为本书作序。在此一并致谢！

江苏省社会主义学院

2024 年 11 月